제1권
국가계약 일반 및 공사계약

읽으면 저절로 전문가가 되는

재미있는 국가계약 실무 이야기

이승희, 조은정 지음

책 구성의 특징

이제까지 국가계약 책들(법령 나열과 해설, 유권해석 모음)과 다르게

1. 선배님이 새내기 후배 또는 실무자에게 쉽게 가르쳐 주듯이

책이란 모름지기 술술 읽혀야 한다고 생각했습니다. 마치 편안한 선배가 옆에서 차근차근 알려주는 느낌을 주고 싶었습니다. 특히 국가계약이라는 것이 딱딱하고 어렵게 느껴지기 때문에 더 더욱 읽기 편해야 한다고 생각하고 집필했습니다.

2. 질문으로부터 시작하고 구어체로 설명하면서 상황에 몰입할 수 있도록

현장감 있는 느낌이 주어져야 몰입할 수 있다고 생각했습니다. 초보자의 다양하면서도 꼬리에 꼬리를 무는 질문으로부터 시작하고, 이것을 구어체로 설명해주는 형식을 취했습니다.

3. 실제 실무사례를 본문에 포함해서 이해가 쉽도록 도모

법령과 계약예규의 문구만 읽어서는 실무를 이해하기 어렵기 때문에 최대한 실무사례를 포함해서 설명했습니다.

4. 전체적인 전개 순서를 하나의 계약이 처리되는 순서를 따라

계약방법 판단으로부터 입찰공고, 입찰등록 및 개찰, 적격심사, 계약서 작성 등 업무가 이루어지는 순서를 따라서 구성했습니다. 주로 공사계약을 중점적으로 설명해서 하나의 큰 기둥을 세우고자 했습니다. 공사계약과 별도로 물품계약, 용역계약은 추후에 2편, 3편으로 별도 구성해서 발간할 계획입니다.

5. 1개의 질문에 약 2~10페이지 정도 설명하는 방식으로 구성

1개의 질문마다 짧은 주제는 2~3페이지로, 긴 주제는 약 10페이지까지 설명하는 것으로 구성했습니다. 질문에 대한 설명을 마치면 저절로 단락이 지어지므로 책이 지루하거나 너무 길게 이어지는 느낌이 없으실 겁니다.

6. 순차적으로 생기는 작은 질문들을 순서대로 기술함으로써, 스토리텔링 같은 느낌의 책이 되도록

처음 질문으로부터 다음 질문까지 연관성을 가지고 이어감으로써 자기도 모르게 이야기에 빠져드는 느낌을 주고 싶었습니다. 질문도 재미있게 표현하면서도 질문과 답을 통해 지식이 점차 쌓여갈 수 있도록 구성하려고 노력했습니다.

7. 총 11개의 Chapter로 구성하되, 각각 1개의 Chapter가 너무 길어지지 않게 5~7개 정도의 질문을 수록

아무리 좋은 질문이라고 하더라도 단락 구분이 없이 계속 이어서 서술해 놓으면 읽는 사람들은 책의 내용에 대해서 쉽게 질리거나 포기하게 됩니다. 그래서 1강(1Chapterr) 2강(2Chapter)... 이런 식으로 구분지어 내가 어디쯤 가고 있는지 중간중간 확인하기 쉽게 구성했습니다. 매 Chapter가 넘어갈 때마다 정복감도 느끼고 진도가 나가는 성취감도 가질 수 있으실 겁니다.

8. 실무사례 뿐만아니라 각종 정부기관(예, 기획재정부 등) 발표자료들을 수록하여 실무에서 알아야 할 최근 기초지식을 폭넓게 제시

실무자들이 알아야 할 각종 참고자료들을 다양하게 수록하여 보다 더 현장감 있는 느낌도 주고 폭넓은 지식 전달도 도모하였습니다.

9. 쉽게 이해할 수 있도록 편안한 용어와 문구를 사용

법률의 정식 용어가 직관적으로 의미가 와 닿지 않는 경우가 있기 때문에 실무현장에서 사용하는 축약된 표현이나 용어를 사용했습니다. 또한, 구어체 표현으로 설명하다보니 국어 문법이나 기호를 정확하게 맞는 표현을 사용하지 않고 편하게 서술했습니다.

10. 공공계약(국가계약, 지방자치단체 계약, 공공기관 계약) 중 국가계약을 표준으로 삼아 설명

공공계약의 가장 기본이자 뼈대가 되는 '국가계약'을 중심으로 설명했습니다. 지방자치단체 계약이나 공공기관들이 수행하는 공공기관 계약 등을 동시에 설명하다보면 초보자들이 이해하기 어렵기 때문에 '국가계약'을 기본으로 서술했습니다. 국가계약을 이해하면 지방자치단체 계약이나 공공기관 계약업무 담당자들도 쉽게 이해하실 수 있으실 겁니다.

Contents

제1강 겁내지 말아요! 차근차근 법령체계부터 알아봅시다

Q1	선배님! 도대체 뭐부터 봐야해요?	12
Q2	대충은 알겠는데, 우선되는 개별법들은 어떤 것들이 있나요?	16
Q3	훈령, 예규, 고시는 뭐예요?	18
Q4	계약예규 17개를 다 알아야 하나요?	23
Q5	계약업무를 수행하는 '회계직'이 따로 있나요?	26

제2강 제일 중요한 기초예요. 계약 목적물별 종류를 알아봅시다

Q1	목적물이 뭐예요? 말이 너무 어려워요.	33
Q2	알겠어요. 그럼~~건설공사의 업종 구분은 어떻게 되나요? 몇개인가요??	41
Q3	설마~~ 물품계약도 종류가 많나요?	53
Q4	그럼~~ 용역계약의 종류는 어때요?	62

제3강 이번에는 계약체결 형태별 종류를 알아볼까요?

Q1	계약체결 형태라고 하는게 뭐예요? 계약 금액이 확정되지 않는 계약도 있다구요?	68
Q2	계약 금액을 단위당 단가로 정해서 계약 한다구요?	73
Q3	계약 이행기간에 따라서도 종류가 나눠지네요?	75
Q4	계약상대자를 여러 업체로 선정하는 공동계약은 뭐예요?	79

제4강 좋아요! 계약추진 방법별 종류를 알아볼까요?

Q1	경쟁계약과 수의계약. 이 정도는 저도 알아요!	94
Q2	경쟁계약도 종류가 나누어진다구요?	99
Q3	수의계약도 한가지 종류가 아니네요~	115
Q4	경쟁계약(3종류), 수의계약(3종류) 외에 다른 계약방법들도 있나요?	126

제5강 본격적인 계약업무 시작에 앞서, 계약관련 용어와 절차부터 다집시다

- **Q1** 국가계약법에는 추정가격이라는 용어가 자주 나오는 것 같아요~ ... 134
- **Q2** 추정가격과 추정금액의 차이점은 무엇인가요? ... 143
- **Q3** 예정가격은 누가 결정하는 거예요? ... 146
  온도 차이가 나는 탁구공으로 예정가격을 조작 했다구요?
- **Q4** 용어는 대충 알겠어요. 계약의 일반적인 절차 좀 그려주세요. ... 155
- **Q5** 계약추진 계획서를 어떻게 작성해야 하나요? ... 159
  제 이름으로 계약추진 계획서를 기안해 보려구요~~

제6강 공사계약의 시작! 설계내역서부터 살펴볼까요?

- **Q1** 공사계약을 의뢰 받았는데요... 설계내역서를 어떻게 봐야 하나요? ... 168
- **Q2** 설계도면, 시방서, 설계내역서가 무엇인지 궁금해요~~ ... 179
  설계내역서와 물량내역서의 차이점은 무엇인가요?
- **Q3** 갑지, 을지라고 부르던데요. 갑지, 을지가 무엇인지 궁금해요~~ ... 185
- **Q4** 일위대가, 표준품셈 관계가 궁금해요~~ ... 187
  실적공사비, 표준공사단가라는 것은 무엇인가요?
- **Q5** 설계내역서에 나오는 공사 용어들이 너무 어려워요~ 도와주세요~~ ... 196

제7강 '예정가격 결정 절차'와 '공사원가계산서'에 대해서 알아봅시다

- **Q1** '가격조사'와 '예정가격 결정'의 차이는 무엇인가요? ... 210
- **Q2** 예정가격 결정에 대한 법령 내용은 무엇인가요? ... 214
  그리고 공사계약은 어떤 방법으로 예정가격 결정을 해야 하나요?
- **Q3** '거래실례가격'에는 3가지 종류가 있다고 하던데요... ... 218
  각각 누가, 어떻게 발표하나요?
- **Q4** '원가계산에 의한 예정가격 결정'에 대해서 ... 223
  좀 더 세부적으로 알려주세요~~
- **Q5** 간접재료비, 간접노무비, 기타경비 항목에 대해서 설명해 주세요~~ ... 228
- **Q6** 사회보험 제도에 따른 5가지 보험료를 반드시 반영해야 한다고요? ... 237
- **Q7** 경비 항목에 반드시 포함되어야 하는 법정경비 항목들이 또 있다고요? ... 243

제8강 입찰공고문을 작성해 볼까요?
제가 작성한 입찰공고문을 많은 입찰 참가자들이 보겠죠 ~

Q1	입찰공고문에는 무슨 요소들을 포함해야 하나요?	255
Q2	입찰공고문 게시 기간은 어떻게 계산하나요?	257
Q3	입찰공고문 실제 사례를 통해서 좀 더 설명해 주세요~~	264
Q4	긴급공고, 재공고, 재입찰, 정정공고 등 각각의 경우에 대해서 설명해 주세요~~	271
Q5	2단계 경쟁입찰, 협상에 의한 계약시 입찰공고문는 어떻게 해야 하나요?	279
Q6	입찰공고문, 입찰정보 게시 화면에 A값이 표시되어 있던데요... A값이 무엇인가요?	283

제9강 입찰공고문을 게시했으니,
입찰보증금, 입찰참가신청, 입찰서 제출까지 살펴볼까요?

Q1	입찰에 참가하는 업체들은 입찰보증금을 납부해야 한다구요?	290
Q2	공사계약에서는 지역제한 입찰이 많은데, 지역제한 입찰시 입찰참가자격 판단을 어떻게 하나요?	297
Q3	업체가 입찰서를 작성해서 제출할 때, 작성방법과 제출서류가 정해져 있다구요?	303
Q4	100억원 이상 공사계약 입찰의 경우 업체가 입찰서를 제출할 때, 산출내역서를 같이 제출해야 한다구요?	310
Q5	입찰이 무효로 처리되는 경우는 어떤 경우들인가요?	315

제10강 짜잔~~ 이제 개찰을 해 볼까요?
적격심사를 거쳐서 낙찰자 결정까지 아직도 거쳐야 할 단계가 많아요

Q1 짜잔~~ 개찰을 했는데요~ 1순위 업체를 뭐라고 불러야 하나요?   321
그리고, 적격심사 제도는 언제부터 시작되었나요?

Q2 공사계약에서 낙찰자 결정 방법은 '종합심사 낙찰제'와   326
'적격심사 낙찰제'가 있다는데 왜 두 개로 나뉘어져 있나요?

Q3 공사계약의 적격심사는 어떤 요소들을 평가하나요?   329
각 공사규모별로 적격심사 배점이 틀리다구요?

Q4 적격심사 실제 예시를 가지고 설명해 주세요~~   336

Q5 다들 '낙찰하한율'을 얘기하는데요~~법령과 계약예규에는   348
안 나와요~~ 어떻게 산출하는거죠?

Q6 적격심사 관련해서 궁금한 질문 3가지만 해도 돼요?(건설기술자   363
보유증명서, 심사서류 미제출, 순공사원가의 98% 미만 낙찰 배제)

제11강 드디어 마지막입니다. 계약서를 작성해 볼까요?

Q1 계약서를 어떻게 작성해야 하나요?   375
붙임서류는 무엇을 넣어야 하나요?

Q2 인지세는 무엇인가요?   384
국민주택채권은 어떤 경우에 첨부하나요?

Q3 계약보증금은 어떻게 납부받아야 하나요?   388
계약이행보증 증권과의 차이점은 무엇인가요?

Q4 지체상금률은 어떻게 기재해야 하나요?   393

Q5 하자담보 책임기간은 어떻게 기재해야 하나요?   400

제1강

겁내지 말아요!
차근차근 **법령체계**부터
알아봅시다

제1강

겁내지 말아요! 차근차근 법령체계부터 알아봅시다

Q1 선배님! 도대체 뭐부터 봐야해요?
.... 12

Q2 대충은 알겠는데,
우선되는 개별법들은 어떤 것들이 있나요?
.... 16

Q3 훈령, 예규, 고시는 뭐예요?
.... 18

Q4 계약예규 17개를 다 알아야 하나요?
.... 23

Q5 계약업무를 수행하는 '회계직'이
따로 있나요?
.... 26

제1강 | 겁내지 말아요! 차근차근 법령체계부터 알아봅시다

Q1 선배님! 도대체 뭐부터 봐야 해요?

반갑습니다. 후배님!
후배님의 마음이 얼마나 막막할지가 너무나도 잘 느껴집니다. 하지만 걱정하지 마세요. 부족한 선배이지만 앞으로 하나하나 차근차근 안내하고 잘 이끌어 드릴께요. 저만 믿고 따라오시면 됩니다. 아셨죠?

첫 번째 질문을 주셨는데요. 답은 너무도 간단합니다. 당연히 국가계약법령이죠. 국가계약법령은 앞으로 후배님의 가장 절친이자 가장 믿을만한 녀석이라고 생각하시면 됩니다.

국가계약법령이라는 용어가 법률상의 정식 용어는 아닙니다. 정식 법률 명칭은 「국가를 당사자로 하는 계약에 관한 법률」입니다. 법률 명칭이 길죠? 여기 법률 명칭에는 '당사자'라는 표현이 나옵니다. 우리는 앞으로 당사자와 상대방이라는 용어를 많이 쓰게 될 겁니다. 통상 일상생활에서는 당사자(이른바 나), 상대방(이른바 너)이라는 용어를 거의 쓰지 않지만 법률관계에서는 당사자, 상대방이라는 용어를 쓰게 됩니다. 따라서 국가는 계약당사자가 되고 계약업체는 계약상대방이 됩니다.

 **국가를 당사자로 하는 계약에 관한 법률은 언제 제정되었을까요?**

1951년 : 재정법(財政法)과 재정법시행령이 제정되어 예산의 편성, 집행 및 결산, 계약 과정에 대하여 규정했어요. 특히 계약에 관한 내용을 별도 하나의 장으로 수록하여 현재처럼 일반경쟁계약, 지명경쟁계약, 수의계약 등을 규정했어요.

1961년 : 재정법을 예산회계법으로 대체하여 제정했죠. 마찬가지로 예산회계법 내의 별도의 장으로 계약업무가 수록되어 있었죠.

1995년 : 1997년 1월 1일부터 발효되는 WTO 정부조달협정(GPA)에 보다 능동적으로 대비하여 위하여 기존 예산회계법 제6장 '계약 편'으로 수록되어 있던 것을 분리해서 「국가를 당사자로 하는 계약에 관한 법률」로 제정했어요.

참고로, **2002년**에 예산회계법에서 국고금관리법이 따로 분리해서 제정됐구요. **2007년**에는 예산회계법이 국가재정법으로 대체되어 제정되었네요.

제1강 | 겁내지 말아요! 차근차근 법령체계부터 알아봅시다

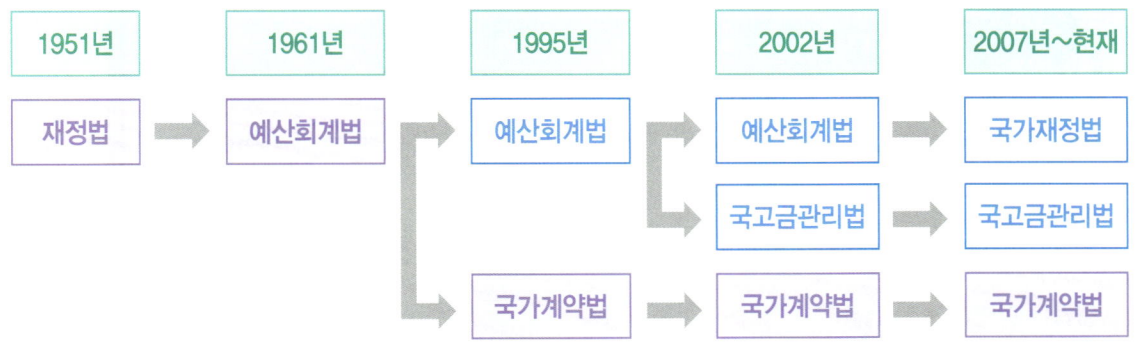

우리의 국가계약법령은 무려 70여년이 넘는 역사와 뿌리를 가지고 있다는 것을 알았죠? 특히 1995년부터 별도 법령으로 제정되었다는 것을 기억하신다면 더욱 좋겠죠?

다들 우리나라의 법령체계를 잘 아시겠지만 혹시 몰라서 설명하고 넘어가겠습니다. 가장 상위에 '법률'이 있고, 그 밑에 대통령령으로 제정되는 '시행령'이 있으며, 그 밑에 총리 및 중앙부처 장관의 명의로 제정되는 '시행규칙'이 있습니다. 그렇다면 국가계약법도 위의 체계에 따라 제정되어 있겠죠?

맞습니다. 당연히 가장 상위의 법률은 「국가를 당사자로 하는 계약에 관한 법률」이고요, 대통령령은 「국가를 당사자로 하는 계약에 관한 법률 시행령」이고요, 시행규칙은 「국가를 당사자로 하는 계약에 관한 법률 시행규칙」입니다. 앞의 법률 명칭은 동일하고 뒤에 시행령, 시행규칙이라는 문구만 추가되어 있습니다. 앞으로 「국가계약법」, 「국가계약법 시행령」, 「국가계약법 시행규칙」이라고 축약해서 부르도록 하겠습니다.

정식 법령 명칭을 정확하게 표기하고 부르는 것이 맞지만, 실무에서 워낙 축약해서 부르고 있고 의미를 전달하는 데 있어서도 크게 혼동되지 않기 때문에 편하게 「국가계약법」, 「국가계약법 시행령」, 「국가계약법 시행규칙」이라고 부르겠습니다.

설명하다 보니 법률이라고 할 때도 있고, 법령이라고 할 때도 있는데요. 잠시 상식 코너에서 차이점을 알아볼까요?

제1강 | 겁내지 말아요! 차근차근 법령체계부터 알아봅시다

우리가 '법률' 또는 '법령'이라고 부를 때는 서로 차이가 있는 걸까요?

예를 들어 '국가계약법'이라고 부를 때와 '국가계약법령'이라고 부를 때는 각각 어떤 차이가 있는 걸까요?

우리나라의 법 체계는 **헌법 〉 법률 〉 행정명령 〉 조례 〉 행정규칙**으로 내려갑니다.

헌법은 당연히 모든 법률의 가장 최상위 법률이죠.
법률은 입법기관인 국회에서 제정한 것을 말하죠. 헌법과 법률은 국회입법인거죠.
행정명령은 대통령령으로 제정하는 시행령, 총리령 및 부령으로 제정하는 시행규칙이 이에 속합니다. 이른바 행정부에서 제정하기 때문에 행정입법이라고 합니다.
조례는 지방자치단체의 자치법이라고 생각하시면 됩니다.
행정규칙은 훈령, 지시, 예규, 고시로 나뉘며 행정기관 내부의 사무규칙이라고 보시면 됩니다.

법률은 위에서 설명했듯이 국회에서 제정하는 법만을 지칭하는 것이고요,
법령은 법률과 행정명령(시행령, 시행규칙)을 통합해서 부르는 말입니다.

결론적으로 국가계약법이라고 칭한다면 「국가를 당사자로 하는 계약에 관한 법률」만을 의미하는 것이고, 국가계약법령이라고 말한다면 법, 시행령, 시행규칙을 모두 이르는 말인 거죠.

국가계약 업무를 추진할 때, 위에 나열한 3가지 법령(법, 시행령, 시행규칙)만 보면 될까요? 불행하게도 아닙니다. 국가계약법 말고도 다른 개별법들을 많이 봐야 합니다. 아래의 국가계약법 제3조 문구를 먼저 정독해 볼까요?

국가계약법 제3조

국가를 당사자로 하는 계약에 관하여는 다른 법률에 특별한 규정이 있는 경우를 제외하고는 이 법이 정하는 바에 의한다.

말이 어렵죠? 여기서 핵심 문구는 '다른 법률에 특별한 규정이 있는 경우를 제외하고'는 입니다. 이 말을 거꾸로 뒤집어서 다시 해석해 보면, 다른 법률에 특별한 규정이 있으면 그것을 먼저 따르고 그런 규정이 없으면 국가를 당사자로 하는 계약에 관한 법률을 따른다는 의미입니다. 그래서 이것을 '개별법 우선 적용'이라고 표현합니다.

제1강 | 겁내지 말아요! 차근차근 법령체계부터 알아봅시다

예를 들어 「건설산업기본법」에서 건설공사 계약에 대한 규정이 제시되어 있다고 가정해 봅시다. 그러면 건설공사 계약을 추진할 때에는 「건설산업기본법」에 나와 있는 규정을 「국가계약법」보다 먼저 적용합니다.

방금 설명한 법령 적용 우선순위를 도표로 나타내 보면 아래와 같아요.

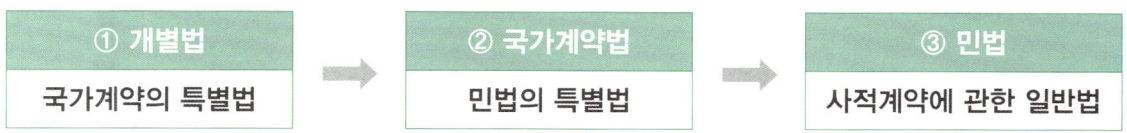

예를 들어 우리 기관 공공청사의 노후 전기설비에 대한 보수공사 계약을 추진한다고 가정해 봅시다. 위 도표에 따라 적용해 보면, 「전기공사업법」을 「국가계약법」보다 우선하여 계약 관련 규정사항을 적용하고, 「전기공사업법」에 안 나오는 사항은 「국가계약법」을 적용하고, 「국가계약법」에 안 나오는 사항은 「민법」을 적용한다는 것이죠.

후배님께서 앞으로 계약업무를 하실 때, 위의 법령 적용 순서를 머릿속에 잘 넣어두셔야 합니다. 가끔 일부 실무자들이 오로지 「국가계약법」만을 보면서 업무를 추진하는 경우들이 있는데 이런 경우에 개별법의 우선 적용 조항을 적용하지 않아서 민원에 걸리고 낭패를 보는 경우가 생기기 때문입니다. 아셨죠?

제1강 | 겁내지 말아요! 차근차근 법령체계부터 알아봅시다

Q2 대충은 알겠는데요.
우선 적용하는 개별법들은 어떤 것들이 있나요?

후배님!「국가계약법」을 알아가기도 벅찬데 개별법들까지 알아야 한다니 많이 부담되시죠? 걱정하지 마세요. 모든 개별법들을 다 숙지하고 통달해야 하는 것은 아니에요. 오늘은 가볍게 어떤 개별법들이 있는지만 살펴보고 가면 됩니다.

그럼, 우선 적용해야 하는 개별법들에는 어떤 법들이 있을까요? 제가 아래와 같이 표로 정리해 봤습니다.

분 야		개 별 법	소관 부처
공사	건설공사	「건설산업기본법」	국토교통부
	전기공사	「전기공사업법」	산업통상자원부
	정보통신공사	「정보통신공사업법」	과학기술정보통신부
	소방시설공사	「소방시설공사업법」	행정안전부
	국가유산 수리공사	「국가유산 수리 등에 관한 법률」	문화체육관광부
용역	건설기술용역	「건설기술진흥법」	국토교통부
	건설폐기물 처리 용역	「건설폐기물의 재활용 촉진에 관한 법률」	환경부
	소프트웨어 개발 또는 유지관리 용역	「소프트웨어산업 진흥법」	과학기술정보통신부
물품	중소기업제품 구매	「중소기업제품 구매촉진 및 판로지원에 관한 법률」	중소벤처기업부
	조달청 물품 구매	「조달사업에 관한 법률」	기획재정부, 조달청

위의 표에서 한가지만 예를 들어서 설명해 볼께요. 우리가 '건설폐기물 처리 용역계약'을 추진해야 한다면, 「건설폐기물의 재활용 촉진에 관한 법률」을 우선적으로 살펴보고 여기에서 나오는 입찰참가자격이나 해당 용역수행 업체가 지켜야 할 규정을 입찰공고문 또는 계약조건에 수록하고 이행하면 됩니다. 결론적으로 어떤 계약을 체결하느냐에 따라 해당 산업과 관련된 법령을 우선 살펴보는 것이 가장 필수적입니다.

제1강 | 겁내지 말아요! 차근차근 법령체계부터 알아봅시다

사실, 위의 표에는 우선 적용해야 할 개별법들을 다 열거하지 않았습니다. 처음부터 너무 많은 것을 보여드리면 아마 후배님께서 계약업무를 시작하기도 전에 엄청 겁을 먹을 것 같아서 계약업무 수행간 자주 찾아보게 되는 개별법만 제시해 봤습니다.

위의 표에 제시된 개별법 이외에도 계약 추진간 공통적으로 적용해야 하는 법들도 많습니다. 예를 들어「국세징수법」,「인지세법」,「부가가치세법」,「국민건강보험법」,「산업안전보건법」,「고용보험법」,「하도급거래 공정화에 관한 법률」등은 개별 산업과 관계없이 계약업무에 거의 공통적으로 적용되는 법률입니다.

또한, 앞의 표에는 제시하지 않았지만 아주 특수한 분야의 계약업무도 많이 있어요. 예를 들어 매장되어 있는 국가유산 조사용역 계약을 추진해야 한다면「매장유산 보호 및 조사에 관한 법률」,「문화유산의 보존 및 활용에 관한 법률」등을 살펴보아야 하고, 석면 해체 및 제거 용역계약을 추진한다면「산업안전보건법」,「석면안전관리법」,「폐기물관리법」등을 살펴보아야 합니다. 이처럼 하나의 산업이라고 해도 관련 법령이 여러 군데에 포함되어 있는 경우가 있으므로 '하나의 개별법만 봐서는 안 된다'는 것도 꼭! 기억해 주세요.

제1강 | 겁내지 말아요! 차근차근 법령체계부터 알아봅시다

Q3 훈령, 예규, 고시는 뭐예요?

후배님! Q1의 상식코너에서 '법률'과 '법령'의 차이에 대해서 언급해 드렸던 것이 기억나시나요?
기억이 가물거린다구요? 괜찮습니다. 이 선배는 언제나 여러분들이 이해하실 때까지 천천히 그리고 친절하게 설명해 드릴 꺼니까요. 너무 스트레스 받거나 어렵게 생각하지 마세요.

자~~ 다시 설명해 볼께요.
우리나라의 법 체계는 헌법 > 법률 > 행정명령(시행령, 시행규칙) > 조례 > 행정규칙 순으로 내려간다고 했습니다. 법령은 법률과 행정명령(시행령, 시행규칙)을 통합해서 부르는 말이라고 했죠. 조례는 지방자치단체의 자치법이라고 했습니다. 우리가 지금 얘기하고자 하고 훈령, 예규, 고시 등은 맨 하위 단계에 있는 행정규칙에 속하는 것입니다.

여기서 잠깐! 국가법령정보센터의 메인 홈페이지 화면을 살펴볼까요?

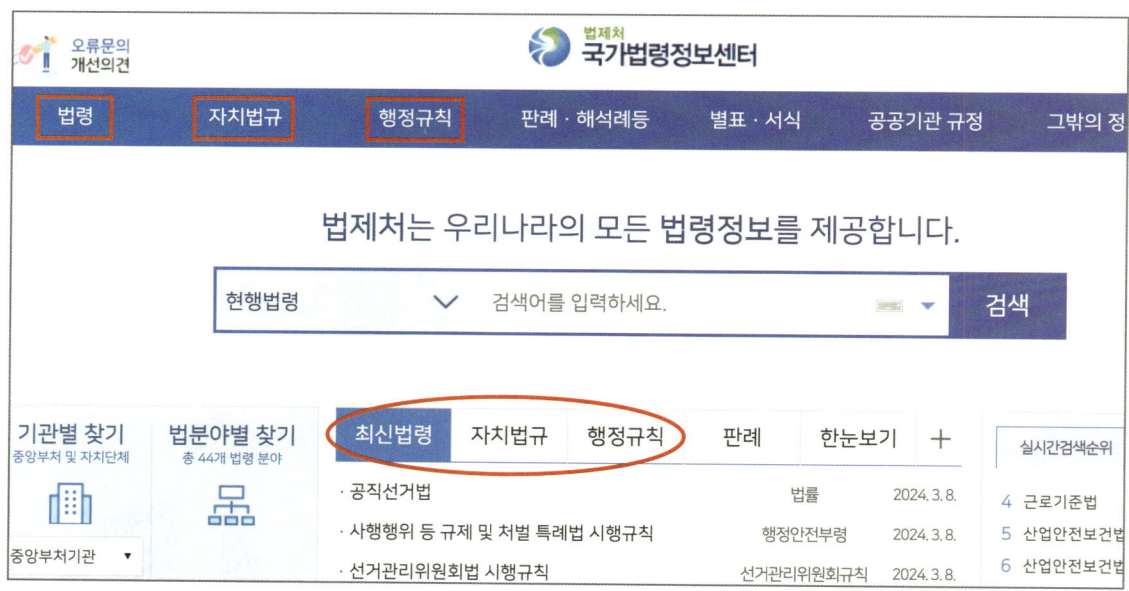

메인화면의 상단 메뉴(빨간색 박스 표시)에서 보시면 법령, 자치법규, 행정규칙 순으로 나오죠? 홈페이지 중앙의 최신 정보를 전하는 게시판(빨간색 동그라미 표시)도 최신법령, 자치법규, 행정규칙 순으로 나옵니다. 법령 메뉴에서는 법률, 시행령, 시행규칙을 조회하는 것이고,

제1강 | 겁내지 말아요! 차근차근 법령체계부터 알아봅시다

자치법규 메뉴에서는 조례와 규칙을 조회할 수 있으며, 행정규칙 메뉴에서는 훈령, 예규, 고시를 조회할 수 있습니다.

후배님의 머릿속에 법령체계를 꼭꼭 넣어드리려고 하다보니 설명이 길어졌네요. 캡쳐화면으로 보여드린 '국가법령정보센터'(https://www.law.go.kr)는 수시로 들어가서 새로 바뀌는 정보를 확인하는 것이 필요합니다. 항상 즐겨찾기 메뉴에 추가해 놓고 활용하시기를 권해드립니다.

본격적으로 훈령, 예규, 고시가 무엇인지 알아볼까요?
앞서 설명했듯이 훈령, 예규, 고시 등은 모두 행정규칙입니다.
훈령(訓 가르칠 훈, 令 명령 명)이란 상급 행정기관이 하급 행정기관에 대하여 장기간에 걸쳐 그 권한 행사를 일반적으로 지시하기 위하여 발하는 명령입니다. 예를 들어 교육부에서 발령한 훈령(제401호, 교육부 인사운영규정)의 한 조문을 살펴볼까요?

교육부 인사운영규정
[시행 2022. 3. 1.] [교육부훈령 제401호, 2022. 3. 1., 일부개정]

☐ **제7조(설치)** 교육부 소속공무원의 임용(승진, 파견, 징계 등)과 인사 운영에 관한 사항을 심의·의결하기 위하여 기능별 '교육부 인사위원회'(이하, "위원회"라 한다)를 둔다. 다만, 「공무원징계령」 제3조제2항 단서에 따라 국립대학 6급(상당) 이하 공무원에 대한 경징계 등 사건을 심의·의결하기 위해 국립대학에 보통징계위원회를 둔다.

위의 예시에서 보듯이, 교육부 예하의 모든 하급 행정기관들은 어떤(교육부 소속공무원의 임용과 인사운영) 업무를 처리할 때 어떻게(교육부 인사위원회를 설치) 하도록 구체적인 업무처리 명령이 수록되어 있습니다. 그래서 중앙 행정기관에서 제정하면 해당 하급 행정기관들이 모두 훈령을 따라야 하는 것입니다.

참고로 국방부에서는 '군 시설공사 적격심사 기준에 관한 훈령'을 별도로 제정하여 시행하고 있습니다. 그렇다면 이 훈령은 당연하게 국방부 소속기관, 국직부대, 국직기관, 합참 및 각 군(육군, 해군, 공군)에서만 적용하는 것이죠. 이 훈령을 다른 교육부 산하기관이 적용하는 것은 아니죠. 이 정도 설명하면 훈령이 위에서 아래로 지시된 명령이고, 해당 하급기관들만 적용한다는 특징을 잘 이해하시겠죠~~

다음으로 예규에 대해서 설명해 볼께요.

제1강 | 겁내지 말아요! 차근차근 법령체계부터 알아봅시다

예규(例 법식 예, 規 규범 규)는 행정사무의 통일을 기하기 위하여 반복적 행정사무의 처리기준을 제시하는 법규문서라고 정의되어 있어요. 여기서 가장 중요한 문구는 반복적 행정사무의 처리기준이라는 부분입니다. 예를 들어 기획재정부에서 발령한 예규(제533호, 정부 입찰·계약 집행기준)의 첫 조문을 살펴볼까요?

```
(계약예규)정부 입찰·계약 집행기준
[시행 2021. 1. 1.] [기획재정부계약예규 제533호, 2020. 12. 28., 일부개정]
                                    기획재정부(계약정책과), 044-215-5212, 5217, 5218

제1장 총칙

□ 제1조(목적) 이 예규는 공사 등의 입찰·계약의 집행과 관련하여 「국가를 당사자로 하는 계약에 관한 법률시행령」(이하 "시행령"이라 한다), 「국가를 당사자로 하는 계약에 관한 법률시행규칙」(이하 "시행규칙"이라 한다) 및 「특정조달을 위한 국가를 당사자로 하는 계약에 관한 법률 시행령 특례규정」(이하 "특례규정"이라 한다)에서 위임된 사항과 그 시행에 관하여 필요한 사항을 규정함을 목적으로 한다.
```

제1조(목적)의 조문 내용을 요약해 보면,「국가계약법」,「국가계약법 시행령」,「국가계약법 시행규칙」에서 **위임된 사항과 그 시행에 관하여 필요한 사항을 규정**한다 라고 되어 있습니다. 다시 해석해 보면 법령에서 위임한 사항과 법령에서 세부적으로 규정하지 못했던 시행 사항들을 여기 계약예규에서 규정한다는 것입니다.

예규는 모든 업무담당자(예규를 적용하는 기관)들이 똑같이 적용해야 할 통일된 업무처리 기준과 표준화된 절차를 제시하는 것이 주된 목적입니다. 그래서 예규를 일종의 편람이나 업무 처리 메뉴얼이라고 생각하기도 합니다.

참고로 계약예규는 적용하는 기관에 따라 크게 2가지 종류가 있다고 할 수 있어요. 첫 번째는 기획재정부에서 제정한 계약예규입니다. 기획재정부가 제정한 계약예규는 중앙 행정기관(부·처·청 등) 및 그 소속기관들이 적용합니다. 두 번째는 행정안전부에서 제정한 계약예규입니다. 행정안전부에서 제정한 계약예규는 지방자치단체들이 적용하는 계약예규입니다.

이외에도 공기업(예, 한국전력공사)과 준정부기관(예, 사립학교 교직원 연금공단)이 따라야 하는「공기업·준정부기관 계약사무규칙」(기재부령)과 기타 공공기관(예, 국토연구원)이 따라야 하는「기타 공공기관 계약사무 운영규정」(기획재정부 훈령) 등도 있습니다.

위에 열거한 계약예규나 계약사무규칙, 계약사무 운영규정들을 후배님께서 모두 알아야 하는 것은 아니니까 걱정하지 마세요. 우리 소속기관이 적용하는 계약예규만 정확히 알고 있으면 됩니다.

제1강 | 겁내지 말아요! 차근차근 법령체계부터 알아봅시다

그럼 이제, 고시에 대해 알아볼까요?

고시(告 고할 고, 示 보일 시)란 법령이 정하는 바에 따라 일정한 사항을 <u>**일반에게 알리기 위한 문서**</u>를 말합니다. 여기서 핵심 문구는 '일반에게 알리기 위한 문서'라는 부분입니다. 예를 들어 기획재정부에서 제정한 고시(제2022-32호, 국가를 당사자로 하는 계약에 관한 법률 등의 기획재정부 장관이 정하는 고시금액)의 내용을 살펴볼까요?

국가를 당사자로 하는 계약에 관한 법률 등의 기획재정부장관이 정하는 고시금액

[시행 2023. 1. 1.] [기획재정부고시 제2022-32호, 2022. 12. 30., 폐지제정]

기획재정부(계약정책과), 044-215-5213, 5217

1. <u>「국가를 당사자로 하는 계약에 관한 법률」 제4조제1항</u>의 규정에 의한 기획재정부장관이 정하여 고시하는 금액

가. 세계무역기구의 정부조달협정상 개방대상금액(국가를 당사자로 하는 계약에 관한 법률 시행령 제2조제3호의 고시금액을 말한다.)
  ○ 물품 및 용역: 2억 2천만 원
  ○ 공사: 83억 원

도대체「국가를 당사자로 하는 계약에 관한 법률」제4조 제1항에는 어떤 내용이 있길래 기획재정부 장관이 별도의 고시를 통해 알리고 있는걸까요?

국가를 당사자로 하는 계약에 관한 법률 (약칭: 국가계약법)

[시행 2021. 7. 6.] [법률 제17816호, 2021. 1. 5., 일부개정]

☐ <u>제4조(국제입찰에 따른 정부조달계약의 범위)</u> ① 국제입찰에 따른 정부조달계약의 범위는 정부기관이 체결하는 물품·공사(工事) 및 용역의 계약으로서 정부조달협정과 이에 근거한 국제규범에 따라 <u>기획재정부장관이 정하여 고시하는 금액 이상의 계약으로 한다.</u> 다만, 다음 각 호의 어느 하나에 해당하는 경우에는 국제입찰에 따른 정부조달계약의 대상에서 제외한다.

위의 조문을 보면 기획재정부 장관이 국제입찰에 부치는 계약의 범위를 정하여 고시하도록 되어 있습니다. 앞서 고시의 정의에서 살펴보았듯이 '법령이 정하는 바에 따라' 즉,「국가계약법」제4조에서 정하는 바에 따라 기획재정부 장관이 고시하고 있는 것입니다. 따라서 법령에는 'ㅇㅇㅇㅇ장관이 정하여 고시한다'라는 문구가 포함되어 있고 이를 토대로 고시문을 제정해서 일반에게 널리 알리는 것이 특징이죠.

여기서 잠깐! '고시'를 알아보았는데 이와 비슷한 '공고'도 있습니다. 두가지 차이는 무엇일까요?

제1강 | 겁내지 말아요! 차근차근 법령체계부터 알아봅시다

고시와 공고의 차이는 무엇일까요?

고시 : <u>법령에서 정하는 바</u>에 따라 일정한 내용을 일반에게 알리는 것
공고 : <u>법령에서 정하지 아니한 경우이나 일반에게 알릴 필요가 있는 경우</u>에 제정하여 일반에게 알리는 것

공통점 : 일반에게 널리 알린다는 것이구요.
차이점 : 법령에서 알리도록 정하고 있으면 '고시'로 제정하고 법령에서 알리도록 정하지 아니한 경우에는 '공고'로 제정하는 것이죠.

후배님! 여기까지 이해되시나요? 지금까지 훈령, 예규, 고시 등을 주로 살펴보았어요.
우리는 계약업무를 수행하는 사람이므로 계약업무간 적용해야 하는 훈령, 예규, 고시가 무엇이 있는지가 제일 중요하겠죠?
훈령은 소속 기관별로 자체 계약관련 훈령이 별도 제정되어있는 경우도 있고 제정된 것이 없는 경우도 있어요. 참고로 국방부의 경우에는 계약업무처리훈령으로부터 각종 적격심사기준까지 8개의 훈령을 제정하여 시행하고 있습니다. 국방부 소속이 아닌 분들은 각자 자기 소속기관의 훈령이 무엇이 있는지를 스스로 찾아보고 확인하시면 좋겠습니다.

예규는 앞에서 설명했듯이, 중앙 행정기관(부·처·청 등) 및 그 소속기관들의 경우 기획재정부에서 제정한 계약예규를 공통적으로 따르기 때문에 기획재정부 계약예규를 주로 살펴보도록 할께요. 기획재정부에서 제정한 계약예규는 제일 자주 보아야 하는 '정부 입찰·계약 집행기준'부터 '경쟁적 대화에 의한 계약체결기준'까지 총 17개의 예규가 있습니다. 계약예규는 국가계약법령만큼 중요하다는 점을 꼭! 잊지마세요.

고시는 국가계약법의 주무 부처인 기획재정부가 제정한 2가지 고시가 있습니다. 이외에 조달청, 문화재청, 방사청 등 다른 중앙 행정기관에서 별도로 제정한 고시들도 있습니다. 후배님이 소속된 기관에서 제정한 고시가 별도로 없다면, 여러분은 기획재정부가 제정한 2가지 고시만 주로 보면 됩니다.(국제입찰을 적용하는 금액 기준을 정해 놓은 고시, 재난 및 경기 침체 등 경제위기를 극복하기 위한 입찰·계약보증금 한시적 특례기간 적용 고시)

제1강 | 겁내지 말아요! 차근차근 법령체계부터 알아봅시다

 Q4 계약예규 17개를 다 알아야 하나요?

후배님! 앞의 Q3에서 계약예규가 국가계약 법령만큼 중요하다는 점을 꼭! 잊지말라고 당부했던거 기억나세요? 잘 기억하고 계시네요. 좋습니다.

먼저 계약예규 17개를 얘기하기 전에,「국가계약법」,「국가계약법 시행령」,「국가계약법 시행규칙」이 중요하지 않다는 얘기는 아닙니다. 당연히 계약예규의 뿌리도 계약법령에서 나온 것이고, 계약예규 내용들은 계약법령을 구체화하고 실무적으로 적용하기 위한 내용이기 때문에 계약법령이 보다 중요한 것이 맞습니다. 다만 '**국가계약 법령 만큼**' 중요하다고 했던 이유가 국가계약 법령도 중요하고 계약예규도 중요하다는 것입니다. 결론적으로 모두 다 중요하다는 것입니다.

그럼 본격적으로 계약담당 실무자들이 자주 찾아보고 중요하게 생각하는 계약예규에 대해서 살펴볼까요?

1. 정부 입찰·계약 집행기준	10. 적격심사기준
2. 예정가격 작성기준	11. 공사계약 종합심사낙찰제 심사기준
3. 공사입찰 유의서	12. 협상에 의한 계약체결 기준
4. 물품구매(제조)입찰 유의서	13. 공동계약 운용요령
5. 용역입찰 유의서	14. 종합계약 집행요령
6. 입찰참가자격 사전심사(PQ) 요령	15. 일괄입찰 등에 의한 낙찰자 결정기준
7. 공사계약 일반조건	16. 경쟁적 대화에 의한 계약체결 기준
8. 물품구매(제조)계약 일반조건	17. 용역계약 종합심사낙찰제 심사기준
9. 용역계약 일반조건	

후배님! 계약예규들을 보니까 복잡하고 어렵게 느껴지시나요? 겁먹을 필요는 전혀 없습니다. 아직은 도입부이기 때문에 여기에서는 계약예규 17개의 제목 위주로 살펴보고 넘어갈테니 부담갖지 마세요.

위의 표와 같이 계약예규는 현재 17개가 제정되어 시행되고 있습니다. 이 계약예규는 항상 17개라고 단정적으로 말할 수 없습니다. 예전에는 15개였는데, 16번 경쟁적 대화에 의한 계약체결 기준과 17번 용역계약 종합심사낙찰제 심사기준이 2018년 12월 31일부로 제정되

제1강 | 겁내지 말아요! 차근차근 법령체계부터 알아봅시다

어 현재는 17개가 유효한 상태입니다.

계약예규를 다 알아야 하나요? 후배님께서 하신 최초의 질문으로 돌아가 봅시다.
각자 담당하는 계약업무 종류(공사, 물품, 용역계약 등)에 따라 틀리겠지만, 제가 주로 많이 찾아보는 것은 1번부터 10번까지, 기타 특수한 경우에 참조해야 하는 것을 11번부터 17번이라고 생각합니다.

만약 후배님이 일반적인 공사계약 업무만 담당한다고 가정해 봅시다. 위의 17개 중에서 1번(정부 입찰·계약 집행기준), 2번(예정가격 작성기준), 3번(공사입찰 유의서), 7번(공사계약 일반조건) 위주로만 보면 되는 것입니다. 반대로 용역계약 업무를 담당한다면 1번(정부 입찰·계약 집행기준), 2번(예정가격 작성기준), 5번(용역입찰 유의서), 9번(용역계약 일반조건) 위주로만 보면 되는 것입니다. 무조건 17개 계약예규를 다 봐야 하는 것도 아니고 항상 머릿속에 외우고 있어야 하는 것도 아니니까 언제나 내가 찾아볼 수 있고 무엇을 보면 된다라는 자신감만 가지고 있으면 됩니다.

참고로, 계약예규는 순번이 따로 부여되어 있지 않습니다. 국가법령정보센터(https://www.law.go.kr)에서 조회(아래에 첨부된 사진 참조)해 보면 각각 명칭, 발령번호, 발령일, 시행일이 부여되어 있습니다. 즉, 하나 하나가 개별적으로 제정된 예규인 것입니다. 다만 우리가 이것을 통칭해서 '계약예규'라고 실무적으로 부르는 것입니다.

※ 번호는 'ㄱㄴㄷㄹ'순으로 검색된 결과에 따른 번호임

제1강 | 겁내지 말아요! 차근차근 법령체계부터 알아봅시다

여기서 잠깐! 위에서 살펴본 계약예규의 법적 구속력이 어디까지 미칠까요? 아래의 질문과 회신자료를 통해서 확인해 볼까요?

잠깐 코너: 기획재정부 계약예규를 계약담당공무원과 계약상대자 모두가 준수하여야 하는지 여부?

■ 기획재정부 회계제도과-566, 2009.3.25. 회신문
대법원은 국가기관이 정한 내부 업무기준에 대하여 원칙적으로 관계공무원만을 구속하는 내부 규정에 불과한 것으로 보고 있으며, 예외적으로 법령과 결합하여 대외적 효력을 발생시키는 경우에 한해 법규성을 인정하고 있음.
(참조. 대법원 2001.12.11. 2001다33604)

그냥 읽어서는 무슨 의미인지 안 와 닿죠? 위에서 얘기하고 있는 '국가기관이 정한 내부 업무기준'이라는 것이 바로 '계약예규'를 말하는 것입니다. 다시 말해서 계약예규는 공무원들이 내부적으로 지켜야 하는 규정이며, 국가계약에 참가하는 입찰참가자나 계약상대자들이 반드시 지켜야 한다고 말할 수 없다는 것입니다.

따라서, 우리가 공사계약 입찰공고를 하거나 계약상대자와 계약서를 작성할 때, 입찰공고문에 공사입찰 유의서를 따른다고 명시하거나 또는 계약서 표지(첨부서류)에 공사계약 일반조건을 명시하는 이유가 바로 이 때문입니다. 계약상대자에게 계약예규의 법적 구속력을 갖게 하기 위해서는 구체적으로 명시해야 함을 꼭! 기억해 주세요.

제1강 | 겁내지 말아요! 차근차근 법령체계부터 알아봅시다

Q5 계약업무를 수행할 수 있는 '회계직'이 따로 있나요?

후배님! 좋은 질문입니다. 공무원이라고 해서 아무 공무원이나 국가계약을 체결하는 것은 아니겠죠? 맞는 얘기입니다. 그럼 국가계약을 체결할 수 있는 회계직 직책은 누구인지 알아볼까요?

이것을 살펴보려면, 「국가계약법」 제6조(계약사무의 위임·위탁)부터 잠깐 살펴봐야겠네요.

국가를 당사자로 하는 계약에 관한 법률 (약칭: 국가계약법)

[시행 2021. 7. 6.] [법률 제17816호, 2021. 1. 5., 일부개정]

☐ 제6조(계약사무의 위임·위탁) ① 각 중앙관서의 장은 그 소관에 속하는 계약사무를 처리하기 위하여 필요하다고 인정하면 그 소속 공무원 중에서 계약에 관한 사무를 담당하는 공무원(이하 "계약관"이라 한다)을 임명하여 그 사무를 위임할 수 있으며, 그 소속 공무원에게 계약관의 사무를 대리(代理)하게 하거나 그 사무의 일부를 분장(分掌)하게 할 수 있다.

「국가계약법」 제6조를 다시 해석해 보면, '각 중앙관서의 장이 계약사무를 처리하는 것이 맞으나 필요한 경우 '계약관'이라는 공무원을 두고 위임하여 처리하게 할 수 있다' 이런 뜻이네요. 어쨌든 '계약관'이라는 회계직이 계약업무를 수행할 수 있다는 것을 알았네요.

후배님! 아마도 여기서 아래와 같은 질문이 생길 거예요.

'계약관'이라는 회계직 말고는 국가계약을 체결할 수 없나요? 실무 현장에서는 '재무관'이라는 직책도 계약업무를 많이 수행하는 것 같은데요? 계약서 표지에 직인이 찍힌 것을 보면 'ㅇㅇㅇㅇ재무관' 찍힌 것도 많던데요? 라고요.

이 질문을 해결하기 위해 다른 법령 조항을 하나 살펴볼까요?
「국가계약법 시행규칙」 제2조 계약담당공무원에 대한 '정의'를 살펴봐야 겠네요.

국가를 당사자로 하는 계약에 관한 법률 시행규칙 (약칭: 국가계약법 시행규칙)

[시행 2021. 10. 28.] [기획재정부령 제867호, 2021. 10. 28., 타법개정]

☐ 제2조(정의) 이 규칙에서 사용하는 용어의 정의는 다음과 같다. <개정 2003. 12. 12., 2005. 9. 8., 2006. 5. 25.>
 1. "계약담당공무원"이라 함은 세입의 원인이 되는 계약에 관한 사무를 각 중앙관서의 장으로부터 위임 받은 공무원, 「국고금관리법」 제22조의 규정에 의한 재무관(대리재무관·분임재무관 및 대리분임재무관을 포함한다. 이하 같다), 「국가를 당사자로 하는 계약에 관한 법률」(이하 "법"이라 한다) 제6조제1항의 규정에 의한 계약관(대리계약관·분임계약관 및 대리분임계약관을 포함한다. 이하 같다) 및 「국고금관리법」 제24조의 규정에 의하여 지출관으로부터 자금을 교부받아 지급원인행위를 할 수 있는 관서운영경비출납공무원(대리관서운영경비출납공무원·분임관서운영경비출납공무원 및 대리분임관서운영경비출납공무원을 포함한다. 이하 같다)과 기타 법령에 의하여 세입세출외의 자금 또는 기금의 출납의 원인이 되는 계약을 담당하는 공무원을 말한다.

제1강 | 겁내지 말아요! 차근차근 법령체계부터 알아봅시다

법령 문구에 '계약담당공무원'이라고 정의했으니 당연히 국가계약을 체결할 수 있는 공무원이겠죠?

누가 가능한지 법령의 문구를 하나씩 살펴보면,

> 1. 재무관 : 「국고금관리법」 제22조의 규정에 따르는 재무관 또는 대리재무관 또는 분임재무관 또는 대리분임재무관   ☞ '재무관'이라는 명칭이 붙으면 다 가능한 것 같네요.
> 2. 계약관 : 「국가계약법」 제6조 제1항의 규정에 따르는 계약관 또는 대리계약관 또는 분임계약관 또는 대리분임계약관   ☞ '계약관'이라는 명칭이 붙으면 다 가능한 것 같네요.
> 3. 관서운영경비 출납공무원 : 「국고금관리법」 제24조의 규정에 따르는 관서운영경비 출납공무원 또는 대리관서운영경비출납공무원 또는 분임관서운영경비출납공무원 또는 대리분임관서운영경비출납공무원
>   ☞ '출납공무원'이라는 명칭이 붙으면 다 가능한 것 같네요.

후배님! 어쨌든, 일반적으로는 '계약관', '재무관', '출납공무원' 등과 같은 회계직이 국가계약 체결이 가능하다는 것을 알았죠?

여기서 재정업무 수행 회계직과 상호 업무관계에 대해서 궁금증이 생길 것 같아요. 제가 생각하는 개념을 그림으로 간략하게 설명해 볼까요?

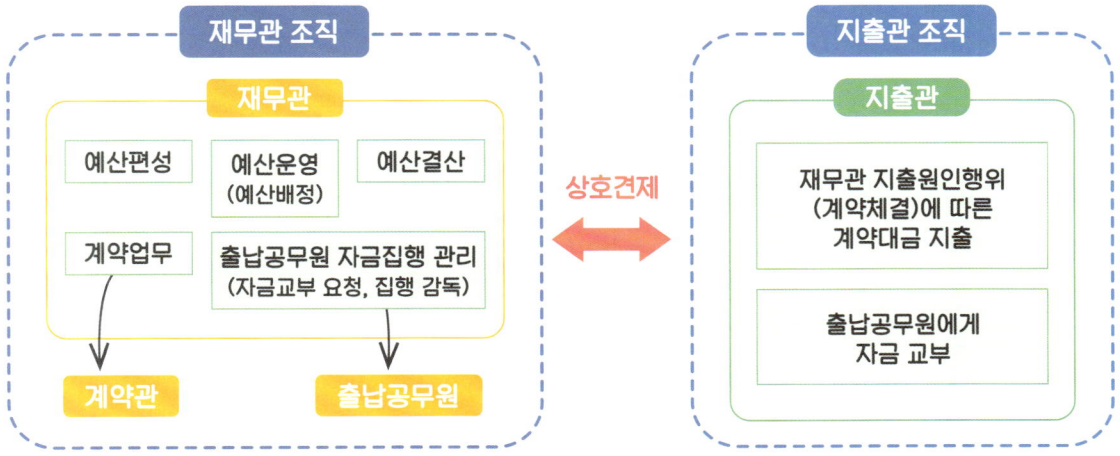

위의 그림을 간략히 설명해 볼까요? 재정조직은 크게 재무관 조직과 지출관 조직으로 나누어져서 상호 견제하도록 구성되어 있습니다.

우선 좌측의 재무관 업무를 보면 예산편성, 예산운영, 예산결산, 계약업무, 출납공무원 자금 집행 관리 업무 등을 모두 수행할 수 있습니다. 기관별로 회계직 임무분장에 따라 틀리겠지

제1강 | 겁내지 말아요! 차근차근 법령체계부터 알아봅시다

만 '재무관'이란 대체적으로 전반적인 재정업무를 관장하는 직책이죠. 이중에서 계약업무만 별도로 수행하는 직책을 두는 경우가 '계약관'입니다. 재무관의 지휘하에서 관서운영경비(일반 사업예산, 예를 들어 일반수용비, 업무추진비, 여비, 기타운영비 등 소액 일상 사업예산)를 집행하는 회계직이 출납공무원입니다.

우측의 지출관 업무를 보면 계약대금 지출, 출납공무원에게 자금을 교부(나누어 줌)하는 등 국고금 지출 및 자금집행 업무만 수행합니다. 여기서 중요한 것은 재무관과 지출관의 '상호견제'라는 구조입니다. 재무관이 지출원인행위(계약행위)를 해서 대금지급(선금, 기성금, 준공금)을 요청하더라도 대금지급 요건이 안 갖춰지면 지출관은 재무관에게 대금지급 서류를 보완하라고 반려합니다. 참으로 멋진 구조라고 생각합니다. 재무관의 잘못된 부분을 과감하게 지적하고 반려하는 지출관이야말로 국고금을 투명하고 정확하게 집행하는 파수꾼같은 직책이라고 생각해요.

다시 앞으로 돌아와서 계약업무를 수행할 수 있는 '회계직'에 대한 질문으로 돌아와 볼까요? 앞페이지 회계직 설명 그림으로 살펴보면 좌측에 있는 노란색 색깔의 회계직, 즉, 재무관, 계약관, 출납공무원 등이 모두 가능한 직책이네요. 이는 지출관과는 반대쪽의 회계직이라고 볼 수 있네요.

여기서 잠깐! 재무관, 계약관, 출납공무원이 계약을 체결할 수 있는 금액의 한도가 있을까요? 관련 법령 조항을 살펴보면서 답을 찾아볼까요?

국고금 관리법

[시행 2020. 6. 9.] [법률 제17339호, 2020. 6. 9., 타법개정]

☐ 제24조(관서운영경비의 지급) ① 중앙관서의 장 또는 그 위임을 받은 공무원은 관서를 운영하는 데 드는 경비로서 그 성질상 제22조에서 규정한 절차에 따라 지출할 경우 업무수행에 지장을 가져올 우려가 있는 경비(이하 "관서운영경비"라 한다)는 필요한 자금을 출납공무원으로 하여금 지출관으로부터 교부받아 지급하게 할 수 있다.
② 제1항에 따라 관서운영경비를 교부받아 지급하는 출납공무원(이하 "관서운영경비출납공무원"이라 한다)은 대통령령으로 정하는 바에 따라 제1항에 따라 교부된 자금의 범위에서 지급원인행위를 할 수 있다.
③ 관서운영경비는 관서운영경비출납공무원이 아니면 지급할 수 없다.
④ 관서운영경비출납공무원은 관서운영경비를 금융회사등에 예치하여 관리하여야 한다.
⑤ 관서운영경비출납공무원이 관서운영경비를 지급하려는 경우에는 정부구매카드(「여신전문금융업법」 제2조제3호 및 제6호에 따른 신용카드·직불카드 또는 「전자금융거래법」 제2조제13호에 따른 직불전자지급수단으로서 대통령령으로 정하는 바에 따라 관서운영경비를 지급하기 위하여 사용되는 것을 말한다. 이하 같다)를 사용하여야 한다. 다만, 경비의 성질상 정부구매카드를 사용할 수 없는 경우에는 대통령령으로 정하는 바에 따라 현금지급 등의 방법으로 지급할 수 있다. <개정 2016. 12. 27.>
⑥ 관서운영경비의 범위, 지급절차 및 정부구매카드의 사용방법 등에 필요한 사항은 대통령령으로 정한다.

[전문개정 2011. 4. 4.]

제1강 | 겁내지 말아요! 차근차근 법령체계부터 알아봅시다

먼저「국고금관리법」제24조(관서운영경비의 지급) 조항을 다시 해석해 보면, 모든 자금집행은 지출관에 의해서 '지출'로 집행하는 것이 맞으나 부득이하게 규정한 절차에 따라 '지출관에 의한 지출'이 곤란한 경우 '출납공무원'에게 자금을 교부하고 출납공무원이 직접 집행하도록 되어 있네요. 동시에 출납공무원에게 교부할 수 있는 범위와 출납공무원의 지급원인행위에 대해서도 나와 있네요. 결론적으로 출납공무원은 본인 직책이 교부받을 수 있는 금액 및 사업예산 범위내에서만 계약행위를 하고 직접 대금도 지급을 할 수 있다는 결론이 나오네요.

그럼, 출납공무원이 교부(자금을 나누어 받음)받을 수 있는 범위는 얼마일까요?「국고금관리법 시행규칙」제52조(관서운영경비의 범위)를 살펴보면, 최고 금액은 건당 500만원으로 나와 있네요.

국고금 관리법 시행규칙

[시행 2021. 10. 28.] [기획재정부령 제867호, 2021. 10. 28., 타법개정]

☐ 제52조(관서운영경비의 범위) ①영 제31조제1호에 따라 관서운영경비로 지급할 수 있는 경비의 최고금액은 건당 500만원으로 한다. 다만, 다음 각 호의 어느 하나에 해당하는 경우에는 그러하지 아니하다. <개정 2007. 11. 6., 2008. 10. 1., 2017. 12. 29.>
 1. 기업특별회계상 당해 사업에 직접 소요되는 경비
 2. 운영비 중 공과금 및 위원회참석비
 3. 특수활동비중 수사활동에 소요되는 경비
 4. 안보비 중 정보활동에 소요되는 경비
 5. 그 밖에 기획재정부장관이 정하는 경비

최종 결론을 내면, 재무관과 계약관은 계약금액에 제한이 없지만, 출납공무원은 교부받을 수 있는 자금(건당 500만원)이내에서만 계약행위가 가능하겠네요. 따라서 출납공무원은 수의계약 위주의 소액계약만 처리할 수 있습니다.

여기서 잠깐! '재무관'이라는 직책은 과거 언제부터 생겼을까요?

제1강 | 겁내지 말아요! 차근차근 법령체계부터 알아봅시다

잠깐코너 — 재무관이라는 직책이 언제부터 생겼을까요?

답은 로마시대입니다.

로마시대 관직 중의 하나로, Quaestor(콰이스토르)라는 직책이 있었습니다. 현재는 재무관으로 번역하지만 라틴어로는 조사관(Investigation)이라는 뜻에 가깝습니다.

로마시대에는 '재무관'(Quaestor, 콰이스토르)을 두어서 인구조사 뿐만아니라 호주들의 재정상태를 조사하도록 했어요. 당시 '재무관'은 재정상태를 정직하게 신고하지 않은 자를 귀족이든 평민이든 상관없이 고발할 수 있는 권한을 가지고 있었습니다. 또한, 국유지 운용, 국고 출납 감독, 도로나 상하수도 건설을 위한 지출 결정도 재무관의 임무였답니다.

결론적으로 국가재정 전반을 책임지는 자리였습니다.

좌측 사진은 누구일까요? 로마 공화정 말기의 정치가이자 장군인 율리우스 카이사르입니다. 영어로는 시저라고 부릅니다. 카이사르가 B.C. 69년 재무관, B.C. 65년 안찰관, B.C. 63년 법무관 등 여러 관직을 역임했다네요. 재무관이 중요한 직책이었다는 것을 고금을 막론하고 새삼 느끼게 되는 것 같습니다.

제2강

제일 중요한 기초예요.
계약 목적물별 종류를
알아봅시다

제2강

제일 중요한 기초예요. 계약 **목적물**별 종류를 알아봅시다

Q1 목적물이 뭐예요? 말이 너무 어려워요.
.... 33

Q2 알겠어요. 그럼~~
건설공사의 업종 구분은 어떻게 되나요?
몇개인가요??
.... 41

Q3 설마~~ 물품계약도 종류가 많나요?
.... 53

Q4 그럼~~ 용역계약의 종류는 어때요?
.... 62

제2강 | 제일 중요한 기초예요. 계약 목적물별 종류를 알아봅시다

Q1 목적물이 뭐예요? 말이 너무 어려워요.

후배님! 왜 이렇게 딱딱한 용어를 써야 할까? 하는 의문이 들죠.
처음에는 모든 게 익숙하지 않고 낯설기 때문에 더 딱딱하게 느껴질 수 있어요. 그런데 그냥 쉽게 생각하면 좋습니다. '목적물'이란, 우리 국가(기관)가 계약을 통해서 궁극적으로 얻고자 하는 것을 말하죠. 즉, 신축 건물일 수도 있구요, 목재 비품일 수도 있구요, 제초용역일 수도 있습니다.

신축 건물을 원하다면 '공사계약'을 통해서 계약목적물을 획득하는 것이구요, 목재 비품을 원하다면 '물품계약'을 통해서 납품되는 것이구요, 제초용역 수행을 원하다면 '용역계약'을 통해서 이루는 것입니다. 즉, 우리 국가(기관)가 계약을 통해서 궁극적으로 얻고자 하는 것에 따라 공사계약, 물품계약, 용역계약의 3가지 종류로 나누어지게 됩니다. 참 쉽죠~~

그럼, 좀 더 구체적으로 계약 목적물에 따른 계약의 종류들을 살펴볼까요? 아래의 표를 잠깐 볼께요.

공사계약	물품계약	용역계약
■ 건설공사(종합공사업, 전문공사업)	■ 물품 제조	■ 기술 용역
■ 전기공사	■ 물품 구매	■ 일반 용역
■ 정보통신공사		
■ 소방공사		
■ 국가유산 수리공사		

첫 번째, 공사계약에 대해서 먼저 알아보겠습니다. 위의 도표에 제시된 공사계약의 종류들은 잠시 잊고 제가 설명하는 예시를 통해서 천천히 이해해 볼까요?

예를 들어, 우리 기관이 우측 사진과 같은 00기숙사(10층 건물, 200개실)를 신축한다고 가정해 봅시다. (보기만 해도 멋있죠)

건물을 신축하는 것이 건설(建 세울 건, 設 세울

제2강 | 제일 중요한 기초예요. 계약 목적물별 종류를 알아봅시다

설)공사 입니다. 건설공사에는 많은 종류의 세부 공사 종류들이 포함되어 있습니다. 얼마나 많은 세부 공사종류들이 포함되어 있는지 나열해 볼까요?

건물을 짓기 위해 땅을 굴착하고 지반을 조성하는 공사(토공사), 건물의 뼈대인 기둥을 세우고 내력벽과 슬라브 등 골격을 세워나가는 공사(철근·콘크리트공사), 건물 내부에 단열재를 넣고 내부 벽체를 깔끔하게 마무리하기 위한 공사(미장공사, 타일공사), 건물 내부에 격벽을 만들기 위해 벽체를 세우거나 벽돌을 쌓는 공사(조적공사), 건물 옥상으로부터 방수처리가 되도록 하는 공사(방수공사), 건물에 페인트를 칠하는 공사(도장공사), 각 호실마다 창문을 달고 출입문을 설치하는 공사(창호공사), 건물 앞쪽에 조경석을 설치하고 나무와 잔디, 꽃 등을 심는 공사(조경식재공사), 건물 내부에 상수도가 공급되고 하수도가 빠져 나갈 수 있도록 설비를 설치하는 공사(상수도설비공사, 하수도설비공사), 건물 내에 냉난방과 공조 시스템이 돌아가도록 설치하는 공사(기계설비공사), 이외에도 금속구조물공사, 실내건축공사, 포장공사 등 다양한 세부 공사종류들이 포함되어야만 하나의 신축 건물이 완성됩니다. (건설공사의 세부 업종 구분은 다음 Question에서 좀 더 자세히 설명해 드릴테니 미리 앞서서 걱정하지 마세요~~)

앞 페이지의 조감도와 같은 건물을 신축하려면 위에서 열거한 세부 공사종류들을 종합적으로 관리하고 시공할 수 있어야 건물을 완성할 수 있습니다. 따라서 조감도와 같은 건물을 신축하려면 종합적인 계획·관리 및 조정 능력을 갖추고 있는 종합공사업 면허를 가진 업체가 시공할 수 있습니다. 이것이 공사계약의 구분 도표에서 가장 맨 먼저 나오는 건설공사(종합공사업)이라는 부분을 설명한 것입니다. 즉, 종합공사업 등록을 한 업체가 시공하도록 하는 공사계약이라는 것입니다.

다음은 건설공사(전문공사업)에 대해서 알아볼까요? 아래의 사진처럼 현재 사용 중인 00기숙사 옥상의 방수가 손상되어서 금번에 방수공사만 새로 한다고 가정해 봅시다.

제2강 | 제일 중요한 기초예요. 계약 목적물별 종류를 알아봅시다

이러한 경우에는 건설업중에서 방수공사업을 전문으로 하는 업체가 방수공사를 하면 되겠죠. 바로 이런 것이 건설공사(전문공사업)입니다. 즉, 전문건설업 등록증을 가진 업체와 공사계약을 맺고 시행하는 것을 말합니다.

한마디로 건설공사(종합공사업)은 오케스트라에서 수많은 악기들이 모여야만 멋진 화음을 만들어내는 종합예술과 같은 것이라고 얘기할 수 있습니다. 한편 건설공사(전문공사업)은 바이올린이나 첼로 등 하나의 악기가 독주하는 연주와 같은 것이라고 얘기할 수 있습니다. 여기에서는 개략적으로 건설공사계약도 종합공사업 계약, 전문공사업 계약의 두 종류로 나누어진다는 것을 이해하시면 됩니다.

앞서 00기숙사(10층 건물, 200개실) 신축공사로 다시 돌아가 봅시다. 건물을 신축할 때 한전으로부터 전기를 인입하여 적정 전압으로 바꾸는 장치를 설치하고(건물 지하층 기계실에 수전반 설치), 각 층별로 나누어 분배하며(배전반), 각 층에서는 각 호실로 나누어 들어가도록 전기장치를 설치(분전반)해야 합니다. 또한 각 호실과 복도 등 모든 건물 구역에 각종 등기구, 콘센트 등을 벽체 시공 전에 같이 매립하고 시공해야겠죠? 이러한 공사를 실시하는 것이 전기공사계약입니다. 당연히 신축 기숙사가 완벽하게 기능을 발휘하기 위해서는 전기공사가 필수이고, 이러한 전기공사는 전기공사업 등록증을 가진 업체가 수행하는 것이 맞겠죠? 이해를 돕기 위해 전기공사업체가 수행하는 공사를 아래와 같이 간략한 사진과 해설로 제시해 보았습니다.

수전반 예시	배전반 예시
	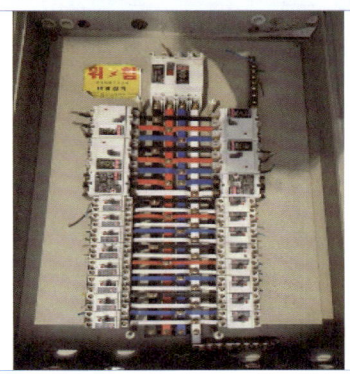
한전에서 공급되는 전기를 받아서 변전(적정 전압으로 바꿈)하고 각 배전반으로 보내는 장치	수전반으로부터 전기를 공급받아서 각각 필요한 곳에 계통별 또는 용도별로 나누어 보내는 장치

제2강 | 제일 중요한 기초예요. 계약 목적물별 종류를 알아봅시다

분전반 예시	벽체 또는 슬라브에 전기배관 설치
분전반 또는 분전함이라고 함. 말단 부하별 또는 전기사용설비 등으로 전력을 공급하는 장치	철근 밑에 미리 전기배관을 설치하고 콘크리트 타설을 진행함

* 건물 규모에 따라서 수전반, 배전반, 분전반을 각각 따로 설치하기도 하지만 수배전반, 분전함 등으로 통합설치하기도 함
* 슬라브 : 슬래브(slab), 평판, 이른바 건물의 바닥면이자 천장처럼 하나의 평판 구조물

아마 후배님은 위의 사진 예시와 설명을 보시면서, 계약담당자가 뭐 이런 것까지 다 알아야 하나요? 라고 생각하셨겠죠? 저의 답은 최소한 어느 정도는 반드시 알아야 한다는 것입니다. 왜냐하면 계약담당자들은 계약목적물의 특성을 제대로 이해해야 계약목적물의 완벽한 완성 및 획득, 품질 등을 보장할 수 있기 때문입니다. 어쨌든 별도의 전기공사 계약도 필수라는 것을 느끼셨겠죠 ~~

동일하게 OO기숙사(10층 건물, 200개실) 신축공사에서 정보통신공사도 필요합니다. 예를 들어 건물 곳곳에 CCTV를 설치하고 중앙관제실에는 CCTV 종합관제장치를 설치하며 각 호실에는 TV 및 인터넷 통신단자와 선로를 설치해야 합니다. 또한 건물전체에 음성 방송이 나갈 수 있도록 선로 구축 및 장비를 설치합니다. 이와 같은 공사를 실시하는 것이 정보통신공사계약입니다. 전기공사와 마찬가지로 완벽한 건물 기능 발휘를 위해서 정보통신공사계약도 필수입니다.

OO기숙사(10층 건물, 200개실) 신축공사에서 소방설비공사도 필요하겠죠? 예를 들어 건물 지하층에는 소방용수 탱크를 설치하고 각 층의 복도마다 소화전을 설치하며 각 호실에는 화재감지기와 스프링클러를 설치해야 합니다. 이러한 공사를 실시하는 것이 소방설비공사계약입니다. 소방은 우리의 생명과 안전을 지켜주는 최후의 보루와 같은 것이므로 반드시 필요한 공사계약이겠죠?

제2강 | 제일 중요한 기초예요. 계약 목적물별 종류를 알아봅시다

이외에도 국가유산수리공사도 공사계약의 한 종류입니다.

이제까지 공사계약의 종류에 대해서 알아보았습니다. 건설공사(종합공사업), 건설공사(전문공사업), 전기공사, 정보통신공사, 소방공사, 문화재수리공사 등이 계약 목적물에 따라 분류하는 공사계약의 종류들입니다. 그럼 여기서 간단한 퀴즈를 내 볼까요?

아래와 같은 계약을 할 때에는 어떤 공사계약이 필요할까요?

1. 기숙사의 호실별 창호가 낡아서 금번에 새 창호로 교체하려고 한다.
   ▶ 답. 건설공사(전문공사업)
      (창호공사업 등록증을 가진 업체와 전문공사계약을 체결)

2. 기숙사 뒤편 공터에 학생들이 이용할 수 있는 소규모 체육관 및 복지시설을 신축하려고 한다.
   ▶ 답. 건설공사(종합공사업)
      (종합공사업 등록증을 가진 업체와 종합공사계약을 체결)
      전기공사 (전기공사업 등록증을 가진 업체와 전기공사계약을 체결)
      정보통신공사 (정보통신공사업 등록증을 가진 업체와 정보통신공사계약을 체결)
      소방공사 (소방공사업 등록증을 가진 업체와 소방공사계약을 체결)

   ▶ 하나의 건물을 완성하기 위해서는 최소한 4개의 공사계약을 각각 체결해야 함
      (실제로는 더 많은 종류의 계약이 체결되어야 하나 이해의 편의를 돕기 위해 여기에서는 4가지만 언급함)

퀴즈를 모두 맞추셨나요? 역시 후배님은 훌륭하십니다.

두 번째로 물품계약의 종류에 대해서 알아보겠습니다. 물품계약은 물품구매계약과 물품제조계약 이렇게 2가지 종류로 나누어집니다. 참 쉽죠? 전혀 어렵지 않습니다.

우리가 시중에서 기성품을 사는 것이 물품구매계약입니다. 예를 들어 OO초등학교 의무실에서 사용할 의약품을 산다고 가정해 봅시다. 시중에 판매되고 있는 의약품 제조회사의 약들을 사겠죠? 이렇게 시중에서 판매되고 있는 물품을 구매하는 것이 물품구매계약입니다.
반대로, 별도의 물품 규격서를 만들고 해당 규격에 맞게 제조해서 납품토록 하는 것이 물품

제2강 | 제일 중요한 기초예요. 계약 목적물별 종류를 알아봅시다

제조계약입니다. 예를 들어 군대에서 155mm 포탄 탄박스가 필요하다고 가정해 봅시다.

이러한 포병 탄박스는 일반 시중에 기성품을 만들거나 판매하는 것이 없겠죠? 이럴 때에는 155mm 포탄 탄박스에 대한 규격과 재질, 시험평가 기준 등을 별도로 제시하고 해당 물품을 제조할 수 있는 업체와 물품제조계약을 하게 됩니다. 이렇게 별도의 규격서를 제시하고 제조해서 납품하도록 하는 것이 물품제조계약입니다.

여기서 잠깐! 어떤 분이 '물품구매계약과 물품제조계약의 차이점'에 대해서 조달청에 질의했던 것이 있어서 한번 가져와 봤습니다.

제목	물품구매와 물품제조구매의 용어 차이를 알고 싶습니다.
질의내용	제목 그대로 계약에 있어 물품구매와 물품제조구매의 용어 차이를 알고 싶습니다.
회신내용	1. 안녕하십니까? 귀하께서 국민신문고를 통해 신청하신 민원(신청번호 1AA-2107-0720086)에 대한 검토 결과를 다음과 같이 알려드립니다. 2. 귀하의 민원내용은 물품계약에 있어 제조와 구매의 차이에 관한 것으로 이해됩니다. 3. 귀하의 질의사항에 대해 검토한 의견은 다음과 같습니다. 국가기관이 발주하는 계약에 있어서 제조, 구매의 구분에 대하여 국가계약법령에서 명시적으로 정한 바는 없습니다. 다만, 계약상대자인 생산자(제조업)가 별도의 주문(계약)에 의하여 제작하거나 가공하여 생산하는 물품을 취득하는 경우인지 또는 판매자(서비스업)가 판매하고 있는 완성품을 구매하여 취득하는 경우인지에 따라 제조와 구매를 구분할 수는 있을 것입니다. 참고로 넓은 의미에서 물품구매는 제조와 구매를 포괄하는 뜻으로 사용되기도 합니다.

회신내용을 다시한번 정리해보면, 생산자(제조업)와 계약하는 것이 물품제조계약이고, 판매자(서비스업)와 계약하는 것이 물품구매계약이라고 이해할 수 있겠네요.

세 번째로 용역계약의 종류에 대해서 알아보겠습니다. 용역계약은 기술용역계약과 일반용역계약 이렇게 2가지 종류로 나눌 수 있습니다. 용역계약의 종류도 엄청 다양합니다. 하나 하나를 설명하는 것보다 기술용역계약과 일반용역계약의 종류들을 눈으로 살펴보면 개략적으로 이해할 수 있기 때문에 아래의 표로 용역계약의 종류들을 제시해 보았습니다.

먼저 기술용역계약의 종류들을 알아볼까요?

제2강 | 제일 중요한 기초예요. 계약 목적물별 종류를 알아봅시다

기술용역계약 구분	계약 예시
■ 「건설기술진흥법」에 의한 건설기술용역	- ○○건물 엘리베이터 개량 건설기술용역 계약 - ○○시설 현대화사업 감독권한 대행 등 건설사업 관리 용역계약 - ○○대교 정밀안전진단 용역계약
■ 「엔지니어링산업진흥법」에 의한 기술용역	- ○○작전지휘부 신축사업 총사업비 타당성 검토 용역계약 - ○○군 생물의약 산업단지 조성사업 설계안전성 검토 용역계약

■ 기타 개별법에 정한 기술용역
  - 「건축사법」에 의한 기술용역
  - 「전력기술관리법」에 의한 기술용역
  - 「정보통신공사업법」에 의한 기술용역
  - 「소방시설공사업법」에 의한 기술용역
  - 「공간정보의 구축 및 관리 등에 관한 법률」에 의한 기술용역
  - 「시설물의 안전 및 유지관리에 관한 특별법」에 의한 기술용역
	- ○○센터 신축 설계용역 계약
	- ○○여고 냉난방설비 개선 전기공사 설계용역 계약
	- ○○○사업 정보통신공사 감리용역 계약
	- ○○초 일반교실 증축 소방공사 감리용역 계약
	- 접근불능지역 공간정보 통합체계 구축용역계약
	- ○○시 실내배드민턴장 정밀안전진단 용역 계약

후배님! 기술용역계약들의 종류들을 보니까 어떠세요? 뭔가 전문적이고 특수한 기술을 보유한 업체들이 수행하는 전문 용역계약처럼 보이죠? 네. 맞습니다. 각각의 법령에 정한 분야별 전문 자격과 등록증을 보유한 업체들이 수행하는 전문 용역계약이라고 이해하시면 되겠습니다.

다음으로 일반용역계약의 종류들을 알아볼까요? 마찬가지로 일반용역계약의 구분과 계약 예시를 아래의 표에서 살펴봅시다.

일반용역계약 구분	계약 예시
■ 학술용역	- 미주·유럽 소재 임시정부 관련 자료 조사·수집 학술연구용역계약
■ 정보통신용역	- ○○정보통신시스템 통합유지보수 용역계약

제2강 | 제일 중요한 기초예요. 계약 목적물별 종류를 알아봅시다

■ 시설관리용역	- 00도서관 자료실 및 시설관리 용역계약 - 00 아시아태평양 마스터스대회 경비보안 용역계약 - 00초 외 7교(2권역) 화장실 및 계단·복도 청소 용역계약 - 00면 도로변 제초 용역계약
■ 폐기물처리용역	- 00유수지 정비사업 폐기물처리 용역계약
■ 운송용역	- 00중학교 3학년 수련활동 학생운송 용역계약
■ 기타 용역	- 10주기 추모 전시회 진행 용역계약 - 00시 일자리 박람회 행사대행 용역계약 - 00도청 00사 공용차량 자동차보험 용역계약 - 협회 홍보물 표준화 디자인 개발 용역계약 - 00분야 신산업 재직자 교육과정 개발 컨설팅 용역계약

일반용역계약도 종류가 참 많죠? 앞서 살펴본 기술용역계약을 제외한 것들을 일반용역계약이라고 부르고 있습니다. 표에서 보시는 바와 같이 일반용역계약은 학술용역, 정보통신용역, 시설관리용역, 폐기물처리용역, 운송용역, 기타용역 등으로 나누어 볼 수 있어요. 요즘은 국가(기관)의 역할도 다양해지고, 국가(기관)에서 직접 수행하는 것보다 민간 전문업체에게 용역계약을 주는 경우가 많아져서 일반용역계약도 분야별로 다양하며 종류들이 증가하고 있는 추세입니다.

계약 목적물에 의한 구분! 설명을 하다보니 세부적인 부분까지 언급하면서 얘기가 길어졌네요. 후배님은 우선 공사계약, 물품계약, 용역계약만 알아도 됩니다. 세부적인 것은 순차적으로 다시 설명할테니까 그냥 읽으면서 쫓아만 오시면 됩니다.

제2강 | 제일 중요한 기초예요. 계약 목적물별 종류를 알아봅시다

Q2 알겠어요. 그럼~~
건설공사의 업종 구분은 어떻게 되나요? 몇 개 인가요?

후배님! 앞의 Q1에서 공사계약, 물품계약, 용역계약 등 계약목적물에 따른 구분을 알아봤죠?

그리고 공사계약의 종류에 대해서 아래 표에서 보는 것처럼 대략적으로 6가지 종류에 대해서 알아봤습니다. 기억 나시나요? 아래 표를 보면서 Q1의 기억을 소환해 볼까요?

공사계약
■ 건설공사(① 종합공사업, ② 전문공사업)
■ ③ 전기공사
■ ④ 정보통신공사
■ ⑤ 소방공사
■ ⑥ 국가유산 수리공사

그리고 앞의 Q1에서 설명할 때, 위의 ㅇㅇ기숙사(10층 건물, 200개실)와 같은 건물을 신축한다는 가정하에 세부 공사 종류들을 이해하기 쉽도록 설명해 드렸던 것도 기억나시나요? 예를 들어, 토공사로부터 → 철근·콘크리트공사 → 조적공사 → 미장공사, 타일공사 → 창호공사 → 방수공사 → 도장공사 → 조경식재공사 → 상수도설비공사, 하수도설비공사 → 기계설비공사 → 기타 금속구조물공사, 실내건축공사, 포장공사 등 많은 세부 공사 종류들이 포함된 건설공사(종합공사업)이 필요하다고 했었죠~~ 그리고 그 신축 건물이 정상적인 기능 발휘를 할 수 있도록 전기공사, 정보통신공사, 소방공사 등도 필요하다고 했었지요. 좋습니다. 본격적으로 이번 Q2로 넘어가 볼까요?

후배님께서 공사 업종의 구분과 종류를 구체적으로 알고 싶다고 하셨는데, 이번 주제는 각각의 법령에서 규정하고 있는 공사업종 등록(자격 요건)에 대해서 살펴보아야 합니다. 앞의 Q1에서 살펴본 공사계약의 종류를 각각의 법령과 매칭하면서 살펴봅시다.

제2강 | 제일 중요한 기초예요. 계약 목적물별 종류를 알아봅시다

공사계약	관련 법령
■ 건설공사(① 종합공사업, ② 전문공사업)	「건설산업기본법」
■ ③ 전기공사	「전기공사업법」
■ ④ 정보통신공사	「정보통신공사업법」
■ ⑤ 소방공사	「소방시설공사업법」
■ ⑥ 국가유산 수리공사	「국가유산 수리 등에 관한 법률」

첫 번째, 건설공사는 「건설산업기본법」에서 크게 두가지(종합공사업, 전문공사업)로 구분하고 있습니다. 여기에서는 「건설산업기본법」 제2조에 나오는 용어의 정의를 잠깐 살펴보고 가겠습니다.

건설산업기본법

[시행 2024. 5. 17.] [법률 제19591호, 2023. 8. 8., 타법개정]

☐ 제2조(정의) 이 법에서 사용하는 용어의 뜻은 다음과 같다. <개정 2018. 8. 14., 2019. 4. 30., 2020. 6. 9., 2023. 8. 8.>
 1. "건설산업"이란 건설업과 건설용역업을 말한다.
 2. "건설업"이란 건설공사를 하는 업(業)을 말한다.
 3. "건설용역업"이란 건설공사에 관한 조사, 설계, 감리, 사업관리, 유지관리 등 건설공사와 관련된 용역(이하 "건설용역"이라 한다)을 하는 업(業)을 말한다.
 4. "건설공사"란 토목공사, 건축공사, 산업설비공사, 조경공사, 환경시설공사, 그 밖에 명칭과 관계없이 시설물을 설치·유지·보수하는공사(시설물을 설치하기 위한 부지조성공사를 포함한다) 및 기계설비나 그 밖의 구조물의 설치 및 해체공사 등을 말한다. 다만, 다음 각 목의 어느 하나에 해당하는 공사는 포함하지 아니한다.
  가. 「전기공사업법」에 따른 전기공사
  나. 「정보통신공사업법」에 따른 정보통신공사
  다. 「소방시설공사업법」에 따른 소방시설공사
  라. 「국가유산수리 등에 관한 법률」에 따른 국가유산 수리공사
 5. "종합공사"란 종합적인 계획, 관리 및 조정을 하면서 시설물을 시공하는 건설공사를 말한다.
 6. "전문공사"란 시설물의 일부 또는 전문 분야에 관한 건설공사를 말한다.

제2조의 4호의 내용을 보면, 전기공사, 정보통신공사, 소방시설공사, 문화재 수리공사 등은 건설공사에 포함하지 아니한다고 명시되어 있네요. 즉, 전기공사, 정보통신공사, 소방시설공사, 국가유산 수리공사는 시설물을 만들어서 세우는 **건설(建 세울 건, 設 세울 설)공사**에 해당하지 않기 때문에 「건설산업기본법」에 해당하지 않는 것이죠. 너무 당연한 얘기인가요? 그러면 본격적으로 건설업의 업종 구분으로 넘어가 볼까요?

제2강 | 제일 중요한 기초예요. 계약 목적물별 종류를 알아봅시다

「건설산업기본법」에 따른 건설업의 업종 구분은 아래「건설산업기본법」제8조(건설업의 등록)에서 규정하고 하고 있어요. 아래 조문을 살펴보면 ①항 건설업의 종류는 종합공사를 시공하는 업종과 전문공사를 시공하는 업종으로 한다. ②항 건설업의 구체적인 종류 및 업무범위 등에 관한 사항은 대통령령으로 정한다. 고 나와 있네요.

건설산업기본법

[시행 2022. 1. 28.] [법률 제18338호, 2021. 7. 27., 일부개정]

제2장 건설업 등록 <개정 2011. 5. 24.>

☐ **제8조(건설업의 종류)** ① 건설업의 종류는 종합공사를 시공하는 업종과 전문공사를 시공하는 업종으로 한다.
② 건설업의 구체적인 종류 및 업무범위 등에 관한 사항은 대통령령으로 정한다.
[전문개정 2011. 5. 24.]

이에 따라「건설산업기본법 시행령」제7조에서 건설업의 업종, 업종별 업무분야 및 업무내용을 규정하고 있고, 이것을 별표 1에서 세부적으로 설명하면서 열거하고 있어요.

건설산업기본법 시행령

[시행 2022. 7. 19.] [대통령령 제32809호, 2022. 7. 19., 일부개정]

☐ **제7조(건설업의 업종, 업종별 업무분야 및 업무내용)** 법 제8조에 따른 건설업의 업종, 업종별 업무분야 및 업무내용은 별표 1과 같다. <개정 2007. 12. 28., 2020. 12. 29.>
[제목개정 2020. 12. 29.]

「건설산업기본법 시행령」제7조의 별표1(건설업의 업종, 업종별 업무분야 및 업무내용)은 크게 2가지 구분으로 나눠져 있습니다. 첫 번째가 종합공사업이고 두 번째는 전문공사업입니다. 아래는 별표1의 **1. 종합공사를 시공하는 업종 및 업무내용** 부분을 일부 요약 발췌한 내용입니다.

「건설산업기본법 시행령」제7조에 따른 별표1 (일부 요약 발췌)

1. 종합공사를 시공하는 업종 및 업무내용

건설업종	업무내용	건설공사의 예시
가. 토목공사업	종합적인 계획·관리 및 조정에 따라 토목공작물을 설치하거나 토지를 조성·개량하는 공사	도로·항만·교량·철도·지하철·공항·관개수로·발전·댐 ···(이하 생략)

제2강 | 제일 중요한 기초예요. 계약 목적물별 종류를 알아봅시다

나. 건축공사업	종합적인 계획·관리 및 조정에 따라 토지에 정착하는 공작물…(이하 생략)	
다. 토목건축공사업	토목공사업과 건축공사업의 업무내용에 해당하는 공사	
라. 산업·환경설비 공사업	종합적인 계획·관리 및 조정에 따라 산업의 생산시설, 환경오염을 예방·제거·감축하거나…(이하 생략)	제철·석유화학공장 등 산업생산시설공사, 환경시설공사(소각장, 수처리설비, 환경오염방지시설, 하수처리시설…(이하 생략)
마. 조경공사업	종합적인 계획·관리 및 조정에 따라 수목원·공원·녹지·숲의 조성…(이하 생략)	수목원·공원·숲·생태공원·정원 등의 조성공사

위의 표에서 보는 바와 같이 종합공사업은 다섯가지 업종으로 구분됩니다. 업종별 업무내용 설명을 보면 공통적으로 '종합적인 계획·관리 및 조정에 따라' 라는 문구가 들어가 있습니다. 앞서 설명했던 00기숙사(10층 건물, 200개실) 신축에서 토공사, 철근·콘크리트공사, 조적공사, 미장공사, 타일공사, 창호공사, 방수공사, 도장공사, 조경식재공사, 상수도설비공사, 하수도설비공사, 기계설비공사, 금속구조물공사, 실내건축공사, 포장공사 등 많은 전문공사들을 종합적으로 계획하고 관리하며 조정할 수 있어야 한다는 것입니다.

그럼 00기숙사(10층 건물, 200개실) 신축은 어느 업종이 수행해야 할까요? 위의 별표1 요약 내용에서 각자 찾아볼까요? 답은 2개입니다. 위의 표 나. 건축공사업과 다. 토목건축공사업 입니다. 다. 토목건축공사업은 토목공사업도 수행할 수 있고 건축공사업도 수행할 수 있는 업체입니다. 말 그대로 토목과 건축공사업 두가지 분야를 모두 수행할 수 있는 종합건설업종이라고 보시면 됩니다. 그래서 나. 건축공사업도 가능하고 다. 토목건축공사업도 가능한 것입니다.

후배님이 담당하는 계약업무에서 아래와 같은 대형 공사계약이 있을까요?
- 도로·항만·교량·철도·지하철·공항·관개수로·발전·댐 등
- 제철·석유화학공장 등 산업생산시설공사, 환경시설공사(소각장, 수처리설비, 환경오염방지시설, 하수처리시설) 등
- 수목원·공원·숲·생태공원·정원 등의 조성공사

아마 있을 수도 있겠지만 대부분은 없을 거라고 생각합니다. 공항이나 댐을 건설한다든지

제2강 | 제일 중요한 기초예요. 계약 목적물별 종류를 알아봅시다

소각장을 건설하는 공사 등은 그렇게 흔하지 않을 것 같습니다. 그렇다면 일반적으로는 가. 토목공사업, 라. 산업·환경설비공사업, 마. 조경공사업 등의 종합공사업종을 계약담당자로서 입찰공고하는 경우는 많이 없겠죠? 그렇다면 우리 계약업무담당자들이 주로 사용하는 건설업종은 나. 건축공사업과 다. 토목건축공사업 일 것입니다. 너무 일반화하면 안 되지만, 후배님이 너무 복잡하게 생각하거나 어렵게 생각할까봐 2가지만 중점적으로 기억하시도록 안내해 드리는 것입니다. 아시겠죠?

여기까지 개략적으로 종합공사업의 5가지 업종을 살펴보았습니다. 종합공사업은 여러개의 전문공사업종을 종합적으로 계획·관리하고 조정하면서 시행해야 하는 건설업종이라는 점을 기억해 둡시다. 이번에는 전문공사업종에 대해서 알아볼까요? 시행령 별표1에 나와있는 부분이 너무 많아서 후배님이 이해하기 편하도록 핵심적인 내용과 대표적인 예시 위주로 간략하게(제 나름대로 ^^) 옮겨 보았어요. (일부는 중략하기도 하고 일부 내용을 생략하기도 했어요.)

「건설산업기본법 시행령」 제7조에 따른 별표1 (일부 요약 발췌)

2. 전문공사를 시공하는 업종

건설업종	업무분야	업무내용	건설공사의 예시
가. 지반조성·포장공사업	1) 토공사	땅을 굴착하거나 토사 등으로 지반을 조성하는 공사	굴착·성토·절토·흙막이공사 등
	2) 포장공사	도로·활주로·광장·단지·화물 야적장 등을 포장하는 공사	아스팔트콘크리트포장공사, 시멘트콘크리트포장공사 등
	3) 보링·그라우팅·파일공사	보링·그라우팅공사, 파일공사	보링공사, 그라우팅공사, 착정공사, 샌드파일공사, 말뚝공사
나. 실내건축공사업	실내건축공사	가) 실내건축공사	실내공사의 구조체 제작 및 마감공사
		나) 목재창호·목재구조물공사	목재창호공사, 칸막이공사, 목재구조물·공작물 축조

제2강 | 제일 중요한 기초예요. 계약 목적물별 종류를 알아봅시다

다. 금속창호·지붕건축물조립공사업	1) 금속구조물·창호·온실공사	가) 창호공사(금속재·합성수지·유리 등)	창호공사·발코니창호공사·외벽유리공사·자동문·회전문설치공사
		나) 금속구조물공사	천장·경량칸막이 등의 공사 가드레일·표지판·울타리·펜스 굴뚝, 탱크, 수문, 옥외광고탑
		다) 온실설치공사	농업·임업·원예용 온실설치공사
	2) 지붕판금·건축물조립공사	가) 지붕·판금공사	지붕공사, 지붕단열공사, 빗물받이 및 홈통공사 등
		나) 건축물조립공사	샌드위치판넬 등의 공사
라. 도장·습식·방수·석공사업	1) 도장공사	도료 등을 칠하는 공사	일반도장공사, 도장뿜칠공사, 차선도색공사 등
	2) 습식·방수공사	가) 미장공사	일반미장공사, 미장모르타르공사, 줄눈공사 등
		나) 타일공사	내·외장 타일 붙임공사, 모자이크 등
		다) 방수공사	방수공사, 에폭시공사, 방습공사 등
		라) 조적공사	블록쌓기공사, 벽돌쌓기공사 등
	3) 석공사	석재를 사용하는 공사	건물 외벽 등 석재공사
마. 조경식재·시설물공사업	1) 조경식재공사	조경수목·잔디 및 초화류 등을 식재	조경수목·잔디·지피식물·초화류 등의 식재공사 등
	2) 조경시설물설치공사	조경석·인조목·인조암 등을 설치	조경석·인조목·인조암, 야외의자·놀이기구 등의 설치
바. 철근·콘크리트공사업	철근·콘크리트공사	철근·콘크리트로 토목·건축구조물 및 공작물 등을 축조	철근가공 및 조립공사, 콘크리트공사, 거푸집 및 동바리공사 등
사. 구조물해체·비계공사업	구조물해체·비계공사	가) 구조물해체공사	건축물 및 구조물 등의 해체
		나) 비계공사	일반비계공사, 발판가설공사 등
아. 상·하수도설비공사	상하수도설비공사	가) 상수도설비공사	취수·정수·송배수를 위한 기기설치공사 등

제2강 | 제일 중요한 기초예요. 계약 목적물별 종류를 알아봅시다

아. 상·하수도설비공사	상하수도 설비공사	나) 하수도설비공사	하수 등의 기기설치공사
자. 철도·궤도공사업	철도·궤도공사	철도·궤도를 설치하는 공사	레일공사, 레일용접공사 등
차. 철강구조물공사업	철강구조물공사	가) 교량 등의 철구조물을 제작·조립·설치하는 공사	교량 등의 철구조물의 제작·조립·설치공사
		나) 건축물의 철구조물을 제작·조립·설치하는 공사	건축물의 철구조물 조립·설치공사
		다) 대형 댐의 수문 등의 철구조물을 조립·설치하는 공사	대형 댐 수문설치공사 등
		라) 그 밖의 각종 철구조물공사	철탑공사 등
카. 수중·준설공사업	1) 수중공사	수중에서 인원·장비 등으로 하는 공사	수중암석파쇄공사·수중구조물의 설치 및 해체공사 등
	2) 준설공사	준설선 등의 장비를 활용하여 준설하는 공사	항만·항로·운하 및 하천의 준설공사 등
타. 승강기·삭도공사업	1) 승강기설치공사	승강설비를 설치·해체·교체 및 성능개선공사	승객·화물·건설공사용 엘리베이터 및 에스컬레이터설치공사 등
	2) 삭도설치공사	삭도를 신설·개설·유지보수 또는 제거하는 공사	케이블카·리프트의 설치공사 등
파. 기계설비·가스공사업	1) 기계설비공사	급배수·위생·냉난방·공기조화·기계기구·배관설비 등을 조립·설치	급배수·환기·공기조화·냉난방 등
	2) 가스시설공사(제1종)	가) 가스시설공사 나) 도시가스공급시설의 설치·변경 (이하 생략)	
하. 가스·난방공사업	1) 가스시설공사(제2종)	(세부 내용 생략)	
	2) 가스시설공사(제3종)	(세부 내용 생략)	

제2강 | 제일 중요한 기초예요. 계약 목적물별 종류를 알아봅시다

	3) 난방공사 (제1종)	(세부 내용 생략)	
하. 가스· 난방공사업	4) 난방공사 (제2종)	(세부 내용 생략)	
	5) 난방공사 (제3종)	(세부 내용 생략)	

* 참고로, 시설물 유지관리업은 '24. 1. 1부터 폐지(종합건설업과 전문건설업 중 선택하여 업종 전환)되었기 때문에 별표 1. 세부업종에서 제외하였음.

전문건설업종들이 참 많죠? 최대한 핵심 내용만 요약하려고 했는데도 무려 4페이지 가까이 나오네요. 이 별표의 내용들을 한번에 다 이해하거나 모든 업종을 구체적으로 알고 있어야 하는 것은 아닙니다. 개략적으로 이런 전문업종들이 있다는 것만 알고 있고 필요할 때 찾아볼 수 있으면 되는 것입니다.

그럼 전문공사업종은 몇 개일까요? 위의 별표 내용의 맨 좌측에 있는 첫 번째 구분이 '건설업종'이니까 가. 지반조성·포장공사업부터 나. 다. 라. 마. 바. 사. 아. 자. 차. 카. 타. 파. 하. 까지 총 14개가 나열되어 있으므로 답은 14개라고 말할 수 있겠네요.

후배님께서 보신 「건설산업기본법 시행령」 제7조에 따른 별표1(건설업종)은 2020년 12월 29일부로 개정된 것입니다. 2020년말까지는 총 29개의 전문건설업종으로 구분되어 있던 것(아래 표의 좌측 부분처럼)을 2021년부터 14개의 전문건설업종으로 통합(아래 표의 우측 부분처럼)하여 개편한 것입니다. 잠시 아래 도표를 살펴보고 계속 얘기를 이어가 볼까요?

〈 전문건설업종 통합 〉

기 존	개 정
1. 토공사업	가. 지반조성·포장공사업
2. 포장공사업	
3. 보링·그라우팅·파일공사업	
4. 실내건축공사업	나. 실내건축공사업
5. 금속구조물·창호·온실공사업	다. 금속창호·지붕건축물조립공사업
6. 지붕판금·건축물조립공사업	

제2강 | 제일 중요한 기초예요. 계약 목적물별 종류를 알아봅시다

7. 도장공사업	라. 도장·습식·방수·석공사업
8. 습식·방수공사업	
9. 석공사업	
10. 조경식재공사업	마. 조경식재·시설물공사업
11. 조경시설물설치공사업	
12. 철근·콘크리트공사업	바. 철근·콘크리트공사업
13. 비계·구조물해체공사업	사. 구조물해체·비계공사업
14. 상하수도설비공사업	아. 상·하수도설비공사업
15. 철도·궤도공사업	자. 철도·궤도공사업
16. 강구조물공사업	차. 철강구조물공사업
17. 철강재설치공사업	
18. 수중공사업	카. 수중·준설공사업
19. 준설공사업	
20. 승강기설치공사업	타. 승강기·삭도공사업
21. 삭도설치공사업	
22. 기계설비공사업	파. 기계가스설비공사업
23. 가스시설시공업(제1종)	
24. 가스시설시공업(제2종)	하. 가스난방공사업
25. 가스시설시공업(제3종)	
26. 난방시공업(제1종)	
27. 난방시공업(제2종)	
28. 난방시공업(제3종)	
29. 시설물유지관리공사업	전문 또는 종합공사업종으로 전환 후 폐지

위의 표에서 보신 바와 같이 좌측의 29개의 전문건설업종이 14개의 대업종화된 전문건설업 종으로 통합된 것이 보이시죠? 이것은 2020년 12월 28일 김현미 국토교통부 장관의 이임

제2강 | 제일 중요한 기초예요. 계약 목적물별 종류를 알아봅시다

사에서 '45년만의 칸막이식 건설업역 혁파'라고 언급할 만큼 역사적인 혁신이었습니다. 따라서 2020년 12월 21일 국토교통부에서 발표한 '건설산업 혁신방안' 관련 보도자료 일부분을 잠깐 읽어보고 갈까요?

보 도 자 료   대한민국 대전환 **한국판뉴딜**

국토교통부

배포일시	2020. 12. 21. (월) 총 8매 (본문 6, 붙임 2)

담당부서	건설정책과	담당자	• 과장 주종완, 사무관 김석원 • ☎ (044) 201-3514
	공정건설추진팀	담당자	• 팀장 윤성업, 사무관 정태현 • ☎ (044) 201-3518, 3541

보도일시	2020년 12월 22일(화) 석간부터 보도하여 주시기 바랍니다. ※ 통신·방송·인터넷은 12. 22.(화) 11:00 이후 보도 가능

국토부, '21년 1월부터 건설산업 혁신방안 본격시행

◆ **건설산업 기본법 시행령 12월 22일 국무회의 통과**
 - 전문건설업의 **대업종화**(28개 → 14개), 전문건설업 **주력분야** 도입, 시설물 유지관리업 개편 등 '22년부터 시행

---

1. 건설산업기본법 시행령 개정

□ 국토교통부(장관 김현미)는 전문건설업 내 업종체계를 전면 개편하는 내용의「건설산업기본법 시행령」개정안이 12월 22일 국무회의를 통과하였다고 밝혔다.

□ '22년부터 시행되는 시행령 개정안의 주요 내용은 다음과 같다.

① **전문건설업종 대업종화**(영 별표 1, 부칙 제3조 및 제7조제1항)

 ○ '21.1월부터 공공공사는 업역 폐지가 시행됨(민간공사는 '22년부터)에 따라, 전문 건설업체의 종합공사 수주를 보다 용이하게 하도록 전문업종을 현 28개(시설물 유지관리업 제외)에서 14개로 통합한다.

 ○ 공공공사는 '22년, 민간공사는 '23년부터 대업종으로 발주한다.

 ○ '22.1월부터 각 전문업체는 대업종으로 자동 전환되며, 신규 업종 등록 시 대업종을 기준으로 전문건설업종을 선택할 수 있다.

제2강 | 제일 중요한 기초예요. 계약 목적물별 종류를 알아봅시다

> ② <u>주력분야 제도 도입</u> (영 제7조의2, 별표 2 및 부칙 제7조제2항)
>
> ○ 대업종화로 업무범위가 넓어짐에 따라 발주자가 **업체별 전문 시공 분야**를 판단할 수 있도록 주력분야 제도를 도입한다.
>
> ○ 주력분야는 현 전문업종을 기준으로 **28개**로 분류하여 운영한다.
>
> ○ 전문업체는 '22년 대업종화 시행 이전 등록한 업종을 **주력분야**로 **자동 인정**받게 되고, '22년 이후 대업종으로 **신규 등록** 시 주력분야 취득요건을 갖출 경우 **주력분야 1개 이상**을 선택할 수 있다.
>
> ③ <u>시설물 유지관리업 업종전환</u> (영 부칙 제2조, 제6조)
>
> ○ 종합·전문 업역 폐지로 '21년부터 모든 건설업체가 시설물업이 수행 중인 '복합+유지보수 업역'에 참여 **가능한만큼**, **시설물업을 별도의 업역 및 이에 따른 업종**으로 유지할 실익이 없어졌다.
>
> ○ 기존 사업자는 특례를 통해 **자율적으로** '22년부터 '23년까지 전문 **대업종 3개*** 또는 **종합업**(토목 또는 건축)으로 전환할 수 있으며, 업종전환하지 않은 업체는 '24. 1월에 등록 **말소된다.**
>
>   * 유지보수와 관련 있는 지반조성·포장, 실내건축 등 6개 대업종 중 3개 선택 가능
>
> - 업종전환 시 추가 자본금·기술자 보유 등 **등록기준 충족 의무**는 '**26년 말까지 면제**하되, **영세업체**의 경우 '**29년 말까지 면제**한다.

결론적인 요지는 크게 3가지입니다. 첫 번째 전문건설업을 대업종화함으로써 기존 29개에서 14개의 전문건설업종으로 개편하는 것, 두 번째 전문건설업 대업종화 추진과 맞물려서 주력분야를 등록하는 것, 세 번째 시설물유지관리업종을 23년말까지만 유지하고 24년도부터는 폐지하는 것입니다.

자~~ 그럼, 앞서의 질문과 그에 대한 답으로 돌아가 볼까요? 질문은 '전문공사업종은 몇 개일까요?'였습니다. 답은 14개가 맞습니다. 시설물유지관리업은 23년말까지만 한시적으로 유지되었고 '2024. 1. 1. 부터 시설물유지관리업은 전문공사업이나 종합공사업으로 전환되었기 때문에 업종 구분에 포함하지 않는 것이 맞습니다.

후배님! 이번 Q2에서 많은 것을 배웠죠? 잠깐 상기해보면서 요약정리를 해 볼까요?
공사는 건설공사(종합공사, 전문공사), 전기공사, 정보통신공사, 소방공사, 국가유산수리공

제2강 | 제일 중요한 기초예요. 계약 목적물별 종류를 알아봅시다

사 등의 공사종류로 우선 나누어진다고 시작했습니다. 여기서 「건설산업기본법」에 의한 건설공사는 5개의 종합공사업종과 14개의 전문공사업종(대업종화 및 시설물유지관리업 폐지)이 있다고 살펴보았습니다. 공사의 종류가 다양하고 건설공사의 업종도 다양하는 것만 우선 이해하셔도 됩니다. 혹시 이해가 안 되신다면 한번 더 읽어보시는 것도 괜찮을 것 같습니다. 언제나 기초가 튼튼할 때 높은 건물을 굳건하게 쌓아올릴 수 있으니까요.

제2강 | 제일 중요한 기초예요. 계약 목적물별 종류를 알아봅시다

Q3 설마~~ 물품계약도 종류가 많나요?

후배님! 앞의 Q2에서는 공사계약의 종류, 건설업종의 구분에 대해서 살펴보았죠? 많이 복잡하고 어려웠을거라 생각됩니다. 이번 Q3에서는 물품계약의 종류에 대해서 알아볼까요?

물품계약은 앞서 Q1의 계약목적물에 따른 구분에서 간략하게 설명했었습니다. 아래 도표를 보면 더 쉽게 생각날겁니다.

물품계약의 종류	내 용
■ 물품 구매계약	시중에 판매되고 있는 기성품을 구매하는 계약
■ 물품 제조계약	우리 수요기관에 필요한 특정한 규격과 사양에 따라서 물품을 직접 제조해서 납품하는 계약

앞의 Q1에서 설명했던 예시를 다시 꺼내 볼까요?
00초등학교 의무실에서 사용할 의약품을 사는 것으로 예를 들어 보았습니다. 시중에 판매되고 있는 의약품을 사는 것은 물품구매계약입니다.
한편 다른 예로, 군대에서 155mm 포탄 탄박스가 필요하다고 가정해 봅시다. 포탄 탄박스는 일반 시중에 기성품을 만들거나 판매하는 것이 없겠죠? 이렇게 155mm 포탄 탄박스에 대한 규격과 재질, 시험평가 기준 등을 제시해서 해당 물품을 제조할 수 있는 업체와 물품제조계약을 하게 됩니다. 이렇게 별도의 규격서를 제시하고 제조해서 납품하도록 하는 것이 물품제조계약입니다.

후배님도 여기까지는 충분히 이해하고 있을꺼라 믿습니다. 하지만 물품계약의 종류를 이렇게 2가지로만 쉽게 얘기한다면 수많은 물품계약 담당자들이 저한테 항의 전화를 할 겁니다. 왜냐하면 실무에서는 물품의 수많은 종류들, 물품별 특성들, 납품 방법의 다양성 등으로 물품계약이 상당히 어렵기 때문입니다. 따라서 물품계약의 큰 그림을 이해하실 수 있도록 물품 조달 체계(조달기관, 계약방법, 관련 법령)를 전반적으로 소개하도록 하겠습니다. 소개 형태이므로 너무 겁먹지 마세요~~

첫 번째로 물품계약은 수행하는 기관에 따라 조달청 계약과 발주기관 자체 계약으로 나누어

제2강 | 제일 중요한 기초예요. 계약 목적물별 종류를 알아봅시다

집니다. 우리나라의 모든 국가기관 및 지방자치단체, 공공기관들은 일정 규모 이상의 공사, 물품, 용역계약을 발주할 때 전문 대행기관인 '조달청'에 위탁해서 수행하도록 되어 있습니다. 이것은 「조달사업에 관한 법률」에 명시되어 있습니다. 이를 근거로 조달청이 사전에 일정 단가로 물품을 납품하도록 계약을 체결해 놓은 업체에 물품납품 주문을 하는 경우도 있고, 우리 기관이 자체적으로 입찰공고를 실시해서 물품계약을 직접하는 경우도 있으며, 일정 규모 이상(추정가격 1억원 이상의 물품을 구매하는 경우)일 경우 조달청에서 입찰공고 및 계약체결을 실시하는 경우 등 세가지 구분으로 나누어 집니다.

아래의 그림은 방금 위에서 설명한 세가지 구분을 그림으로 도식화한 것이며, 각각의 방법에서 좀 더 구체적인 계약추진 방법까지 포함한 그림입니다.

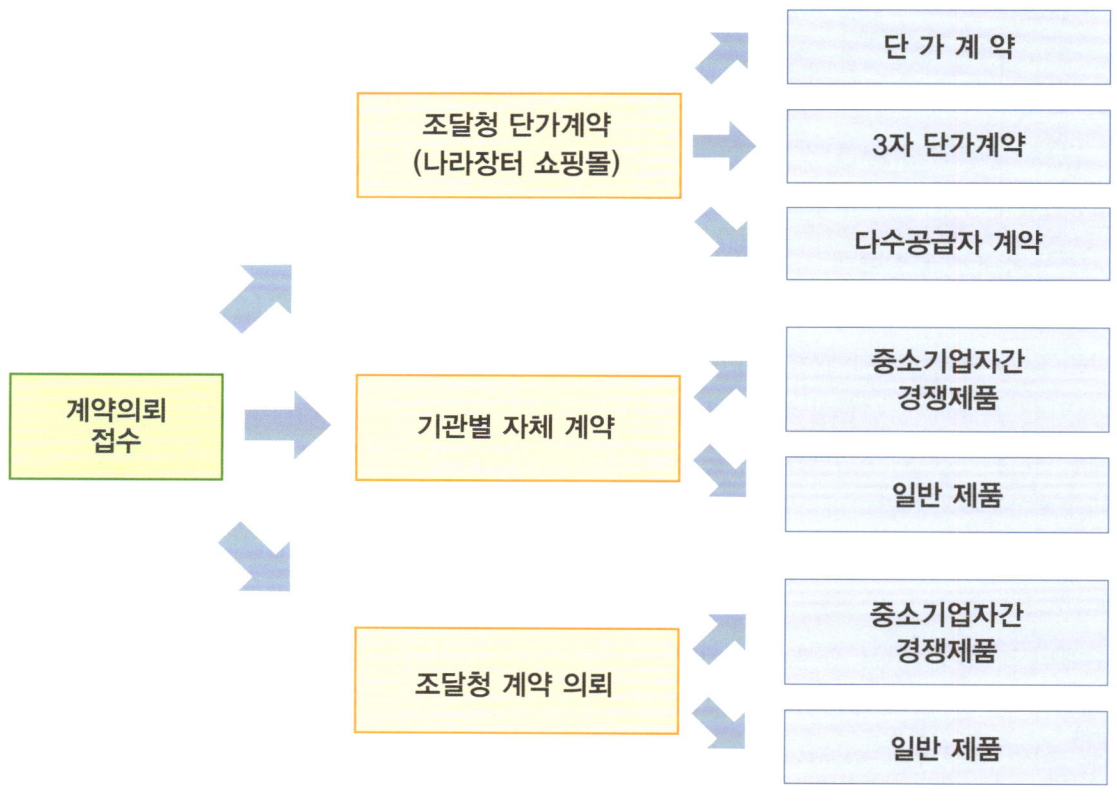

그림에서 살펴보면 총 3가지 구분 중 조달청이 수행하는 방법이 2개나 차지하네요. 위에서 가장 맨 위의 '조달청 단가 계약'과 아래 세 번째에 나오는 '조달청 계약 의뢰'의 차이점은 무엇일까요?

제2강 | 제일 중요한 기초예요. 계약 목적물별 종류를 알아봅시다

가장 맨 처음에 나오는 '조달청 단가 계약'은 이미 시중에서 만들어져서 판매되고 있는 다양한 물품들을 조달청에서 납품단가를 정하여 사전 계약을 체결해 놓은 것을 말합니다. 예를 들어, 수요기관에서 문서세단기를 구매한다고 가정해 봅시다. 우리나라에 문서세단기를 제조하는 업체들이 A부터 B, C, D, E, F, G, H, I, J까지 총 10개 업체가 있다고 가정해 봅시다. 조달청에서는 매년 해당 업체들(A부터 J까지 10개 업체)과 각 업체들이 생산하는 제품별로 납품단가를 정하여 계약을 체결해 놓습니다. 조달청은 이렇게 제품별로 단가계약을 체결해 놓은 정보들을 '조달청 종합쇼핑몰'에 모두 올려 놓습니다. 수요기관은 해당 기관이 필요한 물품들을 '조달청 종합쇼핑몰'에서 검색하고 선택해서 납품토록 요구하는 방식입니다. 이것이 이른바 '조달청 단가계약'입니다. 좀 더 실무적인 이해를 돕기 위해 '조달청 종합쇼핑몰'에서 문서세단기를 검색한 화면을 캡쳐해서 아래에 제시해 봤습니다.

제2강 | 제일 중요한 기초예요. 계약 목적물별 종류를 알아봅시다

실제 '조달청 종합쇼핑몰'에서 문서세단기를 검색해 보면 무려 280여개가 나옵니다. 위의 캡쳐 사진에서 보듯이 업체별로 생산하는 제품 형상과 규격, 성능이 모두 다르고 제품별 가격(우측 빨간색 표시)도 다릅니다. 수요기관은 단지 해당 수요기관에 맞는 제품을 선택하고 납품토록 요청하는 것이 '조달청 단가계약' 방식입니다. '조달청 단가계약'은 다시 단가계약, 3자 단가계약, 다수공급자 계약 등 세가지 방식으로 나누어지는데 이것은 나중에 물품계약 파트(제2권 발간 예정)에서 설명하겠습니다. 여기에서는 조달청에서 미리 단가계약을 체결해 놓고 수요기관은 선택만 하는 방식이 '조달청 단가계약' 방식이라는 정도만 알고 넘어가시면 됩니다.

설명 순서가 약간 이상하지만, 이번에는 세 번째에 나오는 '조달청 계약 의뢰'에 대해서 알아보겠습니다. 앞서 설명했듯이 우리나라의 모든 국가기관 및 지방자치단체, 공공기관들이 발주하는 일정 규모 이상의 공사, 물품, 용역계약은 전문 대행기관인 '조달청'이 수행하도록 되어 있다고 했습니다. 이에 대한 관련 법령을 잠깐 살펴보고 갈까요?

조달사업에 관한 법률 (약칭: 조달사업법)
[시행 2020. 12. 10.] [법률 제17348호, 2020. 6. 9., 타법개정]

☐ **제2조(정의)** 이 법에서 사용하는 용어의 뜻은 다음과 같다. <개정 2020. 6. 9.>
1. "조달물자"란 수요물자와 비축물자(備蓄物資)를 말한다.
2. "수요물자"란 수요기관에 필요한 물자로서 대통령령으로 정하는 물자를 말한다.
3. "비축물자"란 장단기(長短期)의 원활한 물자수급과 물가안정, 재난·국가위기 등 비상시 대비를 위하여 정부가 단독으로 또는 정부와 민간이 협력하여 비축하거나 공급하는 원자재, 시설자재 및 생활필수품으로서 대통령령으로 정하는 물자를 말한다.
4. "안전관리물자"란 국민의 생활안전, 생명보호, 보건위생과 관련된 조달물자로서 조달청장이 지정·고시하는 물자를 말한다.
5. "수요기관"이란 조달물자, 공사 계약의 체결 또는 시설물의 관리가 필요한 다음 각 목의 기관을 말한다.
   가. 「국가재정법」 제6조에 따른 독립기관 및 중앙관서(이하 "국가기관"이라 한다)
   나. 「지방자치법」 제2조에 따른 지방자치단체(이하 "지방자치단체"라 한다)
   다. 그 밖에 대통령령으로 정하는 기관

☐ **제3조(조달사업의 범위)** 조달청장이 하는 조달사업의 범위는 다음 각 호와 같다.
1. 조달물자의 구매, 물류관리, 공급 및 그에 따른 사업
2. 수요기관의 공사 계약 및 그에 따른 사업
3. 수요기관의 시설물 관리·운영 및 그에 따른 사업
4. 조달물자 및 안전관리물자의 품질관리
5. 국제조달 협력 및 해외 조달시장 진출 지원
6. 그 밖에 다른 법령에서 조달청장이 할 수 있거나 하도록 규정한 사업

「조달사업에 관한 법률」 제2조(정의) 5호를 보면, 수요기관은 중앙관서, 지방자치단체, 그 밖에 대통령령으로 정하는 기관 등이 모두 수요기관에 속한다는 것을 알 수 있습니다. 또한

제2강 | 제일 중요한 기초예요. 계약 목적물별 종류를 알아봅시다

제3조(조달사업의 범위)를 살펴보면, 조달물자의 공급부터 공사계약, 시설물 관리·운영 등도 조달청에서 수행하는 범위라는 것을 알 수 있습니다. 결론은 우리나라 정부 조달의 원칙은 '조달청 조달'이 원칙이라는 것입니다.

그러면 어떤 경우에 각 수요기관에서 직접 조달하고, 어떤 경우에는 조달청에서 의뢰해서 조달하는 것인지가 약간 궁금해지죠? 공사, 물품, 용역계약 전반을 살펴보면 오히려 더 복잡하게 느껴지므로, 여기에서는 물품계약에 국한해서 알아보기로 하겠습니다.
다시 「조달사업에 관한 법률」 제11조(계약체결의 요청) 문구를 살펴볼까요?

조달사업에 관한 법률 (약칭: 조달사업법)

[시행 2020. 12. 10.] [법률 제17348호, 2020. 6. 9., 타법개정]

제3장 계약체결의 요청 및 계약방법의 특례

☐ **제11조(계약체결의 요청)** ① 수요기관의 장은 수요물자 또는 공사 관련 계약을 체결할 때 계약 요청 금액 및 계약의 성격 등이 <u>대통령령</u>으로 정하는 기준에 해당하는 경우에는 조달청장에게 계약체결을 요청하여야 한다. 다만, 천재지변 등 부득이한 사유로 계약체결을 요청할 수 없거나 국방 또는 국가기밀의 보호, 재해 또는 긴급 복구 및 기술의 특수성 등으로 계약체결을 요청하는 것이 부적절한 경우 등 대통령령으로 정하는 경우에는 그러하지 아니하다.
② 수요기관의 장은 제1항 본문에 해당하지 아니하는 경우에도 조달청장에게 수요물자의 구매 및 공사의 계약체결을 요청할 수 있다.
③ 조달청장은 제1항 본문 및 제2항에 따라 계약체결을 요청받은 경우 수요기관이 계약체결에 적용하여야 할 법령에 따라 계약체결의 방법 등을 수요기관과 협의하여 결정하여야 한다. 다만, 계약의 목적이나 특성상 협의가 필요하지 아니하다고 판단되면 협의를 생략할 수 있다.
④ 조달청장은 제3항 본문에 따른 협의가 이루어지지 아니하는 경우에는 수요기관이 직접 계약을 체결하게 할 수 있다.

법률 제11조(계약체결의 요청) ①항을 보면, '대통령령으로 정하는 기준에 해당하는 경우에는 조달청장에게 계약체결을 요청하여야 한다.'라고 명시되어 있네요. 그럼 대통령령에는 어떻게 규정되어 있는지 살펴볼까요?

조달사업에 관한 법률 시행령 (약칭: 조달사업법 시행령)

[시행 2021. 8. 9.] [대통령령 제31931호, 2021. 8. 6., 타법개정]

제3장 계약체결의 요청 및 계약방법의 특례

☐ **제11조(계약체결의 요청 등)** ① 법 제11조제1항 본문에서 "대통령령으로 정하는 기준"이란 다음 각 호의 어느 하나에 해당하는 기준을 말한다.
1. <u>국가기관과 그 소속 기관이 수요물자를 구매하는 계약의 경우</u>에는 「국가를 당사자로 하는 계약에 관한 법률 시행령」 제2조 제1호에 따른 <u>추정가격</u>(이하 "추정가격"이라 한다)이 <u>1억원(외국산 물품의 경우에는 미합중국화폐 20만달러) 이상인 것</u>

대통령령 제11조(계약체결의 요청 등) ①항에는 '추정가격이 1억원 이상인 것'이라고 나와 있네요. 결론적으로 각 수요기관에서 1억원 이상의 물품을 조달하는 경우에는 조달청으로

제2강 | 제일 중요한 기초예요. 계약 목적물별 종류를 알아봅시다

계약 요청을 하도록 되어 있네요. 각 수요기관에서 1억원 이상의 물품계약 사업을 조달청으로 의뢰하면, 조달청은 해당 물품이 중소기업자간 경쟁제품인지? 일반제품인지? 에 따라서 입찰참가자격을 달리해서 계약을 추진합니다. 중소기업자간 경쟁제품과 일반제품의 차이점, 계약추진방법 비교 등 세부내용은 물품계약 파트에서 설명하기로 하기로 하고, 이로써 세 번째 박스로 나와있는 '조달청 계약 의뢰'에 대한 설명을 마치겠습니다. 후배님은 1억원 이상의 물품계약 사업을 추진하는 경우 조달청으로 계약의뢰를 하여야 한다는 정도만 알고 넘어가시면 됩니다.

첫 번째 박스(조달청 단가계약)와 세 번째 박스(조달청 계약 의뢰)를 먼저 살펴보았고, 이번에는 두 번째 박스인 '기관 자체 계약'을 살펴보겠습니다. 수요기관에서 자체적으로 계약하는 것은 조달청 단가계약(첫번째 박스)도 아니고, 조달청 계약 의뢰(세번째 박스) 대상도 아닌 것을 수요기관에서 자체적으로 공고하고 해당 낙찰자와 계약을 체결하는 것입니다.

예를 들어 설명해 보겠습니다. 우리 수요기관이 약 12,250,000원의 예산액으로 탁상용 달력 3,600부를 제작하려고 한다고 가정해 보겠습니다. 이 탁상용 달력은 우리 수요기관만의 멋진 풍경, 자랑거리, 자긍심이 느껴질 수 있는 사진들을 수록해서 멋지게 만들어야 합니다. 이와 같은 물품 제조 계약은 어떻게 추진해야 할까요? 앞서 살펴본 세가지 경우에서 계약추진 방법을 살펴보겠습니다.

첫 번째 박스 '조달청 단가계약'을 적용해서 '조달청 종합쇼핑몰'에서 찾아보았지만 기성품으로 계약되어있는 품목이 없었습니다. 설령 계약되어 있는 품목이 있다 하더라도 우리 수요기관이 원하는 형태, 재질, 도수, 크기 등을 맞출 수 없을 것입니다. 따라서 '조달청 단가계약'을 적용하기는 불가능 합니다. 세 번째 박스 '조달청 계약 의뢰'를 적용해 본다면, 물품계약 추정가격이 1억원 미만이므로 조달청으로 계약의뢰를 하는 것도 불가능한 것입니다. 그럼 이제 남은 방법은 두 번째 박스 '기관 자체 계약'입니다. 이렇게 '조달청 단가계약'도 아니고, '조달청 계약 의뢰' 대상도 아닌 경우, 수요기관 자체에서 공고를 하고 물품계약을 추진하는 것입니다. 아래 예시는 ○○학교에서 실제 공고한 '00년 탁상 달력 제작' 사업을 예시로 들어서 설명하겠습니다. 아래 자료들은 해당 입찰공고문(1페이지 상단), 내역서(엑셀), 계약특수조건(계약업체 준수사항 등), 사양서(형상 예시 및 작업절차 등) 등 물품계약의 특징을 이해하실 수 있을 것 같아서 부분 캡처한 자료를 덧붙여 드립니다. 물품계약 최종 목적물에 대한 품질을 보장하고 계약업체와의 이견이나 마찰을 줄이기 위해서 얼마나 많은 노력과 심

제2강 | 제일 중요한 기초예요. 계약 목적물별 종류를 알아봅시다

혈을 기울어야 하는지 느껴보시면 좋을 것 같습니다.

공고문 1페이지에 나와 있는 입찰에 부치는 사항입니다.

(긴급)입 찰 공 고

1. 본 입찰은 전자입찰 및 청렴계약제 대상 사업임.

2. 입찰에 부치는 사항
   가. 건   명 : 23년 탁상 달력 제작
   나. 입찰등록마감일시 : '22. 9.27.(화) 15:00시 / 국방전자조달시스템
   다. 입찰서제출마감일시 : '22. 9.28.(수) 10:00시 / 국방전자조달시스템
   라. 입 찰 일 시 / 장 소 : '22. 9.28.(수) 10:30시 / 국방전자조달시스템
   마. 예   산   액 : 12,250,000원 / 부가가치세 포함
   마. 납 품 기 한 : 계약일로부터 '22.11.29.(화)까지
   바. 납 품 장 소 :

공고문과 같이 첨부된 내역서 입니다. 규격, 단위, 수량, 단가를 토대로 공고에 부치는 금액이 계산되어 있네요.

용 역 내 역 서

단위 : 원

순번	품 명	규 격	단위	수량	단 가	금 액	비고
1	북타입 탁상용 달력 (26면(표지포함 13장/양면인쇄))						
2	디자인	26면	식	1	2,600,000	2,600,000	
3	달력제작 (아르테 210g / 4도인쇄 / 본드 제본)	16.5 × 27.5	부	3,600	2,480	8,930,000	
4	발송용 봉투 (모조지 120g)	달력규격에 맞춤	장	3,600	200	720,000	
	합 계					12,250,000	

제2강 | 제일 중요한 기초예요. 계약 목적물별 종류를 알아봅시다

공고문과 같이 첨부된 계약 특수조건 중 일부입니다. 계약업체가 준수해야 할 사항들을 구체적으로 제시하고 있습니다.

> **제6조 최종검토 및 인쇄**
> 1. "공급자"는 편집물을 인쇄하기 전에 직접 "사업주관부서"에 방문, 인쇄본과 같은 색도와 형태의 가제본(2부)에 대해 최종검토 및 감수를 받아야 한다.
> 2. "사업주관부서"는 제1항의 검토 및 검수과정에서 제작의도와 부합되지 않는 부분 등에 대해서는 수정·편집을 요구할 수 있고 "공급자"는 이에 응하여야 하며, 수정된 부분에 대해 제1항의 검토 및 감수를 받아야 한다.
> 3. "공급자"는 "사업주관부서"의 최종검토 및 감수를 받은 후, 완성품을 7일 이내에 인쇄 완료하여 납품할 수 있도록 하여야 하며 인쇄본에 대해 "사업주관부서"로부터 결격사유 검사를 받아야 한다.
> 4. 인쇄의 제 과정에서 지연에 따른 문제 야기 시 이에 따른 책임은 "공급자"에게 있다.

공고문과 같이 첨부된 사양서 중 일부입니다. 견본 사진도 포함되어 있습니다.

> **1. 제작 개요**
>   가. 달력 규격
>   1) 수　　량 : 3,600부
>   2) 규격/면수 : 27.5cm × 16.5cm / 26면(표지포함 13장 / 양면인쇄)
>   ※ 달력형태 : 북타입 탁상 달력
>   3) 재　　질 : 아르떼 210 (봉투 모조지 120g)
>   ※ 달력 규격에 맞춤
>   4) 색　　도 : 4도
>   5) 제　　본 : 본드제본
>   6) 달력견본 사진

제2강 | 제일 중요한 기초예요. 계약 목적물별 종류를 알아봅시다

사양서에 제작과정 세부절차도 수록해 놓았네요.

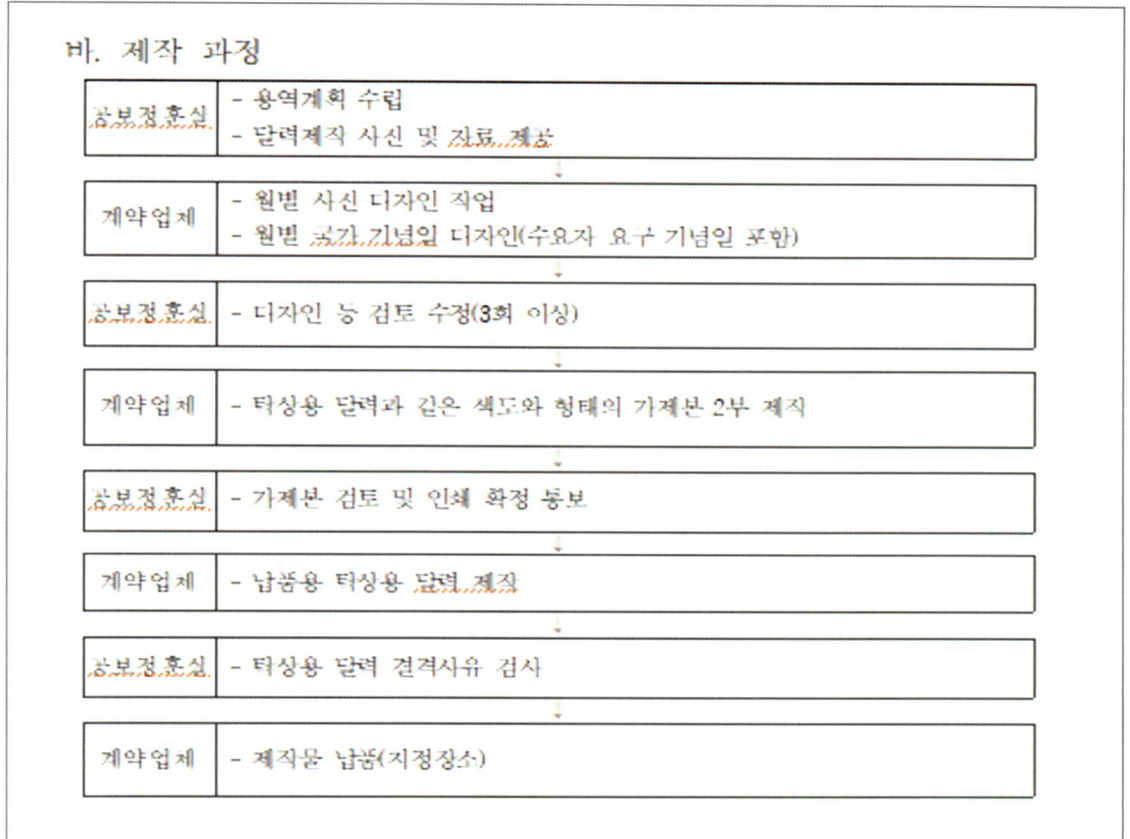

후배님! 물품계약의 종류에 대해서 개략적으로 이해되시나요? 여기에서는 기성품인지 별도 주문제작 물품인지에 따라 '물품 구매계약'과 '물품 제조계약'으로 나누어진다는 것을 이해하시면 되고, 물품계약의 주체 및 방법에 따라, 첫 번째 '조달청 단가 계약', 두 번째 '기관 자체 계약', 세 번째 '조달청 계약 의뢰' 등 3가지로 나누어진다는 정도만 이해하시면 되겠습니다.

물품계약에 대한 세부내용은 이 책과는 별도로, '읽으면 저절로 전문가가 되는 재미있는 물품계약 실무이야기'라는 책으로 집필해서 선보이겠습니다. 우선 이 책에서는 국가계약의 전반적인 내용과 공사계약을 중점적으로 이해하시는 것을 목표로 나아가보겠습니다. 우선 1차 목표를 '공사계약'을 마스터하는 것으로~~ go! go!

제2강 | 제일 중요한 기초예요. 계약 목적물별 종류를 알아봅시다

 Q4 그럼~~ 용역계약의 종류는 어때요?

후배님! 국가계약의 종류들을 무조건 다 알아야 한다고 생각하거나 모두 암기하려고 할 필요는 없습니다. 여기 제2강에서는 국가계약이라는 큰 숲을 살펴본다는 마음으로 가볍게 읽으시면 됩니다. 나는 하늘에 떠 있는 가벼운 구름이고, 그 구름 아래 펼쳐진 3가지 동네 모습들을 이리저리 떠 다니면서 구경한다고 생각했으면 좋겠습니다. 벌써 '공사계약' 동네 모습도 구경했고, '물품계약' 동네 모습도 살펴보았습니다. 그럼 이번에는 공사계약, 물품계약을 거쳐서 용역계약의 종류들에 대해서 개괄적으로 알아볼까요? 부담스럽지 않죠~~

용역계약은 일반적으로 '기술용역 계약'과 '일반용역 계약'으로 분류합니다. 이러한 분류가 법령에 명시된 것은 아니나 대개 위와 같은 2가지로 분류하고 있습니다.

먼저 '기술용역 계약'은 아래의 표처럼 건설기술 용역(「건설기술 진흥법」), 엔지니어링 사업 용역(「엔지니어링 산업 진흥법」), 기타 개별법에서 정한 기술용역(「건축사법」 등 다수) 등 3가지 법령체계에 따라 용역사업을 수행하는 것을 말합니다. 아래 표에 나와있는 세부 사업내용 및 예시를 살펴보면 대부분의 사업이 고도의 과학기술이 필요한 분야라는 것을 이해할 수 있을 겁니다. 그래서 이러한 용역사업들을 기술용역이라고 부르고 있습니다.

기술용역 계약의 종류	세부 사업내용 및 예시
■ 건설기술 용역 (「건설기술 진흥법」)	- 건설공사에 대한 계획, 조사, 설계, 감리, 시험, 평가, 측량, 자문, 지도, 품질관리, 안전점검 및 안전성 검토 - 시설물의 운영, 검사, 안전점검, 정밀안전진단, 유지, 관리, 보수, 보강 및 철거 - 건설장비의 시운전 - 건설사업관리 등
■ 엔지니어링 사업 용역 (「엔지니어링 산업 진흥법」)	- 과학기술의 지식을 응용하여 수행하는 사업 - 시설물에 대한 연구, 기획, 타당성 조사설계, 분석, 계약, 구매, 조달, 시험감리, 시험운전, 평가, 안전성 검토, 관리, 매뉴얼 작성, 자문, 지도, 유지, 보수 등
■ 기타 개별법에 따른 기술용역	- 「건축사법」에 의한 설계·공사감리 - 「전력기술관리법」에 의한 설계·공사감리 - 「정보통신공사업법」에 의한 설계·감리 - 「소방시설공사업법」에 의한 감리·하자보수 - 「공간정보의 구축 및 관리 등에 관한 법률」에 의한 측량 등

제2강 | 제일 중요한 기초예요. 계약 목적물별 종류를 알아봅시다

위의 표를 살펴보면 너무 복잡해 보일겁니다. 후배님께서는 기술용역이란 것이 '전문가들에 의해서 고도의 과학기술을 가지고 수행하는 용역들이구나' 정도만 기억하시면 됩니다. '다 외우고 알아야 하는 것이 아니고 이런 것들이 있구나' 하는 정도만 알면 된다고 했으니까 '기술용역' 이 네글자만 알고 넘어가시면 됩니다.

앞서 제2강 Q1에서 기술용역 계약의 종류들을 예시로 보여드렸던 것이 생각나시나요? 바로 아래와 같은 사업들이 기술용역 계약입니다.

기술용역계약 구분	계약 예시
■ 「건설기술진흥법」에 의한 건설기술용역	- ○○건물 엘리베이터 개량 건설기술용역 계약 - ○○시설 현대화사업 감독권한 대행 등 건설사업관리 용역계약 - ○○대교 정밀안전진단 용역계약
■ 「엔지니어링산업진흥법」에 의한 기술용역	- ○○작전지휘부 신축사업 총사업비 타당성 검토 용역계약 - ○○군 생물의약 산업단지 조성사업 설계안전성 검토 용역계약
■ 기타 개별법에 정한 기술용역 - 「건축사법」에 의한 기술용역 - 「전력기술관리법」에 의한 기술용역 - 「정보통신공사업법」에 의한 기술용역 - 「소방시설공사업법」에 의한 기술용역 - 「공간정보의 구축 및 관리 등에 관한 법률」에 의한 기술용역 - 「시설물의 안전 및 유지관리에 관한 특별법」에 의한 기술용역	- ○○센터 신축 설계용역 계약 - ○○여고 냉난방설비 개선 전기공사 설계용역 계약 - ○○○사업 정보통신공사 감리용역 계약 - ○○초 일반교실 증축 소방공사 감리용역 계약 - ○○○○년 접근불능지역 공간정보 통합체계 구축용역계약 - ○○시 실내배드민턴장 정밀안전진단 용역 계약

이번에는 '일반용역'에 대해서 알아볼까요? 일반용역은 앞서 '기술용역'이 아닌 나머지 용역 사업들을 일반용역이라고 통상 부릅니다. 즉, 고도의 과학기술 용역이 아닌 일반적인 용역 사업들이라는 의미로 일반용역이라고 부르고 있습니다. 먼저 아래 표에서 일반용역 계약의 종류들을 살펴봅시다.

일반용역 계약의 종류	세부 사업내용 및 예시
■ 학술 용역 (「학술 진흥법」)	- 학문의 이론과 방법을 탐구하여 지식을 생산·발전시키고, 그 생산·발전된 지식을 발표하며 전달하는 용역

제2강 | 제일 중요한 기초예요. 계약 목적물별 종류를 알아봅시다

■ 정보통신용역 (「정보통신산업 진흥법」)	- 정보의 수집·가공·저장·검색·송신·수신 등의 용역 - 컴퓨터 및 정보통신기기와 관련된 용역 - 소프트웨어 관련 용역 - 전자문서 및 전자거래와 관련한 용역
■ 시설관리 용역 (「시설물의 안전 및 유지관리에 관한 특별법」, 「경비업법」 등)	- 시설물 안전진단, 시설물 관리, 경비, 청소 등 시설물과 관련한 용역
■ 폐기물처리 용역 (「폐기물 관리법」,「건설폐기물의 재활용촉진에 관한 법률」)	- 쓰레기, 연소재, 오니, 폐유, 폐산, 폐알칼리 및 동물의 사체 등을 생활폐기물, 지정폐기물, 의료폐기물 등으로 구분하여 전문 폐기물 처리업체에 의하여 처리하는 용역 - 건설공사 현장에서 발생하는 폐기물을 재활용하고 재활용이 불가능한 폐기물은 처리하는 용역
■ 운송용역 (「궤도운송법」,「항만운송사업법」 등)	- 자동차·철도차량·선박·항공기 또는 파이프라인 등의 운송수단을 통하여 화물을 운송하는 화물운송 용역 - 인원을 운송하는 용역
■ 기타 일반용역	- 전시 및 행사 대행 용역 - 광고 및 디자인 용역 - 장비 유지 및 보수 용역 - 교육 대행 용역 - 보험 용역 등

'일반용역' 계약도 엄청 방대하고 종류도 다양하죠? 맞습니다. '일반용역' 계약도 말이 일반용역이지 각각 개별적이고 특수한 용역 계약들입니다. '기술용역'이나 '일반용역'이나 모두가 각각의 세부 용역사업들을 살펴보면 다양하고 특수한 것이 많은 것 같습니다.

마찬가지로 제2강 Q1에서 일반용역 계약의 예시들을 보여드렸던 것이 생각나시나요?

일반용역계약 구분	계약 예시
■ 학술용역	- 미주·유럽 소재 임시정부 관련 자료 조사·수집 학술연구용역계약
■ 정보통신용역	- ○○정보통신시스템 통합유지보수 용역계약

제2강 | 제일 중요한 기초예요. 계약 목적물별 종류를 알아봅시다

■ 시설관리용역	- 00도서관 자료실 및 시설관리 용역계약 - 00 아시아태평양 마스터스대회 경비보안 용역계약 - 00초 외 7교(2권역) 화장실 및 계단·복도 청소 용역계약 - 00면 도로변 제초 용역계약
■ 폐기물처리용역	- 00유수지 정비사업 폐기물처리 용역계약
■ 운송용역	- 2022학년도 00중학교 3학년 수련활동 학생운송 용역계약
■ 기타 용역	- 10주기 추모 전시회 진행 용역계약 - 00시 일자리 박람회 행사대행 용역계약 - 00도청 00사 공용차량 자동차보험 용역계약 - 협회 홍보물 표준화 디자인 개발 용역계약 - 00분야 신산업 재직자 교육과정 개발 컨설팅 용역계약

위의 예시들은 실제 나라장터(국가종합전자조달)에 올라와 있는 용역계약 공고들입니다. 일반용역 계약의 종류들을 이해하실 수 있도록 예시를 보여드렸습니다.

후배님! 이번 주제에서는 용역계약의 종류에 대해서 살펴보았습니다. 용역계약은 '기술용역'과 '일반용역'으로 나누어진다는 것, 각각의 용역사업이 매우 다양하다는 점 그리고 각각의 용역사업들이 개별 법령들에 따라 수행된다는 것 정도만 이해하시고 넘어가시면 됩니다. 아셨죠?

제3강

이번에는 계약체결 형태별 종류를 알아볼까요?

제3강

이번에는 계약체결 형태별 종류를 알아볼까요?

Q1 계약체결 형태라고 하는게 뭐예요?
계약 금액이 확정되지 않는 계약도 있다구요?
.... 68

Q2 계약 금액을 단위당 단가로 정해서
계약 한다구요?
.... 73

Q3 계약 이행기간에 따라서도 종류가 나눠지네요?
.... 75

Q4 계약상대자를 여러 업체로 선정하는
공동계약은 뭐예요?
.... 79

제3강 | 이번에는 계약체결 형태별 종류를 알아볼까요?

Q1 계약체결 형태라고 하는게 뭐예요?
계약금액이 확정되지 않는 계약도 있다구요?

후배님! 우리는 제2강까지 계약 목적물(공사, 물품, 용역)에 따른 종류들을 살펴보았습니다. 이번 제3강에서는 계약체결 형태별 종류들을 하나씩 살펴볼까 합니다. 잠시 아래의 도표를 살펴볼까요? 왼쪽은 제2강에서 살펴본 내용입니다. 이 정도는 기억나시죠? 이번에는 우측 빨간색 박스로 표시된 계약체결 형태별 종류들을 살펴보겠습니다.

계약 목적물별 종류	계약체결 형태별 종류
■ 공사계약 - 종합공사, 전문공사 - 전기공사 - 정보통신공사 - 소방공사 - 문화재 수리공사 등 ■ 물품계약 - 물품제조 계약 - 물품구매 계약 ■ 용역계약 - 기술용역 계약 - 일반용역 계약	■ 계약금액 확정 여부에 따라 - 확정계약 - 개산계약 - 사후원가검토조건부계약 ■ 계약금액 확정 방법에 따라 - 총액계약 - 단가계약 ■ 계약기간에 따라 - 단년도계약 - 장기계속계약 - 계속비계약

계약체결 형태라는 것은 위의 오른쪽 빨간색 박스처럼 계약금액 확정 여부, 계약금액을 정하는 방법, 계약기간 등에 따라 어떤 형태의 계약인지를 구분하는 것을 말합니다. 이번 Q1에서는 계약금액 확정 여부에 따른 종류들을 알아보겠습니다.

계약금액 확정 여부에 따라 확정계약, 개산계약, 사후원가검토조건부계약 등 3가지로 나누어집니다.

먼저 확정계약은 계약체결 전에 미리 계약금액을 확정하고 국가기관과 계약상대자(업체)가 계약을 체결하는 것입니다. 확정이라는 단어에서 알 수 있듯이 국가기관은 계약이 완료되었을 때 사전에 정해진 계약금액만 지급하면 됩니다. 예를 들어 '○○지역 화장실 신축공사'이고, 해당 계약금액은 1억원이라고 가정해 보겠습니다. 계약상대자(업체)가 해당 공사를 7천

제3강 | 이번에는 계약체결 형태별 종류를 알아볼까요?

만원에 완료했든, 1.3억원에 완료했든지 여부와는 상관없이 계약서에 정해진 계약금액인 1억원만 지불하면 되는 것입니다. 이것이 확정계약입니다.

우리 국가기관이 체결하는 대부분의 계약이 확정계약입니다. 공사든 물품이든 용역이든 대부분의 계약은 사전 지불할 계약금액을 확정하고 시작하는 것입니다. 가장 일반적인 계약형태입니다.

이번에는 개산계약에 대해서 알아볼까요? 개산계약은「국가계약법」제23조에 명시되어 있습니다. 잠시 법령을 읽어볼까요?

국가를 당사자로 하는 계약에 관한 법률 (약칭: 국가계약법)

[시행 2021. 7. 6.] [법률 제17816호, 2021. 1. 5., 일부개정]

□ **제23조(개산계약)** ① 각 중앙관서의 장 또는 계약담당공무원은 다음 각 호의 어느 하나에 해당하는 계약으로서 미리 가격을 정할 수 없을 때에는 대통령령으로 정하는 바에 따라 개산계약(槪算契約)을 체결할 수 있다.
1. 개발시제품(開發試製品)의 제조계약
2. 시험·조사·연구 용역계약
3. 「공공기관의 운영에 관한 법률」에 따른 공공기관과의 관계 법령에 따른 위탁 또는 대행 계약
4. 시간적 여유가 없는 긴급한 재해복구를 위한 계약
② 제1항에 따른 개산계약의 사후정산의 절차·기준 등에 관하여 필요한 사항은 대통령령으로 정한다.
③ 각 중앙관서의 장 또는 계약담당공무원은 제1항에 따라 개산계약을 체결하는 경우 제2항에 따른 사후정산의 절차·기준 등에 대하여 입찰공고 등을 통하여 입찰참가자에게 미리 알려주어야 한다.

[전문개정 2012. 12. 18.]

우리가 개발시제품을 제조한다고 가정해 봅시다. 개발시제품의 특성상 많은 시행착오와 실패 횟수가 발생할 수 있고 정확한 원가계산(재료비, 노무비, 경비 등)도 나오지 않기 때문에 사전에 정확한 계약금액을 산출하고 결정하기가 곤란하겠죠? 이러한 경우에 미리 계약금액을 정할 수 없다고 인정하고 개략적인 금액(개산가격)으로 계약을 체결하고 계약이행이 완료된 시점에서 최종 지급금액 즉, 계약금액을 결정하는 형태로 계약을 체결하는 것입니다. 이와 같은 개산계약(rough estimate contract)을 체결할 수 있는 경우는「국가계약법」에서는 4가지 경우로 한정하고 있습니다. 따라서 무턱대고 개산계약을 체결할 수 있는 것은 아니라는 점은 꼭 기억합시다.

「국가계약법 시행령」제70조(개산계약) 조항에서는 어떠한 내용을 규정하고 있는지 살펴보고 갈까요?

제3강 | 이번에는 계약체결 형태별 종류를 알아볼까요?

> **국가를 당사자로 하는 계약에 관한 법률 시행령** (약칭: 국가계약법 시행령)
> [시행 2022. 9. 15.] [대통령령 제32690호, 2022. 6. 14., 일부개정]
>
> □ **제70조(개산계약)** ① 각 중앙관서의 장 또는 계약담당공무원은 법 제23조의 규정에 의하여 개산계약을 체결하고자 할 때에는 미리 개산가격을 결정하여야 한다. <개정 1996. 12. 31.>
> ② 각 중앙관서의 장은 제1항의 규정에 의하여 개산계약을 체결하고자 할 때에는 <u>입찰전에 계약목적물의 특성·계약수량 및 이행기간등을 고려하여 원가검토에 필요한 기준 및 절차 등을 정하여야 하며, 이를 입찰에 참가하고자 하는 자가 열람할 수 있도록 하여야 한다.</u> <개정 1996. 12. 31.>
> ③ 계약담당공무원은 제1항의 규정에 의하여 개산계약을 체결한 때에는 이를 감사원에 통지하여야 하며, 계약의 이행이 완료된 후에는 제9조 및 제2항의 규정에 의한 기준등에 따라 정산하여 소속중앙관서의 장의 승인을 얻어야 한다. <신설 1996. 12. 31.>

여기서 특히 주목해서 보아야 할 것은 ②항의 내용입니다. 즉, 원가검토에 필요한 기준 및 절차 등을 입찰전에 정하고 이것을 입찰 참가자들이 열람하도록 해야 한다는 것입니다. 개산계약에서 원가검토 기준 및 절차를 정해 놓지 않으면, 계약이행이 완료된 시점에서 정산가격(계약금액 확정)을 결정지을 때 상호간 이견이 많이 발생하게 되고 이것은 국가기관과 계약상대자(업체)와의 분쟁, 불필요한 행정력 낭비로 이어지게 됩니다. 따라서 당연한 이야기이겠지만 원가검토의 기준 및 절차가 무엇보다 중요하다는 점도 잊지 마세요.

자~~ 이번에는 세 번째 사후원가검토조건부계약에 대해서 알아볼까요? 먼저 「국가계약법 시행령」 제73조(사후원가검토조건부 계약)의 법령 내용을 잠시 읽어봅시다.

> **국가를 당사자로 하는 계약에 관한 법률 시행령** (약칭: 국가계약법 시행령)
> [시행 2022. 9. 15.] [대통령령 제32690호, 2022. 6. 14., 일부개정]
>
> □ **제73조(사후원가검토조건부 계약)** ① 각 중앙관서의 장 또는 계약담당공무원은 <u>입찰전에 예정가격을 구성하는 일부비목별 금액을 결정할 수 없는 경우에는 사후원가검토조건으로 계약을 체결할 수 있다.</u>
> ② 각 중앙관서의 장은 제1항의 규정에 의한 계약을 체결하고자 할 때에는 입찰전에 계약목적물의 특성·계약수량 및 이행기간등을 고려하여 사후원가검토에 필요한 기준 및 절차 등을 정하여야 하며, 이를 입찰에 참가하고자 하는 자가 열람할 수 있도록 하여야 한다.
> ③ 계약의 이행이 완료된 후에는 제9조 및 제2항의 규정에 의한 기준등에 따라 원가를 검토하여 정산하여야 한다.
> [전문개정 1996. 12. 31.]

내용이 개산계약과 엇비슷해 보이죠? 여기서 핵심 키워드는 '일부비목별 금액을 결정할 수 없는 경우에는' 이라는 문구입니다. 즉 입찰 전에 전체 계약금액을 결정할 수 없을 때에는 개산계약으로, 일부비목만 예정가격을 결정할 수 없을 때에는 사후원가검토조건부 계약으로 나누어지는 겁니다.

제3강 | 이번에는 계약체결 형태별 종류를 알아볼까요?

예를 들어서 설명해 보겠습니다.(아래의 피해 현장 사진 예시를 보면서 머릿속으로 그려보시죠) 올해 여름에 '00군'에 역대급 위력의 태풍이 지나가면서 마을 진입도로와 마을로 들어가는 상수도 배관이 같이 유실되었다고 가정해 보겠습니다. 현재 마을로 차량출입이 불가능하고 상수도 공급도 안 되어서 마을 주민들이 극심한 고통을 받고 있다고 가정해 보겠습니다. 이런 경우 유실된 도로와 상수도 배관을 동시에 신속하게 복구해야 하는 긴급 재해복구 사업 추진이 필요한 상황입니다.

이때 이것을 복구하기 위해 피해시설 복구 설계용역을 입찰공고로 추진하고, 설계서가 납품된 이후에 공사계약을 별도로 추진한다면 아마도 수개월 또는 반년 이상이 걸릴 것입니다. 따라서 이와같이 긴급한 복구가 필요한 경우 개략적인 공사비(견적 또는 실적공사비 등)를 적용해서 개산계약금액으로 계약을 체결(개산계약도 통상 입찰공고를 통해서 낙찰자를 결정해야 하죠~)해서 신속하게 복구를 진행하는 것입니다. 도로와 상수도 배관 유실에 대해 복구를 진행할 때 도로 지반 침하 정도나 상수도 배관 손상 정도를 확인할 수 없고 공사간 투입되는 자재, 장비 등도 가늠할 수 없으므로 총액 전체를 개산금액으로 계약하게 되는 것입니다. 결론적으로 계약금액 전체를 개산가격으로 계약하는 것이 개산계약입니다.

이번에는 사후원가검토조건부 계약의 예를 들어보겠습니다. 우리 기관에는 '000 훈련용 시뮬레이터'가 00대가 있고, 해당 시뮬레이터는 주기적인 예방정비(월간 정비, 주간 정비 등)도 실시하고 고장 발생시에는 즉각적인 부품 교체 및 수리가 필요한 장비입니다. 이에 따라 매년 '000 훈련용 시뮬레이터'를 연간 유지보수 용역사업을 발주하고 있습니다.

해당 사업 중 주기적인 예방정비 사업내용은 사업수행 내역서 및 원가계산을 작성할 수 있습니다(예를 들어, 월간 정비는 몇 명의 기술자가 몇시간이 걸리는지? 그리고 출장비는 얼

제3강 | 이번에는 계약체결 형태별 종류를 알아볼까요?

마로 책정하는지 등). 반면에 불특정 고장 발생시 부품 교체 및 수리는 어떤 수리부속이 필요할지? 몇 시간 또는 몇 일이 소요될지가 예측이 안되는 상황이며 특히 해당 장비의 수리부속은 해외 수입품이어서 해외에서 수리부품을 구입해서 운송해오는 비용이 얼마가 발생할지도 예측이 안 되는 부분입니다. 이러한 경우에 주기적인 예방정비 사업내용은 예정가격을 결정할 수 있는 부분이고, 반대로 불특정 고장에 따른 해외부품 조달, 투입 전문인력 등의 비용은 사전에 예측하거나 산출하는 것이 곤란한 부분입니다. 따라서 예방정비와 관련된 주된 계약내용과 계약금액은 사전에 확정하고 불특정 고장 부분에 대한 부분만 사후 원가검토 조건을 붙여서 계약을 추진하게 되는 것입니다.

다시 돌아와서, 개산계약과 사후원가검토조건부 계약의 차이점은 전체 계약금액이 개략적인 금액인지? 일부 비목에 대한 부분만 개략적인 금액인지?의 차이입니다. 개산계약과 사후원가검토조건부 계약의 공통점도 있습니다. 원가검토에 필요한 기준 및 절차 등을 사전에 정하여 입찰 참가자들에게 열람하도록 하는 것입니다. 사후원가검토조건부 계약도 개산계약과 마찬가지로 미확정된 계약금액 부분(위의 예시에서 해외부품 조달 비용, 투입 전문인력 등의 비용 등)을 어떻게 정산하는지에 대한 기준과 절차가 사전에 공고되어야 하는 것입니다. 차이점과 공통점을 아시겠죠?

자~~ 이번 Q1을 마무리하면서 세가지 계약 형태에 대해 도표로 개념을 다시 정리해 볼까요?

확정계약	개산계약	사후원가검토조건부 계약
■ 계약금액을 확정하여 계약을 체결함 ■ 국가계약의 원칙이자, 일반적인 계약형태임	■ 계약금액 전체를 개략적인 금액으로 산출한 경우 ■ 계약이행이 완료된 후에 계약금액을 확정하여 정산함	■ 일부 비목의 금액을 사전에 결정할 수 없을 때 ■ 계약이행이 완료된 후에 해당 비목만 원가를 검토하여 정산함
	■ 계약체결 이전에 원가검토의 기준 및 절차를 사전에 공고함	

계약금액 확정 여부에 따라 확정계약, 개산계약, 사후원가검토조건부 계약의 세가지 형태가 있다는 거~~ 충분히 이해되시죠?

만약, 부서장이신 재무관님께서 '이번 OO 계약추진 사업은 계약형태가 뭐예요?' 라고 물으신다면, 후배님께서는 어떻게 대답하실건가요? 아마도 이번 제3강 내용을 다 읽고나면 자신있게 줄줄 설명하실 수 있을겁니다. 자신있는 나의 모습을 꿈꾸며 다음 Q2로 넘어가 볼까요?

제3강 | 이번에는 계약체결 형태별 종류를 알아볼까요?

Q2 계약 금액을 단위당 단가로 정해서 계약 한다구요?

앞에서 계약금액 확정 여부에 따라 확정계약, 개산계약, 사후원가검토조건부 계약 등 3가지를 살펴보았습니다. 이번에는 계약금액 결정 방법에 따라 총액계약, 단가계약의 구분을 살펴보겠습니다.

먼저 총액계약은 계약목적물 전체 금액에 대해서 계약금액을 결정하고 계약을 체결하는 것을 말합니다. 예를 들어 '00지역 화장실 신축공사'에 대해서 총 계약금액이 1억원이라고 가정해 봅시다. 이렇게 총액 1억원에 대해서 계약서에 표기하고 계약을 체결하는 것이 총액계약입니다. 「국가계약법」에는 총액계약이라는 명시적인 조항이 없지만 대부분의 계약이 총액계약이며 총액계약이 일반적인 계약이라고 이해하시면 됩니다.

반대로 단가계약은 납품받거나 제공받는 단위당 금액을 기준으로 계약금액을 결정해서 계약을 체결하는 것입니다. 단가계약은 「국가계약법」 제22조에 나와있는데요 한번 아래 내용을 읽어 볼까요?

국가를 당사자로 하는 계약에 관한 법률 (약칭: 국가계약법)

[시행 2021. 7. 6.] [법률 제17816호, 2021. 1. 5., 일부개정]

☐ 제22조(단가계약) 각 중앙관서의 장 또는 계약담당공무원은 <u>일정 기간 계속하여 제조, 수리, 가공, 매매, 공급, 사용 등의 계약을 할 필요가 있을 때</u>에는 해당 연도 예산의 범위에서 단가(單價)에 대하여 계약을 체결할 수 있다.

[전문개정 2012. 12. 18.]

법령에는 '일정 기간 계속하여 제조, 수리, 가공, 매매, 공급, 사용 등의 계약을 할 필요가 있을 때'라고 명시되어 있네요. 어떤 예가 있을까요? 제가 나라장터(국가종합전자조달시스템)에서 찾아본 예시를 들어보겠습니다.

구 분	예 시
공사 단가계약	- 00광역시 연간 교통안전시설물 유지보수 단가계약 - 00지방도 연간 도로시설물 차선도색공사 단가계약 - 00남도 00년도 하반기 보도보수공사 단가계약

제3강 | 이번에는 계약체결 형태별 종류를 알아볼까요?

물품 단가계약	- 00대학교병원 00년도 의약품 구매 단가계약 - 00중학교 00년도 교복 제조·구매 단가계약 - 00부대 00년도 4/4분기 배추김치 등 4종 단가계약 - 00보건소 00년도 하반기 금연보조제 구입 단가계약
용역 단가계약	- 00시 00년도 도로정비공사 폐기물처리 용역 단가계약 - 00시 병원 혈액 등 진단검사 위탁용역 단가계약

제시한 예시들을 보면, 일정기간 동안 동일한 종류의 보수공사, 기관 소요물품 납품, 일정기간동안 용역 제공 등 동일한 단가로 지속적이고 안정적으로 제공하는 조건의 계약입니다. 다만, 계약기간 동안 해당 계약품목에 대한 정확한 납품수량을 확정적으로 정할 수 없기 때문에 예정수량을 명시하고 단위당 단가로 계약을 체결하는 것입니다.

참고로 제가 재무관으로서 임무수행할 때, 'A4용지 분기별 단가계약'을 추진했던 경험이 있습니다. 분기에 납품받을 총 예정수량을 명시하여 박스당 단가에 대해서 입찰을 부치고, 참여업체들은 박스당 납품 가능금액을 입찰금액으로 제시하게 함으로써 저렴하고 안정적으로 사무용품을 조달했던 경험이 있습니다. 후배님도 단가계약을 잘 알아두고 활용하신다면, 일정기간 동안 동일한 보수공사나 물품 납품, 용역 이행 등을 저렴하면서 안정적으로 공급받을 수 있도록 계약업무를 수행하실 수 있겠죠?

제3강 | 이번에는 계약체결 형태별 종류를 알아볼까요?

Q3 계약 이행기간에 따라서도 종류가 나눠지네요?

네. 맞습니다. 계약 이행기간에 따라서 1회계연도(1.1 ~ 12.31) 내에 계약이행이 완료되는 단년도 계약과 두개 연도 이상이 소요되는 다년도 계약으로 나누어집니다. 다년도 계약은 다시 장기계속계약과 계속비 계약으로 나누어지는데 하나하나 차근차근 알아볼까요?

가장 기본이 되는 단년도 계약부터 알아볼까요? 앞서 도입부에서 설명했듯이 계약 이행기간이 1회계연도 즉, 1월 1일부터 12월 31일 이내로 계약 이행기간이 체결된 계약을 단년도 계약이라고 합니다. 여기에서 회계연도에 대한 법령 문구를 살펴보고 갈까요?

국가재정법
[시행 2022. 3. 25.] [법률 제18469호, 2021. 9. 24., 타법개정]

☐ **제2조(회계연도)** 국가의 회계연도는 매년 1월 1일에 시작하여 12월 31일에 종료한다.

「국가재정법」 제2조(회계연도)에 나와 있는데요. '국가의 회계연도는 매년 1월 1일에 시작하여 12월 31일에 종료한다.'라고 되어 있습니다. 따라서 우리나라의 예산은 매년 1월 1일부터 시작해서 그해 말일 12월 31일에 집행을 종료합니다. 이렇게 당해 회계연도 안에 계약 이행기간이 설정되는 계약이 단년도 계약입니다. 계약 이행의 절대기간이 365일 이내라고 해서 단년도 계약이라고 부르는 것이 아닙니다. 예를 들어, 계약 이행기간이 90일이지만 당해연도 11. 1일부터 다음해 1. 29일까지 걸쳐 있다면 다년도 계약이 되는 것이고, 동일한 90일 계약 이행기간이 10. 1일부터 12. 29일로 회계연도 내에 설정되어 있다면 단년도 계약인 것입니다. 즉, 단년도 계약은 무조건 1. 1일부터 12. 31일이내로 설정되어 있어야만 합니다.

그럼 이번에는 다년도 계약을 알아볼까요? 다년도 계약의 2가지 종류인 장기계속계약과 계속비계약은 「국가계약법」 제21조에 나와 있습니다.

제3강 | 이번에는 계약체결 형태별 종류를 알아볼까요?

> **국가를 당사자로 하는 계약에 관한 법률** (약칭: 국가계약법)
> [시행 2021. 7. 6.] [법률 제17816호, 2021. 1. 5., 일부개정]
>
> □ **제21조(계속비 및 장기계속계약)** ① 각 중앙관서의 장 또는 계약담당공무원은 「국가재정법」 제23조에 따른 계속비사업에 대하여는 총액과 연부액을 명백히 하여 계속비계약을 체결하여야 한다.
> ② 각 중앙관서의 장 또는 계약담당공무원은 임차, 운송, 보관, 전기·가스·수도의 공급, 그 밖에 그 성질상 수년간 계속하여 존속할 필요가 있거나 이행에 수년이 필요한 계약의 경우 대통령령으로 정하는 바에 따라 장기계속계약을 체결할 수 있다. 이 경우 각 회계연도 예산의 범위에서 해당 계약을 이행하게 하여야 한다. <개정 2020. 6. 9.>
> [전문개정 2012. 3. 21.]

제21조의 ①항은 계속비 계약에 대한 설명입니다. 즉, 국가재정법에 따라 국회에서 계속비로 의결·확정된 예산을 수년에 걸쳐서 집행할 수 있게 다년도 계약을 체결한 것이 계속비 계약입니다. 계속비는 완성에 수년이 필요한 공사나 제조 및 연구개발사업 등에 대해서 총액과 연도별 소요액(연부액)을 미리 의결하고 확정한 예산입니다. 예를 들어 '○○지방도로 건설' 사업 예산으로 총액 500억원(1차연도 200억원, 2차연도 200억원, 3차연도 100억원으로 연부액 설정)으로 의결·확정된 계속비 사업이 있다고 가정해 봅시다. 해당 사업을 계약할 때에는 총 500억원을 입찰에 부치고 총 계약금액과 연도별 계약금액을 계약서에 확정적으로 명시해서 계약을 체결합니다. 이런 계약이 계속비 계약입니다.

제21조의 ②항은 장기계속계약에 대한 설명입니다. 즉, 이행에 수년이 필요한 계약의 경우 장기계속계약을 체결할 수 있다고 나와 있습니다. 이행에 수년이 필요한 것은 계속비나 장기계속계약이나 동일합니다. 다만 차이점은 해당 예산이 계속비 예산인지? 아니면 연도별도 계속 편성해서 집행하는 예산인지? 의 차이입니다. 즉, 계속비 계약은 총액과 각 연도별 예산이 모두 확정된 예산사업이지만, 장기계속계약은 최초 연도 예산만 확정되어 있고 이듬해 예산은 편성되어 있지 않은 사업입니다. 예를 들어 장기계속계약으로 추진하는 '○○지구 급경사지 붕괴위험지역 정비사업'이 있다고 가정해 봅시다. 총 사업비는 30억원, 총 공사기간은 18개월이 소요되는 사업이라고 가정해 봅시다. 사업을 시작하는 1년차 공사기간 9개월이고 나머지 2년차 공사기간은 이듬해 9개월로 예정한다고 가정해 봅시다. 해당 사업예산을 편성할 때 1년차 예산액은 15억원만 (30억원 × (1년차 9개월분 / 18개월) = 15억원) 편성하고 나머지 2년차 예산액 15억원은 그 다음해 예산으로 편성해서 총 소요액을 충당하는 방식입니다. 즉, 총 사업비는 예정되어 있으나 초년도(1년차) 사업예산만 확정된 상태에서 전체 계약을 체결하고 이듬해 소요예산을 편성해서 충당하는 방식입니다.

제3강 | 이번에는 계약체결 형태별 종류를 알아볼까요?

이해가 잘 안될 수 있으므로 계속비 사업과 장기계속사업에 대해서 각각 공고문 예시를 제시해 볼께요.

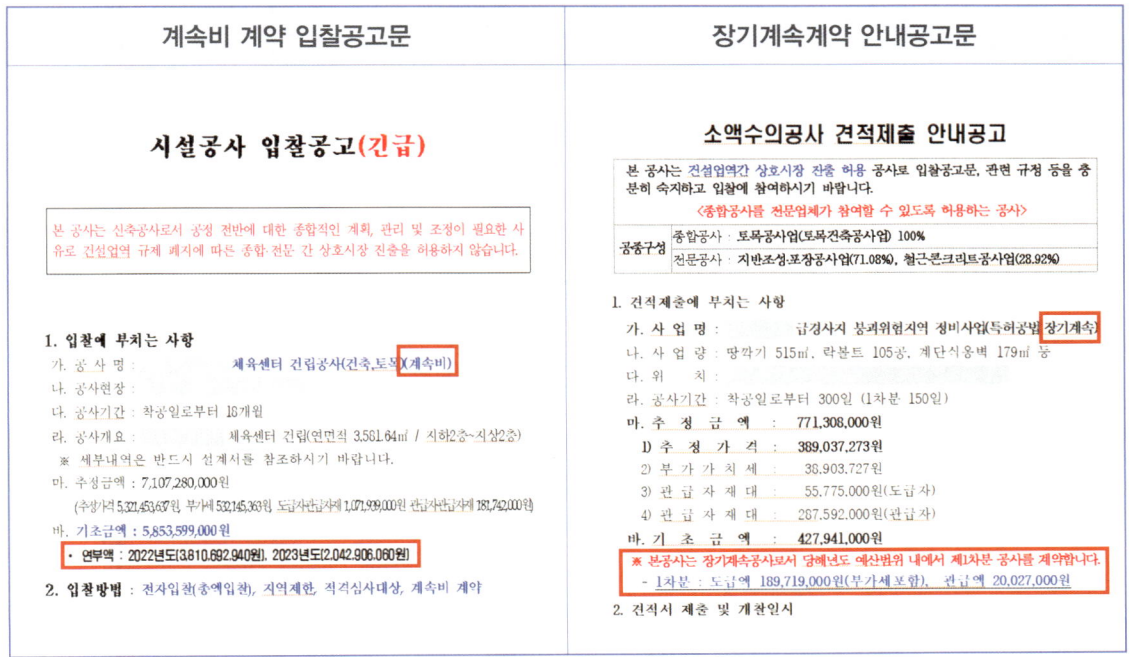

먼저 좌측이 계속비 계약으로 추진하는 입찰공고문입니다. 공사명의 맨 우측 끝에 (계속비)라고 명시되어 있고, 기초금액 밑에 연부액 부분을 보면 2022년도 3,810,692,940원, 2023년도 2,042,906,060원이라고 명시되어 있습니다. 이와같이 사업명도 계속비라고 명시하고 연부액도 각각 연도별 예산을 구체적으로 명시해 놓은 사업이 계속비 계약 사업입니다. 즉, 해당 사업은 이미 국회 의결을 통해 2022년도 예산, 2023년도 예산 등 총 사업비가 확정되어 있다는 뜻입니다.

다음으로 우측은 장기계속계약으로 추진하는 안내공고문입니다. 마찬가지로 공사명의 맨 우측 끝에 (장기계속)이라고 명시해 놓았고, 기초금액 밑에는 '본 공사는 장기계속공사로서 당해연도 예산범위 내에서 제1차분 공사를 계약합니다.'라고 하면서 1차분 도급액 189,719,000원만 명시해 놓았습니다. 이 이야기는 이번 공고로 추진하는 계약사업은 1차분(올해) 예산액만 확정되어 있고, 내년도 예산이 확정되면 2차분 계약을 따로 작성한다는 뜻입니다. 즉, 이렇게 올해 예산만 확정되어 있는 것이 장기계속계약인 것입니다.

제3강 | 이번에는 계약체결 형태별 종류를 알아볼까요?

각각 계약방법에 있어서 공통점과 차이점을 도표로 비교해 보면 아래와 같습니다.

구 분		계속비 계약	장기계속계약
공통점		- 전체 사업내용이 확정되어 있음 - 전체 금액으로 입찰을 실시함	
차이점	예산확보	- 전체 예산 확보 　(전체 예산이 의결·확정되어 있음)	- 1년차 예산만 확보 　(1년차 이후 예산은 예산편성 필요)
	계약체결 방법	- 총 계약금액으로 계약서 작성 　(연부액을 부기함) ☞ 매 연도별 계약서 작성 불필요	- 1년차 계약금액으로 계약서 작성 　(총 계약금액을 부기함) ☞ 매 연도별 계약서 작성 필요
	계약업체 입장	- 총 예산액과 계약금액이 확정되어 　있으므로 안정적으로 사업추진 가능	- 매 연도별 예산확보가 필요하므로 　불확실성이 일부 내포됨

자~~ 계속비 계약과 장기계속계약 이야기가 약간 길어졌네요. 후배님께서 앞으로 수행하실 계약업무는 대부분이 장기계속계약일꺼라 생각됩니다. 왜냐하면 정부에서는 특별한 중장기 대형사업이 아니면 계속비로 예산을 편성하지 않기 때문입니다. 그래서 계속비 계약보다는 장기계속계약에 초점을 맞추어서 보시되 차이점만 이해하시면 됩니다.

우리가 여기서 기억해야 할 것은 단년도 계약과 다년도 계약(계속비 계약, 장기계속계약)의 구분 정도만 알고 가시면 되겠습니다.

제3강 | 이번에는 계약체결 형태별 종류를 알아볼까요?

Q4 계약상대자를 여러 업체로 선정하는 공동계약은 뭐예요?

계약상대자의 구성원 수에 따라서 단독계약과 공동계약으로 구분할 수 있습니다. 즉, 한개의 업체와 계약하는 것이 단독계약이고, 여러개의 업체들과 계약하는 것이 공동계약입니다. 국가계약법에서는 단독계약을 기본으로 정하고 있습니다. 그러면 왜? 공동계약을 허용하고 있고, 공동계약의 유형은 어떻게 나누어지는지? 공동계약을 어떻게 활용하는 것인지? 에 대해서 알아볼까요?

앞서 단독계약을 기본으로 정하고 있다고 했지만, 「국가계약법」에는 그 어디에서 단독계약이라는 용어나 단독계약을 원칙으로 한다고 명시된 문구는 없습니다. 다만 공동계약에 대해서 서술하고 있는데 이 부분부터 살펴보고 갈까요?

> **국가를 당사자로 하는 계약에 관한 법률** (약칭: 국가계약법)
> [시행 2021. 7. 6.] [법률 제17816호, 2021. 1. 5., 일부개정]
>
> ☐ **제25조(공동계약)** ① 각 중앙관서의 장 또는 계약담당공무원은 공사계약·제조계약 또는 그 밖의 계약에서 <u>필요하다고 인정하면 계약상대자를 둘 이상으로 하는 공동계약을 체결할 수 있다.</u>
> ② 제1항에 따라 계약서를 작성하는 경우에는 그 담당 공무원과 계약상대자 모두가 계약서에 기명하고 날인하거나 서명함으로써 계약이 확정된다.
> [전문개정 2012. 12. 18.]

「국가계약법」 제25조(공동계약)에는 '필요하다고 인정하면 계약상대자를 둘 이상으로 하는 공동계약을 체결할 수 있다.'라고 명시되어 있습니다. 여기서 '필요하다고 인정하면'과 '공동계약을 체결할 수 있다.'의 문구를 보면 단독계약이 기본이라는 것을 느낄 수 있겠죠~~

그럼 본격적으로 공동계약에 대해서 알아볼까요? 「국가계약법 시행령」 제72조에 좀 더 구체적으로 명시되어 있는데 해당 법령 문구를 읽어볼까요?

> **국가를 당사자로 하는 계약에 관한 법률 시행령** (약칭: 국가계약법 시행령)
> [시행 2022. 9. 15.] [대통령령 제32690호, 2022. 6. 14., 일부개정]
>
> ☐ **제72조(공동계약)** ① <u>법 제25조의 규정에 의한 공동계약의 체결방법 기타 필요한 사항은 기획재정부장관이 정한다.</u> <개정 1999. 9. 9., 2008. 2. 29.>
> ② 각 중앙관서의 장 또는 계약담당공무원이 경쟁에 의하여 계약을 체결하고자 할 경우에는 <u>계약의 목적 및 성질상 공동계약에 의하는 것이 부적절하다고 인정되는 경우를 제외하고는 가능한 한 공동계약에 의하여야 한다.</u>

제3강 | 이번에는 계약체결 형태별 종류를 알아볼까요?

> ③각 중앙관서의 장 또는 계약담당공무원은 제2항에 따른 공동계약을 체결할 때 다음 각 호의 어느 하나에 해당하는 사업인 경우에는 공사현장을 관할하는 특별시·광역시·특별자치시·도 및 특별자치도에 법인등기부상 본점소재지가 있는 자 중 1인 이상을 공동수급체의 구성원으로 해야 한다. 다만, 해당 지역에 공사의 이행에 필요한 자격을 갖춘 자가 10인 미만인 경우에는 그렇지 않다. <개정 1999. 9. 9., 2002. 3. 25., 2006. 12. 29., 2009. 6. 29., 2010. 7. 21., 2011. 2. 9., 2016. 9. 2., 2020. 2. 18., 2020. 4. 7.>
> 1. 추정가격이 고시금액 미만이고 건설업 등의 균형발전을 위하여 필요하다고 인정되는 사업
> 2. 저탄소·녹색성장의 효과적인 추진, 국토의 지속가능한 발전, 지역경제 활성화 등을 위해 특별히 필요하다고 인정하여 기획재정부장관이 고시하는 사업. 다만, 외국건설사업자(「건설산업기본법」 제9조제1항에 따라 건설업의 등록을 한 외국인 또는 외국법인을 말한다)가 계약상대자에 포함된 경우는 제외한다.

우선 ①항을 보면, '공동계약의 체결방법 기타 필요한 사항은 기획재정부장관이 정한다'고 되어 있네요. 이 ①항에 따라 기획재정부장관이 계약예규에 '공동계약 운용요령'을 별도로 제정하여 공표하고 있는 것입니다. 아래 계약예규의 문구를 한번 읽어볼까요?

> **(계약예규) 공동계약운용요령**
> [시행 2021. 1. 1.] [기획재정부계약예규 제539호, 2020. 12. 28., 일부개정]
>
> 기획재정부(계약정책과), 044-215-5217, 5218, 5212
>
> ☐ 제1조(목적) 이 예규는 「국가를 당사자로 하는 계약에 관한 법률 시행령」(이하 "시행령"이라 한다) 제72조에 의한 공동계약의 체결방법과 기타 필요한 사항을 정함을 목적으로 한다.

(계약예규) 공동계약운용요령 제1조(목적)을 보면, '이 예규는 「국가를 당사자로 하는 계약에 관한 법률 시행령」 제72조에 의한 공공계약의 체결방법과 기타 필요한 사항을 정함을 목적으로 한다'고 되어 있네요. 즉, 「국가계약법 시행령」에서 위임한 사항을 기획재정부장관이 계약예규를 통해 구체적으로 정해서 제시하고 있네요. 공동계약에 대한 구체적인 것들은 계약예규를 살펴보면 자세히 나와 있다는 것을 아시겠죠?

첫 번째 질문부터 풀어 가 볼까요? 첫 번째 질문은 '공동계약을 왜 허용해야 하는가?'입니다. 답은 '중소기업들의 수주 여건 보장'입니다. 중소기업들은 기술이나 면허, 실적 등에서 대기업만큼 전체 능력을 갖추기가 어렵습니다. 중소기업들이 국가계약 입찰에 참여하는 과정에서 기술이나 면허, 실적 등을 보완(다른 업체들과 협업)해서 참여할 수 있도록 하기 위해서 공동계약을 허용하는 것입니다.

제3강 | 이번에는 계약체결 형태별 종류를 알아볼까요?

여기서 잠깐! 앞 페이지에서 제시한「국가계약법 시행령」제72조 ②항 내용을 살펴볼까요? ②항 내용에는 '경쟁에 의하여 계약을 체결하고자 할 경우에는 계약의 목적 및 성질상 공동계약에 의하는 것이 부적절하다고 인정되는 경우를 제외하고는 가능한 한 공동계약에 의하여야 한다.'고 명시되어 있네요. 이 문구를 다시 정리해 보면, 공동계약을 최대한 허용해야 한다는 내용입니다. 그래서 저도 재무관 직책을 수행할 때, 모든 국가계약은 '단독계약을 기본으로 하지만, 공동계약을 가능한 최대한 허용' 이라는 개념을 스스로 머릿속에 확고히 하고자 노력했습니다. 후배님도 앞으로 모든 계약을 추진할 때 '공동계약 최대한 허용'이라는 개념을 항상 생각했으면 좋겠습니다.

이어서 두 번째와 세 번째 질문을 동시에 설명해 볼까요? 두 번째 질문은 '공동계약의 유형은 어떻게 나누어지는지?'이었고, 세 번째 질문은 '공동계약을 어떻게 활용하는 것인지?'이었습니다. 이 두가지 질문은 실무 예시를 가지고 동시에 설명하는 것이 훨씬 이해가 쉬울 것 같습니다. 즉, 공동계약의 유형을 설명하면서 각각 어떤 효과와 장점이 있는지를 알아보면 될 것 같습니다. 그럼 공동계약의 유형에 대해서 알아볼까요? 공동계약은 아래의 3가지 유형으로 나누어집니다.

구 분	내 용
① 공동이행방식	공동수급체 구성원이 일정 출자비율에 따라 연대하여 공동으로 계약을 이행 (공동수급체 구성원 모두가 해당 공사의 입찰참가자격을 갖춘 업체이어야 함)
② 분담이행방식	공동수급체 구성원이 일정 분담내용에 따라 나누어 공동으로 계약을 이행 (공동수급체 구성원들이 각자 보유한 면허를 가지고 계약을 수행함)
③ 주계약자 관리방식	「건설산업기본법」에 따른 건설공사를 시행하기 위한 공동수급체의 구성원 중 주계약자를 선정하고, 주계약자가 전체 건설공사 계약의 수행에 관하여 종합적인 계획·관리 및 조정을 하는 공동계약

① 유형 '공동이행방식'에 대해서 좀 더 구체적으로 알아볼까요? 공동이행방식의 원래 근본 취지와 수행방식은 공동수급체 구성원들이 계약이행에 필요한 자금, 인력 등을 공동으로 출자하거나 파견하여 다 같이(연대해서) 계약을 이행하고 이에 따른 이익과 손실을 출자비율에 따라 배당하거나 분담하는 방식입니다. 한마디로 출자비율에 따라 공동 출자하고, 출자비율에 따라 공동 책임도 지며, 출자비율에 따라 이익도 배분하는 것입니다. 그러므로 출자비율 => 계약이행 비율 => 책임비율 => 이익배분 비율이 되는 것이므로 출자비율이 제일

제3강 | 이번에는 계약체결 형태별 종류를 알아볼까요?

중요한 것입니다.
공동이행방식의 실무사례(입찰공고문)를 하나 살펴볼까요?

공고문에 나와 있는 공사개요는 아래와 같습니다.

```
1. 공사개요
  1.1. 관리번호 : 2204332-00
  1.2. 수요기관 :           공사       지역본부      지사
  1.3. 공 사 명 :  배수개선사업 토목기계공사
  1.4. 공사현장 :
  1.5. 공사기간 : 착공일로부터 1,454일(금차 60일)
    1.5.1. 이 공사 계약기간은 주당 근로시간을 52시간 이내로 고려하여 산정되었습니다.
  1.6. 공사내용 : 배수문 재설치 9개소, 배수로 재설치(L=7.67km), 매립(9.82ha),
                 부대공
  1.7. 추정금액 : 10,301,107,000원
       【(추정가격) 6,258,370,000원 +(부가가치세) 625,837,000원 +(도급자설치관급액) 3,416,900,000원】
                                                      ※ 관급자설치관급액 : 0원
  1.8. 업종별 추정금액 및 업종별 금액(추정가격+부가가치세)
```

업 종	추정금액(비율)	추정가격+부가가치세(비율)
토목공사업	10,301,107,000원(100%)	6,884,207,000원(100%)

내용을 간략히 살펴보면, OO지구의 배수개선사업으로 '토목공사업'이면서 추정가격이 약 68.8억원인 공사입니다. 추정가격은 62.58억원이지만, 부가가치세 약 6.25억원과 도급자설치관급금액 약 34.1억원을 더하면 추정금액은 약 103억원 정도로 꽤 규모가 큰 공사입니다.

여기서 잠깐! 아마도 후배님께서 계약업무 경험이 없다면 추정가격, 부가가치세, 도급자설치관급금액 그리고 추정금액 등 모든 용어가 낯설고 이해가 안 되실겁니다. 이 부분은 제5강 Q1에서 충분히 설명해 드릴테니 우선은 현재 내용에만 집중하시면 됩니다.

계속 이어서, OO지구 배수개선사업의 입찰공고문에 나와있는 입찰참가자격 부분을 볼까요? 뒤의 자료에서 보듯이, 3.1에 '토목(또는 토목건축)공사업'을 등록한 자로 되어있습니다. 3.2.1 부분을 보면 '공동수급체를 구성하여 참가하는 경우에는 구성원 모두 입찰참가자격

제3강 | 이번에는 계약체결 형태별 종류를 알아볼까요?

등록을 하여야 합니다.'라고 되어 있네요. 즉 이 부분에서 금번 공사는 '공동계약'을 허용하는 것을 알 수 있으며, 구성원 모두가 자격을 갖추어야 한다고 명시한 걸로 봐서는 '공동이행방식'을 허용할 것이라는 것을 예측할 수 있습니다.

> **3. 입찰참가자격**
> 3.1. 「건설산업기본법령」에 의한 <u>토목(또는 토목건축)공사업</u>을 등록한 자로서 **입찰공고일 전일부터 계약체결일까지** 법인등기사항증명서상 본점소재지(개인사업자인 경우에는 사업자등록증 또는 관련 법령에 따른 허가·인가·면허·등록·신고 등에 관련된 서류에 기재된 사업장의 소재지)를 계속하여 　　　　또는　　　　에 둔 자이어야 합니다.
> 3.2. 조달청에 입찰참가자격등록을 한 자이어야 합니다. 입찰참가자격을 등록하지 않은 자는 「국가종합전자조달시스템 입찰참가자격등록규정」에 따라 개찰일 전일까지 조달청 조달등록팀 또는 각 지방조달청에 입찰참가자격등록을 하여야 합니다.
> 3.2.1. <u>공동수급체를 구성하여 참가하는 경우에는 구성원 모두 입찰참가자격 등록을 하여야 합니다.</u>

그럼 입찰공고문 중 공동계약 부분은 어떻게 명시해 놓았는지 살펴볼까요?

> **4. 공동 계약**
> 4.1. 구 성 : 필요시 **공동이행방식**이 가능합니다.
> 4.2. 대표자 : 3.1.항에 해당하는 자로서 출자비율이 가장 많은 자이어야 합니다.
> 4.2.1. <u>공동수급체 구성원은 대표사 포함하여 5개사 이하로 구성하여야 하며, 구성원별 계약참여 최소지분율은 10%이상으로 하여야 합니다.</u>
> 4.3. 공동수급협정서 제출
> 4.3.1. 제출기한 : 2022. 11. 16. 18:00
> 4.3.2. 공동수급협정서는 반드시 나라장터 '입찰정보'를 이용하여 「전자조달의 이용 및 촉진에 관한 법률 시행규칙」제3조에 따라 제출하여야 합니다.
> 4.3.3. 대표자는 나라장터 '조달업체업무-공사-투찰관리-공동수급협정서'에서 공동수급협정서 승인여부를 확인하여야 합니다.
> **4.4. 입찰자가 4.2.1.에 따른 최대 구성원 수 및 계약참여 최소지분율을 위반한 경우 입찰무효 처리합니다.**

앞에서 예측했던대로 '공동이행방식'을 허용하고 있습니다. 이왕 '공동이행방식'을 배울 때,

제3강 | 이번에는 계약체결 형태별 종류를 알아볼까요?

4.2. 부분과 4.3. 부분도 함께 눈여겨 보았으면 좋겠습니다. 4.2.에는 대표자는 가장 출자비율이 많은 자가 하여야 한다고 되어 있고, 4.2.1.에는 공동수급체는 5개사 이하로 구성하되 최소지분율은 10% 이상으로 하여야 한다고 되어 있습니다. 공동이행방식을 구성할 때 지켜야 할 세부규정 같네요.

참고로, 실무적인 측면에서 볼 때 '공동이행방식'은 주로 사업규모가 큰 공사에서 주로 적용된다고 볼 수 있습니다. 예를 들어 길이가 무려 120km인 도로를 건설한다고 가정해 봅시다. 이 도로건설공사를 '공동이행방식'으로 공고한다면 3개의 건설회사가 각각 30, 40, 50km씩 시공한다는 공동수급체를 구성해서 입찰에 참여할 수 있는 것입니다. 이때 3개의 건설회사는 모두 도로건설을 할 수 있는 입찰참가자격을 갖추어야 하는 것이고, 가장 많은 출자비율(시공비율 50km)를 책임지는 회사가 대표자가 되어야 하는 것입니다. 만약에 소규모 공사(예를 들어, 1억원 공사)를 '공동이행방식'을 허용한다고 하면, 실질적으로 공동수급체를 구성해서 입찰에 참여하는 회사도 없고, 실제 계약이행 과정에서도 복잡하기만 하기 때문에 소규모 공사는 '공동이행방식'을 허용했을 때 특별한 실익이 없다고 판단됩니다. 대충 '공동이행방식'이 어떤 거라는 느낌이 오시나요?

앞의 공고문에 나와있는 내용 중에서 출자비율이 가장 많은 자를 대표자로 선정하는 것, 대표사를 포함하여 5개사 이하로 구성하는 것, 공동수급체 구성원은 최소지분율 10% 이상 계약 참여 등은 어디에 규정이 나와 있을까? 아니면 계약담당자가 임의로 선정하는 것일까? 하는 의문이 생길 텐데, 이 부분(대표자 선정 방법, 공동수급체 구성원의 최대 허용범위, 최소지분율 등)은 맨 뒤에서 계약예규 '공동계약 운용요령'에 나와 있는 문구들을 살펴보면서 3가지 유형별로 다시한번 정리해 드릴테니 걱정마시고 가볍게 넘어가셔도 됩니다.

이번에는 ② 유형 '분담이행방식'에 대해서 알아볼까요? '분담이행방식'은 공동수급체의 각 구성원들이 각자 자기 분담부분에 대해서만 시공하고 각자 책임지는 방식입니다. 바로 입찰공고문 예시를 살펴볼까요? 공고문에 나와 있는 공사개요는 다음과 같습니다.

제3강 | 이번에는 계약체결 형태별 종류를 알아볼까요?

```
2. 입찰에 부치는 사항
  가. 용 역 명 :                    건설폐기물처리용역(A258)
  나. 용역범위 : 건설폐기물처리용역 1식(물량내역서 참고)
  다. 용 역 비(추정가격) : 425,781,000원(387,073,694원)
    ※ 사업비구분                                    (부가세포함)

    | 구 분 | 처 리 량 | 처 리 비 | 운 반 비 |
    |---|---|---|---|
    | 계 | 7162.24톤 | 299,804,424원 | 125,976,638원 |

  라. 용역기간 : 착수일로부터 150일 까지
  마. 용역현장 :
```

입찰 개요를 간략히 살펴보면, ○○도 ○○시 일대의 군부대 폐기물처리용역 사업으로 추정가격이 약 3.87억원이고 전체 용역비는 약 4.25억원인 사업입니다. 폐기물 처리비는 약 2.99억원, 폐기물 운반비는 약 1.25억원인 용역사업입니다. 그럼 이 용역사업의 입찰공고문과 공동계약 조건은 어떻게 공고되었는지 살펴볼까요?

```
3. 입찰참가자격 / 제한
  가. 참가자격 : 아래의 자격을 모두 갖춘 업체
    1) 건설폐기물 재활용촉진에 관한 법률 제21조에 의거 폐기물 중간처리업
       (건설폐기물) 등록업체 또는 폐기물관리법 제25조에 의거 폐기물종합처
       분업 등록업체
    2) 건설폐기물 재활용촉진에 관한 법률 제2조에 의거 수집·운반업 등록업체
       또는 폐기물관리법 제25조제5항에 의거 폐기물 수집·운반업(건설폐기물)
       등록업체

4. 공동계약 : 허용
  가. 상기 "3항 가호 1)목"의 자격을 갖춘 주대표 업체가 "3항 가호 2)목"의 자
      격을 갖춘 자와 주 대표 업체 포함 2개 회사 이내에서 공동계약(분담이행방
      식만 허용)이 가능합니다.
```

3. 입찰참가자격은 두가지 자격(폐기물 처리업 + 수집·운반업)을 모두 갖춘 업체만 입찰에

제3강 | 이번에는 계약체결 형태별 종류를 알아볼까요?

참여할 수 있다고 제시되어 있고요. 4.공동계약 부분을 보면, 폐기물 처리업 업체가 주대표 업체가 되고, 수집·운반업 업체를 공동수급체로 구성(분담이행방식)해서 입찰에 참여할 수 있다고 나와 있네요. 이렇게 여러가지 자격 요건이 필요한 사업에서 각각 보유한 면허에 따라 사업을 분담하기로 정해서 입찰에 참여하는 방식이 '분담이행방식'입니다. 위의 입찰공고에서 공동수급체를 구성해서 입찰에 참여한 업체가 낙찰된다면, 폐기물 처리업 업체는 폐기물 처리만 하고 폐기물 수집·운반업 업체는 수집·운반만 하는 것입니다.

실무적인 측면에서 볼 때 '분담이행방식'은 주로 여러가지 면허(자격)이 동시에 필요한 사업에서 주로 적용된다고 볼 수 있습니다. 예를 들어, 하나의 큰 건축물을 설계하는 설계용역사업이 있다고 가정해 봅시다. 하나의 설계를 완성하고자 할 때에는 건축사 면허부터 구조, 토지·지질, 설비, 정보통신, 전기, 소방, 측량 등 다양한 자격을 모두 가지고 있어야만 전체 설계를 한번에 완성하고 납품할 수 있습니다. 이러한 경우 전체 자격을 모두 가지고 있는 업체도 입찰이 가능하지만 각각 전문분야 자격을 갖춘 업체들이 공동수급체(분담이행방식)를 구성해서 입찰에 참여하는 것도 가능한 것입니다. 따라서 후배님께서 입찰참가자격을 여러가지 동시 등록한 업체로 제한하고자 할 때에는 '분담이행방식의 공동계약을 허용해야 하겠구나'라고 생각하시면 좋을 것 같습니다. '분담이행방식'도 어느정도 이해가 가시나요?

이번에는 ③ 유형 '주계약자 관리방식'에 대해서 알아볼까요? '주계약자 관리방식'은 공동수급체 구성원 중 종합건설업체가 주계약자가 되어 전체 계약수행에 관한 종합적인 계획·관리·조정의 책임을 지고, 나머지 구성원들은 각자 분담내용(전문공사 또는 일정 분담내용)에 따른 시공을 담당하는 방식입니다. 따라서 주계약자는 전체 공사를 이행하는데 필요한 자격요건을 갖추어야 하고, 나머지 구성원들은 각자 분담하는 공사를 이행하는데 필요한 자격요건을 갖추어야 합니다. 한번 입찰공고 예시를 보면서 살펴볼까요?

```
2. 입찰에 부치는 사항
  가. 공 사 명 : _____ 시설공사(1336)
  나. 공사범위 : 종합공사 1식(세부내용 물량내역서 참조)
  다. 공 사 비 (추정가격) : 2,712,868,000원(2,466,244,828원)
    1) 추정금액 : 2,750,053,310원 (추정가격 : 2,466,244,828원 + 부가가치세 : 246,624,482원
                              + 도급자설치관급금액 : 37,184,000원)
                              ※ 관급자설치관급금액 : 236,508,210원
```

제3강 | 이번에는 계약체결 형태별 종류를 알아볼까요?

> 2) 시공자격 업종별 추정금액 (구성비율)
> - 건축공사업 또는 토목건축공사업 : 2,750,053,310원(100%)
> - 실내건축공사업 : 921,267,862원(33.5%)
> - 금속창호·지붕건축물조립공사업 : 602,261,674원(21.9%)
> - 기계가스설비공사업 : 530,760,288원(19.3%)
> - 도장·습식·방수·석공사업 : 495,009,595원(18.0%)
> - 지반조성·포장공사업 : 107,252,079원(3.9%)
> - 구조물해체·비계공사업 : 71,501,386원(2.6%)
> - 철근·콘크리트공사업 : 22,000,426원(0.8%)
> 라. 공사기간 : 착공일로부터 110일

입찰 개요를 살펴보면, 육군 0부대의 시설공사로서 총 공사비는 약 27.5억원입니다. 아래 동그라미의 시공자격 업종별 추정금액을 보면, 종합공사업인 건축공사업 또는 토목건축공사업은 100%이지만, 전문공사업종별로 차지하는 공사비율은 실내건축공사업 33.5%, 금속창호·지붕건축물조립공사업 21.9%, 기계가스설비공사업 19.3%, 도장·습식·방수·석공사업 18.0%, 지반조성·포장공사업 3.9%, 구조물해체·비계공사업 2.6%, 철근·콘크리트공사업 0.8% 등입니다. 여기서 우리가 추정할 수 있는 것은 종합공사업인 '건축공사업 또는 토목건축공사업'은 혼자서도 입찰에 참여할 수 있을 것이고, 아래의 전문공사업종의 업체들은 전문공사업종별로 자격을 모두 가지고 있어야만 입찰에 참여할 수 있을 겁니다. 그럼 아래에서 입찰참가자격과 공동계약 조건은 어떻게 제시했는지 살펴볼까요?

> 3. 입찰참가자격 / 제한
> 가. 「건설산업기본법」에 의거 건축공사업 또는 토목건축공사업을 등록한 업체 또는 실내건축공사업 / 금속창호·지붕건축물조립공사업 / 기계가스설비공사업 / 도장·습식·방수·석공사업 / 지반조성·포장공사업 / 구조물해체·비계공사업 / 철근·콘크리트공사업을 모두 등록하고 입찰참가등록 마감일까지 건축공사업종 등록기준을 갖추고 시공 중에 유지할 수 있는 업체에 한합니다.
>
> 5. 공동계약
> 가. 상기 "제3항 가호"의 자격을 갖춘 주대표 업체(주계약자)가 아래의 조건을 충족하는 구성원과 대표업체 포함 8개 회사 이내 및 구성원별 계약참여 최소지분율 5%이상의 범위에서 공동계약(주계약자관리방식)이 가능합니다.

제3강 | 이번에는 계약체결 형태별 종류를 알아볼까요?

입찰공고문의 3. 입찰참가자격 부분을 보면 아래의 3가지 경우가 가능하도록 제시했네요.
1) 건축공사업을 등록한 업체 또는
2) 토목건축공사업을 등록한 업체 또는
3) 실내건축공사업 / 금속창호 · 지붕건축물조립공사업 / 기계가스설비공사업 / 도장 · 습식 · 방수 · 석공사업 / 지반조성 · 포장공사업 / 구조물해체 · 비계공사업 / 철근 · 콘크리트공사업을 모두 등록한 업체

그런데, 1) 건축공사업 과 2) 토목건축공사업은 합리적인데, 3) 실내건축공사업부터 철근 · 콘크리트공사업까지 7개 전문공사업을 모두 등록한 업체라고 하는 부분 합리적이지 않은 것 같습니다. 따라서, 5. 공동계약 부분을 보면 8개 회사 이내 주계약자 관리방식을 허용하고 있는 것입니다. 예를 들어 건축공사업이 주계약자가 되고, 나머지 실내건축공사업부터 금속창호 · 지붕건축물조립공사업, 기계가스설비공사업, 도장 · 습식 · 방수 · 석공사업, 지반조성 · 포장공사업, 구조물해체 · 비계공사업, 철근 · 콘크리트공사업을 가진 업체들과 공동수급체로 구성해서 참여해도 가능한 것입니다. 이렇게 공동수급체를 구성한다면 건축공사업은 최소지분율 5%이상만 참여하면서 전체적인 공정관리를 책임지고, 나머지 전문공사업체(공동수급체)들은 각자의 분담내용에 따른 전문공사를 시공하는 것입니다.

위의 사례를 통해 '주계약자 관리방식'이 어느정도 이해되시나요? 전체적인 모습은 분담이행방식의 형태를 따르고 있지만, 그중 대표자는 전체적인 공정관리를 책임지는 형태라고 머릿속에 정리하시면 좋을 것 같습니다.

실무적인 측면에서 앞서 살펴본 '분담이행방식'과 '주계약자 관리방식'을 비교해 본다면 어떨까요?

구 분	분담이행방식	주계약자 관리방식
공통점	입찰참가자격이 여러개가 필요할 때	
차이점	각각 분담해서 계약을 이행해도 계약이행 및 하자보수 등의 문제가 없을 때 (분담내용이 서로 영향관계가 없을 때)	전체적인 공정관리가 필요할 때 (분담내용이 서로 영향관계가 있을 때)
예 시	건설폐기물 처리용역 (A사 : 폐기물 수집 · 운반업 B사 : 폐기물 처리업)	시설공사 (A사 : 건축공사업 => 종합시공관리 B/C/D사 : 전문공사업 => 분담내용 시공)

제3강 | 이번에는 계약체결 형태별 종류를 알아볼까요?

위에 예시를 제시했지만, 주계약자 관리방식 예시에서 B/C/D사가 반드시 전문공사업이 되어야 하는 것은 아닙니다. 당연히 종합공사업들이 분담내용을 정하고 B/C/D사의 역할을 수행할 수 있는 것입니다. 혹시 제가 제시한 예시를 보고 오해가 있을 것 같아서 추가설명 드립니다.

이상으로 공동계약의 3가지 유형에 대해서 살펴보았습니다.
자~~ 그럼 마지막으로 계약예규 '공동계약 운용요령'에 나와 있는 문구들을 살펴보면서, 공동수급체 구성원의 자격 구비, 공동수급체 구성원의 최대 허용범위, 최소지분율 규정 등을 정리해 볼까요?

첫 번째 공동수급체 구성원들의 자격요건입니다. 앞에서 충분히 살펴보았지만 계약예규 문구를 읽어보면서 다시한번 탄탄히 다져 보겠습니다.

(계약예규) 공동계약운용요령

[시행 2021. 1. 1.] [기획재정부계약예규 제539호, 2020. 12. 28., 일부개정]

□ **제9조(공동수급체의 구성)** ① 계약담당공무원은 공동수급체 구성원으로 하여금 해당계약을 이행하는데 필요한 면허·허가·등록 등의 자격요건을 갖게 하여야 하며, 계약이행에 필요한 자격요건은 다음 각 호에 따라 구비되어야 한다. <개정 2009.4.8.>
  1. 분담이행방식의 경우 : 구성원 공동
  2. 공동이행방식의 경우 : 구성원 각각
  3. 주계약자관리방식의 경우
    가. 주계약자 : 전체공사를 이행하는데 필요한 자격요건
    나. 구성원 : 분담공사를 이행하는데 필요한 자격요건

위의 내용에 나와있듯이, 분담이행방식은 구성원들이 공동으로 면허·허가·등록 등의 자격요건을 갖추면 됩니다. 공동이행방식은 구성원들이 각각 자격요건을 모두 갖추어야 합니다. 주계약자 관리방식의 경우, 주계약자는 전체공사를 이행하는데 필요한 자격요건을 갖추어야 하고 구성원들은 분담공사를 이행하는데 필요한 자격요건을 갖추어야 합니다.

두 번째 공동수급체 구성원들의 최대 허용범위와 최소지분율 규정입니다. 마찬가지로 위와 연계된 '공동계약 운용요령' 제9조(공동수급체의 구성) ⑤항입니다.

제3강 | 이번에는 계약체결 형태별 종류를 알아볼까요?

> ⑤ 계약담당공무원은 공동계약의 유형별 구성원 수와 구성원별 계약참여 최소지분율을 다음 각 호에 따라 처리한다. 다만, 공사의 특성 및 규모를 고려하여 계약담당공무원이 필요하다고 인정할 경우에는 공동계약의 유형별 구성원 수와 구성원별 계약참여 최소지분율을 각각 20% 범위내에서 가감할 수 있다. <개정 2008.11.1, 2009.4.8, 단서신설 2014.1.10.>
> 가. 분담이행방식에 의한 경우 : 5인 이하
> 나. 공동이행방식에 의한 경우 : 5인 이하, 10% 이상 (단, 시행령 제6장 및 제8장에 따른 공사중 추정가격이 1,000억원 이상인 공사의 경우에는 10인 이하, 5% 이상) <개정 2009.4.8, 2012.10.26.>
> 다. 주계약자관리방식에 의한 경우 : 10인 이하, 5% 이상

면서 최소 10% 이상 참여하여야 하며, 주계약자관리방식에 의한 경우에는 10인 이하이면서 최소 5% 이상 참여하여야 하도록 나와 있네요.

공동계약에 대해서 설명하다보니 너무 길어졌네요. 그럼에도 불구하고 여기에서 설명 못한 것들이 다소 있습니다. 첫 번째는 건설산업기본법에서 최근 개정(2020. 10. 8)된 건설업무영역 폐지(상호시장 진출 허용)와 관련된 공동계약 허용 방법 및 직접시공에 대한 부분, 두 번째는 지역의무공동도급제도 입니다. 이 두가지는 공동계약의 유형을 처음 이해하는 단계에서 설명드리기에는 약간 복잡해서 여기에서는 생략했습니다.

마지막으로 후배님에게 아래의 퀴즈를 내 보겠습니다. 아래 내용을 보고 해당 공동계약이 어떤 형태인지 맞춰 볼까요?

구분	공동수급협정서 중 일부 발췌	공동계약 중 어떤 형태일까요?

1번	제6조(책임) 공동수급체의 구성원은 발주기관에 대한 계약상의 의무이행에 대하여 연대하여 책임을 진다. 다만, 공사이행보증서가 제출된 공사로서 계약이행요건을 충족하지 못하는 업체는 출자비율에 따라 책임을 진다. 〈단서실설 2014. 1. 10.〉
	제9조(구성원의 출자비율) ① 당 공동수급체의 출자비율은 다음과 같이 정한다.
	  1. ○○○ : %
	  2. ○○○ : %
		( )

2번	제6조(책임) 공동수급체의 구성원은 발주기관에 대한 계약상의 의무이행에 대하여 분담내용에 따라 각자 책임을 진다.	( )

제3강 | 이번에는 계약체결 형태별 종류를 알아볼까요?

2번	제9조(구성원의 분담내용) ① 각 구성원의 분담내용은 다음 예시와 같이 정한다. 　[예 시] 　 1. 일반공사의 경우 　　 가) ○○○건설회사 : 토목공사 　　 나) ○○○건설회사 : 포장공사 　 2. 환경설비설치공사의 경우 　　 가) ○○○건설회사 : 설비설치공사 　　 나) ○○○제조회사 : 설비제작	(　　　　)
3번	제6조(책임) 공동수급체의 구성원은 발주자에 대한 계약상의 의무이행에 대하여 분담내용에 따라 각자 책임을 지며, 대표자는 발주자에 대해 전체계약이행의 책임을 진다. 제9주(구성원의 분담내용) ① 각 구성원의 분담내용은 다음과 같이 정한다. 　[예시] 일반공사의 경우 　　　가) ○○○건설회사 : 토목공사 　　　나) ○○○건설회사 : 철강재설치공사	(　　　　)

후배님! 다 맞추셨나요? 이 부분을 후배님께 퀴즈로 낸 이유는 계약예규 '공동계약 운용요령'의 별표에 공동수급표준협정서(3가지 유형별) 양식과 샘플이 구체적으로 제시되어 있기 때문에 후배님께서 꼭 한번 찾아서 읽어보시기를 권하기 위해서 퀴즈를 내 보았습니다. 처음 볼 때에는 생소하고 어렵지만 여러번 자꾸 반복해서 읽어보면 점점 더 쉬워지실 겁니다.

계속하는 것이 힘이다

제4강

좋아요! 계약추진 방법별 종류를 알아볼까요?

제4강

좋아요! 계약추진 방법별 종류를 알아볼까요?

Q1 경쟁계약과 수의계약. 이 정도는 저도 알아요! 94

Q2 경쟁계약도 종류가 나누어진다구요? 99

Q3 수의계약도 한가지 종류가 아니네요~ 115

Q4 경쟁계약(3종류), 수의계약(3종류) 외에 다른 계약방법들도 있나요? 126

제4강 | 좋아요! 계약추진 방법별 종류를 알아볼까요?

 Q1 경쟁계약과 수의계약. 이 정도는 저도 알아요!

후배님! 이번 제4강에서는 계약추진 방법별 종류에 대해서 알아보겠습니다. 제가 봐 왔던 책들에서는 '경쟁 형태에 따른 분류'라고 설명하는 책들이 대부분인데요, 저는 '계약추진 방법별 종류'라고 부르겠습니다. 왜냐하면 첫째 「국가계약법」에 '경쟁 형태에 따른 분류'라고 언급한 부분이 전혀 없고, 둘째 수의계약의 경우에는 경쟁이 없는 1인 단독 수의계약도 있기 때문에 '경쟁 형태'라는 용어보다 '계약추진 방법'이라는 용어가 더 적절하다고 생각하기 때문입니다. 이것이 중요한 것은 아니고 앞으로 살펴볼 내용 자체가 중요한 것이니까 가볍게 넘어가셔도 됩니다.

아마도 경쟁계약과 수의계약에 대한 개략적인 의미를 모르는 한국 사람은 없을 겁니다. 말 그대로, 경쟁계약은 다수의 입찰 희망자들이 입찰에 참여해서 경쟁의 방식을 통해 계약을 추진하는 것이고, 수의계약은 경쟁입찰을 실시하지 않고 특정인을 계약상대자로 선정하여 계약을 추진하는 것입니다. 여기에서 잠시 「국가계약법」에는 어떻게 명시하고 있는지 잠깐 살펴볼까요?

국가를 당사자로 하는 계약에 관한 법률 (약칭: 국가계약법)
[시행 2021. 7. 6.] [법률 제17816호, 2021. 1. 5., 일부개정]

☐ **제7조(계약의 방법)** ① 각 중앙관서의 장 또는 계약담당공무원은 계약을 체결하려면 일반경쟁에 부쳐야 한다. 다만, 계약의 목적, 성질, 규모 등을 고려하여 필요하다고 인정되면 대통령령으로 정하는 바에 따라 참가자의 자격을 제한하거나 참가자를 지명(指名)하여 경쟁에 부치거나 수의계약(隨意契約)을 할 수 있다.

우선, 「국가계약법」 제7조의 제목을 보면, (계약의 방법)이라고 나와 있습니다. 왜 제가 제4강의 제목을 '계약 추진의 방법'이라고 명명했는지 이해되시나요? 본론을 설명해야 하는데 자꾸 삼천포로 빠지는 것 같네요. 본론으로 다시 돌아가겠습니다.
제7조 ①항의 내용을 살펴보면, 계약의 방법들이 여기에 다 나옵니다.

'계약을 체결하려면 일반경쟁에 부쳐야 한다'
➡ 일반경쟁계약

제4강 | 좋아요! 계약추진 방법별 종류를 알아볼까요?

> '계약의 목적, 성질, 규모 등을 고려하여 필요하다고 인정되면 참가자의 자격을 제한하여 경쟁할 수 있다.'
> ➡ 제한경쟁계약
>
> '계약의 목적, 성질, 규모 등을 고려하여 필요하다고 인정되면 참가자를 지명하여 경쟁할 수 있다.' ➡ 지명경쟁계약
>
> '계약의 목적, 성질, 규모 등을 고려하여 필요하다고 인정되면 수의계약을 할 수 있다.'
> ➡ 수의계약

위 박스는 제7조 ①항의 내용을 공통적으로 적용되는 문구와 핵심 부분만 다시 요약해 본 것입니다. 보셨듯이 ①항에 4가지 계약추진 방법이 모두 서술되어 있습니다. 가장 맨 처음에 나오는 것이 일반경쟁계약이고, 나머지는 각각 필요성이 인정되면 대통령령이 정하는 바에 따라 제한경쟁계약, 지명경쟁계약, 수의계약을 추진할 수 있는 것입니다. 아주 쉽죠?

그러면 계약추진 방법별 종류를 도식화해서 그려볼까요? 참고로 여기서부터는 공사계약에 국한해서 열거하고 설명한다는 것을 꼭 숙지해 주시기 바랍니다. 물품계약과 용역계약까지 포함해서 서술하다보면 더 복잡하고 혼란스럽기 느껴지기 때문입니다. **앞으로 서술하는 내용들은 공사계약만 해당되는 내용이라는 점을 꼭! 기억해 주세요.** 먼저 경쟁계약 추진 방법별 종류입니다.

제4강 | 좋아요! 계약추진 방법별 종류를 알아볼까요?

경쟁계약은 위에서 보듯이 일반경쟁계약, 제한경쟁계약, 지명경쟁계약으로 나누어지는데 이 중 제한경쟁계약은 다시 3가지 유형(CASE)로 나누어집니다. 세부적인 내용 설명은 뒤에서 하나씩 다시 다룰 예정이기 때문에 이런 종류들이 있다는 것만 눈으로 보시고 넘어가시면 됩니다.

다음은 수의계약 추진 방법별 종류입니다.

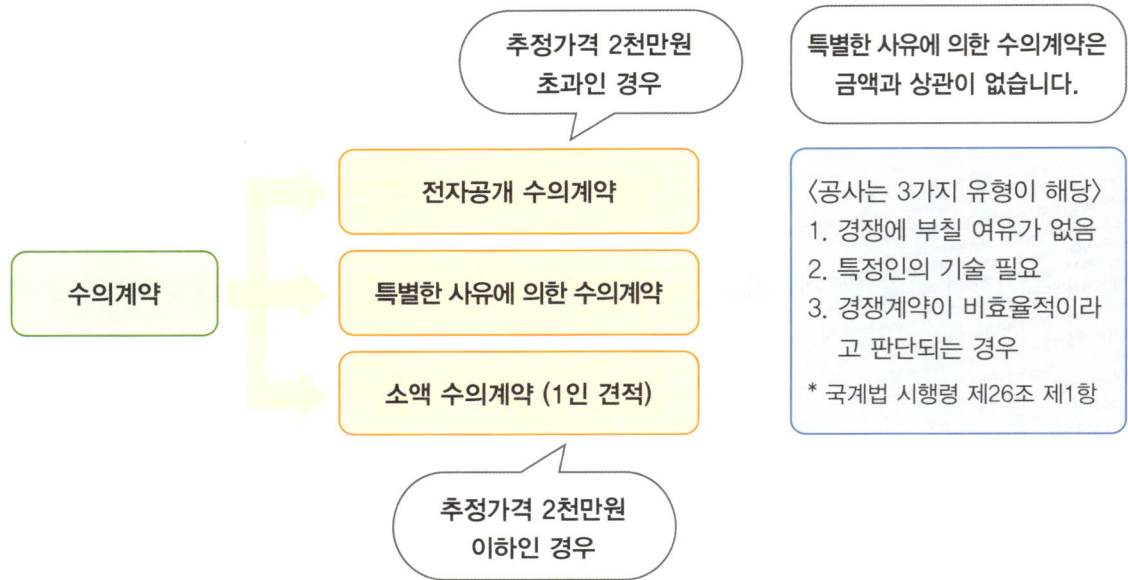

아마도 처음 계약을 접하시는 후배님들은 수의계약이 다시 여러 종류로 나누어진다는 것이 이해가 안 되실 것 같습니다. 하지만 위의 도식에서 보듯이 수의계약도 전자공개 수의계약, 특별한 사유에 의한 수의계약, 1인 견적에 의할 수 있는 소액수의계약 등 3가지로 나누어집니다. 마찬가지로 수의계약도 뒤에서 좀더 세부적으로 다루기 때문에 가볍게 넘어가시면 됩니다.

후배님! 경쟁계약에도 종류가 많고 수의계약도 종류가 많다는 것을 이해하셨나요? 그러면 경쟁계약과 수의계약의 장단점을 잠시 생각해 볼까요? 장단점을 살펴보기 전에 수의(隨意)라는 한자 뜻에 대해서 살펴보겠습니다. 수(隨)는 '따를 수'이고 의(意)는 '뜻 의'입니다. 즉 재무관의 뜻에 따라서 특정 상대방을 선택해서 계약을 추진한다는 것입니다. 한자의 뜻만 살펴보고 마치 '재무관 마음대로 해도 된다'라고 오해하시면 안 됩니다. 수의계약도 각각 적용할 수 있는 CASE가 정해져 있고 업무절차도 정해져 있기 때문에 꼼꼼하게 따져보고 업무

제4강 | 좋아요! 계약추진 방법별 종류를 알아볼까요?

절차에 맞게 수행해야 합니다. 예를 들어 무자격자를 선택한다든지 또는 업무수행 절차를 위배한다든지(견적 비교를 대충 한다든지) 또는 국가에 손해를 입힌다든지(고액 계약)의 위법을 저지르면 반드시 계약담당자와 재무관이 처벌받는다는 생각을 잊지 말아야 합니다. 따라서 재무관을 수행해본 저는 '수의(隨意)계약을 잘못하면 수의(囚衣, 가둘 수. 옷 의. 죄수가 입는 옷)를 입게 된다'라는 문장을 항상 머릿속에 되새기곤 했습니다. 후배님도 저와 같은 개념을 머릿속에 꼭! 새겨 넣으시기를 권해봅니다. 수의계약을 강조하려다 보니 섬뜩한 사진도 제시해 보았네요.

그럼 장단점을 살펴볼까요?

구 분	경쟁계약	수의계약
장 점	- 공정성과 투명성 확보 (계약에 참여하고 싶은 업체들에게 입찰참여 기회를 제공)	- 신속하게 계약업무 추진 가능 - 자본과 신용이 좋고, 기술과 경험이 풍부한 계약상대자를 선택할 수 있음
단 점	- 공고, 입찰, 적격심사 등 일정한 계약절차 수행기간 소요	- 계약담당공무원의 자의성 개입 가능 - 예산낭비 소지가 있음 - 특정업체에 대한 특혜 시비가 있을 수 있음

이 부분은 누구나 쉽게 이해할 수 있는 부분이라고 생각해요.
위의 표에서 비교했듯이 경쟁계약은 공정성과 투명성이 제일 큰 장점입니다. 계약에 참여하고 싶은 모든 업체들에게 입찰참여 기회를 제공하기 때문입니다. 단점은 입찰공고, 입찰, 적격심사 등 일정한 계약절차를 수행해야 하는 기간이 소요됩니다. 여러 단계의 계약절차를 수행해야 하기 때문에 행정력도 더 많이 들어가는 점이 단점이 될 수 있습니다.

수의계약은 신속하게 업무추진이 가능하고 자본과 신용이 좋고 기술과 경험이 풍부한 업체를 계약상대자로 직접 선택할 수 있는 장점이 있습니다. 반면에 계약담당공무원의 자의성 개입, 예산낭비 소지, 특정업체에 대한 특혜 시비 등의 단점이 있습니다. 수의계약의 단점

제4강 | 좋아요! 계약추진 방법별 종류를 알아볼까요?

이 분명히 있지만 수의계약이 '무조건 나쁘다'라는 획일적인 사고방식도 문제가 있습니다. 계약담당공무원은 소속기관의 사업목적 달성을 위해서 혹은 계약 목적물의 좀 더 나은 품질을 위해서 용기있게(적법한 절차 내에서) 수의계약을 추진할 수도 있어야 한다고 생각합니다. 이 부분은 각각의 상황과 사업특성이 모두 다르기 때문에 하나로 결론을 지을 수는 없습니다. 최소한 내가 왜 이 사업을 수의계약으로 추진하는지? 수의계약을 통해서 어떤 목적을 달성할 수 있는 것인지?를 명확하게 판단해서 누구에게나 객관적으로 제시할 수 있어야 합니다.

Q1을 마치면서 윤동주 선생님의 서시 중 두 구절을 마지막으로 제시해 보겠습니다. 우리들의 마음을 깊게 울리는 시 구절입니다. 우리 계약업무를 수행하는 모든 분들이 이러한 사명감과 책임감이 항상 충만했으면 좋겠습니다.

> 죽는 날까지 하늘을 우러러
> 한 점 부끄럼이 없기를
>
> 그리고 나한테 주어진 길을
> 걸어가야겠다.

제4강 | 좋아요! 계약추진 방법별 종류를 알아볼까요?

Q2 경쟁계약도 종류가 나누어진다구요?

후배님! 앞서 Q1에서 경쟁계약과 수의계약의 종류들을 설명했었죠? 다 기억나시죠? 경쟁계약에는 일반경쟁계약, 제한경쟁계약, 지명경쟁계약 등 3종류가 있습니다. 그리고 수의계약에는 전자공개 수의계약, 특별한 사유에 의한 수의계약, 소액 수의계약 등 3종류가 있다고 이야기 했습니다. 그리고, 경쟁계약과 수의계약의 장단점도 설명해 드렸습니다. 잠시 앞의 Q1의 내용을 상기해 보았습니다. 이번 Q2에서는 경쟁계약의 3가지 종류에 대해서 좀 더 깊이있게 알아보도록 하겠습니다.

경쟁계약의 3가지 종류에 대한 설명에 들어가기에 앞서, 모든 경쟁계약(입찰)에 공통적으로 적용되는 입찰참가자격(입찰 참여에 필요한 최소한의 자격요건)을 먼저 살펴보아야 할 것 같습니다. 즉, 일반경쟁계약이든 제한경쟁계약이든 지명경쟁계약이든 모든 경쟁계약에서 입찰 참가자가 갖추어야 할 최소한의 자격을 말하는 것입니다. 국가기관이 공공의 목적 달성을 위해 경쟁 입찰공고를 냈는데 아무나(예를 들어, 무자격자) 입찰에 참여하게 되면 입찰절차도 무질서하게 되고 계약이행이나 계약목적물의 완성도 문제가 생기기 때문에 모든 경쟁 입찰에 공통적으로 적용하는 최소한의 입찰참가자격을 규정하고 있습니다. 아래 법령 문구를 읽고 계속 설명을 이어가겠습니다.

국가를 당사자로 하는 계약에 관한 법률 시행령 (약칭: 국가계약법 시행령)

[시행 2023. 1. 5.] [대통령령 제33198호, 2023. 1. 3., 타법개정]

☐ **제12조(경쟁입찰의 참가자격)** ①각 중앙관서의 장 또는 계약담당공무원은 다음 각호의 요건을 갖춘 자에 한하여 경쟁입찰에 참가하게 하여야 한다. <개정 1996. 12. 31., 1999. 9. 9., 2008. 2. 29.>
1. 삭제 <1999. 9. 9.>
2. 다른 법령의 규정에 의하여 허가·인가·면허·등록·신고등을 요하거나 자격요건을 갖추어야 할 경우에는 당해 허가·인가·면허·등록·신고등을 받았거나 당해 자격요건에 적합할 것
3. 보안측정등의 조사가 필요한 경우에는 관계기관으로부터 적합판정을 받을 것
4. 기타 기획재정부령이 정하는 요건에 적합할 것

위에 보시는 바와 같이 「국가계약법 시행령」 제12조(경쟁입찰의 참가자격)에 나옵니다. 특히 ①항 2호를 보시면, '… 허가·인가·면허·등록·신고 등을 받았거나 당해 자격요건에 적합할 것'이라고 명시되어 있네요. 이 문구를 다시 설명해보면, 예를 들어 전기공사 경쟁 입찰공고에는 「전기공사업법」에 의한 전기공사업 면허를 등록한 업체만 입찰에 참여해야

제4강 | 좋아요! 계약추진 방법별 종류를 알아볼까요?

하고, 국가유산수리공사 경쟁 입찰공고에는 「국가유산수리 등에 관한 법률」에 따른 국가유산수리업을 등록한 업체만 입찰에 참여해야 한다는 것입니다. 이것이 최소한 경쟁입찰에 참가하는 자격이라는 것입니다. 따라서 위의 「국가계약법 시행령」 제12조(경쟁입찰의 참가자격)는 모든 경쟁입찰(일반경쟁계약, 제한경쟁계약, 지명경쟁계약)에 가장 기본적으로 적용되는 것입니다.

이 부분을 이렇게 힘줘서 말씀드리는 이유는, 일부 계약 초보자들의 경우에 「국가계약법 시행령」 제12조(경쟁입찰의 참가자격)에 따라 입찰참가자격을 제시한 것을 제한경쟁계약으로 오인하는 경우가 있기 때문입니다. 아래 입찰공고문 예시를 보면서 추가 설명해 드리겠습니다. (편의상 입찰공고문에서 설명에 필요한 부분만 편집해서 제시했습니다.)

중학교 장애인편의시설 승강기 설치공사
제한 입찰 공고

1. 공사개요
가. 공 사 명: 　　　　중학교 장애인편의시설 승강기 설치 공사
나. 공사위치:
다. 공사내용: 공사시방서에 따름
라. 공사기간: 착공일로부터 90일간
마. 공사금액 (단위: 원)

추정금액	추정가격	부가가치세	관급금액		기초금액
			관급자설치 관급자재금액	도급자설치 관급자재금액	
367,066,000	311,992,727	31,199,273	58,922,000	23,874,000	343,192,000

3. 입찰 참가 자격
가. 「지방자치단체를 당사자로 하는 계약에 관한 법률 시행령」제13조의 규정에 의한 요건을 갖추고, 종합건설업 중 건축공사업(또는 토목건축공사업)을 등록한 자로서 → 모든 경쟁계약에서 적용 • 제한경쟁계약이 아님

입찰공고일 전일부터 계약체결일까지 법인등기부상 본점 소재지(개인사업자인 경우에는 사업자등록증 또는 관련 법령에 따른 허가·면허·등록· 신고 등에 관련된 서류에 기재된 사업장의 소재지)를 계속 광주광역시에 둔 업체 이어야 하며, 그러하지 않을 경우 낙찰자 결정을 취소함 → 제한경쟁계약 채택 • 지역제한 방식 적용

예로 제시한 입찰공고문에서 3. 입찰참가자격 부분을 보시면 2개의 핵심 문장으로 재구성할 수 있습니다.(각각 빨간색 박스로 구분해 놓았습니다) 먼저 위의 빨간색 박스 부분이 제가 앞서 설명한 「국가계약법 시행령」 제12조(경쟁입찰의 참가자격)에 따른 자격을 제시한 것입니다. 즉, 이번 경쟁계약에는 건축공사업 또는 토목건축공사업 등록을 한 업체만 계약을 참여할 수 있다는 내용을 표시해 놓은 것입니다. (참고로, 위의 예시는 지방자치단체의 입찰공고문이다보니 적용 법령이 지방계약법을 적용하고 있을 뿐입니다. 본질적인 내용은 차이가

제4강 | 좋아요! 계약추진 방법별 종류를 알아볼까요?

없습니다. 만약 국가계약법을 적용하는 국가기관이었다면 '「국가계약법 시행령」 제12조의 규정에 의한'이라고 표기했을 겁니다.)

아래 부분의 빨간색 박스 부분 내용이 광주광역시 지역업체들만 참여할 수 있는 지역제한 문구입니다. 즉, 이번 경쟁계약은 광주광역시 이외의 지역업체들은 참여할 수 없는 것입니다. 바로 이렇게 입찰참가자격에 제한(지역제한)을 두는 것이 제한경쟁계약입니다. 만약 위의 예시에서 윗부분 빨간색 박스(건축공사업 또는 토목건축공사업 면허 등록업체)만 있다면 '일반경쟁계약'이 되는 것인데, 아래 빨간색 박스(광주광역시 지역업체만 입찰 참여 가능) 내용이 있으므로 위의 입찰공고는 '제한경쟁계약' 방식이 되는 것입니다.

예시에 대한 설명을 마무리하면서 다시한번 강조하면, 입찰참가자격에서 '허가·인가·면허·등록·신고 또는 특정 자격요건'을 제시하는 것이 제한경쟁계약 방식을 채택한 것이 아니라는 것입니다. '허가·인가·면허·등록·신고 또는 특정 자격요건'은 경쟁입찰에서 필수적으로 구비해야 하는 최소한의 자격요건을 제시한 것일 뿐입니다. 제한경쟁계약의 제한과 혼동해서는 안됩니다. 아셨죠?

본격적으로 일반경쟁계약, 제한경쟁계약, 지명경쟁계약에 대해서 설명해 볼까요? 앞의 Q1에서 살펴본 「국가계약법」 제7조 ①항의 내용을 다시 볼까요?

> **국가를 당사자로 하는 계약에 관한 법률** (약칭: 국가계약법)
> [시행 2021. 7. 6.] [법률 제17816호, 2021. 1. 5., 일부개정]
>
> ☐ 제7조(계약의 방법) ① 각 중앙관서의 장 또는 계약담당공무원은 계약을 체결하려면 일반경쟁에 부쳐야 한다. 다만, 계약의 목적, 성질, 규모 등을 고려하여 필요하다고 인정되면 대통령령으로 정하는 바에 따라 참가자의 자격을 제한하거나 참가자를 지명(指名)하여 경쟁에 부치거나 수의계약(隨意契約)을 할 수 있다.

위의 문구를 보면, 가장 원칙은 일반경쟁에 부치는 것입니다. 다만 계약의 목적, 성질, 규모 등을 고려 필요하다고 인정되면 제한경쟁계약이나 지명경쟁계약을 적용할 수 있다는 것입니다. 그래서 우선순위를 적용해 본다면 ① 일반경쟁계약 ==〉② 제한경쟁계약 ==〉③ 지명경쟁계약의 순으로 적용하는 것이 일반적입니다.

각각의 계약방법을 하나의 도표로 정리해보면 아래와 같습니다. 참고로 시중에 나와있는 대부분의 책들은 법령에 나열된 모든 경우들(특히, 공사와 물품·용역계약이 혼재되어 있고

제4강 | 좋아요! 계약추진 방법별 종류를 알아볼까요?

사용빈도가 적은 특수한 경우들까지 모두 수록함)을 포괄해서 설명하다보니 복잡하게 서술되어 있습니다. 저는 후배님께서 알아야 할 핵심내용만(공사계약에서 중요한 3가지만) 간추려서 정리해 보았습니다. 세부적인 모든 경우들이 포함되지 않지만 핵심 개념을 이해하는 데는 오히려 도움이 될 거라고 생각합니다.

구 분		입찰 참가자	적용 조건
일반경쟁 계약		제한 없음 (참가자격이 있다면 누구나 참가 가능)	공사금액과 관계없이 모든 계약에서 적용 가능
제한 경쟁 계약 (중복 제한 불가)	① 시공 능력 또는 공사 실적 제한 (할 수 있다)	해당 시공능력 또는 공사실적을 보유한 업체만 참가 가능	추정가격 30억원 이상 종합공사, 추정가격 3억원 이상 전문공사, 추정가격 3억원 이상 개별법령공사
	② 특수한 기술 또는 특수한 공법 제한 (할 수 있다)	해당 특수한 기술 보유 또는 특수한 공법을 보유한 업체만 참가 가능	터널공사 등 30개 특수기술 공사, 스폼공법 등 3개 특수공법 공사
	③ 지역업체 제한 (할 수 있다)	해당 공사지역에 소재한 업체만 참가 가능	추정가격 83억원 미만 종합공사, 추정각격 10억원 미만 전문공사, 추정가격 10억원 미만 개별법령공사
지명경쟁 계약 (계약목적 달성이 곤란한 특수한 경우) (할 수 있다)		지명된 업체만 참가 가능 (특수한 설비, 기술, 자재, 물품 또는 실적 보유자)	특수한 설비, 기술, 자재, 물품 또는 실적 보유자가 10인 이내인 경우

* 개별법령공사 : 전기공사, 정보통신공사, 소방공사, 국가유산수리공사 등 「건설산업기본법」 이외의 개별 법률에 따른 공사들

표에서 보듯이 일반경쟁계약은 입찰참가에 대한 제한 조건이 없기 때문에 최소한의 입찰참가자격을 갖춘 업체라면(예를 들어, 건축공사업 등록) 누구나 입찰에 참여가 가능합니다. 즉 입찰참가자격에서 기본적으로 제시하는 '건축공사업'으로 등록되어 있다면 그 업체가 실적이 얼마 있든지? 또는 지역이 어디에 소재하든지? 관계없이 전국에 있는 모든 '건축공사업' 업체가 입찰참가 가능한 계약방식입니다.

다음으로 제한경쟁계약은 크게 3가지 방식으로 나누어 볼 수 있습니다. ① 시공능력 또는 공사실적 제한방식, ② 특수한 기술보유 또는 특수한 공사실적 제한방식, ③ 지역업체 제한

제4강 | 좋아요! 계약추진 방법별 종류를 알아볼까요?

방식 등 3가지 제한방식이 대표적인 제한방법입니다. 아래의 입찰공고문 예시를 보면서 어떤 제한방식을 적용했는지 살펴볼까요? (마찬가지로 편의상 입찰공고문에서 일부 필요한 부분만 편집해서 제시했습니다)

공사입찰공고

시설공고 제   호

1. 공사개요
  1.1. 관리번호
  1.2. 수요기관   도시건설본부
  1.3. 공 사 명   오수간선관로 설치공사
  1.4. 공사현장   ) 일원
  1.5. 공사기간 : 착공일로부터 1,080일
    1.5.1. 이 공사 계약기간은 주당 근로시간을 52시간 이내로 고려하여 산정되었습니다.
  1.6. 공사내용 : 오수선관로(D600~1500) L=2,891m
                (개착매설: 원형관로 D600mm~D1500mm(L=1,860m), 비개착매설:
                (세미쉴드) 원형관로 D700mm~D1500mm, L=1,031m 등), 부대공 등
  1.7. 추정금액 : 36,090,800,000원 【(추정가격) 30,442,490,000원 + (부가가치세)
                3,044,249,000원 + (도급자설치관급금액 2,604,061,000원】
                ※ 관급자설치관급금액 : 1,571,204,000원
  1.8. 업종별 추정금액 및 업종별 금액(추정가격+부가가치세)

업 종	추정금액(비율)	추정가격+부가가치세(비율)
토목공사업	36,090,800,000원 (100.0%)	33,486,739,000원 (100.0%)

3. 입찰참가자격
  3.1. '5. 적격성심사 서류 제출 및 평가'에 따른 **적격성심사 통과자로서, 3.2.~3.4.를 모두 충족한 자에게만 입찰 참가 자격이 주어집니다.**
  3.2. 시공분야
    3.2.1. 「건설산업기본법령」에 의한 **토목(또는 토목건축)공사업 등록업체로서 입찰공고일 현재 공동수급체 구성원 각각의 시공능력평가액에 시공비율을 곱하여 합산한 토목분야 시공능력평가액이 21,310,000,000원 이상인 자**

위 예시의 입찰공고문을 보면, 오수간선관로를 약 2.9km를 매설하는 공사이면서 약 3년(1,080일)동안 시공하는 공사입니다. 전체적인 공사금액 규모는 약 360억원이고, 해당 계

제4강 | 좋아요! 계약추진 방법별 종류를 알아볼까요?

약업체가 시공하는 부분은 약 334억원인 공사입니다. 입찰공고문의 3. 입찰참가자격의 3.2.1의 파란색 글씨 부분을 살펴볼까요? 입찰참가자격으로 제시된 조건이 2가지입니다. 하나는 토목(또는 토목건축)공사업 등록업체이고, 또 하나는 토목분야 시공능력평가액이 약 213억원 이상인 업체로 제한하고 있는 것입니다. 앞부분의 토목(또는 토목건축)공사업은 기본적인 입찰참가자격을 제시한 것이고, 뒷부분에 시공능력평가액을 제시한 것이 바로 제한경쟁계약(시공능력 제한 방식)을 적용하고 있는 것입니다. 이렇게 공사규모가 큰 경우에 시공능력평가액으로 입찰참가자격을 제한하는 것입니다.

앞서 표에서 나와 있듯이 공사규모가 큰(추정가격 30억원 이상이 종합공사) 입찰에 대해서 시공능력에 의한 제한입찰을 할 수 있기 때문에 입찰참가자격 조건을 일정규모 이상의 시공능력을 가진 업체만 참여할 수 있도록 제한한 것입니다. 만약 위의 예시와 같은 입찰에서 제한조건이 없다고 가정해보면 시공능력이 현저히 떨어지는 소규모 영세업체들까지 모두 입찰에 참여한다고 상상해 보시죠~~. 과연 입찰이 제대로 이루어질지? 적절한 시공능력을 갖춘 업체가 낙찰될지? 걱정이 될 것입니다. 따라서 일정규모 이상의 공사일 때 시공능력에 의한 제한입찰을 할 수 있도록 해 놓은 것입니다.

'시공능력평가제도'가 무엇인가요?

시공능력평가제도란? : 건설업체의 전년도 공사실적, 경영 및 재무상태, 기술능력, 신인도 등을 종합적으로 평가하여, 각 업체가 1건 공사를 수행할 수 있는 능력을 금액으로 환산(시공능력평가액)한 뒤 이를 공시하는 제도

누가 발표하나요? : 대한건설협회, 전문공사협회 등에서 매년 7. 31일까지 공시

평가액 산정은? : 평가액 = 실적평가액 + 경영평가액 + 기술능력평가액 ± 신인도평가액

어디에 활용하나요? : 입찰참가자격, 유자격자명부, 도급하한제 기준으로 활용함
　　　　　　　　　　 (평가액을 기준으로 적정한 건설업체를 선정하는데 활용)

문제점은 없나요? : 이 제도는 공사실적, 재무상태, 기술자 수 등 본질적으로 의미가 다른 평가요소를 금액화한 뒤 단순 합산함으로써 시공능력을 왜곡할 우려가 큰 데다 평가액 자체도 상당히 부풀려져 있다는 지적도 있음

다음은 시공실적으로 제한한 입찰공고문을 살펴볼까요?

제4강 | 좋아요! 계약추진 방법별 종류를 알아볼까요?

공사입찰공고

시설공고 제 2023-   호

1. 공사개요
- 1.1. 관리번호 :
- 1.2. 수요기관 :
- 1.3. 공 사 명 :   어업지도선부두 및 진입도로 개설공사
- 1.4. 공사현장 :
- 1.5. 공사기간 : 착공일부터 1,080일
  - 1.5.1. 이 공사 계약기간은 주당 근로시간을 52시간 이내로 고려하여 산정되었습니다.
- 1.6. 공사내용 : 어업지도선부두 160m, 호안 248m, 해상인도교 42m, 부지조성 9,284㎡, 진입도로 580m(폭 25m) 등
- 1.7. 추정금액 : 42,636,000,000원 【(추정가격) 34,617,272,727원 + (부가가치세) 3,461,727,273원 + (도급자설치관급금액 4,557,000,000원】
  ※ 관급자설치관급금액 : 0원
- 1.8. 업종별 추정금액 및 업종별 금액(추정가격+부가가치세)

업종	추정금액(비율)	추정가격+부가가치세(비율)
토목공사업	42,636,000,000원 (100%)	38,079,000,000원 (100%)

3. 입찰참가자격
- 3.1. '5. 적격성심사 서류 제출 및 평가'에 따른 **적격성심사 통과자로서, 3.2.~3.4.를 모두 충족한** 자에게만 입찰 참가 자격이 주어집니다.
- 3.2. 「건설산업기본법령」에 의한 **토목(또는 토목건축)공사업 등록업체로서 입찰공고일 기준 최근 10년 이내 준공된 단일계약건의 항만(또는 어항) 계류시설 준공금액(도급자설치 관급금액 포함) 14,143,000,000원 이상의 시공실적 보유업체**(준설·매립·보수·보강 제외)

위의 입찰공고문을 보면, 항만시설(부두 등) 설치하는 공사이면서 약 3년(1,080일)동안 시공하는 공사입니다. 전체적인 공사금액 규모는 약 426억원이고, 해당 계약업체가 시공하는 부분은 약 381억원입니다. 입찰공고문의 3. 입찰참가자격의 3.2. 파란색 글씨 부분을 살펴볼까요? 입찰참가자격이 2가지 조건이죠? 하나는 토목(또는 토목건축)공사업 등록업체이고 또 하나는 항만 계류시설 준공금액이 약 141억원 이상의 시공실적을 보유한 업체로 제한하고 있네요. 이처럼 특정 공사실적(공사금액으로 제한할 수도 있고, 공사규모로 제한할 수도 있음)으로 제한하는 것이 제한경쟁계약(시공실적 제한 방식)인 것입니다. 특정분야(위 예시처럼 항만공사) 공사실적이 있어야만 계약업체가 완벽하게 계약 목적물을 시공할 수 있다고 판단했기 때문에 시공실적 제한 방식을 채택한 것입니다.

제4강 | 좋아요! 계약추진 방법별 종류를 알아볼까요?

여러분이 재무관이라고 가정하고 위의 입찰공고문을 다시 생각해 볼까요? 약 426억원 규모의 항만시설 설치공사가 있습니다. 1) 이론적으로는 일반경쟁계약도 가능하고, 2) 시공능력 평가액에 의한 제한경쟁계약도 가능하고, 3) 시공실적에 의한 제한경쟁계약도 가능하다고 판단해서 3가지 선택이 가능하다고 생각해 봅시다. 여러분은 어떤 계약방식을 선택하시겠습니까? 1) 일반경쟁계약은 시공능력과 경험이 부족한 업체들까지 모두 입찰참가가 가능해지므로 부적합하다고 생각됩니다. 다음으로 2) 시공능력 평가액에 의한 제한을 판단해보면, 항만시설이라는 시공경험과 실적이 아닌 일반 시공능력(예를 들어, 주택이나 건물시공능력)만 보유한 업체가 참여하면 시공 과정과 하자 측면에서 문제가 생길 수 있기 때문에 시공능력 평가액으로 제한하는 것만으로는 불충분하다고 생각될 것입니다. 그래서 현재 발주하려는 계약과 동일하거나 유사한 시공실적을 보유한 업체들만 참여할 수 있도록 3) 시공실적에 의한 제한경쟁계약을 선택하게 되겠죠~~. 예시를 통해 세가지 입찰방식의 차이점과 장단점이 이해되셨으면 좋겠습니다. 여기까지가 제한경쟁계약 중 1번 시공능력 평가액 또는 시공실적에 의한 제한방식을 설명해 드렸습니다.

다음은 제한경쟁계약 중 2번 특수한 기술 또는 공법이 요구되는 공사계약에서 특수한 기술 또는 공법(기술 보유상황 도는 공사실적)으로 제한하는 방식을 설명하겠습니다. '특수한 기술 또는 공법이 요구되는 공사'는 「정부 입찰·계약 집행기준」 제4조에 열거되어 있습니다. 특수한 기술을 요하는 공사는 주로 터널, 활주로, 지하철, 교량, 댐, 독크 설치 등과 같은 고도의 특수 기술이 필요한 공사들 30가지가 이에 해당됩니다. 특수 공법을 요하는 공사는 스폼공법 및 철골공법, 피·시공법에 의한 공사 등 3가지가 해당됩니다. 문구 그대로 특수한 기술과 공법이 요구되는 공사계약만 적용하기 때문에 대부분 계약업무 담당자들이 접하는 경우가 거의 없다고 생각됩니다. 그리고 이러한 특수한 기술 또는 공법이 요구되는 공사는 공사 규모도 꽤 크기 때문에 일반적인 계약업무 담당자들이 적용하는 경우가 드물다고 생각됩니다. 따라서 2번 특수한 기술 또는 공법(기술 보유상황 도는 공사실적)으로 제한하는 방식은 별도 예시(입찰공고문)에 대한 설명 없이 넘어가겠습니다.

다음은 제한경쟁계약 중 3번 지역제한에 의한 제한경쟁계약에 대해서 설명하겠습니다. 아마도 공사계약에서는 지역제한에 의한 제한경쟁계약이 대부분을 차지합니다. 여러분 스스로 국가종합전자조달시스템에서 공사 입찰공고 중 경쟁계약 조건으로 검색해 보시면 얼마나 많은 입찰들이 지역제한방식을 적용하고 있는지 아실 수 있을 겁니다. 따라서 제한경쟁계약에서 가장 중요하다고 생각됩니다.

제4강 | 좋아요! 계약추진 방법별 종류를 알아볼까요?

지역제한방식에서 가장 중요한 것은 뭐니뭐니해도 '적용 가능한 조건'입니다. 즉, 추정가격 83억원 미만의 종합공사, 추정가격 10억원 미만의 전문공사, 추정가격 10억원 미만의 개별 법령공사인 경우에만 지역제한방식 적용이 가능합니다.(이것은 국가계약에서 적용하는 기준입니다. 지방계약 적용기준은 다릅니다. 여러 경우를 모두 설명하다보면 더 어렵게 느껴지기 때문에 국가계약에 국한해서 설명드리는 점을 양해해 주시면 감사하겠습니다) 그럼 지역제한방식으로 제한한 입찰공고문 예시를 살펴볼까요?

시설공사 입찰공고

1. 입찰에 부치는 사항
   - 가. 사업명 : 경찰서 기동순찰대 신축공사(건축)
   - 나. 위 치 :
   - 다. 사업량 : 연면적 209.6㎡, 지상 1층, 철근콘크리트 구조
   - 라. 사업기간 : 착공일부터 90일
   - 마. 추정금액 : 금676,013,000원 (총공사비 715,742,000원)
     (추정가격 548,892,727원 / 부가세 54,889,273원 / 도급자관급 72,231,000원 / 관급자관급 27,294,000원 / 시설분담금 12,435,000원)
   - 바. 기초금액 : 금603,782,000원(부가가치세 포함)

(단위 : 원)

본 공고의 A값 (합계)	국민건강보험료	국민연금보험료	노인장기요양보험료	퇴직공제부금	산업안전보건관리비	안전관리비	품질관리비
32,816,786	6,843,591	8,687,210	876,664	4,440,130	11,969,191	-	-

※ 본 공사는 다양한 복합공정 수반(철콘, 석공, 목공, 파일공 등) 수반되며, 종합적인 계획 관리 및 조정을 하여 시설물 시공이 필요하므로 건설업역 규제 폐지에 따른 종합·전문간 상호시장 진출을 허용하지 않습니다.

4. 참가 자격
   - 가. 「지방자치단체를 당사자로 하는 계약에 관한 법률」에서 정한 자격을 갖추고, 「건설산업기본법」 제16조 제1항에 따라 **종합공사업** 중 **건축공사업(또는 토목건축공사업)**을 등록한 업체로서,
   - 나. 공고일 전일부터 입찰일(낙찰자는 계약체결일)까지 법인 등기사항증명서상 **본점소재지**(개인사업자인 경우에는 사업자등록증 또는 관련 법령에 따른 허가인가면허·등록·신고 등에 관련된 서류에 기재된 사업장의 소재지)를 계속하여 **충청남도**에 둔 자(업체)

예시의 입찰공고문은 ○○○도 ○○시에서 경찰지구대 신축공사를 발주한 입찰공고문입니다. 전기, 소방, 정보통신공사 등 기타 공사들을 제외하고 건물공사(실무적으로 본공사 또는 시설공사라고 부르기도 함)만 '건축공사업'(종합공사업)으로 발주한 것이며 공사규모는 지상 1층

제4강 | 좋아요! 계약추진 방법별 종류를 알아볼까요?

209.6㎡(약 60평) 건물을 신축하는 공사로써 공사금액은 추정가격 기준으로 약 5.5억원 입니다. 위 입찰공고문의 4. 참가자격 부분을 살펴보시면, 가항에는 건축공사업(또는 토목건축공사업) 등록업체를 기본 입찰참가자격으로 제시했고 나항에는 충청남도 지역업체로 제한 조건을 제시했습니다. 따라서 위의 입찰공고문은 제한경쟁계약 중 지역제한방식을 적용하고 있는 공고문입니다.

앞서와 마찬가지로 여러분이 재무관이라고 가정하고 위의 입찰공고문을 다시 생각해 볼까요? 약 5.5억원 규모의 경찰지구대 신축공사입니다. 1) 첫째로 일반경쟁계약이 가능합니다. 다만 너무 많은 입찰참가자가 참가할 가능성, 타지역 건설업체가 수주하고 지역 건설업체에게 일괄 하도급(불법적인)을 할 가능성 등을 고려할 때 일반경쟁계약으로 추진하는 것이 약간 부적합하다고 판단됩니다. 2) 시공능력 평가액에 의한 제한경쟁계약이나 시공실적에 의한 제한경쟁계약은 불가능합니다. 두가지 모두 30억원 이상의 종합공사일 경우에만 적용할 수 있기 때문에 위의 5.5억원 규모의 공사를 적용할 수 없습니다. 3) 특수한 기술 또는 공법 등으로 제한하는 경우도 「정부 입찰·계약 집행기준」 제4조에 열거되어 있는 특수한 기술 또는 공법이 요구되는 공사가 아니므로 적용할 수 없습니다. 4) 지역제한에 의한 제한경쟁계약은 위의 공사(추정가격 약 5.5억원)가 추정가격 83억원 미만의 종합공사 조건에 해당되므로 지역제한 조건을 적용할 수 있는 것입니다.

여기서 잠깐! 지역제한 방식에 의한 제한경쟁계약의 장점과 저의 개인적인 의견을 잠깐 설명하고 가겠습니다. 저의 재무관 경험에 비춰보면, 일반적인 시설공사(우리가 흔히 쉽게 볼 수 있는 건물, 창고, 식당, 숙소, 체육관, 울타리 등 웬만한 시설공사들)은 지역제한 방식을 가장 우선적으로 적용했습니다. 왜냐하면 해당 공사지역(시·도의 관할구역)에 본점 소재지를 두고 있는 지역업체들이 수주하므로 지역경제 활성화에 도움이 되고, 타지역 업체보다는 하도급을 할 가능성이 낮아진다고(저의 주관적인 의견입니다) 생각했기 때문에 지역제한 방식을 가장 선호했습니다. 여러가지 복잡하다고 생각하시지 마시고 추정가격 83억원 미만의 종합공사, 추정가격 10억원 미만의 전문공사, 추정가격 10억원 미만의 개별법령에 의한 공사들은 지역제한 방식을 가장 우선적으로 검토하고 적용하면 큰 무리가 없습니다. 법에서도 이 정도 규모의 공사들은 지역업체를 우선 고려하라고 '지역제한 방식'을 두고 있는 것입니다.

여기까지가 경쟁계약의 3가지 종류를 살펴본 내용입니다. 쉽게 설명하려고 했는데도 후배님 입장에서는 약간 헷갈리거나 복잡하게 느껴지실 것 같네요. 한 술에 배 부를 수 없습니다.

제4강 | 좋아요! 계약추진 방법별 종류를 알아볼까요?

여러기관들에서 올린 입찰공고문을 스스로 살펴보시면 어느정도 감(느낌 또는 이해)이 오실 거라 생각됩니다. 설명을 위해 제가 몇가지 입찰공고문 예시를 보여드렸지만 국가종합전자조달시스템에서 다양한 입찰공고문을 스스로 찾아보시면서 어떤 경쟁방식을 적용했는지? 왜 해당 방식을 적용했는지를 자꾸 생각해 보시기를 바라겠습니다.

인가, 허가, 면허, 등록, 신고는 각각 무엇인가요?

인가 : 인정하여 허가함. 행정관청의 개입과는 상관없이 조건과 절차만 갖추면 승인해 주는 것
  * 예) 사립학교 등의 법인설립의 인가

허가 : 행정관청에서 요건에 관해 실질적인 심사를 거쳐 허락해 주는 것
  * 행정관청의 자유재량에 따라 승인해 주는 것
  * 예) 단란주점, 유흥주점 등의 허가 (상업지역 여부, 건물의 용도, 주거지로부터와의 거리, 시설기준 등을 실질적으로 심사하여 허가를 해 줌)

면허 : 특정한 영업이나 행위를 할 때 국가나 공공기관에서 인정하는 허가를 얻어 행할 수 있도록 하는 제도
  * 예) 운전면허, 주류제조면허, 수렵면허

등록 : 일정한 법률 사실이나 법률관계를 공증하기 위하여 행정관서나 공공기관 따위에 비치한 법정의 공부에 기재하도록 하는 제도
  * 예) 여객 운송사업 등록, 관광사업 등록, 건설업 등록

신고 : 법률 행위, 특히 영업이나 산업 행위에 있어서 행정 관청에 신고만 함으로써 즉시 행할 수 있도록 하는 제도
  * 예) 주택거래신고

잠깐 코너를 읽어보고, 후배님께서 혹시 궁금증이 생길 것 같아서 질문과 부연 설명을 덧붙여 놓습니다.

질문 : 건설업은 위의 다섯가지 제도(인가, 허가, 면허, 등록, 신고) 중에서 어떤 제도를 따를까요?

답 : '등록제'입니다. 다만 등록제가 최초부터 시행된 것은 아닙니다. 건설업은 1999년까지 대부분의 업종을 '면허제'로 시행(종합건설업 5종과 전문건설업 24종은 면허제를 적용해 왔고, 4개 기타 전문건설업만 등록제로 적용해 왔음)를 시행해 오다가 1999년 4월 15일 「건설산업기본법」 개정을 통해 '등록제'로 전환하였습니다. 건설업종 모두를 '등

제4강 좋아요! 계약추진 방법별 종류를 알아볼까요?

록제'로 전환한 이유는 시장진입 장벽을 제거하여 시장의 자율성과 생산성 향상을 도모하고 기존 '면허제'에서 시행하던 5년단위 면허갱신 업무부담도 경감시켜 주기 위함이었습니다. 따라서 후배님께서는 실무를 할 때, '건설업 면허증'이라는 용어를 사용하는 것보다 '건설업 등록증'이라는 용어를 사용하는 것이 맞습니다.

참고로 '건설업 등록증'은 모두 국토교통부장관에게 업종별로 등록을 해야 합니다. 다만 국토교통부장관은 시·도지사(시·군·구청에 위임) 또는 등록업무수탁기관에서 위탁하여 발급하도록 되어 있습니다.(관련 법령 조항 : 「건설산업기본법」 제9조의2, 「건설산업기본법 시행령」 제12조의3, 「건설산업기본법 시행규칙」 제9조1항)

종합건설업종은 등록업무수탁기관인 '대한건설협회'에서 발급하며, 전문건설업종은 시·도지사 또는 시·군·구청에서 발급합니다. 건설업 등록증을 발급할 때에는 아래 양식(법령에서 정해진 서식)에 따라 업종 및 주력분야, 등록번호, 상호, 대표자, 주된 영업소 소재지, 법인등록번호(자연인의 경우 생년월일), 국적(법인의 경우 소속 국가명), 등록일자, 변경사항, 행정처분사항, 건설업 교육사항 등을 기재해야 하며, 건설업 등록수첩에는 각종 변경사항과 시공능력, 공사금액의 하한 등을 포함해야 합니다. 아래는 법령에 나와있는 건설업 등록증과 건설업 등록수첩 별지 서식입니다. 참고하시도록 넣어 놓았습니다.

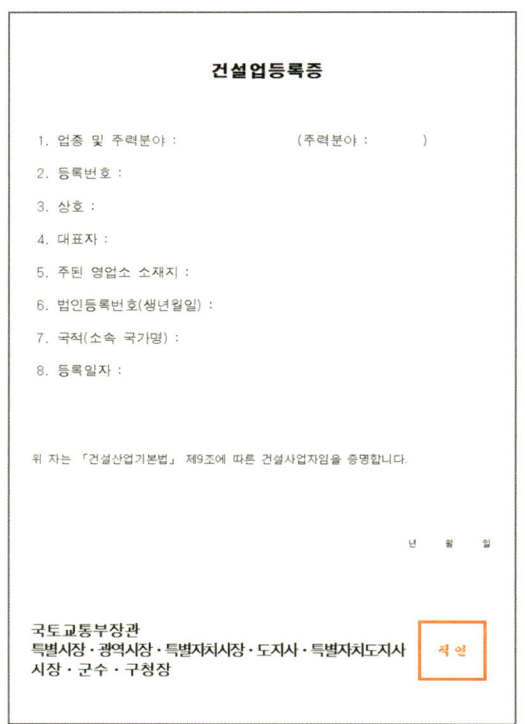

제4강 | 좋아요! 계약추진 방법별 종류를 알아볼까요?

건설업등록수첩

업종		등록번호	
주력분야			
상호		대표자	
주된 영업소 소재지		법인등록번호 (생년월일)	
국적 (소속국가명)		등록일자	

위 자는 「건설산업기본법」 제9조에 따른 건설사업자임을 증명합니다.

년 월 일

특별시장·광역시장·특별자치시장·도지사·특별자치도지사
시장·군수·구청장   [직인]

변경사항

변경일	변경구분	변경내용	기록일 및 기록자(서명 또는 인)

행정처분사항
(시정지시 시정명령 영업정지 과징금 등록말소 과태료)

처분내용	사유	처분기관 (처분일)	기록일 및 기록자 (서명 또는 인)

건설업 교육사항

교육기간	교육시간	교육기관명	기록일 및 기록자 (서명 또는 인)

시공능력

연도	건설업종 (주력분야)	금액(백만원)	기록일 및 기록자(서명 또는 인)

주요 공사 종류별 공사실적

연도	주요 공사 종류 (주력분야)	금액(백만원)	기록일 및 기록자(서명 또는 인)

공사금액의 하한

연도	공사의 종류	금액(백만원)	기록일 및 기록자(서명 또는 인)

제4강 | 좋아요! 계약추진 방법별 종류를 알아볼까요?

마지막으로 앞서 살펴 본 지역제한방식에 의한 입찰공고문 예시를 다시한번 보면서 탄탄하게 다지고 마무리해 볼까요?

시설공사 입찰공고

1. 입찰에 부치는 사항

가. 사 업 명 :   경찰서 기동순찰대 신축공사(건축)
나. 위   치 :
다. 사 업 량 : 연면적 209.6㎡, 지상 1층, 철근콘크리트 구조
라. 사업기간 : 착공일부터 90일
마. 추정금액 : 금676,013,000원 (총공사비 715,742,000원)
    (추정가격 548,892,727원 / 부가세 54,889,273원 / 도급자관급 72,231,000원 / 관급자관급 27,294,000원
    / 시설분담금 12,435,000원)
바. 기초금액 : 금603,782,000원(부가가치세 포함)

(단위 : 원)

본 공고의 A값 (합계)	국민건강보험료	국민연금보험료	노인장기요양보험료	퇴직공제부금	산업안전보건관리비	안전관리비	품질관리비
32,816,786	6,843,591	8,687,210	876,664	4,440,130	11,969,191	-	-

※ 본 공사는 다양한 복합공정 수반(철콘, 석공, 목공, 파일공 등) 수반되며, 종합적인 계획 관리 및 조정을 하여 시설물 시공이 필요하므로 건설업역 규제 폐지에 따른 종합·전문간 상호시장 진출을 허용하지 않습니다.

4. 참가자격

가. 「지방자치단체를 당사자로 하는 계약에 관한 법률」에서 정한 자격을 갖추고, 「건설산업기본법」 제16조 제1항에 따라 **종합공사업** 중 **건축공사업(또는 토목건축공사업)**을 등록한 업체로서,
나. 공고일 전일부터 입찰일(낙찰자는 계약체결일)까지 법인 등기사항증명서상 **본점소재지**(개인사업자인 경우에는 사업자등록증 또는 관련 법령에 따른 허가·인가·면허·등록·신고 등에 관련된 서류에 기재된 사업장의 소재지)를 **계속하여 충청남도에 둔 자(업체)**

여기서 4. 참가자격 나항의 빨간색 밑줄 부분의 문구 {법인 등기사항증명서상 본점소재지(개인사업자인 경우에는 사업자 등록증 또는 관련 법령에 따른 허가·인가·면허·등록·신고 등에 관련된 서류에 기재된 사업장의 소재지)를 계속하여 충청남도에 둔 자(업체)} 는 어디에서 규정하고 있는 것일까요?

제4강 | 좋아요! 계약추진 방법별 종류를 알아볼까요?

> **국가를 당사자로 하는 계약에 관한 법률 시행령** (약칭: 국가계약법 시행령)
> [시행 2023. 1. 5.] [대통령령 제33198호, 2023. 1. 3., 타법개정]
>
> ☐ 제21조(제한경쟁입찰에 의할 계약과 제한사항등) ①법 제7조제1항 단서에 따라 경쟁참가자의 자격을 제한할 수 있는 경우와 그 제한사항은 다음 각 호와 같다. 이 경우 제1호부터 제6호까지 및 제9호의 제한사항에 대한 구체적인 제한기준은 기획재정부령으로 정한다. <개정 1996. 12. 31., 1997. 7. 10., 1999. 9. 9., 2005. 9. 8., 2006. 5. 25., 2007. 10. 10., 2008. 2. 29., 2009. 11. 20., 2010. 7. 21., 2011. 1. 17., 2011. 10. 28., 2012. 10. 8., 2014. 5. 22., 2016. 9. 2., 2016. 9. 2.9, 2017. 7. 26., 2018. 3. 6., 2018. 12. 4., 2021. 2. 2., 2021. 9. 14., 2022. 1. 25., 2022. 6. 28.>
>
> 6. 추정가격이 기획재정부령으로 정하는 금액 미만인 계약의 경우에는 법인등기부상 본점소재지(개인사업자인 경우에는 사업자등록증 또는 관련 법령에 따른 허가·인가·면허·등록·신고 등에 관련된 서류에 기재된 사업장의 소재지를 말한다. 이하 같다)

아마 입찰공고문의 문구가 「국가계약법 시행령」 제21조 ①항 6호에서 가지고 온 문구라는 것을 바로 확인할 수 있을겁니다. 「국가계약법 시행령」 제21조 ①항 6호는 제한경쟁입찰에서 지역제한 방식을 적용할 때의 구체적인 기준입니다. 이에 따르면 우리는 실제 지역제한방식에 의한 입찰을 실시할 때, 입찰참가 가능자를 법인인 경우, 개인인 경우의 두가지 경우로 나눌 수 있으며 각각은 아래의 양식에서 이 부분을 확인해야 하는 것임을 알 수 있습니다.

1) 법인인 경우

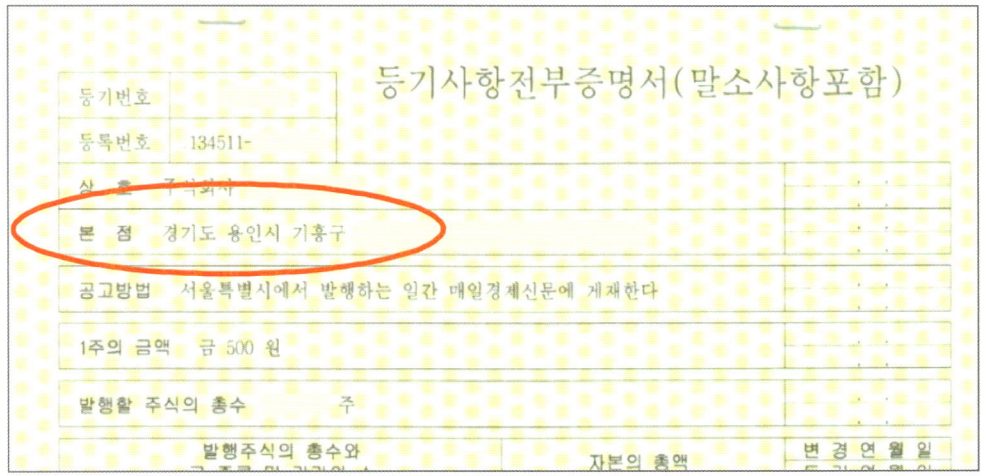

제4강 | 좋아요! 계약추진 방법별 종류를 알아볼까요?

2) 개인사업자인 경우

[별지 제3호 서식]   (앞 쪽)

건 설 업 등 록 증

1. 업종 : 기계설비공사업

2. 등록번호 :

3. 상호 :

4. 대표자 :

5. 주된 영업소 소재지 :

6. 법인등록번호(생년월일) :

7. 국적(소속 국가명) : 대한민국

8. 등록일자 : 2019.06.14

위 자는 건설산업기본법 제9조의 규정에 의한 건설업자임을 증명합니다.

2019년 6월 14일

충청북도 청주시장

이것으로 Q2를 마무리 짓겠습니다. 실무 사례와 다양한 얘기(시공능력평가제도, 인가·허가·면허·등록·신고제도, 건설업 등록제도 등)를 같이 설명하다보니 설명이 상당히 길어졌습니다. 후배님께서 실무를 직접 하다보면 생소하거나 어려운 부분이 훨씬 줄어들 겁니다. 여기 Q2에서는 경쟁계약이 일반경쟁계약, 제한경쟁계약, 지명경쟁계약 등 세가지 계약 방법으로 나누어 진다는 것만 이해하셔도 됩니다. 참고로 지명경쟁계약은 아주 특별한 경우가 아니면 실무적으로 적용할 일이 거의 없으므로 설명은 생략하겠습니다. 설명을 생략해서 서운하지는 않으시죠?

제4강 좋아요! 계약추진 방법별 종류를 알아볼까요?

Q3 수의계약도 한가지 종류가 아니네요~

후배님! 앞에서 경쟁계약의 종류(일반경쟁계약, 제한경쟁계약, 지명경쟁계약)를 살펴보면서 수의계약의 종류(전자공개 수의계약, 특별한 사유에 의한 수의계약, 소액 수의계약)도 개략적으로 살펴보았습니다. 수의계약의 종류를 전자공개 수의계약(안내공고 수의계약이라고도 합니다), 특별한 사유에 의한 수의계약, 소액 수의계약(비공개 수의계약이라고도 부릅니다) 등 3가지 구분으로 설명한 책들은 거의 없습니다. 하지만 저의 계약업무 경험으로 볼 때 3가지로 구분하는 것이 제일 이해하기도 쉽고 헷갈리지 않는다고 생각합니다. 이번 Question에서는 수의계약 종류들을 좀 더 구체적으로 살펴보겠습니다. 편의상 앞에서 보았던 수의계약 3가지 구분 도표를 다시 보면서 설명을 들어가겠습니다.

첫 번째는 '전자공개 수의계약'입니다. 이 '전자공개 수의계약'은 수의계약 범위에 해당하는 사업 중에서 일정금액(추정가격 2천만원)을 초과하는 사업일 경우에 안내공고문(입찰공고문과 비슷합니다)을 작성하고, 이것을 입찰공고와 동일한 방식으로 국가전자조달시스템에 공개함으로써 계약을 원하는 업체들이 견적을 제출할 수 있도록 공개모집 방식으로 수의계약을 진행하는 것입니다. '전자공개 수의계약'은 실무적으로 '안내공고 수의계약'이라고 부르는 경우도 있는데 동일한 용어이며 대부분은 '전자공개 수의계약'이라고 부르는 경우가 많습니다. '전자공개 수의계약'의 예시는 뒤에서 보여드리고 설명드리겠습니다. 이보다 앞서서 수

제4강 | 좋아요! 계약추진 방법별 종류를 알아볼까요?

의계약 대상 범위를 먼저 살펴보고 들어가는 것이 좋을 것 같습니다.

> **국가를 당사자로 하는 계약에 관한 법률 시행령** (약칭: 국가계약법 시행령)
> [시행 2022. 9. 15.] [대통령령 제32690호, 2022. 6. 14., 일부개정]
>
> □ 제26조(수의계약에 의할 수 있는 경우) ① 법 제7조제1항 단서에 따라 <u>수의계약을 할 수 있는 경우는</u> 다음 각 호와 같다. <개정 2010. 7. 21., 2011. 10. 28., 2011. 11. 23., 2012. 5. 14., 2013. 12. 30., 2014. 5. 22., 2015. 12. 31., 2018. 12. 4., 2019. 9. 17., 2020. 5. 1., 2020. 9. 29., 2020. 12. 8., 2021. 2. 2., 2021. 7. 6.>
>
> 5. 제1호부터 제4호까지의 경우 외에 계약의 목적·성질 등에 비추어 경쟁에 따라 계약을 체결하는 것이 비효율적이라고 판단되는 경우로서 다음 각 목의 경우
>   가. 다음의 어느 하나에 해당하는 계약
>   1) <u>「건설산업기본법」에 따른 건설공사(같은 법에 따른 전문공사는 제외한다)로서 추정가격이 4억원 이하인 공사, 같은 법에 따른 전문공사로서 추정가격이 2억원 이하인 공사 및 그 밖의 공사 관련 법령에 따른 공사로서 추정가격이 1억6천만원 이하인 공사에 대한 계약</u>

「국가계약법시행령」 제26조 ①항 5호 가목을 보면 공사종류별로 수의계약을 추진할 수 있는 가능범위가 나옵니다. 법령 문구를 공사 종류별로 정리해서 제시하면 아래와 같습니다.

구 분	건설공사(건설산업기본법)		그 밖의 공사 관련 법령에 따른 공사 (전기, 정보통신, 소방공사 등)
	종합공사	전문공사	
수의계약 가능 범위	추정가격 4억원 이하 공사	추정가격 2억원 이하 공사	추정가격 1.6억원 이하 공사

「국가계약법시행령」 제26조 ①항 5호의 문구를 살펴보면, '계약의 목적·성질 등에 비추어 경쟁에 따라 계약을 체결하는 것이 비효율적이라고 판단되는 경우로서…'이라는 표현이 있습니다. 이 이야기는 종합공사 4억원 이하, 전문공사 2억원 이하, 기타 개별법령 공사 1.6억원 이하인 경우는 소규모 공사이기 때문에 정상적인 경쟁계약 절차에 따라 추진하는 것이 비효율적이라는 의미인 것입니다. 즉 이 정도 이하의 소규모 공사는 굳이 경쟁에 부치지 말고 수의계약으로 추진해도 된다는 의미입니다.

다만 이러한 소규모 공사를 반드시 수의계약으로 추진해야 한다는 것은 아닙니다. 법령 문구에 '… 수의계약을 할 수 있는 경우 …'라고 나와 있습니다. 그러므로 소규모 공사라 할지라도 경쟁계약으로 추진할 수도 있고, 수의계약으로 추진할 수도 있다는 것입니다. 반드시 '해야 한다'는 의미가 아니고 '할 수 있다'는 의미이기 때문에 해당 법령 문구에 빨간색 원으

제4강 | 좋아요! 계약추진 방법별 종류를 알아볼까요?

로 체크해 놓은 것은 보셨겠죠?
자! 그러면 「국가계약법시행령」 제26조 ①항 5호 가목과 연관된 (계약예규) 정부입찰·계약 집행기준 제10조를 살펴볼까요?

(계약예규) 정부 입찰·계약 집행기준

[시행 2021. 1. 1.] [기획재정부계약예규 제533호, 2020. 12. 28., 일부개정]

☐ 제10조(소액수의계약 체결절차 등) ① 계약담당공무원은 시행령 제26조제1항제5호가목에 따라 수의계약을 체결함에 있어 **추정가격이 2천만원**(같은 목 5)가)부터 다)까지의 어느 하나에 해당하는 자와 계약을 체결하는 경우에는 5천만원)을 초과하는 경우에는 시행령 제14조제3항에 따라 「전자조달의 이용 및 촉진에 관한 법률」 제2조제4호에 따른 국가종합전자조달시스템(이하 "전자조달시스템"이라 한다)을 이용하여 견적서를 제출하도록 하여야 하고, 시행령 제36조 각 호에 정한 사항 중 필요한 사항을 견적서제출마감일 전일부터 기산하여 3일(공휴일과 토요일은 제외하고 산정한다)전까지 전자조달시스템을 이용하여 **안내공고를 하여야 한다.** 다만, 다음 각 호의 어느 하나에 해당하는 경우에는 그러하지 아니하다. <개정 2008.12.29., 2010.9.8., 2015.9.21., 2017.12.28., 2019.12.18>

위의 문구를 살펴보면, '시행령 제26조제1항제5호가목에 따라 수의계약을 체결함에 있어 추정가격이 2천만원을 초과하는 경우에는… (중략) … 국가종합전자조달시스템을 이용하여 견적서를 제출하도록 하여야 하고, … (중략) … 견적서제출마감일 전일부터 기산하여 3일 전까지 전자조달시스템을 이용하여 안내공고를 하여야 한다.'고 명시되어 있습니다. 즉, 이 내용은 해당 수의계약 대상 사업이 추정가격 2천만원을 초과하는 경우에는 전자조달시스템을 통해서 안내공고를 실시하고 전자조달시스템을 이용해서 견적서를 제출받아야 한다는 뜻입니다. 이 조항은 의무적으로 지켜야 하는 조항입니다. 제가 계약예규의 맨 마지막 문구에 빨간색 원으로 체크해 놓은 부분을 보면 '…안내공고를 하여야 한다.'고 나와 있습니다. 즉, 추정가격 2천만원을 초과하는 경우에는 반드시 안내공고를 해야하는 것입니다.

그럼, 위에서 살펴본 「국가계약법시행령」 제26조 ①항 5호 가목과 (계약예규) 정부입찰·계약 집행기준 제10조를 합쳐서 표로 정리하면 아래와 같은 결과가 되는 것입니다.

구 분	건설공사(건설산업기본법)		그 밖의 공사 관련 법령에 따른 공사 (전기, 정보통신, 소방공사 등)	전자공개 수의계약
	종합공사	전문공사		
내용	추정가격 4억원 이하 공사 ~ 추정가격 2천만원 초과 공사	추정가격 2억원 이하 공사 ~ 추정가격 2천만원 초과 공사	추정가격 1.6억원 이하 공사 ~ 추정가격 2천만원 초과 공사	(시스템에 안내공고, 시스템에서 견적 접수)

제4강 | 좋아요! 계약추진 방법별 종류를 알아볼까요?

참고로, '전자공개 수의계약'이라는 용어는 「국가계약법」과 계약예규 어디에도 나오지 않습니다. 다만 계약예규에서 규정하듯이 전자조달시스템에 안내공고문을 공개하여 수의계약을 추진한다는 뜻에서 실무적으로 '전자공개 수의계약' 또는 '안내공고 수의계약'이라고 모든 기관들이 호칭하고 있습니다. 그럼 실제 '안내공고문'(전자공개 수의계약 추진사업)을 예시로 보여드릴까요?

예시의 공고문 제목도 '수의계약 안내공고'라고 표시하고 있죠? 예시의 사업은 추정가격이 62,063,637원이고 사업내용은 상수관로 매설과 가정집 급수 5개소를 공사하는 사업이네요. 그럼 이 사업은 「건설산업기본법」에 따른 종합공사일까요? 전문공사일까요? 세부 내역서를 살펴보지는 않았지만 해당 지자체(경상남도 하동군)에서 '상하수도설비공사업'으로 입찰참가자격으로 제시한 것을 보면 전문공사로 판단한 것을 알 수 있습니다.

이 사업을 앞에서 살펴본 「국가계약법시행령」 제26조 ①항 5호 가목을 적용해 보면 '전문공사로서 추정가격이 2억원 이하'이므로 수의계약으로 추진할 수 있는 것이고, (계약예규) 정부입찰·계약 집행기준 제10조에 따라 '추정가격 2천만원을 초과하는 경우'이므로 전자조달

제4강 | 좋아요! 계약추진 방법별 종류를 알아볼까요?

시스템에 안내공고를 실시해야 하는 사업입니다.

따라서 위의 예시와 같이 전자조달시스템에 안내공고문을 게시해서 수의계약을 체결하는 것이 '전자공개 수의계약'입니다. '전자공개 수의계약'은 재무관이 특정인을 상대로 수의계약을 직접 체결하는 것이라고 볼 수 없습니다. 이 '전자공개 수의계약'은 거의 '입찰에 따른 경쟁계약'과 유사합니다. 한편 분명한 차이점(견적서와 입찰서, 적격심사 실시 여부, 계약 미체결시 부정당업자 제재 여부 등)도 있습니다. 여기에서는 수의계약의 종류만 살펴보는 것이므로 '전자공개 수의계약'과 '입찰에 따른 경쟁계약'간의 차이점 비교는 뒤에서 정리해 드리도록 하겠습니다. 여기까지가 첫번째 수의계약 유형인 '전자공개 수의계약'에 대한 설명이었습니다. 참~~ 길었죠? 실무적으로 '전자공개 수의계약'이 많이 활용되고 있기 때문에 아마 후배님이 계약업무를 수행하다 보면 항상 입에 달고 살지 않을까 싶습니다.

두 번째는 '특별한 사유에 의한 수의계약'입니다. 이 부분은 「국가계약법 시행령」 제26조 ①항 1호와 2호가 이에 해당됩니다. 먼저 1호 내용부터 살펴볼까요?

국가를 당사자로 하는 계약에 관한 법률 시행령 (약칭: 국가계약법 시행령)

[시행 2022. 9. 15.] [대통령령 제32690호, 2022. 6. 14., 일부개정]

☐ **제26조(수의계약에 의할 수 있는 경우)** ① 법 제7조제1항 단서에 따라 수의계약을 할 수 있는 경우는 다음 각 호와 같다. <개정 2010. 7. 21., 2011. 10. 28., 2011. 11. 23., 2012. 5. 14., 2013. 12. 30., 2014. 5. 22., 2015. 12. 31., 2018. 12. 4., 2019. 9. 17., 2020. 5. 1., 2020. 9. 29., 2020. 12. 8., 2021. 2. 2., 2021. 7. 6.>

1. 경쟁에 부칠 여유가 없거나 경쟁에 부쳐서는 계약의 목적을 달성하기 곤란하다고 판단되는 **경우로서 다음 각 목의 경우**
   가. 천재지변, 감염병 예방 및 확산 방지, 작전상의 병력 이동, 긴급한 행사, 긴급복구가 필요한 수해 등 비상재해, 원자재의 가격급등, 사고방지 등을 위한 긴급한 안전진단·시설물 개선, 그 밖에 이에 준하는 경우
   나. 국가안전보장, 국가의 방위계획 및 정보활동, 군사시설물의 관리, 외교관계, 그 밖에 이에 준하는 경우로서 보안상 필요가 있거나, 국가기관의 행위를 비밀리에 할 필요가 있는 경우
   다. 방위사업청장이 군용규격물자를 연구개발한 업체 또는 「비상대비자원 관리법」에 따른 중점관리대상업체로부터 군용규격물자(중점관리대상업체의 경우에는 방위사업청장이 지정하는 품목에 한정한다)를 제조·구매하는 경우
   라. 비상재해가 발생한 경우에 국가가 소유하는 복구용 자재를 재해를 당한 자에게 매각하는 경우

1호의 내용을 보면, '경쟁에 부칠 여유가 없거나 경쟁에 부쳐서는 계약의 목적을 달성하기 곤란하다고 판단되는 경우로서 다음 각 목의 경우'라고 표현되어 있습니다. 그 아래에는 가목부터 라목까지 이에 해당할 수 있는 경우들이 열거되어 있습니다. 여기서 우리가 주목해서 봐야 할 부분은 '...로서 다음 각 목의 경우'입니다.(법령에 빨간색 동그라미로 강조해 놓

제4강 | 좋아요! 계약추진 방법별 종류를 알아볼까요?

았습니다) 이 얘기는 and 조건이라는 것입니다. 1호의 내용처럼 경쟁에 부칠 여유가 없으면서 동시에 해당 Case가 가목부터 라목에 열거된 Case에 해당될 때 수의계약이 가능한 것입니다.

거꾸로 설명해 보겠습니다. 가목의 '천재지변' Case입니다. 천재지변의 경우이지만 해당 계약사업이 경쟁에 부칠 여유나 시간이 가용한 경우도 있습니다. 예를 들어 태풍으로 인하여 바닷가 모래사장 위에 폐기물들과 통나무들이 밀려와 있다고 가정해 보겠습니다. 해당 폐기물이나 통나무들이 밀려와 있는 곳이 관광지역도 아니고 보행자 통로나 상업지역과도 관계없는 곳입니다. 한쪽으로 모아 놓기만 한다면 시민들의 안전이나 통행에도 문제가 없고 즉각적인 자연훼손도 발생하지도 않는 상황이라고 가정해 보겠습니다. 이러한 경우에 해당 폐기물이나 통나무들을 수거하고 처리하는 사업이 '경쟁에 부칠 여유가 없다고' 판정할 수 있을까요? 시민들의 안전이나 통행에도 문제가 없고 즉각적인 자연훼손도 발생하지도 않기 때문에 충분히 경쟁계약으로 폐기물 처리를 할 수 있을 겁니다. 이처럼 천재지변이라고 해서 무조건 수의계약을 체결할 수 있는 것은 아닙니다.

이번에는 반대의 경우를 가정해 보겠습니다. 마찬가지로 태풍으로 인하여 바닷가 모래사장 위에 폐기물들과 통나무들이 밀려와 있다고 가정해 보겠습니다. 해당 폐기물들과 통나무들은 해안도로와 인도를 덮친 상태이며 일부 떠밀려 온 폐기물에는 각종 어구와 인근 가두리 양식장의 물고기 사체까지 포함되어 있어서 위생문제와 오염문제, 전염병 발생 위험까지 발생하고 있으며 특히 이 지역은 관광객들이 즐겨찾는 관광명소로서 지역 소상공인들의 영업권 보장과 관광객들의 안전도 시급한 상황이라고 가정해 보겠습니다. 이 경우에는 앞서 얘기한 두가지 조건, 즉 '경쟁에 부쳐서는 계약의 목적을 달성하기 어려움' and '천재지변의 경우'가 동시에 충족되기 때문에 수의계약을 추진하는 것이 가능한 것입니다. 이처럼 나머지 나목, 다목, 라목도 마찬가지로 '경쟁에 부쳐서는 계약의 목적을 달성하기 어려움' 조건과 나목, 다목, 라목에 열거된 조건이 동시에 충족될 때에 수의계약을 추진할 수 있습니다.

「국가계약법 시행령」 제26조 ①항 2호에도 '특별한 사유에 의한 수의계약' 가능 Case들이 열거되어 있습니다. 2호 내용도 살펴볼까요?

제4강 | 좋아요! 계약추진 방법별 종류를 알아볼까요?

국가를 당사자로 하는 계약에 관한 법률 시행령 (약칭: 국가계약법 시행령)

[시행 2022. 9. 15.] [대통령령 제32690호, 2022. 6. 14., 일부개정]

2. <u>특정인의 기술이 필요하거나 해당 물품의 생산자가 1인뿐인 경우 등 경쟁이 성립될 수 없는</u> ==경우로서 다음 각 목의 경우==

  가. 공사와 관련하여 장래 시설물의 하자에 대한 책임 구분이 곤란한 경우로서 직전 또는 현재의 시공자와 계약을 하는 경우

  나. 작업상 혼란이 초래될 우려가 있는 등 동일 현장에서 2인 이상의 시공자가 공사를 할 수 없는 경우로서 현재의 시공자와 계약을 하는 경우

  다. 마감공사와 관련하여 직전 또는 현재의 시공자와 계약을 하는 경우

  라. 접적지역 등 특수지역에서 시행하는 공사로서 사실상 경쟁이 불가능한 경우

  마. 특허공법을 적용하는 공사 또는 「건설기술 진흥법」 제14조에 따라 지정·고시된 신기술, 「환경기술 및 환경산업 지원법」 제7조에 따라 인증받은 신기술이나 검증받은 기술, 종전의 「전력기술관리법」(법률 제13741호로 개정되기 전의 것을 말한다) 제6조의2에 따라 지정·고시된 새로운 전력기술 또는 「자연재해대책법」 제61조에 따라 지정·고시된 방재신기술(각 해당 법률에 따라 지정된 보호기간 또는 유효기간 내의 경우로 한정한다)을 적용하는 공사로서 사실상 경쟁이 불가능한 경우

  바. 해당 물품을 제조·공급한 자가 직접 그 물품을 설치·조립 또는 정비하는 경우

  사. 이미 조달된 물품의 부품교환 또는 설비확충 등을 위하여 조달하는 경우로서 해당 물품을 제조·공급한 자 외의 자로부터 제조·공급을 받게 되면 호환성이 없게 되는 경우

  아. 특허를 받았거나 실용신안등록 또는 디자인등록이 된 물품을 제조하게 하거나 구매하는 경우로서 적절한 대용품이나 대체품이 없는 경우

  자. 해당 물품의 생산자 또는 소지자가 1인뿐인 경우로서 다른 물품을 제조하게 하거나 구매해서는 사업목적을 달성할 수 없는 경우

  차. 특정인의 기술·품질이나 경험·자격을 필요로 하는 조사·설계·감리·특수측량·훈련 계약, 특정인과의 학술연구 등을 위한 용역 계약, 관련 법령에 따라 디자인공모에 당선된 자와 체결하는 설계용역 계약의 경우

  카. 특정인의 토지·건물 등 부동산을 매입하거나 재산을 임차 또는 특정인에게 임대하는 경우

2호의 내용에 보면, '특정인의 기술이 필요하거나 해당 물품의 생산자가 1인뿐인 경우 등 경쟁이 성립될 수 없는 경우로서 다음 각 목의 경우'라고 표현되어 있습니다. 그 아래에는 가목부터 카목까지 해당될 수 있는 경우들이 열거되어 있습니다. 여기서 우리가 주의깊게 봐야 할 부분은 앞서 1호와 마찬가지로 2호 내용도 'and 조건'이라는 것입니다. 따라서 '경쟁이 성립될 수 없는 경우'이면서 동시에 가목부터 카목에 열거된 조건에 해당될 때 수의계약이 가능한 것입니다.

예를 들어 보겠습니다. 위의 다목 내용에 보면, 마감공사와 관련하여 직전 또는 현재의 시공자와 계약을 하는 경우가 있습니다. 해당 마감공사가 '특정인의 기술이 필요하여 경쟁이 성립될 수 없는 경우'에 해당하면서 다목처럼 '직전 또는 현재의 시공자와 계약을 하는 경우'일 때에 수의계약이 가능한 것입니다. 해당 마감공사가 누구나 시공할 수 있는 공사일 경우에는 수의계약을 추진할 수 없습니다.

제4강 | 좋아요! 계약추진 방법별 종류를 알아볼까요?

가끔 실무에서 계약업무를 하다보면, 사업부서에서 「국가계약법 시행령」 제26조 ①항 1호 또는 2호의 본문 주내용은 망각한 채 각목에 서술된 Case 문구만 들고와서 '왜 수의계약이 안 되느냐?'고 따지는 경우들이 종종 있습니다. 때로는 계약담당자들도 1호 또는 2호의 본문에 기술되어 있는 내용을 쉽게 지나치는 경우들이 있습니다. 따라서 1호 또는 2호의 본문 내용과 그 밑에 각목의 내용을 'and 조건'을 적용해서 판단해야 한다는 점을 꼭 기억했으면 좋겠습니다.

세 번째는 '소액 수의계약'(추정가격 2천만원 이하일 때, 1인 견적에 의할 수 있는 경우)을 설명하겠습니다. '소액 수의계약'은 실무에서 '비공개 수의계약'이라고도 부릅니다. 왜냐하면, 추정가격 2천만원을 초과하는 경우에는 '전자공개 수의계약'(첫번째 설명내용과 예시)을 적용해야 하지만 추정가격이 2천만원 이하일 때에는 안내공고문을 작성하지 않고 전자조달시스템에 공개(게시)하지도 않으며 1인 견적으로도 계약체결이 가능하기 때문에 이러한 방식을 통상 '비공개 수의계약'이라고 부르는 것입니다.(일부의 경우에는 '비공개 수의시담'이라고도 부릅니다)

참고로 「국가계약법」이나 계약예규에는 '소액 수의계약'이나 '비공개 수의계약' 또는 '비공개 수의시담'이라는 용어는 안 나옵니다. 하지만 워낙 실무에서 위의 3가지 용어들이 많이 사용되기 때문에 이 책에서는 실무사용 용어를 그대로 설명해 드리는 것입니다. 잠시 '소액 수의계약'과 관련된 법령 문구를 살펴보고 갈까요?

국가를 당사자로 하는 계약에 관한 법률 시행령 (약칭: 국가계약법 시행령)

[시행 2022. 9. 15.] [대통령령 제32690호, 2022. 6. 14., 일부개정]

☐ **제30조(견적에 의한 가격결정 등)** ①각 중앙관서의 장 또는 계약담당공무원은 수의계약을 체결하려는 경우에는 2인 이상으로부터 견적서를 받아야 한다. 다만, 다음 각 호의 어느 하나에 해당하는 경우에는 1인으로부터 받은 견적서에 의할 수 있다. <개정 1996. 12. 31., 2000. 12. 27., 2006. 5. 25., 2007. 10. 10., 2010. 7. 21., 2013. 9. 17., 2013. 12. 30., 2018. 12. 4., 2020. 5. 1., 2020. 9. 29., 2021. 7. 6.>
  1. 제26조제1항제1호가목·나목, 같은 항 제2호, 같은 항 제5호마목·사목·아목, 제27조 및 제28조에 따른 계약의 경우
  2. 추정가격이 2천만원 이하인 경우. 다만, 제26조제1항제5호가목5)가)부터 다)까지의 어느 하나에 해당하는 자와 계약을 체결하는 경우에는 5천만원 이하인 경우로 한다.

「국가계약법 시행령」 제30조(견적에 의한 가격결정 등)의 ①항을 보면, '… 다만, 다음 각 호의 어느 하나에 해당하는 경우에는 1인으로부터 받은 견적서에 의할 수 있다.'고 나와 있으면서, 아래 2호를 보면 '추정가격이 2천만원 이하인 경우'라고 명시되어 있습니다. 이것을

제4강 | 좋아요! 계약추진 방법별 종류를 알아볼까요?

종합적으로 연결지어서 다시 서술하면, 추정가격이 2천만원 이하인 사업은 1인으로부터 받은 견적서에 의해서 계약을 추진할 수 있다는 것입니다. 즉, 추정가격이 2천만원 이하인 사업은 소액이기 때문에 안내공고문을 작성해서 전자조달시스템에 게시하지 않아도 된다는 뜻이기도 합니다.

그럼, 맨 처음에 살펴본 '전자공개 수의계약'과 '소액 수의계약'만 도표로 다시 부연설명해 볼까요?

구 분	건설공사(건설산업기본법)		그 밖의 공사 관련 법령에 따른 공사 (전기, 정보통신, 소방공사 등)	
	종합공사	전문공사		
수의 계약 대상 범위	추정가격 4억원 이하 공사 ~ 추정가격 2천만원 초과 공사	추정가격 2억원 이하 공사 ~ 추정가격 2천만원 초과 공사	추정가격 1.6억원 이하 공사 ~ 추정가격 2천만원 초과 공사	⇒ 전자공개 수의계약 (시스템에 안내공고)
	추정가격 2천만원 이하			⇒ 소액 수의계약 (1인 견적 가능)

도표와 같이 추정가격 2천만원을 기준으로 초과하면 '전자공개 수의계약'으로, 이하면 '소액 수의계약'으로 추진할 수 있는 것입니다. 다만 추정가격이 2천만원 이하라 할지라도 '전자공개 수의계약'으로 추진할 수 있는 것입니다. 즉, 추정가격 2천만원 이하인 사업은 '전자공개 수의계약'을 해도 되고 '소액 수의계약'(1인 견적 수의계약)을 해도 되는 것입니다.

그럼 구체적으로 '소액 수의계약'(1인 견적 수의계약)을 추진할 때에는 어떻게 할까요? 한가지 상황을 가정해서 설명해 보겠습니다. 예를 들어 우리 기관의 본청 청사 좌우측 출입문이 낡고 미관에도 좋지 않아서 좌우측 노후 출입문을 새로 교체하는 사업을 추진하고 있다고 가정해 보겠습니다. 이에 따라 아래와 같이 계약의뢰가 접수되었다고 가정해 보겠습니다.

〈 계약의뢰 내용 〉
- 사업부서 : 시설과
- 공사내역 : 좌우측 노후 출입문 교체공사
- 예산액 : 400만원

제4강 | 좋아요! 계약추진 방법별 종류를 알아볼까요?

위와 같은 계약의뢰 사업을 받았을 때 계약담당자는 '전자공개 수의계약'과 '소액 수의계약'(1인 견적 수의계약) 등 2가지 방법을 고민해 볼 수 있습니다. 본 사업(400만원 예산)을 계약하기 위해서 안내공고문을 작성하고 전자조달시스템에 공고하는 등 '전자공개 수의계약'으로 추진한다면, 행정력이 소모되고 시간도 많이 소요되는 등 전체적인 업무가 비효율적이라고 판단됩니다. 따라서 1인 견적을 접수해서 계약을 추진하는 '소액 수의계약'으로 추진하는 것이 타당할 것입니다.

이때, 1인 견적에 의한 계약을 추진할 때에도 계약담당자는 아래와 같은 업무순서를 적용해서 추진해야 합니다.

---

1) 원가계산 및 예정가격 결정 : 시설과에서 작성해서 보낸 내역서(400만원)를 검토해서 적정 원가를 산정하고 이것을 통해서 예정가격 결정합니다. (예를 들어 내역서상의 품목별 가격을 조사해보니 380만원으로 산출되었고 380만원을 예정가격으로 결정함)
2) 계약 가능업체에게 견적 요구 : 계약업무 담당자가 작성한 예정가격은 비밀에 부쳐둔 채, 해당 출입문 제작 및 교체공사가 가능한 업체에게 설계내역을 공개하고 공사가능 견적으로 요구합니다. (1개 업체도 가능하고 여러개 업체를 대상으로 견적을 접수받아도 관계없음)
3) 업체가 제출한 견적서와 예정가격 비교 : 2개 업체에게 견적으로 요구했고 A업체는 370만원, B업체는 355만원으로 견적서를 제출했다고 가정해 보겠습니다. 이 경우 A, B업체 모두 예정가격(380만원)을 초과하지 않았고 이중에서 최저가격을 제출한 업체는 B업체이므로 B업체와 계약을 체결하면 됩니다.
4) B업체와 계약서 작성

참~ 쉽죠~~. 어려운 것이 전혀 없습니다. 그리고 합리적이기도 합니다. 다만 여기서 중요한 것은 무엇일까요? 첫번째는 원가계산 및 예정가격 결정입니다. 꼼꼼하게 원가계산을 실시하고 정확하게 예정가격을 결정해 놓았다면 고액 수의계약 체결 의혹이나 예산낭비 의혹이 발생하지 않습니다. 두 번째는 공사품질을 신뢰할 수 있는 우수기업을 선정해서 견적을 요구하는 것입니다. 견적제출 대상업체를 선정하는 것은 자의적인 부분이 많이 개입될 수밖에 없습니다. 따라서 위와 같은 경우에 저(재무관 입장)라면 시설과에서 추천하는 업체, 계약담당자가 추천하는 업체(지역에 있는 해당 전문공사업 우수업체. 이 부분은 계약담당자가 관련 공사업협회 등에 전화해서 확인하거나 과거 공사결과가 우수했던 업체 등에서 추천) 등 2개 업체를 대상으로 견적비교를 실시할 것 같습니다. 앞서 살펴보았듯이 「국가계약법 시행령」제30조(견적에 의한 가격결정 등)의 ①항에 따라 추정가격 2천만원 이하인 경우

제4강 | 좋아요! 계약추진 방법별 종류를 알아볼까요?

에는 1개 업체 견적으로도 수의계약이 가능합니다. 다만 수의계약의 장점을 살리면서 공정성과 투명성도 보장받는다면 2개 이상 업체에게서 견적을 받는 편이 낫겠죠? 이렇게 한다면 그 어떤 감사가 나오더라도 자신있게 감사를 받을 수 있을꺼라 생각합니다.

자~~ 여기까지가 수의계약의 3가지 종류에 대한 설명이었습니다. 마무리하면서 다시한번 정리하면, 전자공개 수의계약(안내공고 수의계약이라고도 합니다), 특별한 사유에 의한 수의계약, 소액 수의계약(비공개 수의계약, 비공개 수의시담이라고도 부릅니다) 등 3가지로 분류된다는 것을 꼭! 기억해 주시기 바랍니다.

제4강 | 좋아요! 계약추진 방법별 종류를 알아볼까요?

Q4 경쟁계약(3종류), 수의계약(3종류) 외에 다른 계약방법들도 있나요?

후배님! 앞에서 경쟁계약의 3가지 종류(일반경쟁계약, 제한경쟁계약, 지명경쟁계약)와 수의계약의 3가지 종류(전자공개 수의계약, 특별한 사유에 의한 수의계약, 소액 수의계약)를 살펴보았습니다. 실제 계약업무에서는 앞서 열거한 6가지 계약방법 말고도 더 많은 계약방법들이 있습니다. 큰 틀에서는 경쟁계약 3가지 종류와 수의계약 3가지 종류로 나누어지는 것이 맞지만, 입찰방법과 낙찰자 결정방법에 따라 계약방법이 좀 더 세분화된다고 볼 수 있습니다. 구체적인 내용 설명으로 들어가기 전에 시중에 나와있는 다른 책들은 어떻게 구분해 놓았는지 잠시 살펴보고 가겠습니다. 아래는 다른 국가계약에 관한 서적들이 서술한 목차 구분과 설명 순서입니다.

계약의 방법	입찰 · 낙찰자 결정 방법	
- 일반경쟁계약 - 지명경쟁계약 - 제한경쟁계약 - 수의계약	- 적격심사 낙찰제 - 종합심사 낙찰제 - 설계 · 시공일괄입찰, 대안입찰, 기술제안입찰 - 희망수량 경쟁입찰	- 2단계 경쟁 입찰 - 협상에 의한 계약 - 경쟁적 대화에 의한 계약 - 품질 등에 의한 낙찰자 결정 (종합낙찰제) - 유사물품의 복수경쟁

왜 위와 같이 구분하고 서술했을까요? 이에 대한 답은 계약의 단계별 진행절차를 살펴보면 좀 더 이해가 되실겁니다. 그럼 계약의 단계별 진행절차를 살펴볼까요?

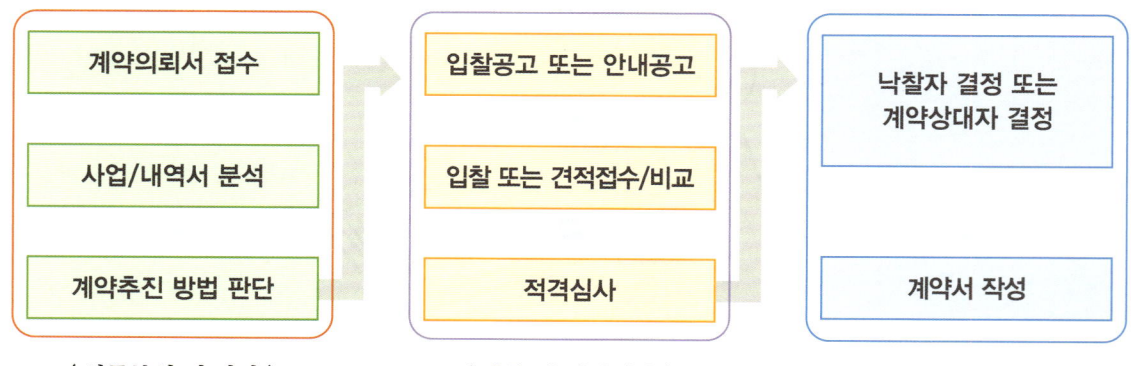

제4강 | 좋아요! 계약추진 방법별 종류를 알아볼까요?

크게 보면 왼쪽 첫 번째(계약의뢰서 접수 –〉 사업 및 내역서 분석 –〉 계약추진 방법 판단) 는 업무분석 및 판단 단계입니다. 가운데 부분(입찰공고 또는 안내공고 –〉 입찰 또는 견적 접수/비교 –〉 적격심사)은 입찰 및 적격심사 단계라고 얘기하고 마지막 오른쪽 부분(낙찰자 결정 또는 계약상대자 결정 –〉 계약서 작성)은 최종 계약체결 단계라고 얘기할 수 있습니다. (참고로 위의 일반적인 계약절차도에서 일부 세부적인 단계는 단순한 설명을 위해서 포함하지 않았습니다. 예를 들어 원가계산, 기초예비가격 결정 등은 뒷부분에서 해당 내용에 대한 설명까지 끝나고 나면 전체적인 세부절차를 다시 그려서 설명해 드리겠습니다. 쉬운 이해를 위해 간략한 절차로 설명한 점을 이해해 주세요)

계약의 일반적인 절차 중 가운데 부분이 입찰공고(해당 기관에서 계약희망자들에게 널리 공지하는 것), 입찰(업체가 가격서를 써 내는 행위), 적격심사(1순위 대상자가 적격성 여부를 심사하여 최종 낙찰자로 결정하는 방법) 등 3개의 세부절차로 나누어진다는 것을 보셨습니다. 이렇게 입찰공고 방법, 입찰서를 제출하는 방법, 낙찰자를 결정하는 방법에 따라 세부화한 것이 입찰·낙찰자 결정 방법에 따른 분류입니다. 따라서 앞페이지의 도표를 다시 설명한다면 아래와 같습니다.

계약의 방법	입찰 · 낙찰자 결정 방법	
– 일반경쟁계약 – 지명경쟁계약 – 제한경쟁계약 – 수의계약	– 적격심사 낙찰제 – 종합심사 낙찰제 – 설계·시공일괄입찰, 대안입찰, 기술제안입찰 – 희망수량 경쟁입찰	– 2단계 경쟁 입찰 – 협상에 의한 계약 – 경쟁적 대화에 의한 계약 – 품질 등에 의한 낙찰자 결정 (종합낙찰제) – 유사물품의 복수경쟁

경쟁 여부에 따른 분류 (경쟁시 입찰참가자 제한 방식에 따른 분류)	입찰공고 방법, 입찰서 제출하는 방법, 낙찰자 결정 방법에 따른 분류 (위에 나열된 모든 것이 경쟁계약에 해당됨)

왼쪽 부분은 경쟁 방법, 경쟁시 입찰참가자 제한방식에 따른 계약방법의 분류입니다. 오른쪽 부분은 입찰서 제출 방법, 낙찰자 결정 방법에 따른 분류입니다. 엄연히 차원이 틀린 것입니다.

제4강 | 좋아요! 계약추진 방법별 종류를 알아볼까요?

제가 왜 이렇게 이 부분을 장황하게 설명하고 강조하는지 이해가 안 되실겁니다. 일부 계약담당자들이 계약방법과 입찰·낙찰자 결정방법에 따른 분류를 많이 혼동해서 사용하기 때문에 좀 더 명확히 구분하셨으면 하는 바램으로 설명드리는 것입니다. 아래의 업무대화 예시를 읽어보시면 제가 강조하는 이유를 아실 것 같습니다. 잠시 업무대화 예시문을 살펴볼까요?

〈 상황 가정 1 : 00부대 본청 옥상 방수공사, 예산액 2억 5천만원 〉

재무관 : 00주무관님! 이번 사업의 계약방법을 뭐로 판단하고 있어요?
주무관 : 네. 저는 제한경쟁계약 방법을 검토했습니다.
　　　　이번 공사는 방수공사인데 추정가격이 약 2억 2천 5백만원 공사입니다.
　　　　공사내역 대부분이 방수공사이고 복합공사는 아니기 때문에「건설산업기본법 시행령」제7조에 따른 별표1의 업종 구분에 따라 판단해 볼 때, 도장·습식·방수·석공사업의 습식·방수공사 분야 자격보유 업체가 시공하는 것이 합당하고 품질도 보장할 수 있다고 판단됩니다.
　　　　전문공사업은 추정가격 2억원 이하인 경우만 전자공개 수의계약을 적용할 수 있기 때문에 이번 사업은 경쟁계약을 적용해야 합니다.

재무관 : 경쟁계약을 추진한다면 입찰참가자격은 어떻게 제한하실 건가요?
주무관 : 입찰참가자격은 지역업체만 참여할 수 있도록 하는 제한경쟁계약을 추진하고자 합니다. 왜냐하면 우리 충청남도에는 방수공사업 전문공사업체가 약 500여개 이상 있기 때문에 실질적인 경쟁입찰이 가능하고 지역경제 활성화에도 일조할 수 있기 때문입니다.

재무관 : 00주무관님! 너무 잘 하고 계시네요~~ (흐뭇한 표정 ^^)
　　　　그럼, 낙찰자 결정방법은 어떻게 하시나요?
주무관 : 네. 당연히 적격심사 방식을 적용합니다.
　　　　(국방부 훈령) 군 시설공사 적격심사 기준에 관한 훈령에 따라 별지 #5번의 추정가격 3억원 미만 2억원 이상인 공사의 평가기준'을 적용하여 적격심사를 진행하려고 합니다.
재무관 : 00주무관님이 하시는 업무는 모든 것이 완벽하시네요. 역시 믿음직스럽습니다.
　　　　그럼 계약추진 계획보고서와 입찰공고문을 기안해서 결재를 올려주세요~~
　　　　(한없이 믿음직스럽고 신뢰하는 표정 ^^)

제4강 | 좋아요! 계약추진 방법별 종류를 알아볼까요?

재무관(부서장)과 주무관(계약실무자)의 대화에서 어떤 것을 느끼셨나요? 제가 강조하고 싶었던 것은 계약의 방법과 입찰·낙찰자 결정방법은 차원이 다른 것이라는 점입니다. 계약의 방법은 큰 틀이고 입찰·낙찰자 결정방법은 그 큰 틀안에 들어가는 각론이라는 것입니다. 그래서 항상 큰 틀을 먼저 결정하고 이에 따른 각론을 결정하는 단계별 접근방법이 필요합니다. 대부분 공사계약 사업들은 항상 일정한 틀에서 움직이기 때문에 '경쟁계약' - '적격심사'가 하나의 짝꿍처럼 움직이지만, 그래도 위의 대화(예시)처럼 단계별 판단과 결정(큰 틀의 계약방법 → 세부 입찰·낙찰자 결정방법)이 계약의 기본이자 기초인 것입니다.

그럼, 앞서 도표에 나열했던 입찰·낙찰자 결정방법을 적용 분야별로 구분해 볼까요?

구 분	입찰·낙찰자 결정방법	비 고
공사·물품·용역 계약에 공통 적용	① 적격심사 낙찰제	계약 종류별 / 금액 규모별로 적격심사 기준표 별도 제정
공사계약에만 적용	② 종합심사 낙찰제	추정가격 300억원 이상 공사
	③ 설계·시공일괄입찰, 대안입찰, 기술제안입찰	대형공사, 난이도가 높은 시설공사 등
물품·용역 계약에만 적용	④ 희망수량 경쟁입찰	다량의 물품계약시 (1인의 능력으로 공급이 곤란할 때)
	⑤ 2단계 경쟁 입찰	미리 적절한 규격 등의 작성이 곤란할 때
	⑥ 협상에 의한 계약	계약이행의 전문성·기술성·긴급성 필요, 지식기반산업 적용시
	⑦ 경쟁적 대화에 의한 계약	기술적 요구사항이나 최종 계약 목적물의 세부내용을 미리 정하기 어려운 경우
	⑧ 품질 등에 의한 낙찰자 결정 (종합낙찰제)	가격에 따라 품질의 질이 현저하게 달라지는 경우
	⑨ 유사물품의 복수경쟁	품질·성능 또는 효율 등에 차이가 있는 유사한 종류의 물품 중에서 일정 수준 이상인 물품 구매시

제4강 | 좋아요! 계약추진 방법별 종류를 알아볼까요?

총 9개의 입찰·낙찰자 결정 방법을 3가지 구분에 따라 나누어 보았습니다. 위의 도표에서 보듯이 공사·물품·용역계약에 공통적으로 적용할 수 있는 방법이 1가지이고, 공사계약에만 적용할 수 있는 방법이 2가지이며, 물품·용역계약에만 적용할 수 있는 방법이 6가지입니다. 여기서 하나하나 방법별로 실무사례 예시를 들어가면서 설명하면 계약업무 초심자들에게는 더 혼란스럽고 머리가 아프다고 생각하기 때문에 각 방법별 설명과 예시는 생략하겠습니다. (공사계약의 경우 적격심사에 의한 낙찰자 결정방법만 알아도 95%는 커버된다고 생각해서 적격심사 실무사례를 뒷부분에서 자세히 설명드릴겁니다. 물품·용역계약에서 적용되는 6가지 입찰·낙찰자 결정 방법은 추후 발간 예정인 2권 책자에서 각 Case별로 설명드리겠습니다.)

위에 나열되어 있는 총 9개의 입찰·낙찰자 결정 방법들은 모두 경쟁계약(일반경쟁계약, 지명경쟁계약, 제한경쟁계약)에서만 적용되는 방법들입니다. 당연히 '입찰', '낙찰'이라는 용어를 사용하는 것 자체가 경쟁계약에서 적용하는 방법이라고 생각하신 분이라면 나름 계약업무 초보는 아니실겁니다.

잠시 아래 업무절차 그림에서 살펴보면서 '입찰', '낙찰'이라는 용어를 되새겨보면 좋을 것 같습니다.

제4강 | 좋아요! 계약추진 방법별 종류를 알아볼까요?

계약추진 방법에 따라 경쟁계약의 경우, 입찰공고 → 입찰 → 낙찰자 결정의 단계별 절차를 통해서 최종 계약상대자를 결정하지만, 전자공개 수의계약이나 비공개 수의계약에서는 견적서 제출 → 견적 비교를 통해서 최종 계약상대자를 결정하게 됩니다. 형식은 비슷해 보이지만 엄연히 법률적 행위는 차이가 큰 것입니다. 따라서 입찰·낙찰자 결정 방법에 따른 9가지 방법들은 모두 경쟁계약에서만 적용된다는 것을 다시한번 설명해 드렸습니다.

입찰, 낙찰, 견적에 대한 용어 정의와 특징을 살펴볼까요?

입찰(入札) : 상품의 매매나 도급 계약을 체결할 때 여러 희망자들에게 각자의 낙찰 희망 가격을 서면으로 제출하게 하는 일 / 공식적이고 책임이 따르는 행위임

낙찰(落札) : 경매나 경쟁 입찰 따위에서 물건이나 일이 어떤 사람이나 업체에 돌아가도록 결정하는 일 / 번복될 수 없고 돌이킬 수 없는 공식적인 선언이자 선포임

견적(見積) : 어떤 일을 하는 데 필요한 비용 따위를 미리 어림잡아 계산함 / 어림잡아 제시해보는 가격이므로 약간 비공식적인 양자간의 협상 개념임

제5강

본격적인 계약업무 시작에 앞서, 계약관련 용어와 절차부터 다집시다

제5강

본격적인 계약업무 시작에 앞서, 계약관련 용어와 절차부터 다집시다

Q1 국가계약법에는 추정가격이라는 용어가 자주 나오는 것 같아요~
.... 134

Q2 추정가격과 추정금액의 차이점은 무엇인가요?
.... 143

Q3 예정가격은 누가 결정하는 거예요?
온도 차이가 나는 탁구공으로 예정가격을 조작 했다구요?
.... 146

Q4 용어는 대충 알겠어요.
계약의 일반적인 절차 좀 그려주세요.
.... 155

Q5 계약추진 계획서를 어떻게 작성해야 하나요?
제 이름으로 계약추진 계획서를 기안해 보려구요~~
.... 159

제5강 | 본격적인 계약업무 시작에 앞서, 계약관련 용어와 절차부터 다집시다

Q1 국가계약법에는 추정가격이라는 용어가 자주 나오는 것 같아요~~

후배님! 이번 5강에서는 본격적인 계약업무 실무로 들어가기에 앞서서 계약관련 용어와 절차에 대해서 다지고 나가는 시간을 가져보도록 하겠습니다. 사실 이 부분은 이 책의 맨 앞부분에서 설명하는 것이 적절할 수도 있습니다. 하지만 처음 시작하시는 분들은 약간 어렵거나 생소하게 느끼실 것 같아서 본격적인 계약실무에 들어가는 부분에 배치해 놓았습니다. 국가계약 실무에서 가장 기초이자 가장 중요한 부분이므로 단 한 글자도 놓치지 않겠다는 각오로 임해보시길 권합니다. 너무 무겁고 비장한가요? ㅎㅎ

국가계약 실무에서 가장 중요한 용어를 꼽으라고 한다면, 단연코 '추정가격'입니다. 추정가격은 모든 계약방법을 결정하는 기준, 입찰방법 또는 낙찰자를 결정하는 방법의 기준이 되는 것입니다. 이 추정가격(推定價格)이라는 용어는 네이버 국어사전에서도 아래와 같이 별도의 용어 정의가 나옵니다.

 **네이버에서 찾아 본 '추정가격'의 정의는?**

추정가격 : 물품·공사·용역 따위의 조달 계약을 체결할 때 국제 입찰 대상 여부를 판단하는 ⦅기준으로⦆ 삼기 위하여 예정가격이 결정되기 전에 산정된 가격. 예정가격에서 부가가치세를 제외한 금액이다.

'추정가격'이라는 용어가 고유의 개념과 역할이 정해져 있고 중요하기 때문에 고유명사로써 네이버 국어사전에도 등재되어 있다고 생각합니다. 위의 정의에서 특히 중요한 문구, 단어는 '기준'이라는 것입니다. 후배님은 항상 '추정가격'이라는 용어를 기억할 때 '기준'이라는 등식(추정가격 = 기준)을 잊지말아야 합니다. 즉, '추정가격'에 따라 모든 것(계약방법, 입찰·낙찰자 결정 방법)이 결정된다는 것입니다.

이 '추정가격'이라는 용어는 1997년 정부조달시장 개방에 따라 국가계약법령을 재정비할 때 도입된 것으로써, 그 이전에는 '예정가격'으로 계약방법, 입찰방법을 결정했던 것을 1997년 이후부터는 '추정가격'으로 계약방법, 입찰방법을 구분하고 결정짓는 기준이 되었습니다. 그래서 위의 용어 정의에서도 '국제 입찰 대상 여부를 판단하는'이라는 문구가 나오는 이유가 1997년 정부조달시장 개방시부터 본격적으로 등장한 배경이 작용한 것입니다.

제5강 | 본격적인 계약업무 시작에 앞서, 계약관련 용어와 절차부터 다집시다

다음으로 「국가계약법 시행령」에는 추정가격 정의가 어떻게 나와 있는지 살펴보고 갈까요?

> **국가를 당사자로 하는 계약에 관한 법률 시행령** (약칭: 국가계약법 시행령)
> [시행 2022. 9. 15.] [대통령령 제32690호, 2022. 6. 14., 일부개정]
>
> ☐ 제2조(정의) 이 영에서 사용하는 용어의 정의는 다음과 같다. <개정 1996. 12. 31., 1999. 9. 9., 2005. 9. 8., 2007. 10. 10., 2008. 2. 29.>
> 1. "추정가격"이라 함은 물품·공사·용역등의 조달계약을 체결함에 있어서 「국가를 당사자로 하는 계약에 관한 법률」(이하 "법"이라 한다) 제4조의 규정에 의한 국제입찰 대상여부를 판단하는 기준등으로 삼기 위하여 예정가격이 결정되기 전에 제7조의 규정에 의하여 산정된 가격을 말한다.

네이버 국어사전의 정의와 거의 비슷합니다. 그럼 본격적으로 추정가격이 어떤 '기준'으로서 역할을 하는지 살펴볼까요?

첫 번째는 추정가격 규모에 따라 국제입찰대상 여부가 결정됩니다.

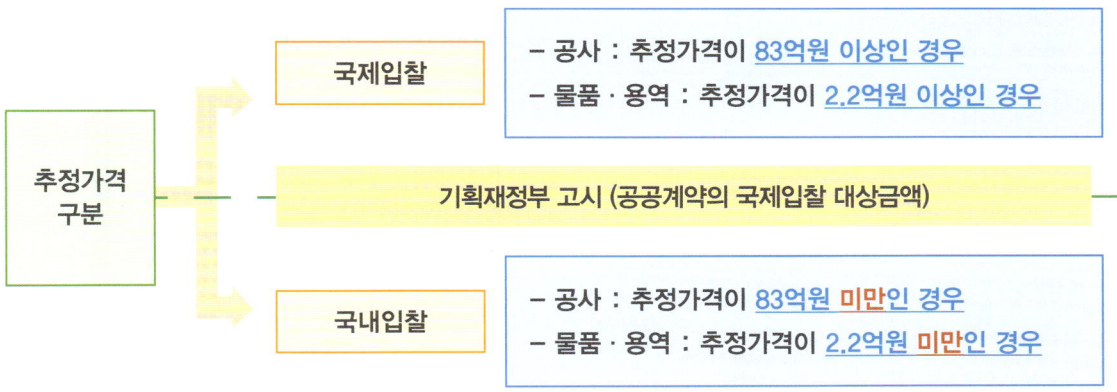

우리가 계약의뢰를 접수하였을 때, 해당 공사의 추정가격을 산정해 보고 기획재정부 고시금액(공사 83억원) 이상이면 국제입찰 대상이 되는 것이고, 고시금액(공사 83억원) 미만이면 국내입찰만 부쳐도 되는 것입니다. 여기서 국제입찰이라는 것은 국내업체 뿐만아니라 해외업체도 국내업체와 동등한 조건 하에서 해당 입찰에 참가할 수 있다는 '국제입찰도 허용함'이라는 뜻입니다. (혹시, 국제입찰에 대해서 오해하실까봐 부연설명을 해 드립니다. '국제입찰'이란 '국내업체' + '해외업체 참여 가능' 이라는 조건입니다. 그리고 국제입찰에 부친다고 해서 입찰공고문 전체를 외국어로 작성해서 게시하는 것이 아닙니다. 평상시와 동일하게 한글로 작성해서 게시하되 핵심 골자만 영어, 불어 또는 스페인어 중 하나를 선택해서 기재하도록 되어 있습니다. ① 계약 목적물, ② 입찰서 및 입찰참가신청서 제출 마감일, ③ 발주기관의 명칭과 주소 등 3가지 사항을 영어, 불어 또는 스페인어 중에서 선택해서 입찰공고문

제5강 | 본격적인 계약업무 시작에 앞서, 계약관련 용어와 절차부터 다집시다

하단에 추가 기재하거나 별도의 요약문으로 첨부하면 됩니다. 그리고 국가종합전자조달시스템에 입찰공고문을 게시할 때 국제입찰 조건 버튼을 추가해주면 되는 것입니다. 혹시 궁금하실까 싶어서 아래에 입찰공고문 예시를 추가해 놓았습니다.)

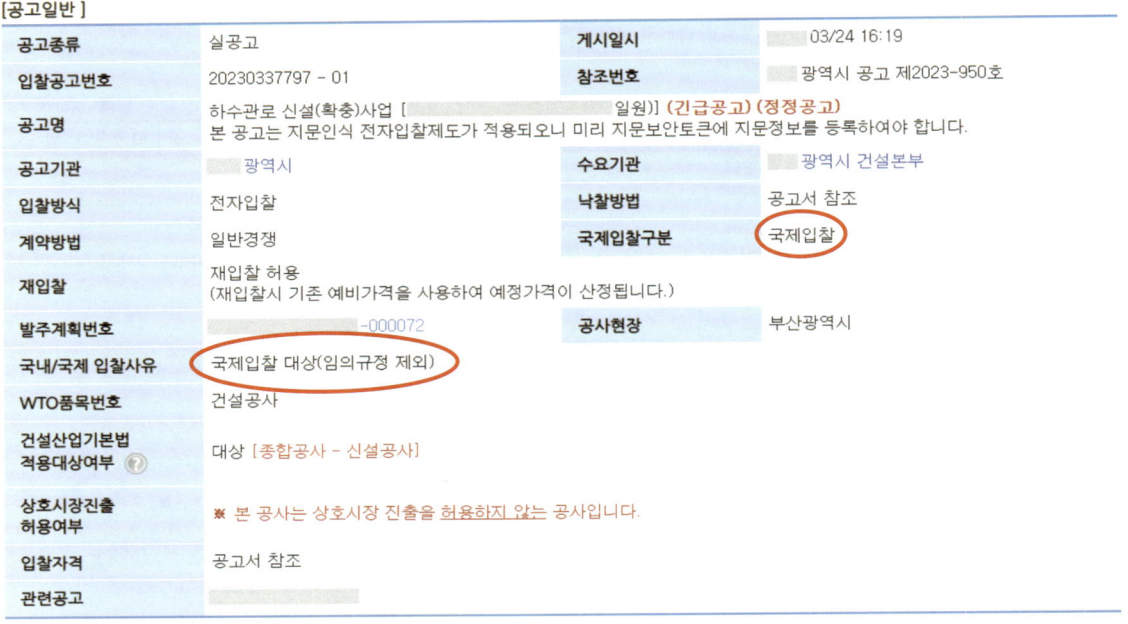

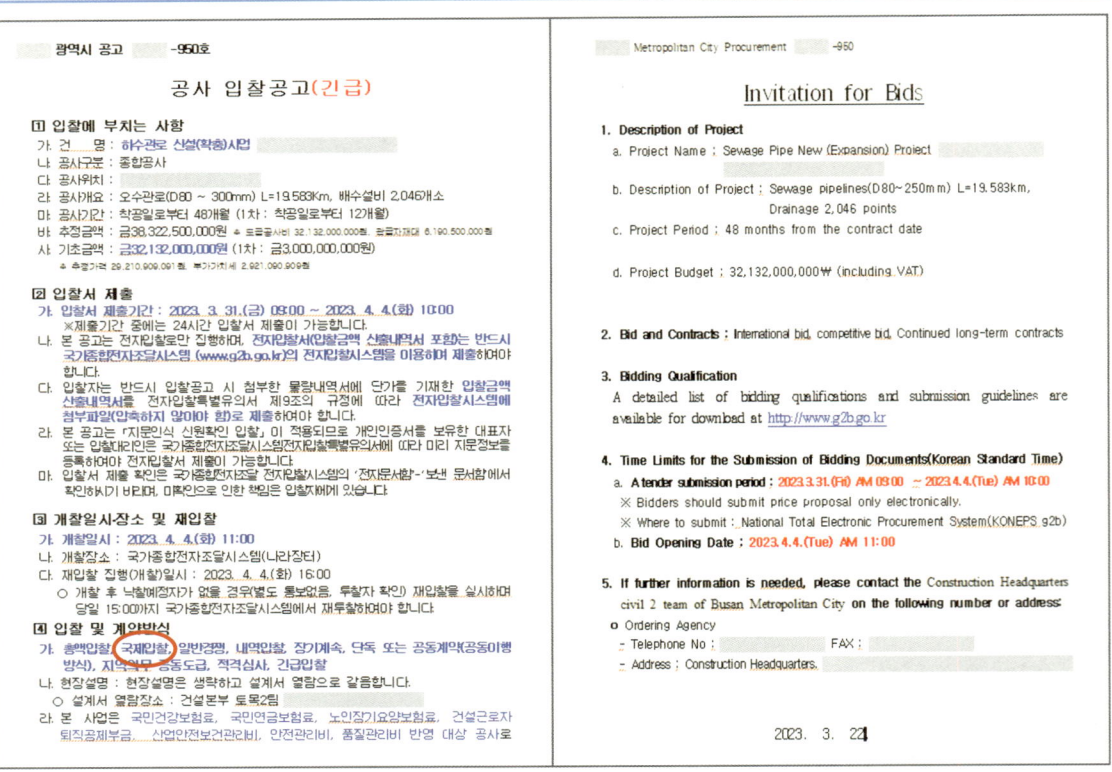

제5강 | 본격적인 계약업무 시작에 앞서, 계약관련 용어와 절차부터 다집시다

(좌측은 입찰공고문입니다. 지면 관계상 입찰공고문 첫 페이지만 보여드립니다. 좌측 공고문에서 보시는 바와 같이 일반적인 입찰공고문과 동일하며 입찰 및 계약방식에 '국제입찰'이라는 용어만 추가되어 있습니다. 우측은 입찰공고에 추가되어 있는 1페이지짜리 영문 요약문입니다. 앞서 설명해 드렸듯이 핵심내용만 영문으로 추가 해 놓습니다.)

두 번째로 추정가격 규모에 따라 입찰 및 낙찰자 결정방법이 달리 적용됩니다. 먼저 요약한 도표를 살펴보고 설명할까요?

구 분	입찰·낙찰자 결정 방법	비고
지역제한입찰 가능 여부 판단	- 종합공사 : 추정가격 83억원 미만시 - 전문공사 : 추정가격 10억원 미만시 - 기타 법령에 의한 공사 : 추정가격 10억원 미만시	- 영 제21조 ①항 6호 - 규칙 제24조 ②항

내역입찰 적용 여부 판단	- 내역입찰 : 추정가격 100억원 이상 공사
	  * 입찰시 입찰서와 산출내역서를 동시에 제출
	- 내역입찰 미적용 : 추정가격 100억원 미만 공사
	  * 입찰시 입찰서(총액가격만 기재)만 제출
		- 영 제14조

수의계약 가능 여부 판단	- 종합공사 : 추정가격 4억원 이하시 - 전문공사 : 추정가격 2억원 이하시 - 기타 법령에 의한 공사 : 추정가격 1.6억원 이하시	- 영 제26조 ①항 5호 가목

* 참고로, 과거에는 추정가격 규모에 따라 입찰참가자격 사전심사(PQ : Pre-Qualification)와 현장설명 실시 여부가 의무조항이었는데 이 두 의무 규정은 2019년 9월부터 발주기관의 자율적 판단 적용사항으로 변경되었습니다.

추정가격 규모에 따라 지역제한입찰 가능 여부가 결정되고, 내역입찰 실시 여부도 결정되며, 수의계약 가능 여부도 결정됩니다. 이처럼 추정가격이 모든 입찰과 낙찰자 결정방법을 가른다고 표현해도 무방할 정도입니다. 그럼 위의 도표에 나와 있는 것을 기준으로 간단히 세가지 예시에 대해서 입찰방법을 판단해 볼까요?

제5강 | 본격적인 계약업무 시작에 앞서, 계약관련 용어와 절차부터 다집시다

구 분	예시 1. 추정가격이 <u>150억원인 종합공사</u>	예시 2. 추정가격이 <u>50억원인 종합공사</u>	예시 3. 추정가격이 <u>3억원인 종합공사</u>
판 단	① 지역제한 : 불가능 ② 내역입찰 : 적용 의무 ③ 수의계약 : 불가능	① 지역제한 : 가능 ② 내역입찰 : 미적용 ③ 수의계약 : 불가능	① 지역제한 : 가능 ② 내역입찰 : 미적용 ③ 수의계약 : 가능
결 론	경쟁계약을 하되, 지역제한입찰은 불가능하고 내역입찰을 실시해야 함	경쟁계약을 하되, 지역제한입찰을 가능하고 내역입찰은 미적용함	지역제한 입찰도 가능하고 수의계약도 가능함 (전자공개 수의계약 적용)

후배님! 어떠세요? 추정가격이 계약추진 방법에 대한 모든 것을 결정한다는 느낌을 드시나요? 또한 추정가격에 따라 최종 낙찰자를 결정하는 '적격심사 기준'도 각각 달리 적용하도록 되어 있습니다. 이 부분도 아래 도표를 잠시 살펴볼까요?

구 분	입찰 · 낙찰자 결정 방법	비 고
추정가격 100억원 미만 50억원 이상인 공사	- 해당공사 수행능력 : 50점 　(시공경험, 경영상태, 신인도 : 30점 　하도급관리계획의 적정성 : 10점 　자재 및 인력조달가격의 적정성 : 10점) - 입찰가격 : 50점	(계약예규) 적격심사기준 별표 #2 적용
추정가격 50억원 미만 10억원 이상인 공사	- 해당공사 수행능력 : 30점 　(시공경험 15점, 경영상태 15점) - 입찰가격 : 70점 - 결격 여부 : -10점	(계약예규) 적격심사기준 별표 #3 적용
추정가격 10억원 미만 3억원 이상인 공사	- 해당공사 수행능력 : 20점 　(시공경험 10점, 경영상태 10점) - 입찰가격 : 80점 - 결격 여부 : -10점	(계약예규) 적격심사기준 별표 #4 적용
추정가격 3억원 미만 2억원 이상인 공사	- 해당공사 수행능력 : 10점 　(시공경험 5점, 경영상태 5점) - 입찰가격 : 90점 - 결격 여부 : -10점	(계약예규) 적격심사기준 별표 #5 적용
추정가격 2억원 미만인 공사	- 해당공사 수행능력 : 10점 　(경영상태 10점, 특별신인도 +2점) - 입찰가격 : 90점 - 결격 여부 : -10점	(계약예규) 적격심사기준 별표 #6 적용

제5강 | 본격적인 계약업무 시작에 앞서, 계약관련 용어와 절차부터 다집시다

적격심사 기준이 복잡해 보이시나요? 적격심사에 대한 실무사례는 뒷부분에서 차근차근 예시로 설명을 드릴 예정이니 겁먹을 필요 없습니다. 여기서 강조하고 싶은 것은 추정가격에 따라서 낙찰자를 결정하는 '적격심사 기준'도 달라진다는 것입니다. 왜 처음에 추정가격을 '기준'이라고 표현했는지 이해되시나요?

그럼 마지막으로 추정가격을 어떻게 산정하는지 알아볼까요? (참고로, 이 부분도 공사계약에 국한해서 설명한다는 점을 다시한번 주지시켜 드립니다. 이 책의 모든 설명에서 공사계약 위주로만 설명드리는 것을 항상 기억해 주세요) 추정가격 산정 방법은 아래와 같습니다.

$$\text{추정가격} = \text{총 공사금액} - \text{부가가치세} - \text{관급자재 가격}$$

추정가격은 이른바 해당 공사에서 도급업체가 직접 수행하는 순수 공사비(공사범위)입니다. 실제 공사를 수행할 때에는 여러가지 요소가 그 안에 포함되어 있습니다. 잠시 아래의 도표 설명을 통해서 좀 더 세부적으로 설명해 볼까요?

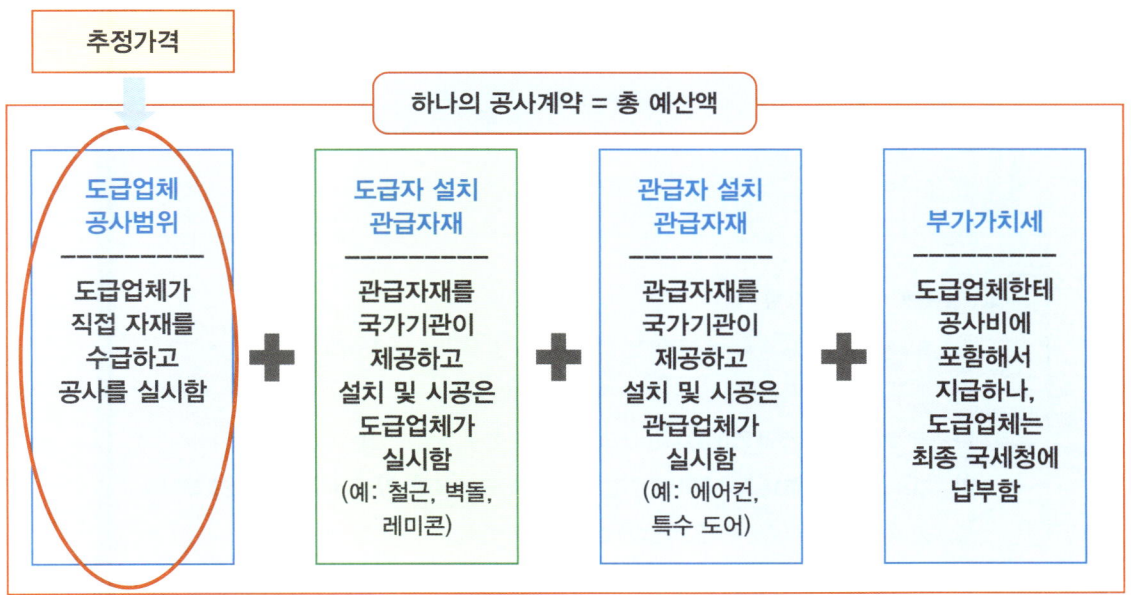

그림에서 보듯이, 크게 4가지 묶음으로 표현해 보았습니다. 맨 좌측은 도급업체가 직접 수행하는 순수 공사범위입니다. 두 번째 도급자 설치 관급자재는 관급자재만 국가기관이 제공하고 설치 및 시공은 도급업체가 수행하는 것입니다. 예를 들어 철근, 벽돌, 레미콘 등은 발주하는 국가기관이 별도로 구매해서 제공하지만 그 철근으로 배근해서 기둥 구조나 슬라브

제5강 | 본격적인 계약업무 시작에 앞서, 계약관련 용어와 절차부터 다집시다

구조를 만드는 것은 해당 도급업체가 시공합니다. 이렇게 자재만 제공하되 시공은 도급업체가 하는 것이 도급자 설치 관급자재입니다. 세 번째 관급자 설치 관급자재는 해당 관급자재를 공급하는 업체가 설치 및 시공까지 하는 것으로 도급업체가 관여하는 부분이 없습니다. 예를 들어 건축물 시공과정에서 에어컨을 설치하는 경우 해당 에어컨 납품업체가 설치까지 완료하므로 도급업체가 시공하는 부분이 없습니다. 네 번째 부가가치세는 최종 공사대금에 포함해서 도급업체에 지급되나 최종적으로는 해당 부가가치세 금액을 국세청으로 납부하게 되므로 도급업체에 귀속되는 것은 없습니다. 자 그러면 위의 그림에서 실제 도급업체 수급받는 공사범위이자 공사금액은 무엇일까요? 맨 좌측 부분(빨간색 동그라미 부분)만 도급업체가 수급받은 공사범위이자 최종 공사금액입니다. 그렇다면 총 예산액에서 무엇을 빼야 추정가격이 나올까요? 총 예산액에서 부가가치세를 빼고 관급자재 가격(도급자 설치 관급자재 + 관급자 설치 관급자재)을 모두 빼면 됩니다. 바로 이렇게 빼는 것이 처음에 제시했던 추정가격 산정 공식입니다. 이해되시나요? (왜 이런 산정 공식이 나왔는지 개념을 이해하셨으면 좋겠습니다. 그리고 이 추정가격 산정 공식을 항상 머릿속에 외우고 생활화하시면 좋을 것 같습니다. 계약업무의 기본이니까요.)

> **추정가격 = 총 공사금액 − 부가가치세 − 관급자재 가격**

자~~ 이제는 실무사례에서 추정가격이 어떻게 표시되고 있는지 입찰공고문 예시 2건을 통해서 살펴보겠습니다.

---

1. 입찰에 부치는 사항

가. 공 사 명 : ○○○광역시 가로변 조경 관리공사 4구간 (북구)
나. 공사개요 : 설계내역서, 공사시방서 등 참조
다. 총 금 액 : 금518,710,000원 (금오얼일천팔백칠십일만원)
라. 기초금액 : 금518,710,000원 (추정가격 : 471,554,545원, 부가가치세 : 47,155,455원)
마. 공사기간 : 착공일부터 2023년 11월 30일까지
바. 공사장소 : ○○○ 등 14개 노선
사. 입찰가격 평점산식 A값 (48,192,640원) 적용대상 공사입니다.

(단위 : 원)

계	국민건강 보험료	노인장기 요양보험료	국민연금 보험료	산업안전 보건관리비	퇴직공제 부금비	안전관리비
48,192,640	9,540,477	1,222,135	12,110,619	4,993,417	6,189,872	14,136,120

제5강 | 본격적인 계약업무 시작에 앞서, 계약관련 용어와 절차부터 다집시다

첫 번째 예시의 입찰공고는 총 공사금액이 518,710,000원입니다. 이것을 앞서 배운 추정가격 산정 공식에 대입해 볼까요?

추정가격(471,554,545원) = 총 공사금액(518,710,000원) − 부가가치세(47,155,455원)
− 관급자재 가격(0원)

추정가격 산정 공식에 대입해보니 첫번째 예시의 입찰공고는 관급자재가 없는 공사라는 것도 알 수 있네요. 소규모 공사에서는 관급자재를 별도로 분리하지 않고 도급업체가 전체 자재공급과 시공을 하도록 발주하는 경우가 통상적입니다. 따라서 위 입찰공고도 소규모 공사이므로 별도의 관급자재가 없는 공사인 것입니다.

두 번째 입찰공고 예시입니다.

```
1. 입찰에 부치는 사항
  가. 공 사 명 :              다목적구장 조성공사
  나. 공사현장 :                           일원
  다. 공사예정금액 : 금787,600,000원(금칠억팔천칠백육십만원)
    - 추정가격 : 271,663,636원, 부가세 : 27,166,364원, 관급자재 : 488,770,000원
  라. 기초금액 : 금298,830,000원(금이억구천팔백팔십삼만원)
  마. 공사개요 : 다목적 구장 1식(A=4,977㎡)
  바. 공사기간 : 착공일로부터 4개월
  사. 업종별 추정가격(평가비율)
    - 철근콘크리트공사업 : 금271,663,636원(100%)
    - 토목공사업(또는 토목건축공사업) : 금271,663,636원(100%)
    ※ 본 공사는 전문공사에 대하여 종합건설업체 참가를 허용하는 사항임
```

마찬가지로 앞서 배운 추정가격 산정 공식에 대입해 볼까요?

추정가격(271,663,636원) = 총 공사금액(787,600,000원) − 부가가치세(27,166,364원)
− 관급자재 가격(488,770,000원)

추정가격 산정 공식에 대입해보면 수치가 맞다는 것을 알 수 있습니다. 이 두번째 예시의 입찰공고는 관급자재 가격이 큰 공사로서 총 공사금액은 약 7.8억원이지만 관급자재가 약 4.9억원(전체 공사금액의 약 60% 차지)이므로 실제 도급업체가 시공하는 공사범위는 약 2.7억원밖에 안 되는 공사규모입니다. 위 입찰공고에서 보듯이 총 공사금액보다 추정가격이 더 중요한 이유를 아시겠죠?

제5강 | 본격적인 계약업무 시작에 앞서, 계약관련 용어와 절차부터 다집시다

후배님! 여기까지 추정가격의 개념과 산정 방법에 대해서 살펴보았습니다. 추정가격은 계약방법, 입찰 및 낙찰자 결정방법을 판단하는 '기준'으로서 역할을 수행한다는 점을 꼭! 기억하시기 바랍니다. 그리고 추정가격은 해당 도급업체가 수행하는 실제 도급공사 범위라는 점도 기억해 주시기 바랍니다. 앞으로 Q2와 Q3을 통해서 추정금액, 예정가격 등의 용어도 설명하면서 추정가격과의 차이점도 비교해 드리겠습니다. 추정가격, 추정금액, 예정가격 등 모두모두 중요하지만 그래도 가장 중요한 것은 '추정가격'이라고 생각합니다.

제5강 | 본격적인 계약업무 시작에 앞서, 계약관련 용어와 절차부터 다집시다

Q2 추정가격과 추정금액의 차이점은 무엇인가요?

후배님! 실제 입찰공고문을 살펴보면 '추정가격'이라는 용어도 많이 나오지만 '추정금액'이라는 용어도 종종 나옵니다. 이 두개의 용어들은 서로 비슷해 보이면서도 차이점이 있기 때문에 헷갈려서 사용해서는 안 됩니다. 처음 계약업무를 접하시는 분들의 경우에는 많이 혼동되고 어렵게 생각하기 때문에 이번 Q2를 통해서 두 용어의 차이를 확실히 정립해 드리겠습니다.

바로 도표로 설명해 드리겠습니다.

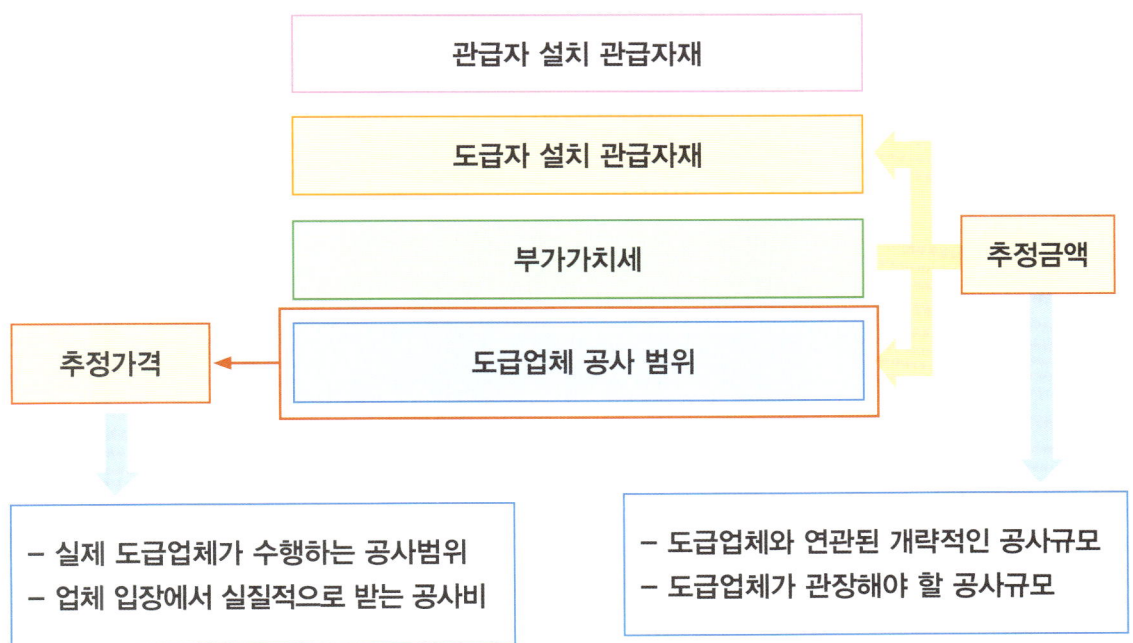

먼저 추정가격은 앞서 Q1에서 살펴보았듯이 도급업체가 직접 시공하는 공사범위(빨간색 박스 부분)를 지칭합니다. 여기에 도급자 설치 관급자재(가격)와 부가가치세를 합한 것이 추정금액이 되는 것입니다. 위의 도표에 설명했듯이 추정가격(왼쪽)은 도급업체가 받는 공사범위이자 공사비가 되고, 추정금액(오른쪽)은 도급업체가 관장해야 하는 개략적인 공사규모인 것입니다.

그러면 실무에서는 어떻게 표시하고 안내하고 있는지 입찰공고문 예시를 가지고 살펴볼까요?

제5강 | 본격적인 계약업무 시작에 앞서, 계약관련 용어와 절차부터 다집시다

```
1. 공사개요
  1.1. 관리번호 :           -00
  1.2. 수요기관 : 경찰청
  1.3. 공 사 명 :       경찰서 신축 도급공사(건축)
  1.4. 공사현장 :
  1.5. 공사기간 : 착공일부터 810일(금차: 착공일부터 365일)
    1.5.1. 이 공사 계약기간은 주당 근로시간을 52시간 이내로 고려하여 산정하였습니다.
  1.6. 공사개요
    1.6.1. 주 공 종 : 건축공사업
    1.6.2. 공사범위 : 경찰서 재건축 공사 1식(연면적: 13,538.20㎡, 지하2층~지상6층)
  1.7. 추정금액 : 22,471,215,000원(추정가격 17,035,650,000원+부가가치세 1,703,565,000원
                + 도급자설치관급금액 : 3,732,000,000원)
       ※ 관급자설치관급액 : 4,076,824,000원
  1.8. 업종별 추정금액 및 업종별 금액(추정가격+부가가치세)
```

업 종	추정금액(비율)	추정가격+부가가치세(비율)
건축공사업	22,471,215,000원(100.00%)	18,739,215,000원(100.00%)

예시의 입찰공고문을 살펴보면, 추정금액(빨간색 밑줄 부분)이라고 해 놓고 그 안에 추정가격 + 부가가치세 + 도급자 설치관급금액을 합쳐서 표기해 놓았습니다. 즉 이 이야기는 이 공사를 수주하는 도급업체는 약 224.7억원 규모의 공사 시공을 관리한다는 것입니다. 한편 위 공사의 추정가격은 약 170.3억원이므로 해당 도급업체가 직접 자재를 조달하고 직접 시공하는 공사범위이자 순 공사비는 약 170.3억원이라는 뜻입니다. 관급자설치관급금액 약 40.7억원은 도급업체가 관장할 범위가 아니기 때문에 추정금액과는 별도로(당구장 표시로) 기재해 놓은 것입니다.

위의 입찰공고문이 조달청 나라장터 시스템 화면(입찰정보)에는 어떻게 게시되어 있는지 살펴 볼까요?

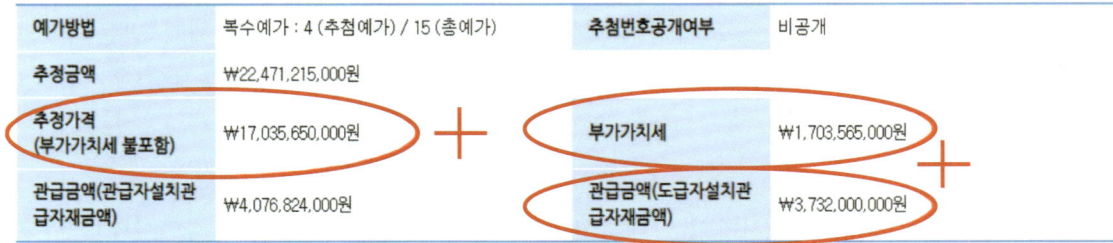

제5강 | 본격적인 계약업무 시작에 앞서, 계약관련 용어와 절차부터 다집시다

위에서 빨간색 동그라미 세 개(추정가격 + 도급자 설치 관급자재금액 + 부가가치세)가 바로 추정금액(22,471,215,000원)이 되는 것입니다. 입찰공고문과 동일하다는 것을 알 수 있죠? 계약담당자 입장에서는 추정가격이 중요하지만 도급업체 입장에서는 추정가격뿐만 아니라 도급업체가 관리해야 하는 공사규모인 추정금액도 중요한 것입니다.

그럼 추정가격과 추정금액간의 관계를 공식으로 정리해 볼까요?

> 추정금액 = 추정가격 + 관급자재(도급자 설치) + 부가가치세

맨 처음 도입부에 그려드린 도표와 동일합니다. 관급자 설치 관급자재는 이 공식에 안 들어간다는 특징을 꼭! 기억하시면 좋겠습니다. 어렵지 않죠?
후배님께서 스스로 조달청 나라장터에서 여러 기관들의 입찰공고문을 찾아보면서 추정가격과 추정금액에 대해서 살펴보고 확인해 보신다면 훨씬 더 확실하게 개념정리가 되실꺼라 믿습니다. 꼭 그렇게 해 보시길 권해봅니다.

제5강 | 본격적인 계약업무 시작에 앞서, 계약관련 용어와 절차부터 다집시다

 Q3 예정가격은 누가 결정하는 거예요?
온도 차이가 나는 탁구공으로 예정가격을 조작했다구요?

후배님! Q1과 Q2를 통해서 '추정가격'과 '추정금액' 용어까지 살펴보았습니다. 이번 Q3에서는 '예정가격' 용어에 대해서 살펴볼 예정입니다. 우선 본격적인 설명에 들어가기에 앞서서 예정(豫定)이라는 한자에 대해서 잠시 의미를 생각해 보겠습니다. 예정은 미리 예(豫) 글자와 정할 정(定) 글자가 합쳐진 단어입니다. 그래서 예정가격이라고 하면, 입찰을 실시하기 전에 공정하게 낙찰자를 결정하기 위하여 미리 정해놓는 가격이라는 뜻입니다. 후배님께서 '예정가격'이라는 용어를 생각할 때, 밑줄로 강조한 '미리 정해놓는 가격'이라는 개념을 우선 명확히 하고 시작하면 좋을 것 같습니다.

'예정가격'이라는 용어를 국가계약법에서는 어떻게 정의하고 있는지 살펴볼까요?

> **국가를 당사자로 하는 계약에 관한 법률** (약칭: 국가계약법)
> [시행 2021. 7. 6.] [법률 제17816호, 2021. 1. 5., 일부개정]
>
> ☐ 제8조의2(예정가격의 작성) ① 각 중앙관서의 장 또는 계약담당공무원은 <u>입찰 또는 수의계약 등에 부칠 사항에 대하여 낙찰자 및 계약금액의 결정기준으로 삼기 위하여 미리 해당 규격서 및 설계서 등에 따라 예정가격을 작성하여야 한다.</u> 다만, 다른 국가기관 또는 지방자치단체와 계약을 체결하는 경우 등 대통령령으로 정하는 경우에는 예정가격을 작성하지 아니하거나 생략할 수 있다.
> ② 각 중앙관서의 장 또는 계약담당공무원이 제1항 본문에 따른 예정가격을 작성할 경우에는 계약수량, 이행기간, 수급상황, 계약조건 등을 고려하여 계약목적물의 품질·안전 등이 확보되도록 적정한 금액을 반영하여야 한다.
> ③ 제1항 본문에 따른 예정가격의 작성시기, 결정방법, 결정기준, 그 밖에 필요한 사항은 대통령령으로 정한다.
> [본조신설 2019. 11. 26.]

국가계약법령에서는 '예정가격' 정의를 별도 조항으로 규정하고 있지 않습니다. 다만, 「국가계약법」 제8조의2 ①항의 빨간색 밑줄 부분을 보시면 '예정가격'의 정의를 아래와 같이 유추할 수 있습니다.

> - 작성 시기 : 입찰 또는 수의계약 등에 부치기 전에
> - 작성 목적: <u>낙찰자 및 계약금액의 결정기준</u>으로 삼기 위해서
> - 작성 방법 : 해당 규격서 및 설계서 등을 가지고 작성

여기에서 제일 핵심문구는 '낙찰자 및 계약금액의 결정기준'이 된다는 것입니다. 잠시 아래의 계약업무 절차도에서 '추정가격', '예정가격'이 활용되는 시기를 표시해서 좀 더 이해시켜 드리겠습니다.

제5강 | 본격적인 계약업무 시작에 앞서, 계약관련 용어와 절차부터 다집시다

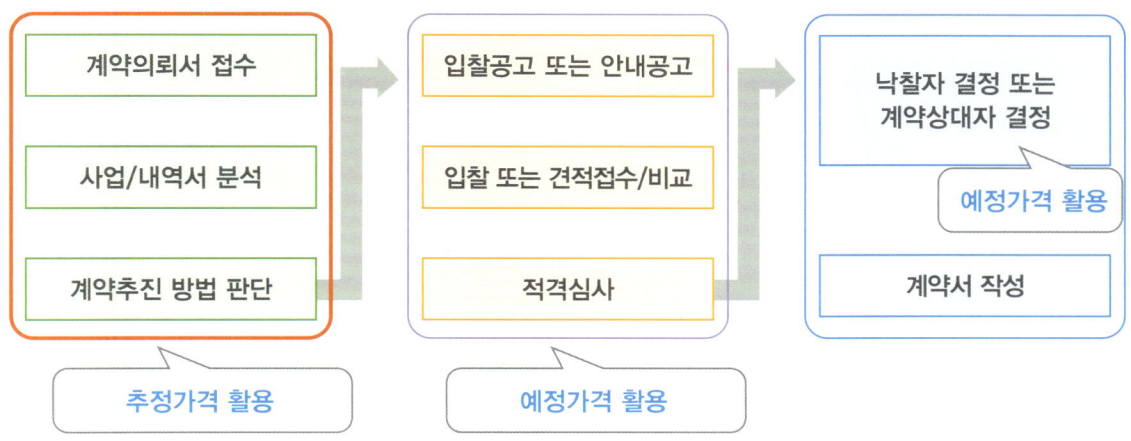

절차도에서 보시듯이 '추정가격'은 계약추진 방법을 판단하는 단계에서 활용됩니다. 그 이후부터는 '예정가격'이 사용되는데 입찰공고로부터 최종 낙찰자가 결정되는 순간까지 예정가격이 모두 작용하는 것입니다. 왜 그런지 각 단계별 실무사례 예시를 보여드리면서 설명드리겠습니다. (원래 경쟁계약과 수의계약의 2가지 경우로 나누어서 예정가격이 활용되는 것을 설명하는 것이 좋겠으나, 우선은 가장 기본이 되는 경쟁계약을 기준으로 설명드리겠습니다)

첫 번째, 입찰공고 단계에서의 예정가격 역할입니다. 아래는 지방자치단체 입찰공고문에서 일부분만 발췌한 것이며, 7번항 적격심사 및 낙찰자 결정방법 부분을 보시면, 예정가격에 대한 안내문구가 2군데가 들어가 있습니다. (빨간색 원)

제5강 | 본격적인 계약업무 시작에 앞서, 계약관련 용어와 절차부터 다집시다

이처럼 입찰공고 단계에서 예정가격이 결정되어 있는 상태는 아닙니다. 다만 위의 예시(좌측 입찰공고문 1페이지 파란색 점선 박스)처럼 '기초금액'만 제시되어 있고 이것을 기초로 예정가격이 어떻게 결정된다는 것(우측 빨간색 밑줄 부분)에 대한 안내만 있습니다. 따라서 입찰공고 단계에서는 위와 같이 '기초금액' 공개, '예정가격 결정 방법'에 대한 안내만 포함되어 있습니다.

여기서 잠깐! 일부 초보 후배님들께서는 갑자기 '기초금액'이라는 생소한 용어가 나오니까 덜컥 겁이 나실 수도 있을 것 같네요. 잠시 기초금액에 대해서 알아보고 계속 이어가겠습니다. 차근차근 풀어서 설명해 드릴테니 천천히 따라오시기만 하면 됩니다.

'기초금액'의 정의에 대해서 찾아볼까요?

1. 네이버에서 찾아본 기초금액 정의

　기초금액 : 예정가격을 결정하기 위하여 가격 조사 또는 원가계산 방식에 의하여 산정한 금액
　　　* 참고로, 기초금액에 대한 정의는 국가계약법 법령에는 없습니다.
　　　* (계약예규) 예정가격작성기준 제44조의3(예정가격 결정 절차) 조문에 아래와 같이 수록되어 있습니다.

2. (계약예규) 예정가격작성기준 제44조의3(예정가격 결정 절차) ①항

　① 계약담당공무원은 입찰서 제출 마감일 5일 전까지 **기초금액**(계약담당공무원이 시행령 제9조제1항의 방식으로 조사한 가격으로서 예정가격으로 확정되기 전 단계의 가격을 말하며, 「출판문화산업 진흥법」 제22조에 해당하는 간행물을 구매하는 경우에는 간행물의 정가를 말한다)을 작성하여야 한다.

네이버에서 찾은 내용과 계약예규에 나와 있는 내용이 거의 비슷합니다. 결론적으로 기초금액이란 예정가격이 확정되기 전에 계약담당공무원이 해당 공사(계약 목적물)에 대해서 조사해 놓은 가격이라는 뜻입니다. 세부적인 조사방법(공사원가 계산 방법)은 뒤에서 다시 다룰 예정이니까 기초금액 개념만 이해하고 넘어가겠습니다. 어쨌든 입찰공고문에 기초금액을 기재하고 예정가격 결정 방법에 대해서 고지함으로써 입찰 참여자들의 여건을 보장하고 있습니다. (참고로, 대부분의 국가기관 및 지방자치단체에서는 기초금액이라는 용어를 사용하고 있고, 국방부 산하 기관들은 기초예비가격이라는 용어를 사용하고 있습니다. 기초금액과 기초예비가격은 동일한 개념이고 동일한 용어입니다.)

제5강 | 본격적인 계약업무 시작에 앞서, 계약관련 용어와 절차부터 다집시다

두 번째, 입찰 단계에서의 예정가격 역할입니다. 입찰 단계에서는 세가지 주체(계약담당공무원, 입찰참여자, 전자입찰시스템)의 행위가 동시에 작동함으로써 '예정가격'이 결정되는 단계입니다. 왜 세가지 주체들이 예정가격 결정시 모두 참여하는 것인지는 (계약예규) 예정가격작성기준 제44조의3(예정가격 결정 절차)에 잘 나와 있습니다. 해당 문구를 읽고 계속 설명하겠습니다.

(계약예규) 예정가격작성기준

[시행 2021. 12. 1.] [기획재정부계약예규 제577호, 2021. 12. 1., 일부개정]

☐ **제44조의3(예정가격 결정 절차)** ① 계약담당공무원은 입찰서 제출 마감일 5일 전까지 기초금액(계약담당공무원이 시행령 제9조제1항의 방식으로 조사한 가격으로서 예정가격으로 확정되기 전 단계의 가격을 말하며, 「출판문화산업 진흥법」 제22조에 해당하는 간행물을 구매하는 경우에는 간행물의 정가를 말한다)을 작성하여야 한다.
② 계약담당공무원은 제1항 따라 작성된 기초금액의 ±2% 금액 범위 내에서 서로 다른 15개의 가격(이하 "복수예비가격"이라 한다)을 작성하고 밀봉하여 보관하여야 한다.
③ 계약담당공무원은 입찰을 실시한 후 참가자 중에서 4인(우편입찰 등으로 인하여 개찰장소에 출석한 입찰자가 없는 때에는 입찰사무에 관계없는 자 2인)을 선정하여 복수예비가격 중에서 4개를 추첨토록 한 후 이들의 산술평균가격을 예정가격으로 결정한다.
④ 유찰 등으로 재공고 입찰에 부치려는 경우에는 복수예비가격을 다시 작성하여야 한다.
[본조신설 2018.12.31.]

위에 나와있는 '예정가격 결정 절차'는 모두 수기입찰(현장입찰)을 전제로 규정되어 있습니다. 왜냐하면 모든 계약업무(입찰공고, 입찰, 낙찰자 결정, 계약서 작성 등 전 과정)는 과거부터 직접 현장에서 대면으로 만나서 업무를 수행하는 절차를 기본으로 하고 있습니다. 다만 시대가 바뀌고 정보시스템(나라장터, 국가종합전자조달시스템)이 발전하면서 정보시스템을 통해서 일부 절차들을 간편하게 대행하고 있을 뿐입니다. 그래서 국가계약 관련 법령이나 계약예규 조문들은 수기입찰(현장입찰)과 대면업무 처리 절차로 기술되어 있고, 다만「전자조달 이용 및 촉진에 관한 법률」, 「전자조달 이용 및 촉진에 관한 법률 시행령」, 「전자조달 이용 및 촉진에 관한 법률 시행규칙」, 국가종합전자조달시스템 이용 관련 고시(9개, 조달청) 등을 제정하여 정보시스템에 의한 업무처리를 보장하고 있습니다. 결론적으로 국가계약 관련 법령이나 계약예규 조문들을 볼 때, 수기입찰(현장입찰)이나 대면업무 처리 절차로 기술되어 있다는 것을 기억하고 이 점에 유의해서 보면 좋겠죠?

계약예규의 조문을 하나하나 읽어볼까요? (핵심 문장만 압축 요약했습니다.)

제5강 | 본격적인 계약업무 시작에 앞서, 계약관련 용어와 절차부터 다집시다

①항 : 계약담당공무원은 입찰서 제출 마감일 5일전까지 기초금액을 작성하여야 한다.
➡ 세가지 주체 중 가장 먼저 계약업무담당자가 시작하네요. 기초금액을 작성해서 공개하는 것입니다. 실제 업무처리에서는 전자조달시스템에 입찰공고문 탑재, 입찰관련 기본정보 입력시에 기초금액을 포함해서 제시합니다.

②항 : 계약담당공무원은 기초금액의 ±2% 금액 범위내에서 서로 다른 15개의 복수예비가격을 작성하고 밀봉하여 보관한다.
➡ 이번에도 계약업무담당자가 역할을 하네요. 계약예규 조문에는 계약담당공무원이 하는 것으로 서술되어 있지만 실제 업무에서는 국가종합전자조달시스템이 알아서(무작위로) 15개의 복수예비가격을 만들어 줍니다. 그렇다면 이 부분은 전자조달시스템이 수행한다고 해도 무방할 것 같습니다.

③항 : 입찰을 실시한 후 참가자 중에서 4인을 선정하여 복수예비가격 중에서 4개를 추첨토록 한 후 이들의 산술평균가격을 예정가격으로 결정한다.
➡ 입찰참가자 4명이 역할을 수행하는 겁니다. 15개의 복수예비가격 중에서 4개를 추첨해서 이것을 산술평균함으로써 예정가격을 결정합니다. 수기입찰(현장입찰)에서는 조문 문구처럼 입찰참가자 4명이 각각 한 개씩 복수예비가격을 추첨하지만 실제 전자조달시스템을 통해서 업무를 처리할 때에는 모든 입찰 참여자들이 복수예비가격 15개 번호 중에 2개씩을 추첨(선택)해 놓고 이중에서 최다빈도로 선택된 4개의 복수예비가격을 산술평균합니다. 약간 차이가 있죠? 어쨌든 이 부분은 입찰 참여자들이 예정가격 결정을 위한 역할을 하는 겁니다.

세가지 주체(계약담당공무원, 입찰참여자, 전자입찰시스템)들이 하는 역할을 아래 도표로 정리해 보았습니다.

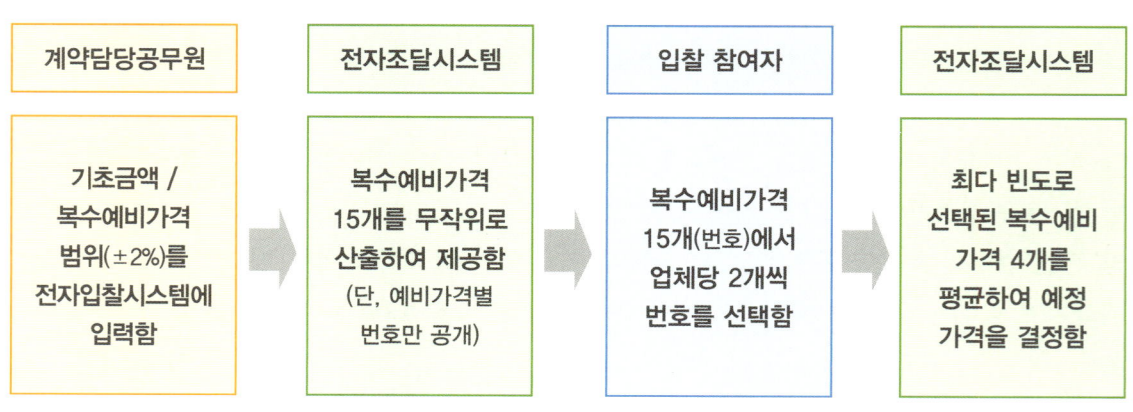

제5강 | 본격적인 계약업무 시작에 앞서, 계약관련 용어와 절차부터 다집시다

후배님! 예정가격이 결정되는 복잡한 과정을 보면서 어떤 생각이 드시나요? '왜 이렇게 세가지 주체들이 따로 역할을 하도록 했을까?' 하는 의문이 안 드시나요? 여기에 대한 답은 최초 '예정가격'의 역할을 다시 떠올려 보아야 합니다. 예정가격은 낙찰자를 결정하는 기준이 되기 때문에 예정가격에 따라 낙찰자가 달라지게 되는 것입니다. 그래서 예전(아마도 1970년대 또는 1980년대 정도쯤) 현장입찰을 실시할 때에 의도적으로 예정가격을 조작해서 만들고 이를 통해 특정업체가 낙찰되도록 하기 위해서 온도 차이가 나는 탁구공을 입찰함에 넣어서 이것을 뽑도록 했던 것입니다. 현장입찰에서 '예정가격 만들기(짜고 복수예비가격 뽑기)'가 발생할 수 있기 때문에 전자조달시스템에서는 비리 발생 가능성을 근원적으로 차단하기 위해서 모든 입찰참가자들이 의무적으로 2개씩 복수예비가격 번호를 선택하도록 되어 있는 것입니다.

잠시 아래 그림으로 전자조달시스템에서 예정가격이 결정되는 절차를 부연설명해 드리겠습니다. 아래와 같이 12명의 입찰참가자들이 입찰에 참여했다고 가정해 봅시다. 입찰에 참여하는 모든 업체는 각각 2개씩 복수예비가격 번호를 원하는 대로 선택합니다.(해당 업체들이 자기 입찰서를 제출하는 시점에서)

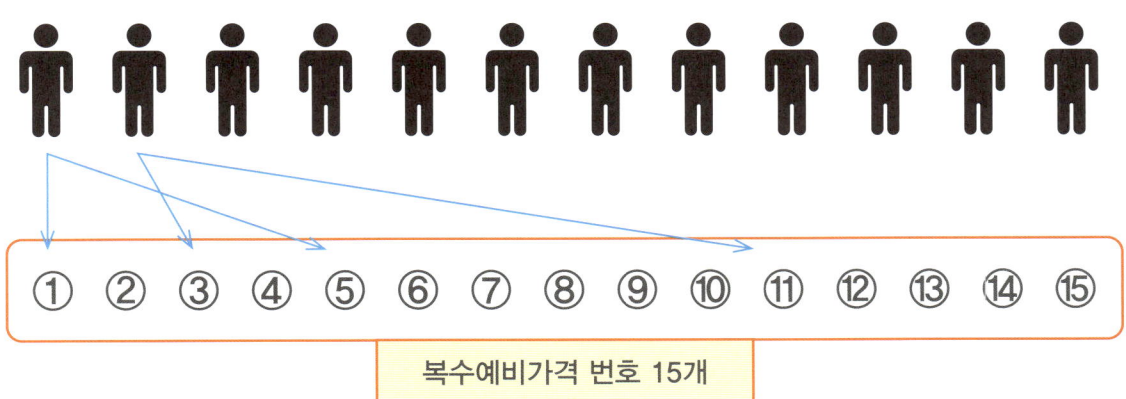

위 그림처럼 모든 입찰참가업체는 각각 2개씩 복수예비가격을 선택합니다. 위의 그림은 좌측 2개 업체만 표시했지만 모든 업체들이 1번부터 15번까지 복수예비가격 번호 중에서 원하는 2개 번호를 선택해 놓습니다. 이것을 전자조달시스템에서 자동으로 집계해서 예정가격 결정으로 이어집니다. 다음의 예시는 전자조달시스템이 처리하는 부분을 그려본 것입니다.

제5강 | 본격적인 계약업무 시작에 앞서, 계약관련 용어와 절차부터 다집시다

번호	추첨 횟수	번호	추첨 횟수	번호	추첨 횟수
①	3회	⑥	2회	⑪	4회
②	5회	⑦	1회	⑫	0회
③	1회	⑧	1회	⑬	1회
④	0회	⑨	0회	⑭	0회
⑤	2회	⑩	3회	⑮	1회

총 15개의 번호 중에 가장 많이 선택된 4개, 즉 ①, ②, ⑩, ⑪번 등 4개의 복수예비가격을 산술평균해서 예정가격이 결정되는 것입니다.

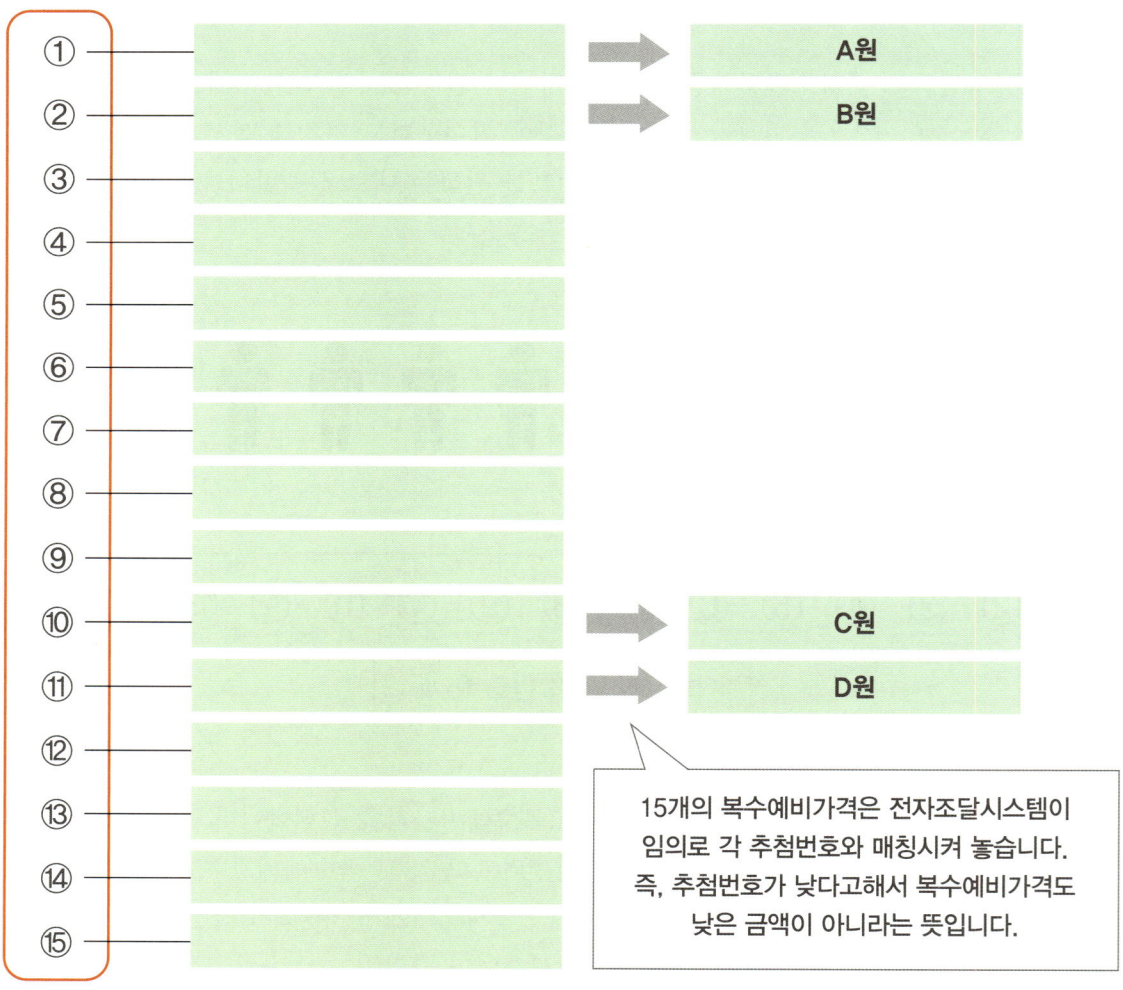

15개의 복수예비가격은 전자조달시스템이 임의로 각 추첨번호와 매칭시켜 놓습니다. 즉, 추첨번호가 낮다고해서 복수예비가격도 낮은 금액이 아니라는 뜻입니다.

위의 그림에서 보듯이 각 입찰참가자들은 15개의 번호 중 각각 2개 번호를 추첨할 뿐이고

제5강 | 본격적인 계약업무 시작에 앞서, 계약관련 용어와 절차부터 다집시다

그 번호와 매칭된 복수예비가격이 무엇인지는 모르는 상태입니다. 입찰참가자들이 가장 많이 선택한 4개의 복수예비가격만 산술평균 { (A+B+C+D) ÷ 4 } 하여 예정가격이 결정되는 것입니다. 얼마나 투명하고 공정하게 예정가격을 결정되도록 시스템을 만들었는지 이해가 되시나요?

후배님! 이제까지 Q1, Q2, Q3를 통해서 '추정가격', '추정금액', '기초금액', '예정가격' 용어까지 알아보았습니다. 모두 다 중요한 용어들입니다. 해당 용어들의 개념이 무엇인지? 각각 어느 단계에서 쓰이는지? 어떤 역할을 하는지? 정도를 이해하시면 됩니다. 네 개의 용어들이 나왔으니까 이쯤해서 한번 요약 정리를 해 볼까요?

구분	개 념	어느 단계에서 쓰이는가	어떤 역할을 하는지?
추정 가격	도급업체가 직접 자재를 조달하고 직접 시공하는 공사 범위이자 순 공사비	최초 계약의뢰 접수시부터 계약방법, 입찰방법 판단시까지 * 계약담당자에게 중요	계약방법(입찰방법 또는 낙찰자를 결정하는 방법)에 대한 기준이 됨
추정 금액	추정금액 = 추정가격 + 관급자재 (도급자 설치) + 부가가치세	입찰공고문 작성시 추정금액을 포함하여 정보 제공, 전자조달시스템에 입찰정보 입력 * 입찰참여 업체들에게 개략적인 공사규모에 대한 정보를 제공함	도급업체가 시공관리하는 범위(도급업체가 관장하는 공사금액 및 규모)를 입찰참가자들에게 알려줌
기초 금액	계약담당자가 원가계산을 통해서 산출한 도급공사비 (추정가격 + 부가가치세)	입찰공고문 작성시 기초금액을 포함하여 정보 제공, 전자조달시스템에 입찰정보 입력 * 입찰참여 업체들에게 예정가격에 대한 기초 정보를 제공함	기초금액을 토대로 복수예비가격 15개가 산정됨
예정 가격	계약담당자가 기초금액 산출/입력 → 전자조달시스템이 15개의 복수예비가격 무작위로 생성 → 입찰참가자들이 2개씩 임의번호 선택 → 최다빈도로 선택된 4개의 복수예비가격을 산술 평균 → 예정가격 결정	입찰시부터 최종 낙찰자 결정시까지 * 확정된 예정가격으로 적격심사 우선심사 대상자를 선정함	공정하고 투명하게 낙찰자를 선정하도록 함

제5강 | 본격적인 계약업무 시작에 앞서, 계약관련 용어와 절차부터 다집시다

위의 4가지 용어 정의를 간단하게 하나의 그림으로 표현하면 아래와 같습니다. 어느 단계에서 쓰이는지? 어떤 역할을 하는지? 상호관계는 어떻게 되는지? 등 조금 더 직관적으로 이해하셨으면 좋겠다는 생각으로 그려 봤습니다. 조금이라도 일목요연하게 정리가 되셨으면 좋겠습니다.

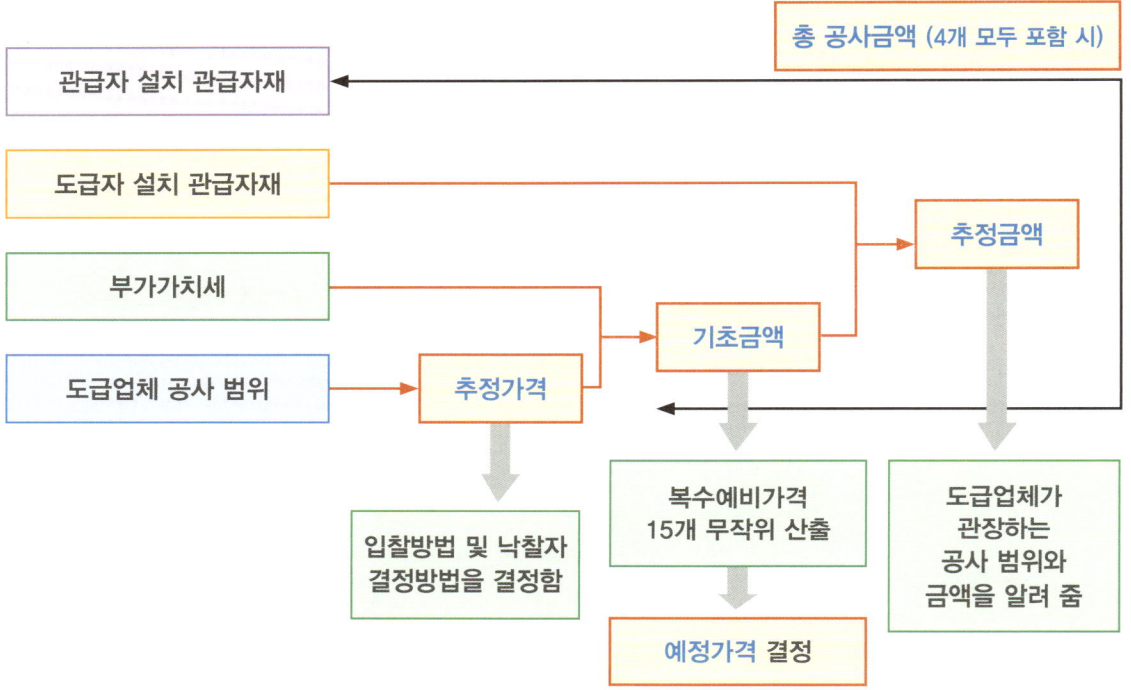

* 기초금액은 '추정가격 + 부가가치세'라고 확정적으로 정의할 수는 없습니다. 기초금액은 계약담당자가 물가조사 및 원가계산을 실시한 결과가 증감이 전혀 없다면 '추정가격 + 부가가치세'가 기초금액이 됩니다.

제5강 | 본격적인 계약업무 시작에 앞서, 계약관련 용어와 절차부터 다집시다

Q4 용어는 대충 알겠어요~~ 계약의 일반적인 절차 좀 그려주세요.

후배님! Q3까지 계약 용어(추정가격, 추정금액, 기초금액, 예정가격) 위주로 살펴보았습니다. 이번 Q4에서는 계약의 일반적인 절차에 대해서 설명해 드리겠습니다. 계약의 일반적인 절차를 설명드리는 이유는 세부 절차별 업무내용 설명으로 들어가기 앞서서 간단히 전체적인 계약업무 진행 절차를 보여드리는 것입니다. 즉, 각 세부 절차별 업무내용은 뒤에서 각각 따로 설명드리기 때문에 전체적인 절차만 이해하시면 되겠습니다. 아셨죠~~

여러 국가계약 관련 책들에서 계약의 일반적인 절차도를 각자의 방식(도표)대로 제시하고 있지만, 개인적인으로는 아래의 절차도가 가장 잘 나타내준다고 생각합니다. 절차도를 잠시 볼까요?

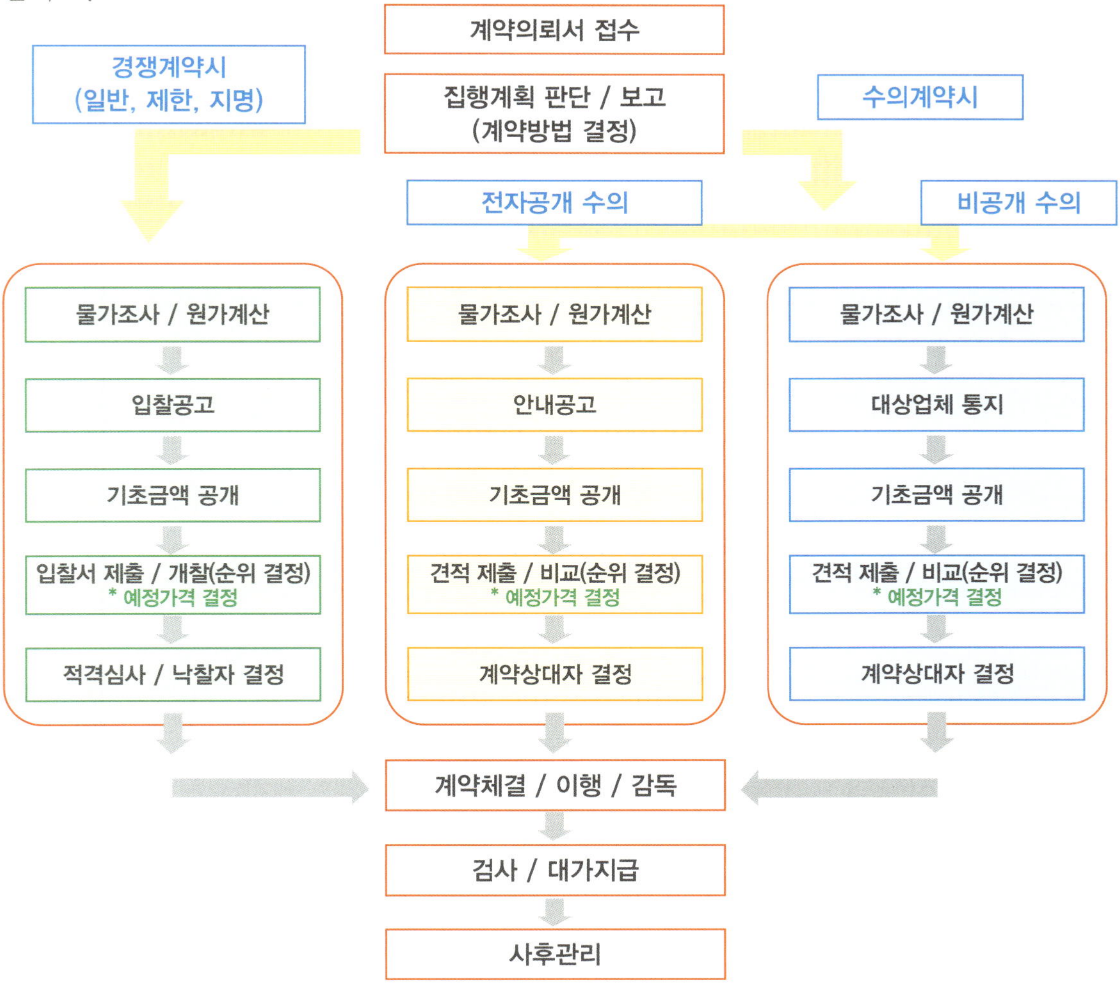

```
                    계약의뢰서 접수
                          ↓
경쟁계약시          집행계획 판단 / 보고          수의계약시
(일반, 제한, 지명)      (계약방법 결정)
       ↓                                              ↓
                  전자공개 수의    비공개 수의
       ↓                  ↓              ↓
  물가조사/원가계산   물가조사/원가계산   물가조사/원가계산
       ↓                  ↓              ↓
     입찰공고            안내공고         대상업체 통지
       ↓                  ↓              ↓
   기초금액 공개       기초금액 공개      기초금액 공개
       ↓                  ↓              ↓
  입찰서 제출/개찰    견적 제출/비교     견적 제출/비교
   (순위 결정)         (순위 결정)        (순위 결정)
  * 예정가격 결정     * 예정가격 결정    * 예정가격 결정
       ↓                  ↓              ↓
  적격심사/낙찰자 결정  계약상대자 결정   계약상대자 결정
       ↓                  ↓              ↓
              계약체결 / 이행 / 감독
                          ↓
                    검사 / 대가지급
                          ↓
                       사후관리
```

제5강 | 본격적인 계약업무 시작에 앞서, 계약관련 용어와 절차부터 다집시다

앞의 절차도에서 보듯이 크게 3가지 구분(경쟁계약시, 전자공개 수의계약시, 비공개 수의계약시)으로 나누어집니다. 대부분 일반적인 계약업무 절차가 이 틀안에서 이루어집니다. 다만, 특수한 계약방법(예를 들어, 2단계 경쟁입찰이나 협상에 의한 계약 등)은 약간 차이가 있겠지만 약 95% 이상(저의 개인적인 추정입니다)은 위의 틀에서 이루어집니다.

순서대로 간단히 설명해 보겠습니다. 계약담당자는 사업부서로부터 계약의뢰서(공문)를 접수하고 집행계획을 작성해서 재무관에게 보고해야 합니다. 뭐니뭐니해도 '집행계획 판단 및 보고'가 가장 중요하다고 생각합니다. 앞의 절차도에서 봤듯이 3가지 구분의 갈래가 바로 '집행계획 판단 및 보고'입니다. 집행계획 판단 시에는 해당 공사의 추정가격을 확인하고 경쟁계약 / 전자공개 수의계약 / 비공개 수의계약 추진 여부를 판단해야 합니다.

좀 더 세부적으로는 계약추진 구비서류 이상 유무(예, 공사 설계도서의 이상유무, 계약 특수조건 등) 확인, 해당 공사의 업종(예, 입찰참가자격 또는 견적서 제출업체 자격 등), 분리발주 여부 판단(예를 들어 전기공사, 폐기물처리용역, 관급자재 등의 분리발주 여부 등), 입찰 및 낙찰자 결정방법 결정(예, 계약예규에 나와있는 적격심사 기준 중에서 어느 것을 적용하는지 여부 등), 기타 계약 추진일정 확인(예, 입찰공고 기간, 계약체결 예상 일자, 착공부터 준공까지 적정 공사기간 가능 여부 등)까지 종합적으로 검토하고 결정해서 계약을 추진하게 됩니다. 간략히 서술했지만 집행계획 판단 및 보고가 중요하다는 것은 느껴지시나요? 이 부분은 뒤에서 예시를 통해서 설명드릴테니 이 정도만 서술하고 넘어가겠습니다.

3가지 구분 중에서 경쟁계약 방식이 결정되었다면, 맨 좌측의 경쟁계약 업무절차에 따라 진행하게 됩니다. 먼저 ① 물가조사를 실시하고 원가계산서를 검토합니다. 이후에 ② 입찰공고문을 작성해서 전자조달시스템(나라장터)에 공고문을 게시하여 공고합니다. 이때 입찰공고문과 함께 물량내역서, 시방서, 계약 특수조건 등을 같이 첨부해서 입찰참가 희망 업체들이 해당 공사에 대한 특성을 확인하고 입찰에 참여할 수 있도록 보장합니다. 이후에 ③ 기초금액을 공개하는데 통상 입찰공고문에 포함해서 동시에 진행하는 경우도 있고 입찰공고 후에 별도로 기초금액을 공개하는 경우도 있습니다. 엄연하게 보자면 입찰공고와 기초금액 공개는 별도 절차로 진행할 수 있기 때문에 각각의 절차로 표시했을 뿐이고 대부분은 입찰공고와 동시에 진행한다고 보시면 되겠습니다. 기초금액까지 공개해 놓으면 입찰참가 희망업체들이 공고문과 기초금액 등을 확인하고 입찰서 제출 가능기간(통상 일주일 이상)동안 계속 ④ 전자입찰서를 전자조달시스템에 제출해 놓습니다. 이후 예정된 마감 일시에 입찰을

제5강 | 본격적인 계약업무 시작에 앞서, 계약관련 용어와 절차부터 다집시다

마감하고 개찰을 실시해서 적격심사 우선심사 대상자(통상 1순위 업체라고 부릅니다)가 결정됩니다. ⑤ 해당 업체에게 적격심사 서류를 제출토록 통보하고 적격심사 서류를 제출받아 점수를 평가/확인한 후 최종 낙찰자로 결정하게 됩니다. 이후 해당 업체에게 낙찰결과를 통지하고 해당 업체와 계약서를 작성하게 됩니다. 절차도를 약간 풀어서 설명했는데 복잡하게 느껴지시나요? 몇 번만 경험해 보시면 어렵지 않습니다. 서두에 얘기드렸듯이 개략적인 큰 틀만 이해하시면 됩니다.

가장 기본은 경쟁계약시 업무절차입니다. 가운데 있는 전자공개 수의계약이나 맨 우측에 있는 비공개 수의계약도 경쟁계약시 업무절차와 엇비슷합니다. 약간씩 차이가 있을 뿐인데 각 단계별로 비교해서 절차적 특징을 설명해 드리겠습니다.

첫 번째, 물가조사 및 원가계산은 세가지 방식이 모두 동일합니다. 실제 내역서의 양이 많은지? 공사금액이 큰지? 등의 차이만 있을 뿐이고 업무수행 방법은 동일합니다.

두 번째, 입찰공고 단계에서는 차이가 있습니다.

| 입찰공고 | 안내공고 | 대상업체 통지 |

경쟁계약은 입찰공고문을 작성해서 게시하지만, 전자공개 수의계약은 안내공고문을 작성해서 게시합니다. 비공개 수의계약은 공고문 작성없이 수의계약 대상업체(사업부서 추천 또는 계약담당자가 임의 선정)에게 견적을 제출토록 통지합니다.(유선, 문서 등 각 기관마다 통지 방법은 다양합니다. 우리 기관은 그냥 유선으로 통화합니다) 당연히 용어 차이도 있고 업무 방법도 차이가 있습니다.

세 번째 기초금액 공개 절차는 세가지 방식이 모두 동일합니다.

네 번째 입찰/개찰 단계는 행위는 서로 비슷하지만 용어가 다릅니다.

| 입찰서 제출 / 개찰(순위 결정)
* 예정가격 결정 | 견적 제출 / 비교(순위 결정)
* 예정가격 결정 | 견적 제출 / 비교(순위 결정)
* 예정가격 결정 |

경쟁계약은 입찰서 제출 마감 및 개찰을 실시하고, 전자공개 수의계약과 비공개 수의계약은

제5강 | 본격적인 계약업무 시작에 앞서, 계약관련 용어와 절차부터 다집시다

견적서 제출 마감 및 견적 비교를 실시합니다. 세가지 방식 모두가 참가업체들이 적어 낸 가격서 제출을 마감하고 이를 비교하는 것은 동일합니다. 다만 경쟁입찰은 입찰서이고 전자공개 수의계약과 비공개 수의계약은 견적서입니다. 입찰서와 견적서는 문서 성격이 많이 다릅니다. 입찰서는 원가산정을 통해서 해당 업체가 자신의 낙찰 희망가격을 기입해서 투찰하는 공식적 의사표시 행위이고 견적서는 정확한 원가산정이 아닌 개략적인 가격을 제시해보는 비공식적 의사표시 행위입니다. 어쨌든 여기서 중요한 것은 '입찰서 제출 및 개찰', '견적서 제출 및 비교' 등 용어부터 차이가 있으며 법률적 성격도 차이가 있습니다.

다섯 번째는 최종 계약업체를 결정하는 단계입니다. 여기에서도 용어 및 절차의 차이가 있습니다.

| 적격심사 / 낙찰자 결정 | 계약상대자 결정 | 계약상대자 결정 |

경쟁계약은 적격심사의 과정을 거쳐서 최종 낙찰자를 결정합니다. 반면에 전자공개 수의계약과 비공개 수의계약은 적격심사의 절차없이 계약상대자를 결정합니다. 따라서 적격심사를 실시하는지 여부가 차이가 있습니다. 참고로 낙찰자나 계약상대자는 최종 계약체결 대상업체라는 점에서 동일한 용어입니다. 다만 전자공개 수의계약과 비공개 수의계약은 정상적인 입찰 절차를 거치지 않았기 때문에 낙찰자라는 용어 대신 계약상대자라는 용어를 쓰는 것입니다.

이상과 같이 다섯단계 절차에서 차이점을 비교해 드렸습니다. 낙찰자 및 계약상대자가 결정된 이후의 업무처리 절차는 동일합니다. 경쟁계약으로 체결되었든지 아니면 전자공개 수의계약 또는 비공개 수의계약으로 체결되었든지와 관계없이 모든 계약은 계약이 체결된 이후 절차는 동일합니다. 계약체결(계약서 작성), 적정 이행여부(시공) 감독, 준공검사 및 준공처리, 대가지급, 하자관리 등으로 이루어집니다.

그럼 Q4를 마무리 해 볼까요? 계약의 일반적인 절차는 Q4의 첫 페이지에 그려드린 절차도를 보시면 됩니다. 항상 세가지 방식(경쟁계약, 전자공개 수의계약, 비공개 수의계약)으로 나누어서 생각하시면 되고, 각각 해당 계약방식에 따른 업무절차를 따라가시면 됩니다. 계약업무 유경험자분들은 기초적이고 쉬운 내용이어서 필요가 없겠지만 처음 접하시는 분들이라면 절차도를 출력해서 책상 앞에 붙여놓고 자주 보시기를 권해봅니다.

제5강 | 본격적인 계약업무 시작에 앞서, 계약관련 용어와 절차부터 다집시다

Q5 계약추진 계획서를 어떻게 작성해야 하나요?
제 이름으로 계약추진 계획서를 기안해 보려구요~~

후배님! 서서히 본인이 기안자가 돼서 계약추진 계획서를 작성해 보고 싶은 마음이 드시나요? 훌륭한 생각이십니다. 새로운 업무에 대한 도전과 배움, 경험들이 우리들의 업무 전문성과 능력을 높여 준다고 생각합니다. 자~~ 이번 Q5에서는 계약추진 계획서 작성을 도전해 볼까요?

사실 계약추진 계획서 작성 방법에 대한 표준안이나 정답은 없습니다. 각 기관마다 다를 수 있고 각 실무자마다 다를 수 있습니다. 따라서 이 부분은 지극히 저의 주관적인 경험과 생각이라는 점을 미리 밝히면서 들어가겠습니다. 여기에서는 예시를 통해서 나만의 '계약추진 계획서(샘플)'를 작성해 보도록 하겠습니다. 다만 계약추진 계획서를 검토하고 작성하기 전에 사전 선행되어야 것들이 있습니다. 해당 공사예산이 모두 확보되어 있는지? 설계도서(도면, 설계내역서, 시방서 등)가 모두 이상없는지? 분리발주 대상사업(예, 전기공사, 100톤이상 폐기물처리용역사업 등)이 잘못 포함되어 있는지? 별도 분리발주하는 관급자재 조달은 이상없는지? 등은 계약추진 방법 검토 이전에 필수적으로 수행해야 하는 것입니다. 이 부분은 사전 검토가 완료되었다는 가정 하에 진행하겠습니다.

첫 번째 예시입니다. 아래와 같은 계약의뢰를 접수받았다고 가정해 보겠습니다.

공 사 명	00고등학교 00교실 증축공사
공사 현장	00고등학교 (000도 00시 00로 000번길 00-00)
공사 기간	착공일로부터 365일간
공사 내용	교실 2실, 화장실 2실, 계단 등 총 1,327.95㎡ 신축 1식
공사종류 및 유형	종합공사 (신축공사)
공종 구성(비율)	건축공사업 (전기·통신·소방공사 별도 발주)
시설공사	추정가격 : 1,094,508,182 부가가치세 : 109,450,818 관급자재 (도급자 설치) : 188,029,000 관급자재 (관급자 설치) : 158,142,000

제5강 | 본격적인 계약업무 시작에 앞서, 계약관련 용어와 절차부터 다집시다

보고서를 작성하기 전에 가장 먼저 무엇부터 판단해야 할까요? 당연히 계약방법입니다. 위 공사는 종합공사이면서 추정가격이 약 10.9억원입니다. 그렇다면 앞서 Q4에서 살펴본 세가지 계약방식에 대입해 보겠습니다. 종합공사의 경우 전자공개 수의계약은 추정가격 4억원 미만일 때 가능하며 비공개 수의계약은 추정가격 2천만원 미만일 때 가능합니다. 공사내역에서 특허라든지 경쟁계약이 제한되는 조건도 없습니다. 따라서 경쟁계약 방식을 적용해야 합니다.(혹시 기억이 안 나시다면 Q1 부분을 다시 읽어보세요) => **첫 번째 판단이 나왔네요. '경쟁계약'**

그러면 경쟁계약의 세가지 방법(일반, 제한, 지명경쟁)중 무엇을 택해야 할까요? 경쟁계약의 3가지 방식에 대해서 제4강 Q2에서 아래와 같은 도표를 설명해 드렸습니다.

구 분		입찰 참가자	적용 조건
일반경쟁 계약		제한 없음 (누구나 참가 가능)	공사금액과 관계없이 모든 계약에서 적용 가능
제한 경쟁 계약 **(중복 제한 불가)**	① **시공 능력** 또는 **공사 실적 제한** (할 수 있다)	해당 시공능력 또는 공사실적을 보유한 업체만 참가 가능	추정가격 30억원 이상 종합공사, 추정가격 3억원 이상 전문공사, 추정가격 3억원 이상 개별법령공사
	② **특수한 기술** 또는 **특수한 공법 제한** (할 수 있다)	해당 특수한 기술 보유 또는 특수한 공법을 보유한 업체만 참가 가능	터널공사 등 30개 특수기술 공사, 스폼공법 등 3개 특수공법 공사
	③ **지역업체 제한** (할 수 있다)	해당 공사지역에 소재한 업체만 참가 가능	추정가격 83억원 미만 종합공사, 추정각격 10억원 미만 전문공사, 추정가격 10억원 미만 개별법령공사
지명경쟁 계약 **(계약목적 달성이 곤란한 특수한 경우)** (할 수 있다)		지명된 업체만 참가 가능 (특수한 설비, 기술, 자재, 물품 또는 실적 보유자)	특수한 설비, 기술, 자재, 물품 또는 실적 보유자가 10인 이내인 경우

이번 공사는 '00고등학교 00교실 신축공사'입니다. 일반경쟁 계약 적용 가능 여부를 판단해 보면, 1) 공사금액이 전국의 모든 업체를 대상으로 할 만큼 규모가 크지 않고 일반경쟁으로 공고할 경우 타지역 건설업체가 수주할 가능성이 높기 때문에 일반경쟁 계약 적용이 불필요하다고 판단됩니다. 그리고 지명경쟁계약 적용 여부는 위의 표에 나와 있듯이 시공가능 업

제5강 | 본격적인 계약업무 시작에 앞서, 계약관련 용어와 절차부터 다집시다

체가 10인 이내가 아니므로 적용이 불가합니다. 그렇다면 제한경쟁 계약 방식이 타당할 것인데, ① 시공능력 또는 공사실적 제한 방식은 추정가격이 30억원 이상에서만 적용 가능하므로 이번 공사계약은 적용할 수 없고, ② 특수한 기술 또는 특수한 공법 제한 방식은 이번 공사계약(교실 신축공사)이 특수기술 또는 특수공법에 해당되지 않기 때문에 적용할 수 없습니다. 결론적으로 ③ 지역업체 제한 방식을 선택할 수 있는 것입니다. ➡ **두 번째 판단이 나왔네요. '경쟁계약' 중 지역업체 제한방식 적용**

다음은 입찰참가자격 선택입니다. 앞서 주어진 정보에서 일반적인 시설인 교실, 화장실, 계단 등을 신축하는 공사라고 주어졌습니다. 따라서 이번 공사는 전문적인 토목공사업이 필요없는 일반건축공사업 입니다. ➡ **세 번째 판단이 나왔네요. 입찰참가자격은 '건축공사업' 적용**

다음은 상호시장 진출 허용여부 판단입니다. 원래 이 부분은 위의 입찰참가자격 판단시 동시에 검토해야 하는 내용입니다. 종합건설업과 전문건설업간의 상호시장 진출 허용에 대한 판단은 계약담당자들의 세심한 검토가 필요한 부분입니다. 여기에서 세부적인 내용을 다루기에는 혼란스러울 것 같아서 잠시 생략해 두겠습니다. **네 번째 판단**으로 아래와 같이 **상호시장 진출을 허용**하는 것으로 판단하겠습니다.

〈 입찰참가자격 최종 판단 〉
① 건축공사업 또는 토목건축공사업
② 실내건축공사업(40%) + 철근·콘크리트공사업(35%) + 금속창호·지붕·건축물조립공사업(15%) + 구조물해체·비계공사업(5%) + 지반조성·포장공사업(5%)을 모두 등록한 업체
  * 참고로 괄호( )의 %는 전체 공사 추정금액 중 해당 업종이 차지하는 비율임

중요한 구성요소에 대한 판단이 끝났습니다. 이제 본격적으로 보고서를 작성해 볼까요?

00고등학교 00교실 신축공사(시설공사) 계약추진 계획 보고

☐ 개 요
　00고등학교 00교실 신축공사(시설공사)에 대한 계약추진 계획 보고입니다.

제5강 | 본격적인 계약업무 시작에 앞서, 계약관련 용어와 절차부터 다집시다

□ **사업 내용** (시설과 계약의뢰 접수 내용)

공 사 명	00고등학교 00교실 신축공사
공사 현장	00고등학교 (000도 00시 00로 000번길 00-00)
공사 기간	착공일로부터 365일간
공사 내용	교실 2실, 화장실 2실, 계단 등 총 1,327.95㎡ 신축 1식
공사종류 및 유형	종합공사 (신축공사)
공종 구성(비율)	건축공사업 (전기·통신·소방공사 별도 발주)
시설공사	추정가격 : 1,094,508,182 부가가치세 : 109,450,818 관급자재 (도급자 설치) : 188,029,000 관급자재 (관급자 설치) : 158,142,000

□ 계약추진을 위한 사전 검토 결과 : **계약추진 가능**

시설공사 예산 확보 여부	- '24년 예산 : 187,810,000원 - '25년 계속소요 예산 : 1,512,042,000원	확보
설계도서 이상 유무	- 도면, 설계내역서, 시방서	상호 일치
분리발주 대상 사업 *위 공사금액과 별도임	- 전기공사 : 00,000,000원 - 정보통신공사 : 00,000,000원 - 소방공사 : 00,000,000원 - 폐기물처리용역 : 00,000,000원	개별사업별 발주 예정 (동시진행 가능)
시설공사 관급자재 내역 검토	- 도급자 설치 : 00,000,000원 　　　　　　　(00등 000개 품목) - 관급자 설치 : 00,000,000원 　　　　　　　(00등 000개 품목)	조달청 나라장터 구매 가능 (적기시공 가능)

□ 계약추진 계획 판단결과

계약기관 판단	**자체 계약** (조달청 계약 미해당)	조달사업법 시행령 제11조 ①항 3호
국제 입찰	**국내 입찰** (고시금액 이하)	국가계약법 제4조

제5강 | 본격적인 계약업무 시작에 앞서, 계약관련 용어와 절차부터 다집시다

계약 방법		경쟁 계약 (입찰방식 : 지역제한 입찰)	국가계약법 시행령 제21조 ①항 6호 국가계약법 시행규칙 제25조 ③항
입찰 방법	제한방법	법인등기부상 본점 소재지가 ㅇㅇㅇ도인 업체	
	입찰 참가자격	1) 건축공사업 또는 토목건축공사업 2) 실내건축공사업(40%) + 　철근·콘크리트공사업(35%) + 　금속창호·지붕·건축물조립공사업(15%) + 　구조물해체·비계공사업(5%) + 　지반조성·포장공사업(5%)을 모두 등록한 업체	종합공사업/ 전문공사업 상호 시장진출 허용
	입찰서 제출 방식	총액 입찰	
	공동계약 허용 여부	공동계약 허용	
	공고기간	정상공고 (긴급공고 미실시)	
	기초금액공개	입찰공고시 공개 / 1,203,959,000원	
	복수예비가격 산정범위	±2% 범위	
낙찰자 결정방법		적격심사 / 95점 이상 통과 〈별표 #3〉 추정가격이 50억 원 미만 10억원 이상인 입찰공사 평가기준 적용	

□ **계약추진 일정 판단** (입찰 이후는 예상기간 적용 일자임)

입 찰					낙찰자 결정			
입찰 공고	기초 금액 공개	입찰 참가 등록 마감	입찰서 제출 마감	개찰	1순위 업체 통보	적격심사 (접수 / 평가)	낙찰자 결정	계약서 작성
4. 19	4. 19	4. 27 14:00	4. 28 14:00	4. 28 15:00	4. 28	5. 2	5. 3	~ 5. 8

제5강 | 본격적인 계약업무 시작에 앞서, 계약관련 용어와 절차부터 다집시다

여기까지가 제가 예시로 작성해 본 '계약추진 계획 보고서'입니다. 후배님께서 보실 때 복잡하고 어렵게 느껴지시나요? 제가 여기서 강조하고 싶은 것은 '돌다리도 두들겨 보고 건너라'는 속담을 예를 들어 설명하고 싶습니다. '잘 아니까, 항상 그렇게 했던 일이니까 괜찮을 거야' 라고 생각하면서 덤벙덤벙 접근하는 것보다 꼼꼼하게 확인하고 판단하면서 단계별로 차근차근하게 결정하는 것이 좋다고 생각합니다.

그래서 정리한다면,

1단계 계약추진을 위한 사전검토 (선결요건 확인)

앞서 예시에서 보여드렸듯이, 예산확보 여부(당해년도 예산, 내년도 계속소요예산 확보 여부), 설계도서 이상 유무(설계도면, 설계내역서, 시방서 등 상호일치 여부), 분리발주 대상 사업들에 대한 동시진행 가능성(전기공사, 정보통신공사, 소방공사, 폐기물처리용역 등), 관급자재 내역 검토결과(도급자 설치분, 관급자 설치분의 나라장터 구매 여부 등)를 사전에 확인해야 합니다.

2단계 본격적인 계약추진 계획 판단 (요소별 접근)

2단계에서는 본격적으로 계약담당자의 꼼꼼하고 치밀한 확인이 필요한 부분입니다. 계약기관 판단부터 국제입찰 대상 여부, 계약방법, 입찰제한방법, 입찰참가자격, 입찰서 제출 방식, 공동계약 허용 여부, 정상/긴급공고 여부, 기초금액 공개, 복수예비가격 산정범위, 낙찰자 결정(적격심사 기준) 방법 등 입찰공고문에 세부적으로 수록되는 내용들이 모두 여기에서 판단되고 결정되어야 합니다. 2단계에서는 요소별 판단 및 접근방법이라고 생각하시고 각 요소를 체크한다는 개념으로 작성하시면 좋을 것 같습니다.

3단계 계약추진 일정 판단 (개략적 예상기간 제시)

3단계에서는 입찰공고부터 시작해서 낙찰자 결정을 거쳐 최종 계약서를 작성하는 시기를 예측해 보는 것입니다. 대부분 사업의뢰 부서 및 재무관께서는 계약서 작성이 완료되는 시기를 가늠해보고 싶어합니다. 또한 계약담당자도 각 단계별 진행 일정을 어느정도 예측해 놓

제5강 | 본격적인 계약업무 시작에 앞서, 계약관련 용어와 절차부터 다집시다

고 업무일정표에 기록함으로써 업무를 놓치지 않을 수 있습니다. 따라서 위의 예시처럼 예상 일정을 판단해보는 것은 좋은 습관이 되실꺼라 생각하면서 후배님께 권해봅니다.

여기까지 계약추진 계획서 작성에 대해 설명해 드렸습니다. 서두에서 말씀드렸듯이 계약추진 계획서는 각 기관마다 또는 각 실무자마다 작성 방법이 다릅니다. 위의 예시에서 '교실 신축공사'(시설공사)에 대한 부분만 작성해서 제시했지만, 실무적으로는 시설공사부터 전기공사, 정보통신공사, 소방공사, 폐기물처리용역, 관급자재 조달계획까지 모두 포함해서 한번에 작성하고 보고드리는 사례도 있습니다. 이른바 개별사업 보고가 아니라 패키지 보고방법(전체 사업들을 한번에 종합해서 보고)도 있습니다. 그리고 제가 작성해서 보여드린 예시는 후배님(계약업무 초보자의 입장에서)의 이해를 돕기 위해서 모든 확인 및 판단요소를 포함해서 세부적으로 작성한 예시일 뿐이며, 실무적으로는 간단하게 한 페이지로 작성해서 보고하기도 합니다. 절대적인 계약추진 보고서 작성 방법은 없습니다. 여러분 스스로 만들어 가는 것이 정답이라고 생각합니다. 아셨죠~~

자~~ 제5강 설명을 마쳤습니다. 여기 제5강까지 열심히 잘 해 왔기 때문에 앞으로 이어지는 강의들도 자신있게 독파하실 수 있으실꺼라 믿습니다. 뭐니뭐니 해도 중요한 것은 '계속하는 것'입니다. 거북이처럼 느릴지라도 꾸준하게 밀고 나간다면 성공과 승리가 우리 눈 앞에 있으실겁니다. 화이팅!

제6강

공사계약의 시작!
설계내역서부터 살펴볼까요?

제6강

공사계약의 시작! 설계내역서부터 살펴볼까요?

Q1 공사계약을 의뢰 받았는데요... 설계내역서를 어떻게 봐야 하나요? ···· 168

Q2 설계도면, 시방서, 설계내역서가 무엇인지 궁금해요~~ 설계내역서와 물량내역서의 차이점은 무엇인가요? ···· 179

Q3 갑지, 을지라고 부르던데요. 갑지, 을지가 무엇인지 궁금해요~~ ···· 185

Q4 일위대가, 표준품셈 관계가 궁금해요~~ 실적공사비, 표준공사단가라는 것은 무엇인가요? ···· 187

Q5 설계내역서에 나오는 공사 용어들이 너무 어려워요~ 도와주세요~~ ···· 196

제6강 | 공사계약의 시작! 설계내역서부터 살펴볼까요?

 **공사계약을 의뢰 받았는데요...
설계내역서를 어떻게 봐야 하나요?**

후배님! 드디어 공사계약의 본격적인 시작입니다. 앞서 제5강까지는 주로 계약방법과 계약절차 위주로 큰 틀을 이해하실 수 있도록 설명해드렸는데, 여기 제6강부터는 각각 세부 업무에 대해서 실무 위주로 설명해 드리겠습니다. 모든 Case를 소개하고 이해시켜 드리지는 못하겠지만 최소한 기본구조를 이해하고 응용할 수 있는 능력을 키워드리도록 노력하겠습니다.

실무에서 공사계약을 맨 처음 접하면서 가장 어려운 부분은 바로 '설계내역서'를 보는 것입니다. 설계내역서 화일을 컴퓨터에서 열면 여러 개의 시트가 있고 각 시트가 앞뒤로 연관되어 있는 것 같은데, 아마 처음보는 분들은 답답한 한숨부터 나왔을꺼라고 생각됩니다. 그렇다고해서 '설계내역서 보는 방법'에 대해서 국가계약 관련 서적이나 법령을 찾아봐도 나오는 것이 없고 인터넷을 검색해도 설명이 충분하지 않으실 겁니다. 반면에 '설계내역서'는 공사계약의 가장 핵심문서이기 때문에 설계내역서 확인 능력은 계약담당자의 필수 능력이 되어야 합니다. 그런 점에서 이번 Q1이 아주 중요하고 의미가 있다고 생각합니다.

본격적으로 설계내역서를 살펴볼까요?
첫 번째, 제일 먼저 나오는 시트가 바로 아래의 설계내역서 표지입니다.

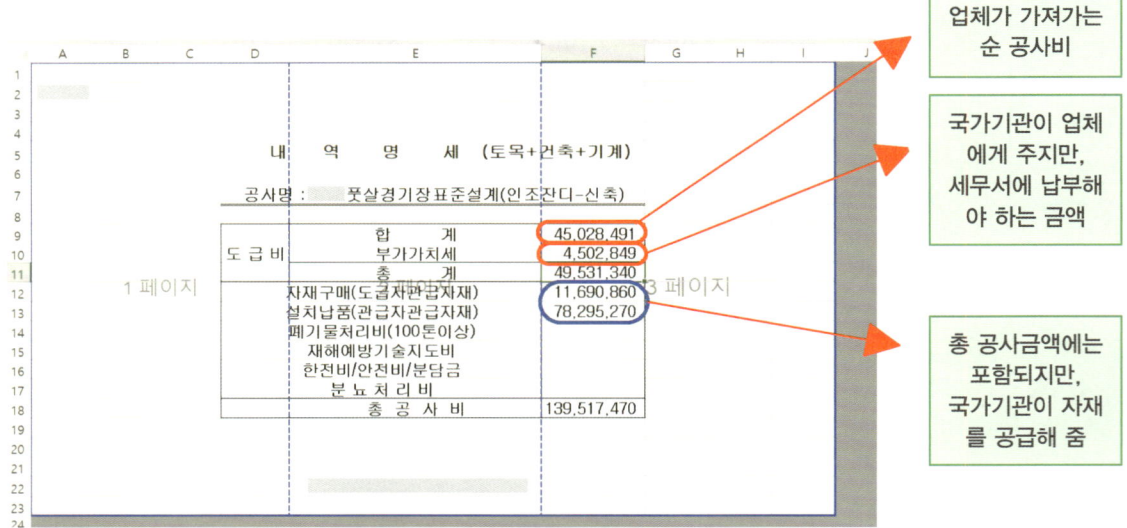

이 표지 부분을 그냥 '총괄지'라고 부르기도 합니다. 예전에는 '갑지'라고도 불렀습니다. (갑

제6강 | 공사계약의 시작! 설계내역서부터 살펴볼까요?

지, 을지에 대한 용어 설명은 Q3에서 설명해 드리겠습니다) 어쨌든 맨 앞에 나와있는 표지이면서 공사비 전체금액이 나타나 있습니다. 위의 예시를 보면, 공사내용(공사명에서 볼 수 있음)이 풋살경기장 신축공사라는 것을 알 수 있습니다. 도급 공사비는 45,028,491원이고 부가가치세는 4,502,849원입니다. 그리고 도급자 관급자재비는 11,690,860원이고 관급자 관급자재비는 78,295,270원입니다. 그리고 총 공사비는 139,517,470원입니다.

여기서 잠시 문제를 내 보겠습니다. (앞서 제5강 Q2에서 추정가격, 추정금액 등을 배웠으므로 잘 풀어볼까요?)
   1) 이 공사의 추정가격은? ==〉 45,028,491원
   2) 이 공사의 추정금액은? ==〉 45,028,491원(추정가격) + 4,502,849원(부가가치세)
                        + 11,690,860원(도급자 설치 관급자재) = 61,222,200원
   3) 이 공사를 수행하기 위해 필요한 총 예산액은? ==〉 총 공사비 139,517,470원
   4) 이 공사의 특징은? ==〉 총 공사비 139,517,470원 중에서 관급자재 금액이 높은 공사임.
                  즉, 총 공사비에 비해서 도급공사비 자체가 작은 공사임.

잠시 문제를 내 드렸는데, 바로 이렇게 설계내역서 총괄지(표지)에서 위와 같은 부분을 확인할 수 있는 것입니다. 이것이 설계내역서의 표지이자 총괄지라고 하는 부분입니다.

다음으로 나오는 시트는 아래의 **공사원가계산서**입니다.

제6강 | 공사계약의 시작! 설계내역서부터 살펴볼까요?

표지 다음에 공사원가계산서가 나옵니다. 공사원가계산서는 크게 재료비, 노무비, 경비, 일반관리비, 이윤 순(좌측 1번 빨간색 박스 부분)으로 위에서부터 아래로 내려갑니다. 이외에도 완제품, 부가가치세, 자재구매(도급자 관급자재), 설치납품(관급자 관급자재) 등이 그 아래에 같이 표기가 됩니다. 후배님! 원가계산서 구성 항목들이 많죠? 각 항목별 의미와 계산방법 등은 제7강 원가계산 부분에서 좀 더 세부적으로 설명드릴테니 여기에서는 전체적인 그림만 보시면 되겠습니다.

중간의 2번 빨간색 박스 부분을 살펴볼까요? 토목, 건축, 기계 등으로 구분이 나누어져 있습니다. 통상 해당 공사의 내용에 따라 토목공사 내역, 건축공사 내역, 기계설비공사 내역 등이 뒤에 따로 작성되는 것이 일반적입니다. 이것을 '공사원가계산서'에 토목, 건축, 기계 등의 구분으로 집계해 놓게 됩니다. 이번 공사는 토목공사업이 전부인 것을 알 수 있겠죠?

2번의 빨간색 박스 부분을 보면, 옅은 노란 색깔이 칠해진 부분이 있을겁니다. 즉 재료비 중에서 직접재료비, 노무비 중에서 직접노무비, 운반비, 기계경비, 폐기물처리비(100톤 미만), 지정폐기물처리비 등이 색깔이 입혀져 있습니다. 이 색깔이 입혀진 부분이 뒤에 나오는 공종별 집계표 등의 하위 시트에서 합계액이 표시된다는 것을 의미하는 것입니다. 즉, 이 부분은 직접 숫자를 입력한 것이 아니라 뒤의 시트에서 자동 합계액이 여기에 표시된다는 의미입니다.

중간 아래의 3번 빨간색 박스를 살펴보겠습니다. 앞서 2번 빨간색 박스와는 색깔이 약간 차이가 있습니다. 위의 예시는 완제품, 자재구매(도급자 관급자재), 설치납품(관급자 관급자재) 등 3개가 색깔이 좀 더 짙은 노란색으로 표시되어 있습니다. 이것은 발주기관이 세부 제품의 공급에 대해서 관심을 가져야하는 품목들입니다. 여기서 완제품은 도급업체가 자기 책임하에 해당 완제품을 직접 구매하여 설치하는 품목으로 도급금액 안에 포함됩니다. 어쨌든 발주기관에서 완제품과 관급자재에 대해서 확인하고 신경쓰도록 표시되어 있는 것입니다.

마지막으로 C열을 살펴보겠습니다. C열(요율)을 살펴보면, 여러가지 요율이 숫자로 표기되어 있습니다. 이 요율이 표시된 항목들은 다른 항목들(예를 들어, 재료비 또는 노무비 등)을 토대로 해당 요율을 곱해서 경비를 산출하는 항목들입니다. 산재보험료부터 건설기계대여대금발급수수료까지 경비항목들이 많이 있습니다. (나중에 설명드리겠지만 계약담당자가 원가계산을 할 때, 해당 요율이 최신 요율로 적법하게 반영되어 있는지도 확인해야 하는 항목들입니다)

제6강 | 공사계약의 시작! 설계내역서부터 살펴볼까요?

지금까지 살펴본 '공사원가계산서'는 '표지'보다 훨씬 중요합니다. 계약담당자가 원가계산 및 검증을 하거나 대가지급 등을 실시할 때 가장 많이 살펴보게 되는 부분입니다.

이어서 세 번째로 나오는 시트는 **공종별 집계표**입니다.

공종별 집계표는 좌측 1번 빨간색 박스부분처럼 공사종류별로 집계해 놓은 표입니다. 공종별로 위에서부터 아래로 쭉 살펴보면, 공종 앞에 숫자를 단계식으로 표현하고 있는 것을 알 수 있습니다. (예, 01 밑에 -> 0101 가설공사, 0102 토공 및 지정공사 ... 이런 식으로) 그래서 1. 가설공사부터 6. 운반공까지 합하면 01. 풋살경기장표준설계(인조잔디-신축)이 되는 것입니다. 이러한 형태는 우측 재료비, 노무비, 경비에서 똑같이 적용됩니다.

가운데 2번 빨간색 박스 부분을 살펴보시면, 공종별 집계표에는 재료비, 노무비, 경비만 나옵니다. 이러한 재료비, 노무비, 경비는 공사를 수행하기 위한 직접수행 비용들입니다. 박스 안을 보시면 노란색 색깔 음영이 표시된 셀들이 있습니다. 이것은 바로 직전에 보았던 공사원가계산서(두번째 시트)에 이 합계액이 표시된다는 뜻입니다. 재료비의 합계액 13,393,131원은 공사원가계산서의 직접재료비에 동일하게 기재되어 있고, 노무비의 합계액 11,445,596원은 공사원가계산서의 직접노무비에 동일하게 기재되어 있습니다. 이런식으로 노란색 색깔부분은 앞의 공사원가계산서에 똑같이 표시되어 있다는 뜻입니다. 위의 공

제6강 | 공사계약의 시작! 설계내역서부터 살펴볼까요?

종별 집계표에서는 총 6개의 금액이 공사원가계산서에 표시되어 있네요.
즉 6개의 금액들이 재료비 -> 직접재료비, 노무비 -> 직접노무비, 경비 -> 기계경비, 완제품 -> 완제품, 도급자관급 -> 자재구매(도급자관급자재), 관급자관급 -> 설치납품(관급자관급자재)로 각각 동일하게 표시되는 것입니다.

이어서 네 번째로 나오는 시트는 **공종별내역서**입니다.

품명	규격	단위	수량	재료비 단가	재료비 금액	노무비 단가	노무비 금액	경비 단가	경비 금액	계 단가	계 금액	비고
0101 1. 가설공사												
수평규준틀	귀	개소	4	10,288	41,152	147,094	588,376			157,382	629,528	
[합 계]					41,152		588,376				629,528	
0102 2. 토공 및 지정공사												
터파기/토사	보통, 굴삭기 0.7m3 90%, 인력 10%	M3	244	353	86,132	3,914	955,016	343	83,692	4,610	1,124,840	
되메우기/토사, 투께 10cm	보통, 굴삭기 0.7m3+플레이트콤팩트 Et 1.5ton+인력 10%	M3	6		430	2,580	6,001	36,006	307	35,842	6,738	40,428	
토사 운반/단지내 1.0km	보통, 덤프 15ton+굴삭기 0.7m(고 로기 별도)	M3	238	1,137	270,606	1,604	381,752	617	146,846	3,358	799,204	
[합 계]					359,318		1,372,774		232,380		1,964,472	
0103 3. 철근콘크리트공사	con'c pad(15cm) + 보조기층(10cm)											
보조기층, 인력 소규모 장비 사용 시공	t=10cm(1일 150m3)	M3	93	1,831	170,283	10,283	956,319	1,457	135,501	13,571	1,262,103	
도로용혼합골재	도로용혼합골재, 대구, 도착도 40mm	M3	115.6	23,000	2,658,800					23,000	2,658,800	
방습필름 설치 - 바닥	폴리에틸렌필름, 두께 0.04mm 겹	M2	924	282	260,568	1,301	1,202,124			1,583	1,462,692	
합판거푸집 설치 및 해체	간판 6회, 수직고 7m까지	M2	20	11,990	239,800	31,645	632,900	316	6,320	43,951	879,020	
와이어메시 바닥깔기	#8-100×100	M2	924	3,487	3,221,988	1,184	1,094,016			4,671	4,316,004	
콘크리트 펌프차 타설(무근, 진동 매트기초 등)	200m3 미만, 슬럼프 8-12cm, 양호	회	1	213,620	213,620	1,623,980	1,623,980	420,051	420,051	2,257,651	2,257,651	
신축줄눈	옥상, SAW CUT+코킹	M	344	1,182	406,608	7,267	2,499,848	60	20,640	8,509	2,927,096	
표면 마무리	기계마감	M2	924			554	511,896	49	45,276	603	557,172	
[합 계]					7,171,667		8,521,083		627,788		16,320,538	
0104 4. 벽수로 설치												

위의 공종별내역서는 공종별집계표를 각 공사작업에 따라 세부적으로 풀어 놓은 시트입니다. 0101 1. 가설공사 한가지만(1번 빨간색 박스 부분) 예를 들어 살펴보겠습니다. 가설공사는 수평규준틀이라는 작업 하나만 있습니다. 이 수평규준틀 작업에는 직접재료비가 1개소당 10,288원이 들어가는데 4개소이므로 41,152원이 소요된다는 것이고, 작업에 따른 노무비는 1개소당 147,094원이 소요되는데 4개소이므로 588,367원이 소요된다는 것이며, 이 작업을 하는데 기계경비 소요는 없다는 뜻으로 수평규준틀 전체 작업소요 비용은 629,528원이라는 것입니다. 가설공사는 수평규준틀 작업 하나만 있어서 그대로 합계액으로 표시된 것입니다. 이런 식으로 2. 토공 및 지정공사를 살펴보면 여기에는 3가지 작업이 있는 것을 알 수 있고, 3. 철근콘크리트공사를 살펴보면 보조기층 작업부터 표면 마무리까지 8개의 작업이 있다는 것을 알 수 있습니다.

제6강 | 공사계약의 시작! 설계내역서부터 살펴볼까요?

저의 실무경험상 공종별내역서에서 강조하고 싶은 부분은 총 3가지 요소입니다. 먼저 2번 빨간색 박스를 보시면 단위와 수량이 나옵니다. 이것은 좌측 셀에 나오는 작업명의 단위(예를 들어, 3제곱 미터라든지 제곱미터 또는 횟수 등)와 전체 공사에 필요한 총 수량입니다. 그리고 3번 빨간색 박스의 합계액도 중요합니다. 예를 들어 3. 철근콘크리트공사에서 '와이어메시 바닥깔기' 작업을 살펴보시면 단위는 제곱미터이고 총 수량은 924이며 총 합계액은 4,316,004원입니다. 이처럼 공종별내역서에서 수량이 많고 공사금액이 높은 작업들을 눈여겨 보아야합니다. 철근콘크리트공사 총 소요금액이 16,320,538원인데 이중에 가장 큰 비중(약 40%)을 차지하는 것이 와이어메시 바닥깔기 작업이라는 것을 알 수 있는 것입니다. 어떻게 보시는 것인지 느낌이 오시나요? 계속 이어지는 시트가 많기 때문에 넘어가도록 하겠습니다.

다섯 번째로 나오는 시트는 **일위대가 목록**입니다.

일위대가목록

[풋살경기장표준설계(인조잔디-신축)]

품 명	규 격	단위	재료비	노무비	경비	합계	번호	비고
수평규준틀	귀	개소	10,288.0	147,094.0	0.0	157,382.0	호표 1	
방습필름 설치 - 바닥	폴리에틸렌필름, 두께, 0.04mm, 1겹	M2	282.0	1,301.0	0.0	1,583.0	호표 2	
합판거푸집 설치 및 해체	간단 6회, 수직고 7m까지	M2	11,990.0	31,645.0	316.0	43,951.0	호표 3	
와이어메시 바닥깔기	#8-100*100	M2	3,487.0	1,184.0	0.0	4,671.0	호표 4	
신축줄눈	옥상, SAW CUT+코킹	M	1,182.0	7,267.0	60.0	8,509.0	호표 5	
표면 마무리	기계마감	M2	0.0	554.0	49.0	603.0	호표 6	
품품관 설치	중량50~150KG미만	본	1,619.0	12,843.0	3,812.0	18,274.0	호표 7	
중량구조물(낙차공,문수관,L형폴,기타)	중량1150~1500KG미만	EA	7,602.0	90,039.0	22,459.0	120,100.0	호표 8	
굴삭기(무한궤도)	0.7㎥	HR	23,170.0	50,686.0	22,522.0	96,378.0	호표 9	
플레이트 콤팩터	1.5ton	HR	1,730.0	32,384.0	564.0	34,678.0	호표 10	
덤프트럭	15ton	HR	35,924.0	50,686.0	19,111.0	105,721.0	호표 11	
덤프트럭 자동덮개시설	15ton	HR	0.0	0.0	405.0	405.0	호표 12	
굴삭기(무한궤도)	0.6㎥	HR	20,374.0	50,686.0	20,960.0	92,020.0	호표 13	
물탱크(살수차)	5500L	HR	19,794.0	43,526.0	9,172.0	72,492.0	호표 14	

'일위대가'라는 용어부터 익숙하지 않죠? 일위대가(一位代價)란 공사에서 하나의 작업단위에 들어가는 재료비, 노무비, 기계경비 등 소요비용의 합계액이라는 것입니다. 앞서 공종별 내역서에서 살펴본 와이어메시 바닥깔기(1번 빨간색 박스 부분)를 살펴볼까요? 와이어메시 바닥깔기는 #8-100*100이라는 규격의 와이어메시를 사용하고 1제곱미터당 재료비는 3,487원, 노무비는 1,184원, 기계경비는 0원이 소요되며 따라서 1제곱미터당 공사금액은

제6강 | 공사계약의 시작! 설계내역서부터 살펴볼까요?

4,671원이라는 것입니다. 바로 앞페이지의 공종별내역서에서 단가에 표시된 내용들이 여기에 나와있는 것입니다.

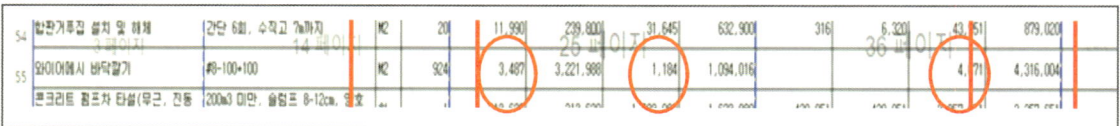

즉, 여기 일위대가 목록에 나와있는 단가들을 기초로 공종별내역서의 단가 셀에 기재되는 것입니다. 그래서 일위대가 목록에서 단가가 잘못 들어가면 전체 공사비가 크게 부풀려지거나 과소 계상될 수 있습니다. 작업수량을 잘 산출하는 것도 중요하지만 일위대가를 최신 금액으로 정확하게 적용하는 것도 중요합니다. 일위대가의 중요성이 이해되시나요?

여섯 번째로 나오는 것이 **일위대가**입니다. 앞서 살펴본 다섯 번째 시트는 일위대가를 요약해 놓은 일위대가 목록이고, 이 여섯 번째 시트는 일위대가를 세부적으로 풀어 놓은 일위대가 세부설명이라고 보시면 됩니다.

여기에서도 와이어메시 바닥깔기로 계속 설명드리겠습니다. 앞의 일위대가 목록 시트에서

제6강 | 공사계약의 시작! 설계내역서부터 살펴볼까요?

와이어메시 바닥깔기(제곱미터당)가 재료비는 3,487원, 노무비는 1,184원, 기계경비는 0원이라고 일위대가 목록에서 봤습니다. 앞의 빨간색 박스 부분을 보시면 왜 재료비가 3,487원이 산출되는지 살펴보실 수 있습니다. 즉 용접철망 1제곱미터당 가격이 2,919원인데 실제 1제곱미터를 깔다보면 1.16제곱미터가 소모되므로 재료비가 3,386원이 소요되고, 잡재료비는 주재료비의 3%가 소요되므로 101.5원이 소요되므로 3,386원 + 101.5원 = 3,487원이 산출되는 것입니다. 이처럼 일위대가를 세부적인 구성요소별로 풀어 놓은 기초자료입니다.

일곱 번째와 여덟번째로 나오는 것이 중기단가목록과 중기단가산출서입니다. 이것들은 앞서 살펴본 일위대가목록과 일위대가와 비슷한 구조입니다.

품명	규격	단위	재료비	노무비	경비	합계	번호	비고
터파기/토사	보통, 굴삭기 0.7m3 90%, 인력 10%	M3	353	3,914	343	4,610	산근 1	
되메우기/토사/두께 10cm	보통, 굴삭기 0.7m3 불깨송보지 맥트 1.5ton+인력 10%	M3	430	6,001	307	6,738	산근 2	
토사 운반/단지내 1.0km	보통, 덤프 15ton+굴삭기 0.7m3(고르기 별도)	M3	1,137	1,604	617	3,358	산근 3	
보조기층, 인력 소규모 장비 사용 시공	t=10cm(1일 150m3)	M3	1,831	10,283	1,457	13,571	산근 4	
콘크리트 펌프차 타설(무근, 진동기無)	200m3 미만, 슬럼프 8~12cm, 양호(매트기초 등)	회	213,620	1,623,980	420,051	2,257,651	산근 5	
자재 운반	2.5ton 트럭, 운반거리 L=10km	TON			16,837	16,837	산근 6	

먼저 위에 보시는 중기단가목록은 건설기계로 작업을 수행하는 것에 대해서 재료비, 노무비, 경비 등을 표시해 놓은 것입니다. 예를 들어 '터파기/토사'(빨간색 박스 부분)의 경우 보통인부가 굴삭기로 작업을 수행할 때 1세제곱미터(루베라고도 부릅니다)당 재료비는 353원, 노무비는 3,914원, 기계경비는 343원 등 총 4,610원이 소요된다는 것입니다. 건설기계(굴삭기)로 작업을 수행하는 소요경비이기 때문에 노무비와 경비가 가장 많이 산출됩니다. 다른 중기단가목록들도 살펴보시면 노무비와 경비가 많은 비중을 차지한다는 것을 아실 수 있으실 겁니다.

중기단가목록에 이어서 나오는 것이 중기단가산출서입니다. 중기단가산출서는 중기단가목록의 각 재료비, 노무비, 기계경비에 대한 세부 산출 근거자료를 표시해 놓은 것입니다. 조금은 기술적이고 복잡해서 이런 것이 같이 첨부된다는 것 정도만 아셔도 될 것 같습니다.

제6강 | 공사계약의 시작! 설계내역서부터 살펴볼까요?

맨 마지막 **단가대비표**입니다.

이 단가대비표에는 이 설계내역서에 들어가있는 각종 자재, 노임 등을 어떤 단가를 사용했는지를 제시해 놓은 것입니다. 빨간색 박스의 예시를 살펴보면, 도로용혼합골재(1세제곱미터, 루베당)는 거래가격 정보지에 26,000원, 유통물가 정보지에 23,000원이 있어서 낮은 단가인 23,000원을 적용했다는 뜻입니다. 마찬가지로 앞서 일위대가에서 살펴본 '와이어메시 바닥깔기'에 재료로 나왔던 용접철망(1제곱미터당) 거래가격 정보지에 2,990원, 유통물가 정보지에 2,919원이 있어서 낮은 단가인 2,919원을 적용했다는 뜻입니다. 이런식으로

제6강 | 공사계약의 시작! 설계내역서부터 살펴볼까요?

해당 자재 또는 노임(보통인부 노임, 형틀목공 노임 등 다양)에 대해서 어떤 가격을 참고했고 그 중에서 낮은 단가를 적용했는지 여부를 확인시켜 주는 시트입니다.

설계내역서의 맨 앞에 나오는 표지 시트부터 단가대비표 시트까지 설명해 드렸습니다. 이렇게 순서대로 나오는 총 9개의 시트를 구조적으로 표현한다면 아래와 같습니다.

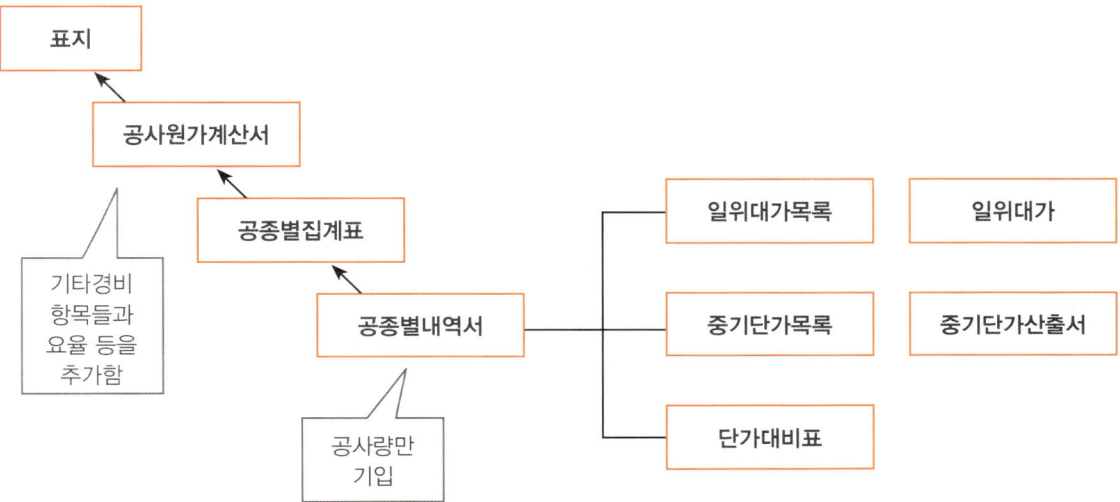

공종별내역서의 내용은 일위대가목록(재료비, 노무비, 경비)의 단가를 적용해서 작성되거나, 중기단가목록(재료비, 노무비, 경비)의 단가를 적용해서 작성되거나, 단가대비표의 개별 품목 단가를 적용하거나 등의 3가지 원천 단가자료들로부터 공종별내역서가 구성된다는 뜻입니다. 다시 공종별내역서 화면을 보시면서 설명드리겠습니다.

제6강 | 공사계약의 시작! 설계내역서부터 살펴볼까요?

위의 1번 빨간색 박스 부분인 수평규준틀은 일위대가목록에 있는 재료비 단가, 노무비 단가를 적용한 것이고, 2번 빨간색 박스 부분인 터파기 작업은 중기단가목록에 있는 재료비 단가, 노무비 단가, 경비 단가를 적용한 것이며, 3번 빨간색 박스 부분인 벤치플륨은 단가대비표에 나와있는 재료비 단가를 적용한 것입니다. 이처럼 공종별내역서는 일위대가 또는 중기단가 또는 단가대비표에서 해당 작업과 관련된 단가를 적용하며 여기에 작업량(수량)을 곱해서 공종별내역서가 완성되는 것입니다.

이렇게 완성된 공종별내역서가 공종별집계표로 요약되고 공종별집계표는 공사원가계산서에 합계 금액들(재료비 합계, 노무비 합계, 경비 합계, 완제품, 도급자관급자재, 관급자관급자재 등)이 들어가게 되며 공사원가계산서를 요약해서 표지를 구성하게 됩니다.

자~~ 이제까지 설계내역서에 대해서 살펴보았습니다. 개략적인 구성과 특징을 파악하실 수 있도록 예시를 통해서 설명드렸는데 조금이라도 이해가 되셨으면 좋겠습니다. 후배님께서 실제로 설계내역서(엑셀)를 열어놓고 하나하나 셀을 찍어가면서 앞뒤의 연결구조를 스스로 확인하시기를 꼭! 당부드립니다. 설계내역서는 하위 시트에서 단가들을 물고 상위 시트에 집계되는 형태로 작성되기 때문에 함부로 임의의 숫자를 기입하면 안 됩니다. 즉, 공사원가계산서 금액을 바꾸기 위해서는 단가대비표의 별도 품목 단가를 수정하든지 아니면 공종별내역서의 공사량(수량)을 수정하는 방법 등을 사용해야 합니다. 설계내역서는 앞뒤 시트가 서로 긴밀하게 연결되어 있다는 점을 기억해 주세요. (추가로 표준품셈과 일위대가에 대해서는 뒤에 Q4에서 다시 부연 설명해 드리겠습니다)

제6강 | 공사계약의 시작! 설계내역서부터 살펴볼까요?

> **Q2** 설계도면, 시방서, 설계내역서가 무엇인지 궁금해요~~
> 설계내역서와 물량내역서의 차이점은 무엇인가요?

설계도면, 시방서, 설계내역서에 대해서 물어보셨네요? 좋은 질문이십니다. 이 질문은 앞으로 공사계약을 하면서 기본적인 용어와 개념을 이해하고 시작하는 기초이면서 실무적으로 종종 문제가 발생하는 부분이기도 합니다. 하나하나 용어와 개념부터 설명드리겠습니다.

국가계약법에는 '설계서'라는 용어만 나오고, 설계도면이나 시방서, 설계내역서 등의 용어들은 나오지 않습니다. '설계서'에 대한 세부 정의는 (계약예규) 공사계약 일반조건 제2조(정의)에 나옵니다. 아래는 계약예규의 핵심 문구만 옮겨적은 것입니다. 한번 읽어볼까요?

 (계약예규) 공사계약 일반조건에 나오는 '설계서'의 정의는?

설계서 : ① 공사시방서 ② 설계도면 ③ 현장설명서 ④ 공사기간의 산정근거 ⑤ 공종별 목적물 물량내역서 등을 말한다.

우선 설계서라고 하면 위의 1번부터 5번까지 일체 서류들을 통틀어 설계서라고 하는 것입니다. 통상 설계용역이 완료되면 아래와 같은 사진 예시처럼 설계서 일체(몇 권의 제본 문서들)를 한번에 납품받게 됩니다. (참고로 현장설명서나 공사기간의 산정근거 자료는 별도 제본 책자로 제공되는 것을 거의 보지 못했으며 공사계약 실무적에서도 아래의 3가지 문서들이 거의 핵심자료이기 때문에 3가지 사진 예시만 보여드렸습니다)

구분	설계도면	시방서	내역서
사진 예시			

제6강 | 공사계약의 시작! 설계내역서부터 살펴볼까요?

설계도면은 토목, 건축 등의 구조나 설계를 제도기를 써서 기하학적으로 나타낸 그림으로서 누구나 알고있는 모양과 같습니다. 시방서는 한자로 보일 시(示), 방법 방(方), 책 서(書)로써 설계·제조·시공 등 도면으로 나타낼 수 없는 사항을 문서로 적어서 규정한 것을 말합니다. 예를 들어 가정집 목욕탕을 보면 입구 및 가장자리로부터 배수구 쪽으로 구배(평면 기울기)가 지어져 있어서 샤워를 하든 바닥에 물을 뿌리든 자연스럽게 물이 배수구 쪽으로 흐르게 시공되어 있습니다. 이렇게 기울기가 지어지도록 시공(몇 Cm의 차이가 생기도록)하라고 하는 것은 설계평면 도면에 나타내기가 어렵습니다. 이런 부분들을 바로 시방서에 자세하게 기재하여 시공할 때 참고하고 준수하도록 하는 것입니다. 그래서 시방서를 시공방법에 대한 지시문서라고 이해하시면 됩니다. 다음으로 내역서는 앞의 Q1에서 예시를 통해서 충분히 살펴보았습니다. 표지 → 원가계산서 → 공종별집계표 → 공종별내역서 → 일위대가목록 → 일위대가 → 중기단가목록 → 중기단가산출서 → 단가대비표 순으로 설명드렸었죠? 이와 같은 엑셀자료를 제본해서 묶어놓은 것이 내역서입니다.

설계도면, 시방서, 내역서 등 세 개의 문서들은 서로 항상 일치해야 합니다. 설계도면에 나와있는 공사계획, 시방서에 나와있는 시공방법, 내역서에 나와있는 재료량과 노무량 등이 일치해야 완벽한 것입니다. 그런데 설계과정에서 여러번 수정하거나 실무착오 등으로 세 개의 문서들간에 차이가 발생하는 경우들이 있습니다. 그래서 (계약예규) 공사계약 일반조건에 아래와 같은 조문이 표준안으로 포함되어 있습니다. 잠시 해당 조문을 살펴볼까요?

(계약예규) 공사계약일반조건

[시행 2021. 12. 1.] [기획재정부계약예규 제581호, 2021. 12. 1., 일부개정]

☐ 제19조의2(설계서의 불분명·누락·오류 및 설계서간의 상호모순 등에 의한 설계변경) ① 계약상대자는 공사계약의 이행중에 설계서의 내용이 불분명하거나 설계서에 누락·오류 및 설계서간에 상호모순 등이 있는 사실을 발견하였을 때에는 설계변경이 필요한 부분의 이행전에 해당사항을 분명히 한 서류를 작성하여 계약담당공무원과 공사감독관에게 동시에 이를 통지하여야 한다.

② 계약담당공무원은 제1항에 의한 통지를 받은 즉시 공사가 적절히 이행될 수 있도록 다음 각호의 어느 하나의 방법으로 설계변경 등 필요한 조치를 하여야 한다.

1. <u>설계서의 내용이 불분명한 경우</u>(설계서만으로는 시공방법, 투입자재 등을 확정할 수 없는 경우)에는 설계자의 의견 및 발주기관이 작성한 단가산출서 또는 수량산출서 등의 검토를 통하여 당초 설계서에 의한 시공방법·투입자재 등을 확인한 후에 확인된 사항대로 시공하여야 하는 경우에는 설계서를 보완하되 제20조에 의한 계약금액조정은 하지 아니하며, 확인된 사항과 다르게 시공하여야 하는 경우에는 설계서를 보완하고 제20조에 의하여 계약금액을 조정하여야 함
2. <u>설계서에 누락·오류가 있는 경우</u>에는 그 사실을 조사 확인하고 계약목적물의 기능 및 안전을 확보할 수 있도록 설계서를 보완
3. <u>설계도면과 공사시방서는 서로 일치하나 물량내역서와 상이한 경우</u>에는 설계도면 및 공사시방서에 물량내역서를 일치

제6강 | 공사계약의 시작! 설계내역서부터 살펴볼까요?

> 4. <u>설계도면과 공사시방서가 상이한 경우로서 물량내역서가 설계도면과 상이하거나 공사시방서와 상이한 경우</u>에는 설계도면과 공사시방서중 최선의 공사시공을 위하여 우선되어야 할 내용으로 설계도면 또는 공사시방서를 확정한 후 그 확정된 내용에 따라 물량내역서를 일치

처음 읽어보시면 어렵게 느껴지시죠~~ (계약예규) 공사계약 일반조건 제19조의2 ②항에 보시면 1호(설계서의 불분명), 2호(설계서에 누락·오류가 있는 경우), 3호(설계도면과 공사시방서는 일치하나 물량내역서가 상이한 경우), 4호(설계도면, 공사시방서, 물량내역서가 모두가 서로 상이한 경우) 등 각각의 Case에 대해서 구체적으로 조치방법을 규정하고 있습니다. 이 세부적인 조치방법들은 설계변경에 의한 계약금액 조정을 살펴 보아야 합니다. 우리는 계약의 기초를 익히는 과정이므로 이 책에서는 생략하겠습니다. 여기에서는 세가지 설계문서들에 대한 개념만 이해하시면 되므로 가볍게 넘어가겠습니다.

앞으로 공사계약 실무를 하시면 설계내역서, 물량내역서, 산출내역서 등 3가지 문구를 자주 접하게 되실 겁니다. 세가지 용어가 모두 내역서인데 가끔씩 용어 개념을 모르고 혼동해서 사용하는 경우들이 있습니다. 따라서 각각 어떤 점이 차이가 있는 것인지? 어떤 단계에서 사용되는 것인지? 에 대해서 설명해 드리겠습니다. 잠시 아래 도표와 박스 설명을 볼까요?

구분	설계내역서	물량내역서	산출내역서
단계	설계용역 납품 ↓ 설계내역서	입찰공고 단계 ↓ 물량내역서	계약체결 단계 ↓ 산출내역서
작성 주체	설계업체	계약담당자	계약업체
개념 및 특징	설계업체가 공사량, 단가(재료비, 노임 등)를 기입해서 완성한 내역서 * <u>공사예정금액</u>이 산출되어 있음	설계내역서에서 단가(재료비, 노임 등)를 제외하고 공종별 공사량만 제시하는 내역서 * <u>공사량만 제시</u>되어 있음	물량내역서에 단가(재료비, 노임 등)를 기입해서 계약금액이 나오도록 산출/작성한 내역서 * <u>계약금액에 맞춰서 새로 산출</u>되어 있음
사용 시기	설계업체가 설계 완료후 도면과 함께 설계내역서를 납품함	발주기관이 입찰공고시 입찰공고문과 함께 첨부문서로 공고함	계약업체가 계약서 작성시 산출내역서를 계약 첨부문서로 첨부함

제6강 | 공사계약의 시작! 설계내역서부터 살펴볼까요?

도표와 박스 설명을 읽어보시면 3가지 내역서의 차이점을 충분히 이해하실 수 있으실 겁니다. 제가 여기서 한가지 강조하고 싶은 것은 물량내역서입니다. 계약담당자들은 입찰공고시 입찰참가 업체들에게 물량내역서를 열람할 수 있게 보장해야 하는데도 불구하고 입찰공고시에 물량내역서를 포함하지 않는 경우들이 있습니다. 또는 설계내역서를 그대로 입찰공고 첨부서류로 포함해서 공고하는 경우도 있습니다. 이 두가지 경우 모두가 계약예규 위반입니다. 입찰공고시에는 물량내역서를 첨부문서로 게시해야 한다는 것을 기억해 주세요.

참고로 물량내역서를 실무에서 '공내역서'라고 부르기도 합니다. 공(空, 빌 공)자를 앞에 붙여서 '내용이 비워져 있는 내역서'라는 뜻입니다. 입찰공고문에 어떠한 형태로 첨부하는지 잠시 예시를 보여드리겠습니다. 아래는 나라장터에 공고되어 있는 입찰공고문에 같이 첨부된 물량내역서(공내역서)를 화면으로 캡쳐한 것입니다.

제6강 | 공사계약의 시작! 설계내역서부터 살펴볼까요?

캡쳐 화면을 보셨나요? 해당 입찰공고문에 같이 첨부되었던 물량내역서(공내역서)는 시트가 3개였습니다. 첫번째 시트는 원가계산서 시트인데, 화면에서 보시는 바와 같이 아무 숫자도 없습니다. 두번째 시트는 공종별집계표 시트인데, 마찬가지로 재료비, 노무비, 경비 등 모든 칸이 비워져 있습니다. 세번째 시트는 공종별내역서 시트인데, 이 부분도 재료비, 노무비, 경비 등 가격정보는 모두 비워져 있습니다. 왜 공내역서라고 부르는지 이해되시나요?

그렇다면 이렇게 내용이 비워져 있는 내역서에서 입찰참가업체들은 무슨 정보를 확인할 수 있을까요? 입찰참가업체들이 확인할 수 있는 정보는 공종별 물량뿐입니다. 세번째 시트의 빨간색 박스 부분처럼 공사의 내용과 물량 정도(예, 콘크리트 타설 물량이 얼마나 되는지? 어떤 방법으로 작업을 하는지? 등등)를 확인하는 것입니다. 참고로 각 기관, 각 업무담당자마다 물량내역서(공내역서)를 첨부하는 것이 약간 차이가 있기도 합니다. 위의 예시처럼 원가계산서부터 공종별내역서까지만 제시하는 경우도 있고, 공종별집계표부터 세부 하위시트인 일위대가 및 중기단가산출서까지 모두 제시하는 경우도 있습니다. 그런데 여기서 중요한

제6강 | 공사계약의 시작! 설계내역서부터 살펴볼까요?

것은 위 예시의 세번째 시트처럼 공종별내역서에서 공사량을 확인할 수 있도록 보장해야 한다는 점과 모든 가격정보는 제외해야 한다는 점입니다.(세부 하위시트인 일위대가든 중기단가산출서든 모든 시트에서 재료비, 노무비, 경비의 가격정보는 지워서 제공한다는 뜻입니다.)

이상으로 Q2에 대한 설명을 마무리하겠습니다. 설계서의 정의, 설계서에 포함되는 요소들, 내역서의 3가지 종류 등을 설명드렸습니다. 후배님께서는 아마 이런 의문이 들 수도 있으실 겁니다. '내가 시설담당자도 아닌데 이렇게 설계도면, 시방서, 내역서 등을 알아야 하나?' 라구요. 제가 말씀드리고 싶은 답은 '후배님은 계약담당자로서 해당 공사를 입찰공고를 실시하고 계약체결을 하시기 때문에 그 내용물에 대해서는 당연히 아셔야 하는 것입니다. 자신이 무슨 내용을 공고하고 있는지 모르거나 무슨 공사내역을 계약체결하는지 모른다고 말할 수 없는 것입니다.' 즉, 설계서의 완전성을 검토하고 책임을 지는 것은 아니지만(이 부분은 설계용역 결과물을 납품받는 검사관께서 책임지는 부분입니다) 계약담당자로서의 입찰공고 및 계약서 작성시 내역서 확인 및 검토 능력은 반드시 필요한 것입니다. 우리가 알아야 하는 이유가 공감되시나요?

제6강 | 공사계약의 시작! 설계내역서부터 살펴볼까요?

Q3. 갑지, 을지라고 부르던데... 갑지, 을지가 무엇인지 궁금해요~~

제가 공사계약 실무에서 가장 주눅이 들었던 것이 '갑지'와 '을지'입니다. 왜냐하면 계약업무를 다년간 수행했던 계약담당자들은 흔히 갑지 금액이 안 맞느니... 을지가 어떻다는 둥 하면서 갑지, 을지 용어를 자주 사용하곤 했습니다. 그것을 옆에서 보던 저는 너무 기초적인 것을 물어보는 것 같아서 제대로 물어보거나 해결하지 못했습니다. 지금은 예전보다 갑지, 을지 용어를 많이 사용하는 것 같지 않지만, 혹시 궁금증이 있으실 분들도 있을 것 같아서 Q3에 수록해 보았습니다.

갑지, 을지는 내역서(설계내역서 또는 산출내역서)에서 일부분을 지칭할 때 사용하는 용어입니다. 갑지, 을지는 두가지 해석과 의미가 있습니다. 첫번째는 순서를 나타내는 의미이고 두번째는 총괄 → 세부라는 관계를 나타내는 의미입니다. 하나씩 설명해 드리겠습니다.

첫번째로 갑지, 을지는 우리 한글에서 지칭하는 순서와 방법입니다. 예를 들어, 갑, 을, 병, 정이라고 부르거나 명명하는 것이 일종의 순차적으로 지칭하는 호칭법입니다. 가, 나, 다, 라로 지칭하는 것과 동일하다고 보시면 됩니다. 즉, 갑지가 먼저 나오고 뒤에 을지가 나온다는 의미입니다.

두번째로 갑지는 총괄, 을지는 세부내역이라는 의미가 내포되어 있습니다. 그래서 계약담당자들이 갑지라고 하면 총괄원가계산서를 의미하고, 을지라고 하면 공종별집계표부터 계속 이어져나오는 세부내역을 의미합니다. 그리고 총괄과 세부내역은 서로 일치해야 하므로 갑지와 을지가 맞아야 하는 것을 의미합니다. 우리 일상생활에서 등기부등본을 발급받아 보는 경우들이 있는데 이때에도 표제부, 갑구, 을구라고 구분되어 나옵니다. 마찬가지로 갑구는 소유권 이전에 대한 총괄 요약지이고, 을구는 소유권 이외의 세부 권리사항들(각종 근저당, 전세권, 가압류 등)을 표시해 놓은 것입니다. 이렇듯 갑지는 총괄 요약지이고, 을지는 이를 뒷받침하는 세부 내역서라고 보시면 됩니다.

여기서부터는 저의 개인적인 의견을 제시해 봅니다. 저는 후배님들께서 갑지, 을지라는 용어보다는 원가계산서, 공종별집계표 등 각각의 시트 명칭을 정확히 지칭하고 부르는 것이 좋다고 생각합니다. 갑지, 을지라고 부르는 것은 자기들만이 알고 통하는 용어를 일부러 사

제6강 | 공사계약의 시작! 설계내역서부터 살펴볼까요?

용하는 듯한 구식 관행처럼 느껴지기 때문입니다. 그리고 국가계약법이나 계약예규 어디에도 갑지, 을지라는 용어가 나오지 않습니다. 법이나 규정에 나오지 않는 용어를 굳이 사용할 필요는 없다고 생각합니다.

아마 갑지, 을지라고 부르시는 분들에게 왜 갑지인지? 왜 을지인지? 그렇게 부르는 규정이 어디에 나와 있는지? 물어보면 제대로 답 하시는 분이 없으실 겁니다. 갑지, 을지보다는 내역서에서 해당 시트 명칭을 정확히 지칭해서 부르도록 노력합시다.

제6강 | 공사계약의 시작! 설계내역서부터 살펴볼까요?

> **Q4** 일위대가, 표준품셈 관계가 궁금해요~~
> 실적공사비, 표준공사단가라는 것은 무엇인가요?

후배님! 아주 좋은 질문입니다. 우리가 실무에서 설계내역서를 들여다보면 일위대가목록, 일위대가, 중기단가목록, 중기단가산출서 등 내역서를 구성하는 하위 엑셀 시트가 순차적으로 나열되어 있습니다. 이것들은 공사비를 산출하는 가장 기초이기 때문에 맨 처음에 설명드리는 것이 맞으나 전체적으로 큰 모습(설계내역서의 전체 모습)을 이해하고 설명드리면 더 잘 이해하실 것 같아서 이번 Q4에서 설명드리게 되었습니다.

우선, 일위대가와 표준품셈의 관계부터 설명드리겠습니다. 후배님의 이해를 돕기 위해서 가정을 하나 해 보겠습니다. 목수가 나무의자 하나를 만든다고 가정하겠습니다. 이때 나무의자 하나를 만드는데 들어가는 재료, 작업 인부, 기계 등이 아래와 같다고 가정해 보겠습니다. (쉽게 이해시켜 드리기 위한 가정이라는 점을 이해해 주세요)

① 재료 : 사각목재 5Cm × 5Cm × 10m 1개
          엉덩이부분 나무판 50Cm × 50Cm × 5Cm 1개
          못 20개 소요

② 작업인부 : 목공이 혼자서 3시간 작업 필요

③ 기계 : 나무절단기(0.5시간 사용)
          목재 표면 연마기(0.5시간 사용) 등 필요

위와 같이 하나의 단위 작업에 들어가는 재료량, 노무량, 기계장비 소모 등을 정확하게 측정해서 표준량으로 제시해 놓은 것이 표준품셈입니다. 이 표준품셈은 하나의 작업에 들어가는 재료량, 노무량, 기계장비 소모만을 측정해 놓은 것이기 때문에 이것만 가지고 나무의자 제작 비용을 산출할 수 없습니다. 그래서 이 표준품셈에 재료비, 노무비, 기계경비 등 소요비용을 곱해서 산출하는 것이 일위대가입니다. 위의 표준품셈 예시를 일위대가로 발전시켜 볼까요?

제6강 | 공사계약의 시작! 설계내역서부터 살펴볼까요?

① 재료 : 사각목재 5Cm × 5Cm × 10m => 1개 당 8,000원
　　　　엉덩이부분 나무판 50Cm × 50Cm × 5Cm 1개
　　　　=> 50Cm × 50Cm × 5Cm 1개당 6,000원
　　　　못 20개 소요 => 1개당 30원

② 작업인부 : 목공이 혼자서 3시간 작업 필요
　　　　　　=> 목공 1일 8시간 일당 200,000원
　　　　　　200,000원 × 3/8 = 75,000원

③ 기계 : 나무절단기(0.5시간 사용)
　　　　=> 감가상각 및 손료는 0.5시간당 500원
　　　　목재 표면 연마기(0.5시간 사용) 등 필요
　　　　=> 감가상각 및 손료는 0.5시간당 500원

이런식으로 표준품셈에 재료비, 노무비, 경비 등의 단가를 산출해서 하나의 일위대가가 완성되는 것입니다. 이 표준품셈을 이용해서 1개의 나무의자를 만드는 일위대가를 작성해 보겠습니다.

〈 일위대가 〉

작업 : 나무의자 제작											
품명	규 격	단위	수량	재료비		노무비		경비		합계	
				단가	금액	단가	금액	단가	금액	단가	금액
사각목재	5Cm×5Cm×10m	개	1	8,000	8,000					8,000	8,000
나무판	50Cm× 50Cm×5Cm	개	1	6,000	6,000					6,000	6,000
못	-	개	20	30	600					30	600
목공	가구제작 직종	인	0.375			200,000	75,000			200,000	75,000
공구손료		식	1					1,000	1,000	1,000	1,000
[합계]					14,600		75,000		1,000		90,600

제6강 | 공사계약의 시작! 설계내역서부터 살펴볼까요?

위에 작성된 일위대가는 나무의자 하나를 제작하는 작업에 대한 세부 재료비, 노무비, 기계경비까지 산출해 놓은 근거자료라고 보시면 됩니다. 이렇게 작성된 일위대가는 아래처럼 일위대가목록으로 요약됩니다.

〈 일위대가목록 〉

품 명	규 격	단위	재료비	노무비	경비	합 계	비 고
나무의자 제작	목공(인력) 작업	개	14,600	75,000	1,000	90,600	호표 1

위의 일위대가목록을 토대로 총 20개의 나무의자를 만드는 내역서를 작성해 보겠습니다.

〈 내역서 〉

작업 : 나무의자 제작

품 명	규 격	단위	수량	재료비		노무비		경비		합계	
				단가	금액	단가	금액	단가	금액	단가	금액
나무의자	목재, 목공 작업	개	20	14,600	292,000	75,000	1,500,000	1,000	20,000	84,600	1,812,000
[합계]					292,000		1,500,000		20,000		1,812,000

내역서에서 보시면 빨간색 동그라미 표시한 부분이 보이실 겁니다. 이 작업량을 고쳐주면 전체 재료비, 노무비, 경비가 동시에 바뀌도록 엑셀 함수가 적용되어 있습니다. 따라서 실제 내역서를 작성할 때에는 기존에 정해져 있는 표준품셈 → 일위대가 → 일위대가목록을 그대로 가져와서 작업별 수량(빨간색 동그라미 부분)을 기입해서 내역서를 작성하는 것입니다. 모든 설계회사들이 표준품셈이나 일위대가를 별도로 측정하고 작성하는 것이 아니라 이미 정해져 있는 표준품셈과 일위대가를 가져와서 공사량 적용만 하는 것입니다. 자~~ 표준품셈과 일위대가의 관계가 이해되시나요? 표준품셈이 있어야 일위대가가 나올 수 있고, 이 일위대가에 작업 수량 숫자를 넣으면 작업 소요 비용이 자동으로 산출되는 것입니다.

그럼 이런 표준품셈은 누가 측정하고 표준을 정하는 것일까요? 아래 국토교통부 발표 공고문(2022.12.30)와 표준품셈 첫 표지 등 캡쳐 화면을 살펴볼까요?

제6강 | 공사계약의 시작! 설계내역서부터 살펴볼까요?

국토교통부 공고문	표준품셈 자료(공고시 해당 원문 첨부/게시)
국토교통부 공고 제2022-1623호 2023년 적용 건설공사 표준품셈 공고 「국가를 당사자로 하는 계약에 관한 법률 시행령」 제9조제1항제3호 및 「예정가격 작성기준(기획재정부 계약예규 제577호)」 제38조제4항, 「건설기술진흥업무 운영규정(국토교통부 훈령 제1564호)」 제88조제4항에 에 따라 "2023년 건설공사 표준품셈"을 다음과 같이 공고 합니다. 2022. 12. 30. 국토교통부장관 1. 제정목적 　정부 등 공공기관에서 시행하는 건설공사의 예정가격 산정 기초 자료 제공 2. 적용일시 : 2023년 1월 1일부터 3. 적용범위 　국가, 지방자치단체, 공기업·준정부기관, 기타 공공기관 및 위 기관의 감독과 승인을 요하는 기관에서 시행하는 건설공사 4. 구성 및 개정내용 　"붙임 자료 참조" 5. 관리기관 : 한국건설기술연구원 공사비원가관리센터 (☎031-910-0900) 6. 기　타 　2023년 건설공사 표준품셈은 우리 부 누리집 (http://www.molit.go.kr, 알림마당/공지사항) 및 한국건설기술연구원의 공사비원가관리센터 (https://cost.kict.re.kr)에 게재되어 있습니다.	다시 도약하는 대한민국 함께 잘사는 국민의 나라 2023 건설공사 표준품셈 공통·토목·건축·기계설비·유지관리 국 토 교 통 부 KICT 한국건설기술연구원

위의 캡쳐 내용에서 보듯이 표준품셈을 작성하고 관리하는 기관은 한국건설기술연구원이며 최종적으로 이를 승인하고 발표하는 기관은 국토교통부입니다. 매년 표준품셈 측정치가 많이 바뀌지는 않지만 새로 작업기술이나 장비가 개발되어 작업소요 인력이나 시간이 감소될 수 있고, 신규공법이 추가되어 신규공법에 따른 작업 측정치 표준을 추가하는 경우 등이 있습니다. 위의 화면에서 보신 것은 건설공사 부문에 대한 표준품셈이고 전기공사, 정보통신공사, 소방공사 등 각 분야별로 표준품셈을 매년 수정하고 최신화해서 발간하고 있습니다.

실무에서 계약담당자들이 표준품셈 책자와 설계내역서의 일위대가 시트를 직접 하나하나 비교해 보기는 어렵습니다. 일위대가가 표준품셈을 기초로 나오는 것이라는 전체적인 개념을 이해하고 있으면 되는 것입니다. 이상으로 첫번째 질문에 대한 설명을 마치고 다음 질문으로 넘어가겠습니다.

두번째 질문은 실적공사비, 표준시장단가에 대한 부분이네요. 이 부분에 대한 설명은 역

제6강 | 공사계약의 시작! 설계내역서부터 살펴볼까요?

사적으로 거슬러 올라가야 하네요. 우선 앞서 살펴본 표준품셈에 의한 공사비 산출 방식은 1962년부터 시작되었습니다. 이후 2000년대 초까지 약 40년간을 표준품셈 방식으로 적용해 왔습니다. 하지만 표준품셈을 기초로 공사비를 산출하는 방식은 작업시간이 많이 소요되고 실제 적정 공사비보다 과다하게 산출되는 경우가 있으며 신기술이나 신공법에 의한 공사비 절감 등을 적시적으로 반영하지 못하는 단점이 있었습니다. 또한 대부분의 선진국가들에서는 이미 실적공사비 제도가 일반화되어 있어서 우리나라도 실적공사비 제도를 2004년부터 부분적으로 도입하기 시작했습니다.

잠시 표준품셈에 의한 원가계산 방식과 실적공사비 방식을 비교하면 아래와 같습니다.

구 분	표준품셈에 의한 원가계산 방식	실적공사비 방식
개 념	표준품셈을 기초로 재료비, 노무비, 경비, 일반관리비, 이윤 등으로 구분하여 전체 공사비를 산출하는 방식	이전에 수행된 다른 유사공사에서 공종별 계약단가(실적가)를 그대로 가져와서 공사비 산출에 활용하는 방식
특 징	표준품셈을 기초로 하나하나 쌓아서 올라가는 방식	기존 계약체결된 공사들의 공종별 계약단가를 집계하여 발표(국토교통부)함

2004년부터는 2가지 방식이 같이 사용되었는데 실적공사비에 의한 산출방식이 제대로 정착하지 못했습니다. 우리나라의 입찰 특성상 예정가격 대비 낙찰 하한율 위주로 우선 투찰하여 수주받는 관행이 있다보니 계약금액이 낙찰 하한율(예, 예정가격 대비 85%)에 근접해서 형성되고 이것을 다시 실적공사비로 활용하여 다음 입찰시 기초금액으로 적용하면 2번째 입찰에서는 또 다시 낙찰 하한율로 투찰하는 모순적인 구조가 발생하였습니다. 결론적으로 실적공사비를 적용시 계약단가가 실제 공사비 현실을 반영하지 못하는 부분이 생기고 공사의 품질이나 적정한 이행이 어려운 부분이 발생하였습니다. 이에 따라 정부에서는 단순히 계약단가만을 실적공사비로 활용하는 것이 아니라 시장가격을 조사하여 보정(실적공사비 = 기존 계약단가 + 현재 시장가격 보정)하는 방식으로 보완하였으나 실적공사비 제도가 정착되지 못하고 2015년부터 표준시장단가 제도로 전환하게 되었습니다.

아래는 실적공사비에서 표준시장단가 방식으로 전환하게 되는 시점에서 국토교통부에서 발

제6강 | 공사계약의 시작! 설계내역서부터 살펴볼까요?

표한 정책 보도자료입니다. 아마도 당시 상황과 표준시장단가로의 전환 배경을 가장 잘 이해하실 수 있을 것 같아서 캡쳐 화면으로 보여드립니다. 한번 읽어볼까요?

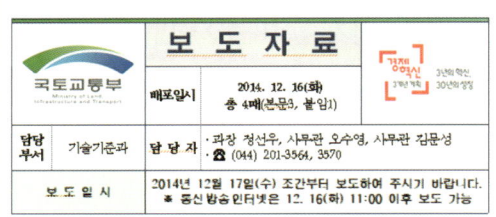

보도자료에서 보듯이 2015년 표준시장단가로 전환하면서 300억원 미만 공사에 대해 실적공사비 적용을 한시적으로 배제하였고, 표준시장단가를 산정시에 기존 계약단가 뿐만아니라 현재 시장가격도 조사해서 반영하고 물가상승률과 다양한 단가정보도 활용해서 합리적으로 산정하는 방식으로 전환 하였습니다. 이후 2017년부터 100억원 이상 건설공사에 표준시장단가를 확대 적용하는 것으로 개정되어 현재까지 이르고 있습니다.

그럼 가장 최근에 국토교통부에서 발표한 표준시장단가 공고문을 볼까요?

제6강 | 공사계약의 시작! 설계내역서부터 살펴볼까요?

국토교통부 공고문

국토교통부 공고 제2022-1622호
2023년 상반기 건설공사 표준시장단가 공종 및 단가 공고

「국가를 당사자로 하는 계약에 관한 법률 시행령」 제9조제1항제3호 및 「예정가격 작성기준(기획재정부 계약예규 제577호)」 제38조제4항, 「건설기술진흥업무 운영규정(국토교통부 훈령 제1564호)」 제88조제4항에 따라 "2023년 상반기 건설공사 표준시장단가 적용공종 및 단가"를 다음과 같이 공고합니다.

2022. 12. 30.
국토교통부장관

1. 제정목적
  정부 등 공공기관에서 시행하는 건설공사의 예정가격 산정 기초자료 제공

2. 적용일시 : 2023년 1월 1일부터

3. 적용범위
  국가, 지방자치단체, 공기업·준정부기관, 기타 공공기관 및 위 기관의 감독과 승인을 요하는 기관에서 시행하는 건설공사

4. 구성내용
  제1장 총칙
  제2장 토목공사 표준시장단가
  제3장 건축공사 표준시장단가
  제4장 기계설비공사 표준시장단가
  제5장 표준시장단가 적용시 간접공사비 등 산정 참고자료

5. 관리기관 : 한국건설기술연구원 공사비원가관리센터(☎031-995-0900)

표준품셈 자료(공고시 해당 원문 첨부/게시)

2023년 상반기
건설공사 표준시장단가
적용 공종 및 단가
2023. 1.
국토교통부
KICT 한국건설기술연구원

앞서 표준품셈과 마찬가지로 표준시장단가를 작성하고 관리하는 기관은 한국건설기술연구원이며 최종적으로 이를 승인하고 발표하는 기관은 국토교통부입니다. 표준품셈은 매년말 연1회 수정 발표하지만 표준시장단가는 상반기와 하반기로 나누어서 1년에 2회 수정 발표하고 있습니다. 그래서 위의 화면 캡쳐 자료를 보시면 2023년 상반기라는 문구가 보이실겁니다.

마지막으로 건설공사에서 표준품셈의 단가와 표준시장단가 예시를 직접 비교해 보면서 실제 가격차이가 얼마나 있는지 살펴볼까요? (이것은 하나의 작업을 표본으로 삼아서 비교하는 것이므로 전체를 나타내는 지표는 아니라는 점을 사전에 말씀드립니다)

각각 동일한 공종에 대한 가격비교를 위해 건설공사에서 제일 많이 사용되는 철근가공 및 조립(간단 작업, Ton당 단가)를 찾아보았습니다. 먼저 표준품셈을 적용해서 일위대가를 산출하고 적용한 공사내역입니다.

제6강 | 공사계약의 시작! 설계내역서부터 살펴볼까요?

229											
	유로폼		M2	15.21	3,885.00	59,090.8	33,215.00	505,200.1	996.00	15,149	38,096.00	579,440.0 호표 64
232	철근 가공 및 조립	갑단	TON	0.07	26,833.00	1,878.3	859,182.00	60,142.7	0.00	0.0	886,015.00	62,021.0 호표 85
234	레미콘 타설(소형,인력 타설)	진동기 포함	M3	1.307	265.00	346.3	105,973.00	138,506.7	2,160.00	2,823.1	108,398.00	141,676.1 호표 86
	스틸그레이팅 집수구용	75x7x4t 1000x1000mm	조	1	331,000.00	331,000.0		0.0		0.0	331,000.00	331,000.0

표준품셈에 의한 공사비 산출에서는 철근 가공 및 조립이 톤당 886,015원이네요.

다음은 표준시장단가를 적용 책자에서 철근 가공 및 조립작업을 찾아보았습니다.

■ EE*** 철근 가공 및 조립 / 현장가공

공종코드	공종명칭	규격	단위	단가	노무비율
EE001.20000	철근 현장가공 및 조립	Type-I	ton	622,948	89%
EE001.30000	철근 현장가공 및 조립	Type-II	ton	706,578	89%
EE001.40000	철근 현장가공 및 조립	Type-III	ton	783,284	89%

【단가정의】
① 철근의 현장가공 및 조립 작업을 기준한 것이다.
② 철근의 이음(겹이음 또는 기계적 이음), 간격재 설치, 철근 인상작업을 포함한다.
③ 철근의 현장가공에 사용되는 장비(철근절단기, 철근절곡기 등)의 기계경비를 포함한다.

위에서 보듯이 표준시장단가를 적용할 때에는 톤당 622,948원을 적용하는 것으로 나와있네요. 앞서 표준품셈 방식이 톤당 886,015원이었으므로 표준시장단가는 표준품셈 방식의 약 70% 수준으로 공사비가 책정된다는 것을 알 수 있습니다. 표준품셈 방식은 100억원 미만 공사에서만 적용 가능하고 표준시장단가는 100억원 이상 공사에서 적용해야 하므로, 100억원 미만 중소규모 공사에서 공사원가를 더 보장하고 있다는 점을 알 수 있으며 또한 표준품셈 방식이 좀 더 공사 단가가 높다는 점도 알 수 있겠죠? (참고로 100억원 이상 공사는 규모의 경제성이 있기 때문에 단위당 공사비용이 적게 소요된다는 입증일 수도 있고, 반대로 100억원 미만 공사는 수주업체가 이익을 많이 가져가는 것일 수도 있습니다. 어느 것이

제6강 | 공사계약의 시작! 설계내역서부터 살펴볼까요?

맞는지는 잘 모르겠지만 약간 논란의 소지는 있는 것 같습니다. 제 개인적인 견해일 뿐입니다.)

이제 Q4를 마무리하겠습니다. 이번 Q4에서는 표준품셈과 일위대가의 개념을 살펴보았고, 2004년부터 적용되었던 실적공사비 제도, 2015년부터 좀 더 발전적으로 적용하고 있는 표준시장단가 제도에 대해서 살펴보았습니다. 지금 현재는 공사비 100억원 미만은 표준품셈 방식으로, 공사비 100억 이상인 경우에는 표준시장단가 방식으로 공사비를 산출하고 있다는 점도 살펴보았습니다. Q4를 통해 공사비 산출에 대해서 더 넓게 이해하는 기회가 되셨으면 좋겠습니다.

제6강 | 공사계약의 시작! 설계내역서부터 살펴볼까요?

Q5 설계내역서에 나오는 공사 용어들이 너무 어려워요~ 도와주세요~~

후배님! 설계내역서를 보다보면 공사 용어들이 많이 나와서 어렵게 느껴지시죠? 후배님의 마음이 어떠한지~~ 저도 잘 압니다. 그리고 아마도 이런 생각도 드실겁니다. '계약담당자가 건축가도 아니고 설계사도 아닌데 이런 공사 용어까지 다 알아야 하나?' 라구요.

이렇게 생각해보시면 어떨까요? 우리가 맛있는 빵을 구매하는데 빵에 들어가는 재료나 어떻게 만들어지는지 알아보지 않고 눈을 감은 채 아무거나 손에 잡히는대로 구매할까요? 마찬가지로 우리 기관이 원하는 계약목적물(예, 건축물)을 계약담당자가 공사계약을 통해서 해당 건축물을 획득되는 것인데 아무 내역검토 없이 계약을 체결해도 되는 것일까요? 답은 당연히 '아닙니다' 입니다. 계약담당자는 내역검토도 해야 하고 원가계산도 해야 하며 입찰공고를 실시하고 계약업체의 정상이행 여부를 따져서 대가지급도 해야 하므로, 계약담당자는 계약목적물(공사내용)에 대해서 알아야 합니다. 누누이 강조하지만 내가 입찰공고를 하는 계약목적물이 무엇인지, 어떤 내용인지도 모르고 계약업무를 수행한다면 너무 무책임한 것입니다. 이런 측면에서 계약담당자들도 설계내역서에 나오는 공사 용어들을 알아야 한다는 점을 공감했으면 좋겠습니다.

자~~ 본격적으로 시작해 볼까요? 설계내역서에 나오는 모든 공사 용어들을 여기에서 설명 드릴 수는 없습니다. 따라서 최소한 계약담당자들이 이런 정도는 상식으로 알았으면 좋겠다는 것들만 추려보았습니다. 절대 이것이 다(everything)가 아니라는 것! 아시죠~~

총 3파트로 공사용어를 설명해 드리겠습니다. 각 파트별로 여러분이 몇개 정도의 용어를 알고 계신지 퀴즈식으로 도전해 봤으면 좋겠습니다. 먼저 첫번째 파트 입니다. 아래 박스에 제시된 공사 용어들중에서 몇 개를 이해하고 있으신가요? 대충 이해는 하지만 제대로 설명하실 수 있는 것은 몇 개인가요? 한번 알고 계신 용어에 대해서 동그라미를 쳐 보실까요?

① 조적조 ② RC조 ③ 슬라브 ④ 거푸집 ⑤ 비계 ⑥ 동바리
⑦ 유로폼 ⑧ 시멘트풀 ⑨ 몰타르 ⑩ 콘크리트 ⑪ 레미콘 ⑫ 슬럼프
⑬ 루베 ⑭ Pit층

제6강 | 공사계약의 시작! 설계내역서부터 살펴볼까요?

아마 동그라미를 치시면서 '세모'를 쳐야 하나? 하는 마음도 있으셨을 겁니다. 대충 아는 것도 있고 어렴풋하게 그럴거라고 추정하는 내용도 있으셨을 겁니다. 아래에 ①번부터 ⑫번까지 순차적으로 설명해드리면서 예시 사진까지 넣었습니다. 하나씩 살펴볼까요?

① **조적조**(組 짤 조, 積 쌓을 적, 造 지을 조)는 돌이나 벽돌, 콘크리트블록 등을 쌓아 올려서 만드는 건축구조입니다. 옛날 건축방식이라고 볼 수 있습니다. 지진에 약하고 내력을 지탱하기 어렵기 때문에 여러 층을 짓기 어렵습니다. 지금은 건축물 내의 비내력 칸막이 벽을 시공하는 편입니다. 철근, 콘크리트를 합성해서 만드는 건축구조물이 나오기 이전인 예전 건축물에 많이 사용되었던 방식입니다. (사진 예시 : 벽돌로만 지어진 집)

② **RC조**(Reinforecd Concrete structure)는 철근과 콘크리트를 같이 섞어서 기둥이나 골격을 만드는 건축구조입니다. 철근은 인장력이 강하고 콘크리트는 강력한 압축성능을 가지고 있기 때문에 둘의 장점을 결합시킨 구조물입니다. 현재 우리나라의 공동주택(아파트, 연립, 다세대 등)이 대부분 RC조로 지어집니다. 약 10층 이하의 중저층 구조물에 대표적인 건축방식이며 최근에는 고층화되면서 기존 RC조에 Steel(철골)까지 보강한 SRC 구조물(Steel Reinforecd Concrete)도 많이 사용됩니다.
(사진 예시 : 철근과 콘크리트를 배합하는 RC조 건축과정)

③ **슬래브**(Slab)는 철근콘크리트 구조의 바닥면을 말합니다. 철근콘크리트 구조물로 기둥을 만들고 기둥과 기둥 사이를 연결하는 보를 설치한 후 평평한 바닥면을 철근콘크리트 구조물로 만든 것이 슬래브입니다. 우리가 생활하는 건물이나 아파트의 바닥면 또는 평평한 지붕 등이 모두 슬래브 구조물입니다.

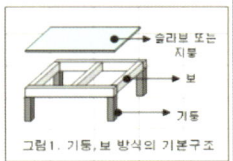

④ **거푸집**이란 콘크리트 구조물을 원하는 형태 및 치수대로 만들기 위하여 일시 설치하는 구조물입니다. 합판, 강판, 알루미늄 패널, 경질섬유판 등 다양한 재료들을 사용하여 거푸집을 만듭니다. 거푸집으로 기둥, 바닥, 슬래브 등의 구조를 만들고 여기에 콘크리트를 부어 넣고 2주~4주 정도 지난 후에 거푸집을 제거함으로써 구조물을 완성해 갑니다.

⑤ **비계**(飛 날 비, 階 계단 계)란 건축공사 때에 높은 곳에서 공사를 작업할 수 있도록 임시로 설치하는 가설물입니다. 재료운반이나 작업원의 통로 및 발판이 됩니다. 재료로는 나무비계, 파이프비계, 시스템비계 등으로 나누어지고 용도면에서는 외부비계, 내부비계, 수평비계, 사다리비계 등으로 다양하게 나눕니다. 건설현장에서 튼튼한 비계 구조물 설치가 안전사고 예방의 가장 첫걸음이라는 것은 다들 아시겠죠?

제6강 | 공사계약의 시작! 설계내역서부터 살펴볼까요?

⑥ **동바리**는 원래 받침기둥이라는 의미가 있으며 이런 의미 때문에 때로는 써포트(support), 버팀 지지대라고도 부릅니다. 거푸집을 보조적으로 지지해주는 역할을 하는 것으로, 우측 사진은 천장(슬래브)를 지지하는 용도로 임시 가설물(동바리)을 설치한 모습입니다. 타설한 콘크리트가 양생될 때까지 무게를 지탱해주는 중요한 역할을 수행합니다. 가끔 신문기사에서 '거푸집 동바리 붕괴사고'라고 나오는 경우가 있습니다. 이런 것은 보조기둥으로 설치되었던 동바리들이 무너져서 콘크리트가 쏟아져 내린 것입니다. 동바리도 건설현장 안전의 중요한 요소입니다. (참고로 탄광에서도 받침 역할을 하는 나무 동바리를 많이 사용했었습니다)

⑦ **유로폼**(Euro Form)이란 코팅합판과 강재를 이용해서 일정한 규격으로 미리 만들어 놓은 거푸집 패널입니다. 유럽에서 규격화한 형태를 사용하던 방식이다 보니 국내에서는 유로폼이라고 부릅니다. 강도도 우수하고 조립 및 해체도 효율적이어서 건설현장에서 많이 사용됩니다. 과거에는 건설현장에서 직접 합판이나 강재(파이프)로 조립해서 거푸집을 만들어서 공사를 했지만 최근에는 유로폼을 사용해서 공사를 합니다. 재사용 횟수도 많고 표준화 및 모듈화 등으로 자재관리도 편리하여 널리 사용되고 있습니다.

⑧ **시멘트풀**이란 시멘트와 물을 섞어 반죽한 것을 말합니다. 주로 타일붙이기의 마무리 줄눈, 바닥면 또는 벽면 평탄 작업 등에 사용합니다.

⑨ **몰타르**(Mortar)란 시멘트와 모래와 물을 섞어 반죽한 것을 말합니다. 시멘트풀에 모래가 추가된 것입니다. 주로 벽돌이나 석재를 쌓는 데 쓰입니다.

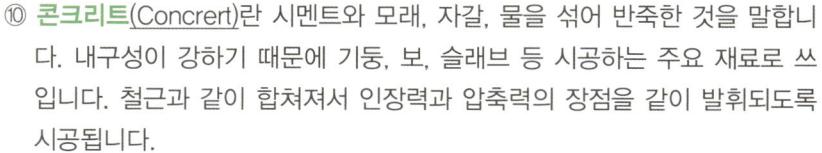

⑩ **콘크리트**(Concrert)란 시멘트와 모래, 자갈, 물을 섞어 반죽한 것을 말합니다. 내구성이 강하기 때문에 기둥, 보, 슬래브 등 시공하는 주요 재료로 쓰입니다. 철근과 같이 합쳐져서 인장력과 압축력의 장점을 같이 발휘되도록 시공됩니다.

⑪ **레미콘**이란 콘크리트 제조 공장에서 시멘트, 모래, 자갈, 물 등을 섞어서 굳지 않은 상태로 레미콘 차량에 실어서 뒤섞으며 현장으로 배달하는 콘크리트를 말합니다. 원래 'ready-mixed concrete'였는데, 어휘 중 앞부분만 're-mi-con' 따서 '레미콘'이란 어휘를 만들어내서 사용하고 있습니다. 아직 굳지 않은 상태라는 뜻에서 생(生) 콘크리트라고도 부릅니다.

제6강 | 공사계약의 시작! 설계내역서부터 살펴볼까요?

⑫ **슬럼프**는 슬럼프콘이라는 원형 뿔모양 틀에 생(生) 콘크리트를 붓고 해당 원형 뿔모양 틀을 제거했을 때 내려앉는 높이(Cm)를 말합니다. 반죽 질기를 측정해서 부적절하게 혼합된 콘크리트가 공사현장에 납품되는지를 검사하는 것입니다. 표준배합기준보다 물을 많이 섞으면 콘크리트 강도가 나오지 않기 때문에 레미콘 납품 공장에서 불량 콘크리트가 납품되었는지를 확인하는 것입니다. 건축물의 하자 발생을 예방하고 단단한 구조물을 보장받기 위해서 공사현장에서 콘크리트 품질 관리가 중요합니다. 저도 재무관 시절에 공사현장을 방문했을 때 '슬럼프'에 대해서 공사현장 관계자들이 설명하는데 알아듣지 못해서 창피했던 적이 있습니다. (후배님은 저와 같은 일이 없어야겠죠?)

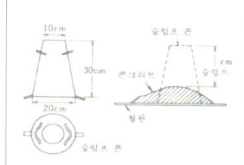

⑬ **루베란** 1㎥(세제곱미터)에 해당하는 용어입니다. 즉 길이 1m, 폭 1m, 높이 1m인 체적(부피)를 말하는 용어입니다. 일본에서는 1㎥(세제곱미터)를 입방미터(立方米)라고 하는데 이를 일본식으로 발음하면 '류우베이'이다. 이것이 우리나라에서는 '루베'로 굳혀져 공사현장에서 사용되고 있습니다. 정확히 얘기한다면 일제시대 잔재인 발음인 것이죠. 워낙 '루베'라고 많이 부르다 보니 알아두시는 것이 좋을 것 같아서 포함해 보았습니다. 참고로 레미콘 한 차의 용량을 통상 6루베라고 합니다.
(참고로, 1헤베는 1㎡(제곱미터)를 부르는 말입니다)

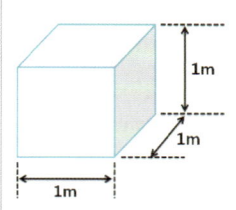

⑭ **Pit층**이란 우리가 일상적으로 생활하는 공간의 밑에 설치된 지하공간을 말합니다. 원래 '움푹파인 부분'을 말하는 뜻인데, 건축용어에서는 최하층 밑에 설치된 공간으로서 설비 배관들이 설치되는 지하공간 정도로 이해하시면 됩니다. 만약 우리가 건축물을 지을 때 지하공간 없이 땅바닥에 바로 1층을 설치한다면 지표면의 습기, 냉기, 오염물들이 콘크리트를 타고 올라올 것입니다. 따라서 별도의 지하공간을 만들어서 지표면에서 올라오는 습기, 냉기, 오염물이 생활공간으로 올라오는 것을 막고 동시에 이곳에 배관설비를 설치하는 것입니다.

이렇게 14개의 공사 용어들을 살펴보았습니다. 어려우신가요? 아니면 이제까지 몰랐던 것들을 제대로 알게 되어서 기쁘신가요? 예시 사진과 함께 설명해 드리니까 이해하시기가 어렵지는 않았을꺼라 생각됩니다. 또한 우리들의 일상생활 공간부터 각종 건축현장 모습, 때로는 뉴스 보도자료 등을 통해서 간접적으로 접했던 내용도 있었기 때문에 흥미도 있으셨을 꺼라 생각됩니다. 스스로 조금만 더 관심을 갖는다면 공사계약의 진정한 전문가가 될 수 있다는 생각으로 계속 정진해 나아갔으면 좋겠습니다.

제6강 | 공사계약의 시작! 설계내역서부터 살펴볼까요?

그럼 이어서 두번째 파트로 넘어가 볼까요? 이번 파트는 폐기물과 관련된 용어들만 모아 보았습니다. 공사계약을 담당하다 보면 폐기물 처리 업무도 알고 있어야 하기 때문에 필수적으로 알아야 할 내용들만 추려보았습니다. 이 부분은 용어 해설이라기 보다는 폐기물의 구분과 종류에 대한 설명이라고 보시면 됩니다. 아래는 설명 순서이자 폐기물 구분이라고 보시면 됩니다.

> ① 폐기물 구분 → 생활폐기물 / 사업장폐기물
> ② 사업장폐기물 → 일반폐기물 / 지정폐기물 / 건설폐기물
> ③ 건설폐기물 종류 : 폐콘크리트, 폐아스콘, 폐벽돌, 폐블럭, 폐기와, 폐목재, 폐합성수지, 폐섬유, 폐벽지, 건설오니, 폐금속류, 폐유리, 폐타일 및 폐도자기, 폐보드류, 폐판넬, 건설폐토석, 혼합건설폐기물, 건설공사로 인하여 발생되는 그 밖의 폐기물

① **폐기물 구분** : 폐기물관리법에서는 발생 주체에 따라서 '사업장폐기물'과 '생활폐기물'로 구분됩니다. 사업장폐기물은 산업활동(공장)이나 건설현장(공사작업장 등)에서 발생되는 것으로 사업장일반폐기물, 지정폐기물, 건설폐기물로 나누어집니다. 반면에 사업장이외에서 발생하는 것을 생활폐기물로 분류하고 있습니다. 생활폐기물은 우리 일상생활 중에 발생하는 폐기물로서 종량제 수거용 봉투에 배출하는 쓰레기나 음식물쓰레기, 대형폐기물 등이 생활폐기물입니다.

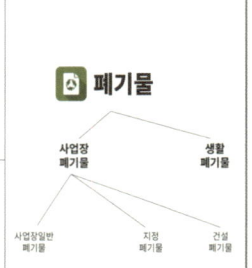

② **사업장폐기물의 구분** : 사업장폐기물 중 폐유.폐산 또는 의약품폐기물처럼 주변환경을 오염시키거나 건강을 위협할 수 있는 유해한 물질을 지정폐기물로 분류합니다. 건축물 신축이나 해체 과정에서 발생하는 토사, 폐 벽돌, 폐 콘크리트, 폐 목재, 폐 합성수지, 철근 등의 폐기물을 건설폐기물로 분류합니다. 그 외에 일반적인 사업장(공장 등)에서 발생하는 폐기물이 사업장일반폐기물입니다. 사업장폐기물 중에서 건설폐기물이 절반 이상을 차지할 만큼 많은 편이며 건설폐기물은 자원의 재활용 측면이나 환경보호 측면에서도 중요합니다.

③ **건설폐기물의 종류들**

- ① **폐콘크리트** : 기존 건축물의 기둥이나 슬래브를 철거하면 폐콘크리트가 나옵니다. 재활용을 통해서 잘게 부수어서 순환골재로 만들고 이것을 새로운 콘크리트(시멘트 + 모래 + 순환골재 + 물)를 만드는데 사용합니다.

- ② **폐아스콘(폐아스팔트콘크리트)** : 도로 등을 철거하면 폐아스콘이 나옵니다. 수거한 폐아스콘을 잘게 부수어 순환아스콘(도로 포장용) 또는 순환토사(매립용 모래 등) 등으로 재활용합니다.

제6강 | 공사계약의 시작! 설계내역서부터 살펴볼까요?

③ **건설폐기물의 종류들(계속)**

- ③ **폐벽돌** / ④ **폐블록** / ⑤ **폐기와** 등 : 철거하는 건축물 중에서 내부 조적벽이나 보도블록, 지붕 기와 등에서 나옵니다. 재활용을 통해서 순환골재로 만들어서 재활용합니다.

- ⑥ **폐목재** : 건축물 해체 현장 뿐만아니라 신축 현장에서도 많이 나옵니다. 폐목재도 철저히 분류해서 활용해야 하나 가연성 폐기물과 혼합하여 배출되기도 합니다. 우드칩, 펄프, 톱밥, 합판재료 등으로 재활용하거나 축사 및 퇴비용 원료 등으로도 재활용하기도 합니다.

- ⑦ **폐합성수지** : 우리 일상생활에서 발생하는 합성수지와 동일한 것들입니다. 합성수지 재활용용품(예, 재생 플라스틱)으로 만들거나 연료 에너지로 사용하기도 합니다.

- ⑧ **폐섬유** : 건축폐기물 중에는 우측 사진처럼 판넬에 붙어있는 유리섬유도 나오고 우측 아래 사진처럼 작업간 사용한 보온덮개용 섬유도 폐기물로 나오게 됩니다. 폐섬유는 화학적으로 분리시켜 재생 플라스틱이나 나일론 원료 등으로 재활용합니다.

- ⑨ **폐벽지** : 말 그대로 벽지를 뜯어낸 폐기물입니다. 폐벽지는 재활용 공장에서 각종 이물질을 제거하고 종이층과 PVC 코팅층을 분리하여 종이 분말은 종이몰드나 계란판 등으로 재활용하고 PVC 코팅층은 화학공장의 재생 플라스틱 원료로 재활용합니다.

- ⑩ **건설오니** : 오니란 汚 더러울 오, 泥 진흙 니(이)의 한자어로서 더러운 흙, 특히 오염 물질을 포함한 진흙을 말합니다. 오니 대신 슬러지라는 용어도 많이 사용됩니다. 슬러지(Sludge)는 영어로써 침전물이라는 뜻입니다. 예를 들어 공사현장에 설치된 세륜기(자동차 바퀴의 먼지나 흙을 씻고 나가도록 만든 장치, 우측 위 사진)에서 슬러지가 나오게 됩니다. 이러한 오니(슬러지 포함)를 불법적으로 방치하거나 매립하면 환경오염이 됩니다.(우측 아래 사진) 따라서 유해물질을 제거하고 수분은 탈수하여 일정 오염이하일 때 자연상태(예, 모래)로 재활용합니다. 재활용이 불가능한 경우 지정폐기물로 처리해야 합니다.

제6강 | 공사계약의 시작! 설계내역서부터 살펴볼까요?

③ 건설폐기물의 종류들(계속)

- ⑪ **폐금속류** / ⑫ **폐유리** / ⑬ **폐타일 및 폐도자기** 등 : 건축물 철거 과정에서 고철, 비철, 특수금속 등 폐금속류가 나옵니다. 이른바 우리 주변에서 흔히 보는 고물상에서 금속류를 수집해서 분류하고 재활용하는 것을 생각하시면 됩니다. 폐유리는 유리 재생원료로 재활용하거나 유리섬유, 시멘트 등으로 재활용합니다.(참고로 유리는 모래를 주성분으로 해서 만드는데 폐유리를 재활용하면 다시 모래와 같이 만들거나 석회석 성분으로 재활용할 수 있습니다) 폐타일 및 도자기는 재활용을 통해 새로운 제품을 만드는 데에 활용이 되는 경우도 있으며 자갈, 대리석, 블록 등으로 재활용되기도 합니다.

- ⑭ **폐보드류** : 마감재로 많이 사용되는 석고보드가 건축물 해체 현장에서 폐기물로 많이 나옵니다. 재활용이 가능한 것은 재활용하지만 재활용이 불가능한 것은 소각처리(소각 가능시), 매립 처리(소각 불가능시) 합니다.

- ⑮ **폐판넬** : 원래 판넬이라는 것은 패널(Panel)을 우리나라 발음식으로 부른 것입니다. 그래서 정식 용어는 패널입니다. 참고로 패널은 '건축용 널빤지'라는 뜻입니다. 요즘 샌드위치판넬이라고 부르는 것도 샌드위치처럼 양쪽을 널빤지처럼 강판을 대고 그 사이에 보온재를 넣어 압착시킨 건축용 자재입니다. 폐판넬은 통상 그라스울판넬, 유리솜판넬, 샌드위치판넬 등 3가지가 대표적입니다. 재활용은 내용물과 판넬 부분을 분리해서 각각 재활용하는 방식입니다. 예를 들어 그라스울판넬의 경우 유리섬유(그라스울)는 유리섬유대로, 고철(판넬) 부분은 고철로써 각각 재활용하는 것입니다.

- ⑯ **건설폐토석** : 건설공사에서 발생되거나 건설폐기물을 중간처리 하는 과정에서 발생된 흙, 모래, 자갈 등으로서 자연상태의 것을 제외한 것을 말합니다. 즉, 폐토석에는 각종 환경오염 물질이 섞여 있다고 보시면 됩니다. 따라서 해당 폐토석을 진동, 송풍, 거름장치, 자력통과(철성분 제거), 중성화 등을 통한 등을 오염물질 제거 작업을 거쳐서 재활용이 가능한 상태로 환원시켜야 합니다. 이런 작업을 거치지 않은 폐토석을 건설공사 현장 또는 야산이나 논밭 등에 무단으로 매립시키는 사건이 종종 일어나곤 합니다.

제6강 | 공사계약의 시작! 설계내역서부터 살펴볼까요?

③ 건설폐기물의 종류들(계속)

- ⑰ **혼합건설폐기물** : 1번 폐콘크리트부터 15번 폐판넬까지의 건설폐기물 중 둘 이상의 건설폐기물이 혼합된 것을 말합니다. 단지 둘 이상의 건설폐기물이 혼합되었다고 해서 혼합건설폐기물로 처리될 수 있는 것은 아닙니다. 혼합건설폐기물 중 가연성 건설폐기물과 그 밖의 건설폐기물이 5% 이하이어야 합니다.

  이렇게만 설명하면 잘 이해가 안 되실겁니다. 좀 더 쉽게 설명해 드리겠습니다. 앞서 설명했던 15번까지의 건설폐기물들은 아래처럼 불연성, 가연성, 그 밖의 건설폐기물로 아래처럼 나누어집니다.

불연성	1. 폐콘크리트 2. 폐아스콘 3. 폐벽돌 4. 폐블록 5. 폐기와	10. 건설오니 11. 폐금속류 12. 폐유리 13. 폐타일 및 폐도자기
가연성	6. 폐목재 7. 폐합성수지	8. 폐섬유 9. 폐벽지
그 밖의 건설 폐기물	14. 폐보드류	15. 폐판넬

  5% 미만시

  예를 들어, 건축물 해체 과정에서 폐콘크리트가 나왔는데 여기에 폐벽지가 붙어있다고 가정해 봅시다. 이때 폐벽지(가연성)가 5% 이하일 경우에만 혼합건설폐기물로 처리가 가능한 것입니다. 왜 이렇게 5% 미만이라는 규정을 두었을까요? 이것은 최대한 공사현장에서 분리, 선별하여 배출함으로써 건설폐기물의 자원 재활용율을 높이고 부적정한 처리를 막기 위함입니다.

- ⑱ 건설공사로 인하여 발생되는 그 밖의 폐기물

폐기물 관련 용어 파트를 마무리하면서 추가로 설명드리고 싶은 것이 있습니다. 아래 퀴즈를 통해서 맞춰볼까요?

제6강 | 공사계약의 시작! 설계내역서부터 살펴볼까요?

Q : '건축폐기물'과 '건설폐기물' 중 어떤 용어가 맞을까요?
'건축폐기물'과 '건설폐기물' 용어 차이가 있나요?
A : 답은 '건설폐기물'이 정식 용어입니다.
건축폐기물이라는 용어는 정식 용어가 아니기 때문에 '건설폐기물'이라고 부르셔야 합니다.(건축폐기물이나 건설폐기물이나 앞에서 살펴본 폐기물 종류들입니다. 차이는 없습니다.)

Q : '건설폐재류'라는 용어가 나오던데, 이것은 무엇을 말하는 것인가요?
A : 이것은 「폐기물 관리법 시행규칙」 제13조 본문에 용어 정의가 나옵니다.
건설폐재류는 폐콘크리트, 폐아스팔트콘크리트, 폐벽돌, 폐블록, 폐기와, 폐토사 6가지 건설폐기물을 말하는 것으로, 건설폐기물 중간처리업체에 위탁하여 순환골재나 순환아스콘을 생산하여 재활용하는 종류들입니다.

건축폐기물이라는 용어는 사용하지 말고, 정식 용어인 '건설폐기물'이라고 정확히 표현해야겠죠? 그리고 '건설폐재류'라는 것이 주로 순환골재나 순환아스콘을 생산하는 6가지 종류의 폐기물이라는 것도 기억해두시면 좋을 것 같습니다. 건설폐기물 수집, 운반, 처리 등과 관련된 업종들에 대한 설명은 여기에 포함하지 않았습니다. 추후에 국가계약 실무이야기 2권 및 3권 발간을 통해서 건설폐기물 처리용역 관련 업종 구분, 입찰공고시 유의사항 등을 설명해 드리겠습니다.

후배님! 여기까지가 두번째 파트인 폐기물 관련 핵심용어에 대한 설명이었습니다. 어렵고 생소하셨나요? 실무에서는 공사계약 담당자가 공사계약을 하면서 건설폐기물 처리용역 계약도 동시에 수행해야 하는 경우가 많기 때문에 최소한 알아야 할 용어 위주로 설명해 드렸습니다. 예시 사진을 최대한 보여드렸고 폐기물 재활용 사례도 같이 설명해 드렸으므로, 후배님께서 이해하시거나 나중에 기억하시기에도 나쁘지 않았을 거라고 생각합니다.

자~~ 여기에 안주하지 마시고 조금만 더 힘을 내서 세번째 공사용어 파트도 알아볼까요? 어렵다고 생각하면 끝없이 어려운 것이구요, 쉽고 재미있다고 생각하시면 흥미있고 신나는 느낌이 나실겁니다. 재미있게 세번째 공사용어들도 시작해 볼까요?

① 수전반 / 분전반 / 배전반　② 이형철근　③ 플륨관　④ 흄관
⑤ PE관　⑥ 와이어메시　⑦ 에폭시　⑧ 스틸그레이팅　⑨ 폴리카보네이트　⑩ H형강

제6강 | 공사계약의 시작! 설계내역서부터 살펴볼까요?

① **수전반 / 배전반 / 분전반** : 이것은 앞부분 제2강 Q1 계약목적물에 대한 설명을 하면서 전기공사에 대한 이해를 돕기 위해서 예시 사진과 함께 설명드렸습니다. 간략하게 다시 설명해 드리면, 수전반은 한전으로부터 공급되는 고압의 전기를 받아서 적정 전압으로 바꾸는 장치입니다.(건물 지하 기계실 등에 별도로 설치) 배전반은 수전반의 전기를 각 계통별 또는 용도별로 나누어서 보내는 장치입니다.(수전반과 같이 설치되는 경우도 있으며 이때에는 수배전반이라고 부릅니다) 분전반은 말단 전기사용설비(부하 분기)에 각각 보내주는 장치입니다.(이른바 우리 아파트 각 세대별로 설치되어 있는 두꺼비집 같은 것입니다)
공사계약을 하다보면 자주 사용하게 되는 용어이기 때문에 다시 한번 수록해 보았습니다.(위에서부터 차례로 수전반, 배전반, 분전반의 예시사진 입니다. 건물 규모에 따라 크기, 모양이 다릅니다.)

② **이형철근** : 철근은 형태에 따라 이형철근과 원형철근으로 나누어집니다. 이형철근은 오른쪽의 예시 그림과 사진처럼 철근 표면에 리브(뼈대)와 마디 등의 돌기가 있는 형태를 말합니다. 원형철근은 리브나 마디 등의 돌기가 없는 매끈한 원형표면으로 된 것을 말합니다. 이형철근 구조는 콘크리트와의 부착력과 정착성능이 증대되기 때문에 대부분 건축구조물에서 사용되고 있으며, 원형철근은 거의 사용되지 않고 있습니다.

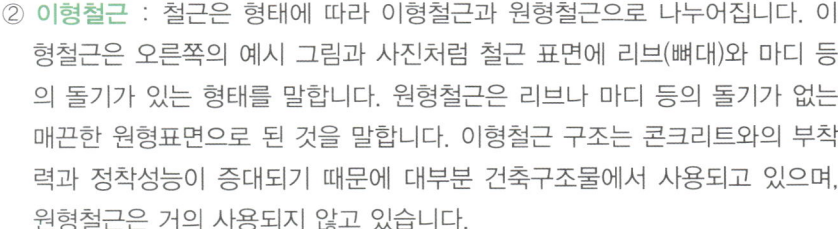

③ **플륨관** : 원통 또는 사각을 반으로 자른 형태로 만드는 배수구용 자재입니다.(이른바 수로관 입니다) 오른쪽 예시처럼 U자형 플륨관도 있고 하늘을 바라보는 ㄷ자형 플륨관(벤치 플륨관이라고 합니다)도 있습니다. 통상 강도와 내구성을 위해서 철근콘크리트 재료를 이용해서 일정한 틀(U자형 또는 ㄷ자형) 형태로 만듭니다. 동일한 규격의 기성제품들을 공장에서 생산하고 이것을 구매해서 가져다가 현장에서 설치합니다.

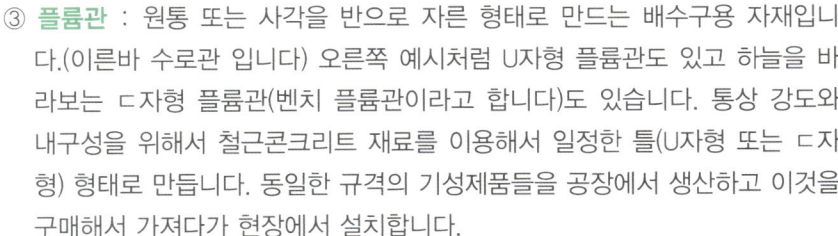

④ **흄관** : 원통형으로 만든 철근 콘크리트 수로관 입니다. 1910년 오스트레일리아의 흄(W. R. Hume)이 발명한 것으로 흄의 이름을 따서 흄관이라고 부릅니다. 강도가 강하고 수밀성(水密性)이 높아 배수관이나 하수관으로 시공됩니다. 마찬가지로 동일한 규격의 기성제품들을 공장에서 생산하고 이것을 구매해서 가져다가 현장에서 시공합니다.

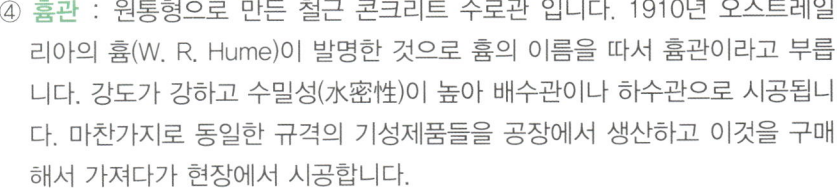

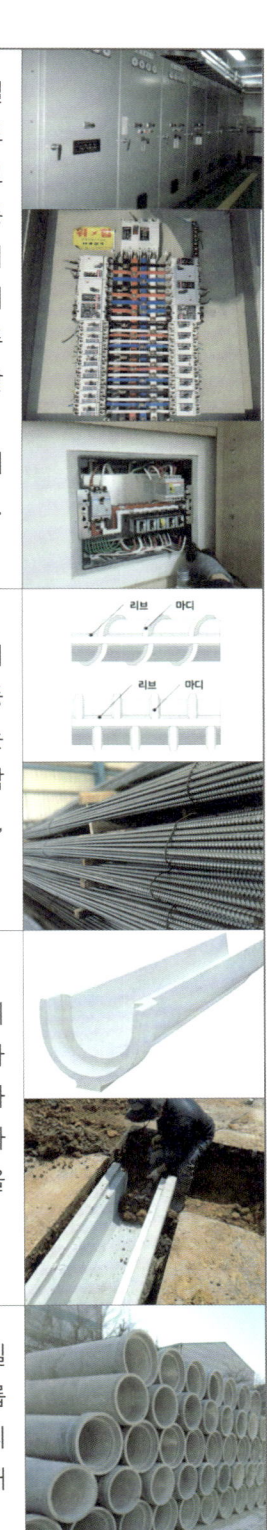

제6강 | 공사계약의 시작! 설계내역서부터 살펴볼까요?

⑤ **PE관** : 고밀도 폴리에틸렌 재료를 가지고 원통형으로 만든 수로관입니다. 통상 이중벽관, 삼중벽관이라고도 하는데 이것은 강도를 높이기 위해서 원통 폴리에틸렌에 공기 구조를 설계해서 만드는 방식에 따른 구분입니다.

⑥ **와이어메쉬** : 콘크리트 바닥 포장을 할 때 균열방지, 인장강도 등을 위해서 바닥에 깔고 콘크리트 포장을 하는 공사자재입니다. 우측 사진처럼 철사로 그물망 모양으로 만들며, 철사 강도 및 두께, 사각모양의 크기 등에 따라 다양한 규격의 제품들이 있습니다.

⑦ **에폭시** : 에폭시(epoxy, 열을 가했을 때 빨리 굳으며 접착력이 강한 특성이 있어서 주로 코팅용이나 접착제 등에 많이 사용됩니다) 재료를 가지고 작업을 하는 것을 말합니다. 에폭시는 통상 접착성이 좋고 표면을 보호하는 코팅 성질이 좋은 플라스틱 종류입니다. 요즘 커피숍이나 음식점 바닥 인테리어, 공장 바닥, 주차장 바닥 등에 에폭시 시공을 많이 하는 편입니다.

⑧ **스틸그레이팅** : 스틸(강철)로 된 하수구 뚜껑용 철제판(그레이팅)을 말합니다. 아마도 도로변에서 자주 보셨을겁니다. 위로 차량들이 지나가도 견딜 수 있도록 높은 강도가 유지되도록 만듭니다. 크기나 강도, 두께 등에 따라 다양한 규격 제품이 있습니다.

⑨ **폴리카보네이트** : 건축 외장재의 한 종류입니다. 탄산염으로 중화해서 만드는 강화된 플라스틱 종류입니다. 금속과 같이 단단하고 투명하며 산과 열에 잘 견디기 때문에 금속과 같이 결합해서 외장재 용도에 많이 사용합니다. 이른바 건물의 캐노피(처마) 부분을 이런 폴리카보네이트로 시공한 것을 보셨을 겁니다. 또는 아파트 자전거 보관소도 폴리카보네이트로 설치되어 있습니다.

⑩ **H형강** : 단면이 H형이기 때문에 H빔이라고도 합니다.(I형강, C형강, ㄱ형강, ㄷ형강도 있습니다) 고층 건축물, 대형구조물, 토목공사, 교량용 지지재, 공장, 지하철, 공항, 도로 등 많은 곳에서 H형강이 사용됩니다. 건축물 구조에서 'SRC조'라고 부르는 것이 있는데, 앞서 배운 RC조(Reinforecd Concrete, 철근+콘크리트)에 Steel(철골)을 골조공사에 추가해서 더 튼튼하게 고층 건물을 올리는 방식입니다. 이때 사용되는 철골이 바로 이와같은 H형강을 사용합니다.

제6강 | 공사계약의 시작! 설계내역서부터 살펴볼까요?

여기까지가 세번째 공사용어 파트에 대한 설명이었습니다. 설계내역서에 나오는 용어지만 우리 일상생활에서도 사용되는 용어이기 때문에 알아두시면 유익하실꺼라 생각합니다.

'계약담당자의 손끝'을 통해서 내역검토, 원가계산, 입찰공고, 계약체결, 대가지급 등이 이루어집니다. 계약담당자가 건축가나 설계사는 아니지만, 최소한 내가 계약하고 있는 건축물(계약목적물)에 대해서는 기본적으로 이해하고 알고 있어야 합니다. 이러한 측면에서 앞으로 후배님께서 계약업무를 하실 때에도 설계내역서의 공사용어들을 찾아보면서 업무를 수행하셨으면 좋을 것 같습니다. 처음에는 낯설고 어렵겠지만 자꾸 찾아보면 알아가는 재미도 있고 저절로 자신감도 생기면서 진정한 공사계약의 전문가가 되실꺼라 믿습니다.

제7강

'예정가격 결정 절차'와 '공사원가계산서'에 대해서 알아봅시다

제7강

'예정가격 결정 절차'와 '공사원가계산서'에 대해서 알아봅시다

Q1 '가격조사'와 '예정가격 결정'의 차이는 무엇인가요? ········ 210

Q2 예정가격 결정에 대한 법령 내용은 무엇인가요? 그리고 공사계약은 어떤 방법으로 예정가격 결정을 해야 하나요? ········ 214

Q3 '거래실례가격'에는 3가지 종류가 있다고 하던데요… 각각 누가, 어떻게 발표하나요? ········ 218

Q4 '원가계산에 의한 예정가격 결정'에 대해서 좀 더 세부적으로 알려주세요~~ ········ 223

Q5 간접재료비, 간접노무비, 기타경비 항목에 대해서 설명해 주세요~~ ········ 228

Q6 사회보험 제도에 따른 5가지 보험료를 반드시 반영해야 한다고요? ········ 237

Q7 경비 항목에 반드시 포함되어야 하는 법정경비 항목들이 또 있다고요? ········ 243

제7강 '예정가격 결정 절차'와 '공사원가계산서'에 대해서 알아봅시다

Q1 '가격조사'와 '예정가격 결정'의 차이는 무엇인가요?

후배님! 이제 제7강을 시작해 볼까요? 먼저 '가격조사'와 '예정가격 결정'에 대해서 개념과 의미를 이해하고 시작했으면 좋겠습니다. 왜냐하면 시중에 나와있는 일반적인 국가계약 책들에서는 가격조사 업무를 별도로 분리해서 설명하는 내용들이 거의 없고, 통상 '예정가격 결정 절차'에 수록해서 설명하는 경우들이 많습니다. 그러다보니 실무에서 수행하는 '가격조사'가 어느 부분에 속하는지 헷갈려하는 경우가 있습니다. 따라서 '가격조사'과 '예정가격 결정'에 대한 개념 정리부터 시작해 보겠습니다.

우선 아래 절차도를 보고 나서 설명드리겠습니다. 아래 절차는 크게 '입찰공고 이전'과 '입찰공고 이후'로 나누고, 그 안에서 이루어지는 세부 업무처리 절차를 도표화한 것입니다.

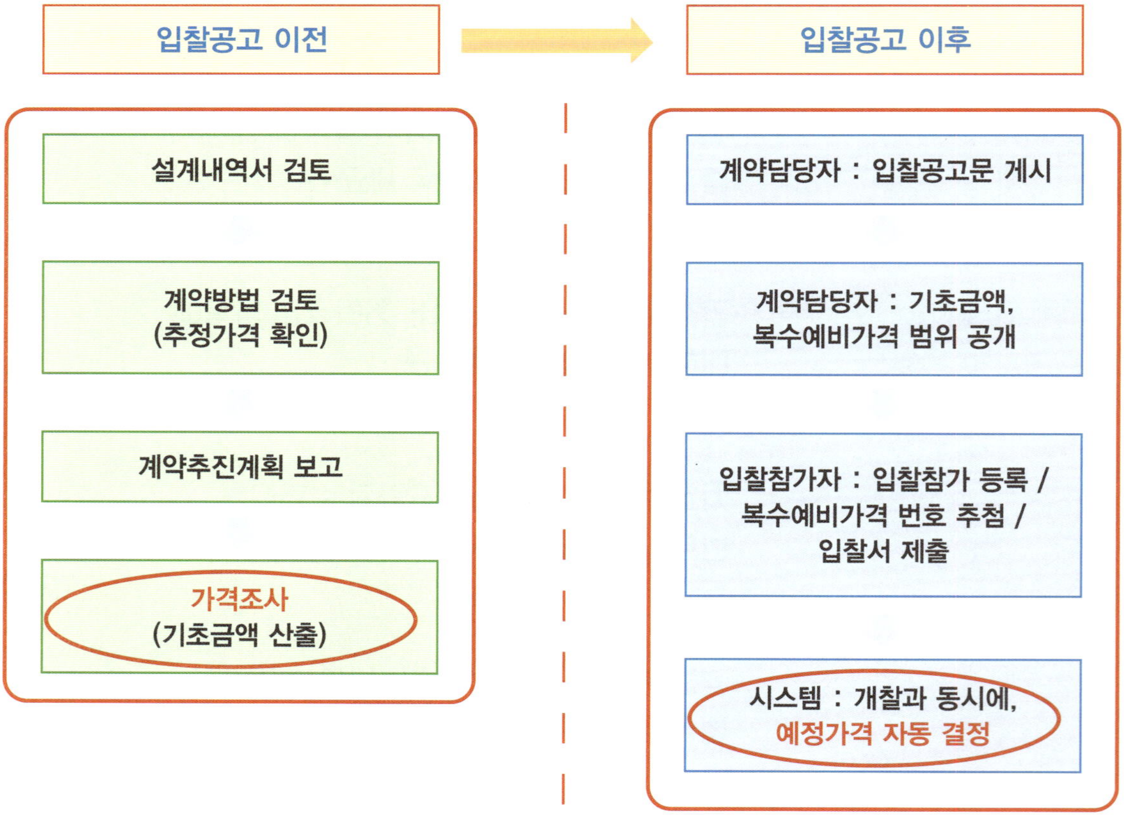

입찰공고 이전
- 설계내역서 검토
- 계약방법 검토 (추정가격 확인)
- 계약추진계획 보고
- **가격조사 (기초금액 산출)**

입찰공고 이후
- 계약담당자 : 입찰공고문 게시
- 계약담당자 : 기초금액, 복수예비가격 범위 공개
- 입찰참가자 : 입찰참가 등록 / 복수예비가격 번호 추첨 / 입찰서 제출
- **시스템 : 개찰과 동시에, 예정가격 자동 결정**

제7강 | '예정가격 결정 절차'와 '공사원가계산서'에 대해서 알아봅시다

입찰공고 이전 단계(좌측 절차도 참고)에서는 설계내역서를 검토하고 계약방법 검토(추정가격 확인 후)를 거쳐 계약추진계획서를 작성하고 결재를 받습니다. 이후 계약담당자는 본격적으로 가격조사(기초금액 산출) 작업에 들어갑니다. 따라서 '가격조사'라고 하는 것은 설계내역서를 토대로 설계금액이 과다 또는 과소하게 계상된 것이 없는지를 확인하고 기초금액(기초예비가격과 동일한 용어입니다)을 정확하게 산출하는 것이라고 정의할 수 있습니다.

이후 입찰공고 이후 단계(우측 절차도 참고)에서는 계약담당자가 입찰공고문을 게시하고 기초금액과 복수예비가격 산정범위를 공개합니다. 이때 앞서 '가격조사' 절차를 통해서 산출한 '기초금액'을 국가종합전자조달시스템(나라장터)에 입력하여 공개하는 것입니다. 이후 입찰참가자들이 각자 입찰참가 등록, 복수예비가격 추첨번호 추첨, 입찰서 제출 등을 실시합니다. 최종적으로 개찰일에 국가종합전자조달시스템(나라장터)에서 자동개찰이 실시되면서 예정가격이 확정되는 것입니다. (참고로 예정가격이 확정되는 절차는 앞서 제5강 Q3에서 자세히 설명드렸습니다. 다들 기억나시나요?)

이렇듯 업무절차에서 보면 '가격조사'와 '예정가격 결정'은 개념 차이가 있습니다. 가격조사는 계약담당자가 직접 설계내역서의 단가를 조사하여 확인함으로써 기초금액을 정확하게 산출하는 것입니다. 반면에 예정가격 결정은 계약담당자(기초금액과 복수예비가격 범위 입력), 입찰참가자들(복수예비가격 번호를 각자 2개씩 추첨)과 국가종합전자조달시스템(무작위로 복수예비가격 15개를 만들고, 입찰참가자들이 최다 빈도로 선택된 4개의 복수예비가격을 산술평균함) 등 각각의 주체들에 의해서 결정되는 것입니다. 따라서 '가격조사'와 '예정가격 결정'은 실질적인 행위 측면에서 차이가 있다고 생각합니다.

그러면 왜 다른 국가계약 책들에서는 '가격조사'라는 개념 정의나 설명 없이 '예정가격 결정'이라는 틀 안에서 설명하는 걸까요? 이에 대한 답을 드리려면 잠시 다른 국가계약 책들에서 '예정가격 결정'에 대한 설명을 어떻게 하고 있는지 소개를 해야할 것 같습니다. 대부분의 다른 책들에서는 '예정가격 결정'을 아래처럼 전체적인 절차 위주로 설명하고 있습니다. 그 중에서 기초금액 작성 부분이 '가격조사' 부분입니다.

제7강 '예정가격 결정 절차'와 '공사원가계산서'에 대해서 알아봅시다

〈 예정가격의 결정 〉

추정가격 산정	예산액이나 설계서에서 산출된 금액 등에서 관급자재 가격을 제외하여 추정가격을 산정함
설계가격 또는 조사가격 작성	기술 또는 설계담당공무원(원가계산용역기관 등)이 설계서에 따라 원가계산 방식 등으로 설계가격을 작성
기초금액 작성	계약담당 부서에서 재료비·노무비·경비 등의 물량과 가격 등의 적정 여부를 검토·조정한 후 부가가치세를 합산하여 작성
복수예비가격 작성	기초금액의 일정 범위에서 15개의 예비가격을 작성함 * 국가기관은 ±2% (즉, 기초금액의 98% ~ 102% 범위내에서 무작위로 15개 예비가격을 작성함)
예정가격 결정	현장입찰 : 참가자 중 4인이 추첨한 복수예비가격을 산술평균 전자입찰 : 최다빈도 추첨된 4개의 복수예비가격을 산술평균

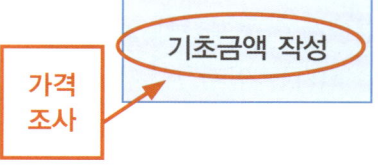
가격조사

위의 '예정가격 결정' 절차에서 보듯이, 추정가격 산정 -〉 설계가격 또는 조사가격 작성 -〉 기초금액 작성 -〉 복수예비가격 작성 -〉 예정가격 결정의 순서로 설명하면서 이 전체적인 절차를 '예정가격 결정 절차'라고 설명합니다.

자~~ 그러면 Q1의 질문에 대해서 답을 해 볼까요? '가격조사'는 '예정가격 결정'의 전체 절차에 포함되어 있는 것입니다. 일반적으로 '예정가격 결정'이라고 하면 전체 절차를 말하는 것이고 '가격조사'라고 하면 기초금액을 산정하는 하나의 절차만을 의미하는 것입니다. 참고로 국가계약법령에서는 '가격조사'라는 용어가 없고 '가격조사'라는 업무 절차도 별도로 설명하고 있지 않습니다. 따라서 앞으로 '예정가격 결정'이라고 하면 '가격조사' 업무가 포함된

제7강 '예정가격 결정 절차'와 '공사원가계산서'에 대해서 알아봅시다

전체 절차를 의미하는 것이라고 이해하시면 되겠습니다.

이번 제7강에서는 예정가격 결정 관련 법령, 거래실례가격과 표준시장단가 적용 방법, 원가계산서에 의한 가격 작성방법, 공사원가계산서의 각 항목별 의미와 계산방법 등을 순차적으로 설명해 드리겠습니다. 자~~ 이번 제7강을 통해서 '예정가격 결정' 업무에 대해서 제대로 제대로 이해해 볼까요?

제7강 '예정가격 결정 절차'와 '공사원가계산서'에 대해서 알아봅시다

Q2 예정가격 결정에 대한 법령 내용은 무엇인가요? 그리고 공사계약은 어떤 방법으로 예정가격 결정을 해야 하나요?

좋은 질문입니다. 가격조사를 포함한 예정가격 결정 절차를 아무 근거없이 임의대로 하는 것은 아닙니다. 당연히 법령부터 계약예규까지 세부적으로 규정되어 있습니다. 그럼 예정가격 결정에 대한 법령부터 살펴볼까요? 이 부분은 「국가계약법 시행령」 제9조(예정가격의 결정기준)에 나와 있습니다.

국가를 당사자로 하는 계약에 관한 법률 시행령 (약칭: 국가계약법 시행령)

[시행 2023. 1. 5.] [대통령령 제33198호, 2023. 1. 3., 타법개정]

☐ **제9조(예정가격의 결정기준)** ①각 중앙관서의 장 또는 계약담당공무원은 <u>다음 각 호의 가격을 기준으로 하여 예정가격을 결정하여야 한다.</u> <개정 2014. 11. 4.>

1. 적정한 거래가 형성된 경우에는 그 거래실례가격(법령의 규정에 의하여 가격이 결정된 경우에는 그 결정가격의 범위안에서의 거래실례가격)
2. 신규개발품이거나 특수규격품등의 특수한 물품·공사·용역등 계약의 특수성으로 인하여 적정한 거래실례가격이 없는 경우에는 원가계산에 의한 가격. 이 경우 원가계산에 의한 가격은 계약의 목적이 되는 물품·공사·용역등을 구성하는 재료비·노무비·경비와 일반관리비 및 이윤으로 이를 계산한다.
3. 공사의 경우 이미 수행한 공사의 종류별 시장거래가격 등을 토대로 산정한 표준시장단가로서 중앙관서의 장이 인정한 가격
4. <u>제1호 내지 제3호의 규정에 의한 가격에 의할 수 없는 경우에는 감정가격, 유사한 물품·공사·용역등의 거래실례가격 또는 견적가격</u>

②제1항의 규정에 불구하고 해외로부터 수입하고 있는 군용물자부품을 국산화한 업체와 계약을 체결하려는 경우에는 그 수입가격 등을 고려하여 방위사업청장이 인정한 가격을 기준으로 하여 예정가격을 결정할 수 있다. <신설 2003. 12. 11., 2006. 2. 8., 2007. 10. 10.>

③각 중앙관서의 장 또는 계약담당공무원은 제1항의 규정에 의하여 예정가격을 결정함에 있어서는 계약수량, 이행기간, 수급상황, 계약조건 기타 제반여건을 참작하여야 한다.

④제1항 내지 제3항외에 예정가격의 결정에 관하여 필요한 사항은 기획재정부장관이 정한다. <개정 1999. 9. 9., 2003. 12. 11., 2008. 2. 29.>

위의 법령에서 중요한 것은 각각의 Case와 적용 순서입니다. 즉 제9조 ①항에서 1호부터 3호까지 경우에서 해당되는 것을 먼저 적용합니다. 그리고 1호부터 3호의 내용으로 적용할 수 없을 때 4호를 적용하는 것입니다. 즉, 1호부터 3호까지가 1순위이고 4호가 2순위로 적용되는 것입니다. 그럼 위의 1호부터 4호까지의 내용을 핵심 문장으로만 정리해 보겠습니다.

제7강 '예정가격 결정 절차'와 '공사원가계산서'에 대해서 알아봅시다

> 1호. '적정한 거래가 형성된 경우' ➡ 거래실례가격
> 2호. '신규개발품이거나 특수규격품 등... 적정한 거래실례가격이 없는 경우' ➡ 원가계산에 의한 가격
> 3호. '공사의 경우' ➡ 표준시장단가
> 4호. '제1호 내지 제3호에 의할 수 없는 경우' ➡ 감정가격, 유사한 물품·공사·용역 등의 거래실례가격 또는 견적가격

위 내용을 설명드리기 전에 후배님께서 기억하셨으면 하는 점은, 위의 「국가계약법 시행령」 제9조(예정가격의 결정 기준)는 공사, 물품, 용역 등 모든 계약(가격조사부터 예정가격 결정까지)에서 적용되는 원칙이라는 점입니다.

예시를 들어서 설명해 보겠습니다. 먼저 우리 기관에서 '건물 수선용 페인트 50통'을 구매하는 물품구매 계약이 있다고 가정해 봅시다. 우리 기관이 구매하고자 하는 사양의 페인트는 시중에서 거래되고 있는 가격이 있습니다. 이런 것들은 위의 1호, 시중에서 현재 적정한 거래가 형성된 경우에 속하기 때문에 '거래실례가격'(현재 거래되고 있는 실제 가격정보)을 적용하면 되는 것입니다.(단, 시중에서 거래되고 있다고 해서 아무 가격이나 거래실례가격으로 적용되는 것은 아닙니다. 공신력있는 기관들이 발표한 자료들만 거래실례가격으로 인정하는 것입니다. 거래실례가격으로 적용할 수 있는 세부기준은 「국가계약법 시행규칙」에 명시되어 있는데 이것은 뒤에서 다시 설명드리겠습니다) 이렇게 거래실례가격이 형성된 것들은 대부분 표준적인 규격이 정해져 있고 공통적으로 많이 거래되는 물품들(예, 벽돌, 레미콘, 기와 등)입니다. 따라서 표준적인 규격이 있고 공통적으로 거래되는 물품인 경우에는 '거래실례가격'을 적용하면 됩니다.

두번째 예시로 우리 기관에서 '○○ 도서관'을 신축한다고 가정해 보겠습니다. '○○ 도서관'은 해당 신축공사 위치, 지형, 수요기관의 요구 특성에 따라 설계가 모두 틀립니다. 이러한 건축물을 신축하는 공사계약은 시중에서 적정한 거래가 형성된 것이 없습니다. 즉, '○○도서관 신축'이라는 특정 설계에 따른 시설물이고, 시중에서 여러 경제 주체들간에 '○○ 도서관'을 공통적으로 사고파는 거래도 없는 것입니다. 따라서, 공사의 경우는 위의 2호, 특수한 규격에 따라 수행되는 특수한 공사이면서 적정한 거래실례가격이 없는 경우에 해당되므로 '원가계산에 의한 가격'으로 적용하는 것입니다. (원가계산에 의한 가격은 앞서 제6강 설계내역서 파트에서 예시와 함께 설명해 드렸습니다. 재료비, 노무비, 경비, 일반관리비, 이윤 등을 합

제7강 '예정가격 결정 절차'와 '공사원가계산서'에 대해서 알아봅시다

산해서 총 공사원가계산서를 산출했던 것이 기억나시죠? 최하위 단계에서부터 소모되는 모든 원가계산 요소들을 집계해서 최종 전체금액을 산출하는 것이 원가계산에 의한 예정가격 결정 방법입니다.)

세번째 예시로 우리 기관에서 '00 기숙사'(100억원 이상 건설공사)를 신축한다고 가정해 보겠습니다. 이처럼 100억원 이상의 일정 규모가 있는 건설공사는 '**표준시장단가**'를 적용하도록 규정되어 있습니다. 즉 100억원 이상 건설공사의 경우, 시행령 제9조 ①항 2호의 '원가계산에 의한 가격'과 3호 '표준시장단가'를 같이 적용합니다. 공종별 내역서를 작성할 때에 공사 종류별 '표준시장단가'를 토대로 작성하고 이것을 공종별 집계표 및 공사원가계산서로 종합할 때에는 '원가계산에 의한 가격'결정 방식을 적용하는 것입니다.

네번째 예시로 우리 기관에서 야외공원 조성 사업으로 '작품성이 있는 야외 조각품'을 구매하여 설치한다고 가정해 봅시다. 이런 것은 1호처럼 적정한 거래가 형성된 것도 아니고, 2호처럼 특수규격으로 제작하거나 설치하는 것도 아니며, 3호처럼 100억원 이상의 건설공사로서 표준시장단가를 고려할 수도 없습니다. 이렇게 제1호부터 제3호까지 적용할 수 없을 때 '**감정가격 또는 유사한 물품·공사·용역 등의 거래실례가격 또는 견적가격**'으로 예정가격을 결정하는 것입니다.

이렇게 1호부터 4호까지 설명드렸는데, 이것을 좀 더 도표화해서 요약해 보겠습니다.

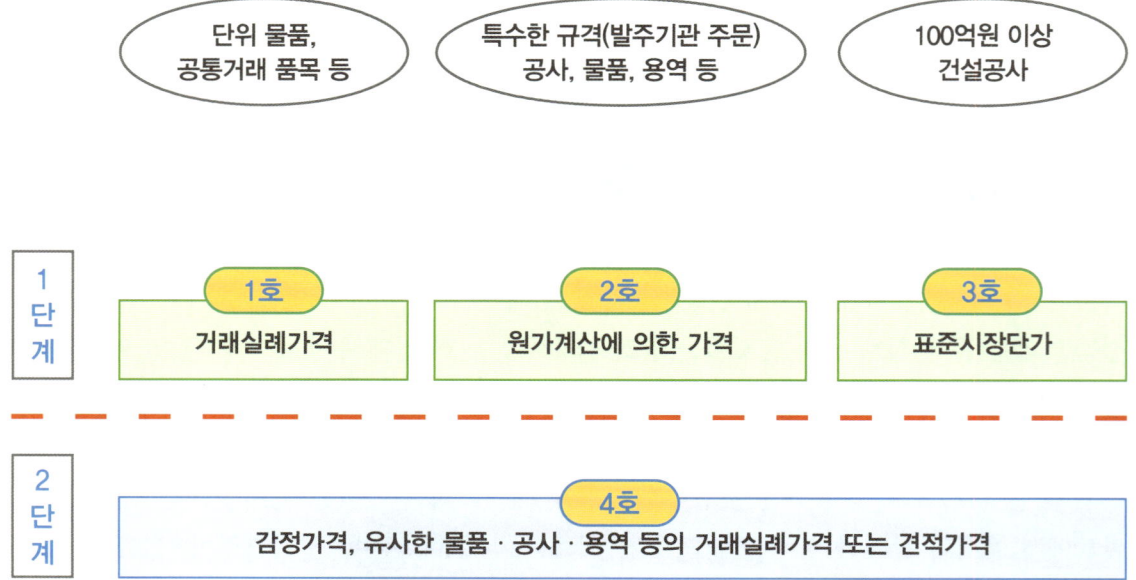

제7강 '예정가격 결정 절차'와 '공사원가계산서'에 대해서 알아봅시다

위 도표를 통해서 예정가격 결정의 4가지 방법과 적용 순서에 대해서 선명하게 이해가 되셨으면 좋겠습니다. 앞서 설명드린 내용과 위의 도표를 이해하셨다면 Q2의 질문에 대한 답도 자신있게 하실 수 있다고 생각합니다. 요약해 보면 법령에 나온 예정가격 결정 방법은 '거래실례가격', '원가계산에 의한 가격', '표준시장단가', '감정가격 또는 유사한 물품.공사.용역 등의 거래실례가격 또는 견적가격' 등 크게 4가지로 구분하고 있습니다. 이중에서 공사계약의 예정가격 결정은 '원가계산에 의한 가격'과 '표준시장단가' 방법을 각각 100억원 미만과 100억원 이상인 경우로 나누어서 적용하고 있습니다. 답이 되셨나요?

그런데 이것만 가지고는 예정가격 결정에 대한 법령을 모두 설명한 것이 아닙니다. 앞서 설명드린 내용은 「국가계약법 시행령」 제9조에 나와있는 대원칙만 설명드린 것입니다. 「국가계약법 시행규칙」에 나와있는 좀 더 세부적인 내용은 다음 Question에서 알아보겠습니다.

제7강 '예정가격 결정 절차'와 '공사원가계산서'에 대해서 알아봅시다

> **Q3** '거래실례가격'에는 3가지 종류가 있다고 하던데요..
> 각각 누가, 어떻게 발표하나요?

'거래실례가격'이 가장 먼저 나오는데 이것부터 확인해 볼까요? 이 부분은 「국가계약법 시행규칙」 제5조(거래실례가격 및 표준시장단가에 따른 예정가격 결정)에 나와 있습니다. 아래의 「국가계약법 시행규칙」를 살펴볼까요?

국가를 당사자로 하는 계약에 관한 법률 시행규칙 (약칭: 국가계약법 시행규칙)

[시행 2021. 10. 28.] [기획재정부령 제867호, 2021. 10. 28., 타법개정]

☐ **제5조(거래실례가격 및 표준시장단가에 따른 예정가격의 결정)** ①영 제9조제1항제1호에 따른 거래실례가격으로 예정가격을 결정함에 있어서는 다음 각 호의 어느 하나에 해당하는 가격으로 하되, 해당거래실례가격에 제6조제1항제4호 및 제5호에 따른 일반관리비 및 이윤을 따로 가산하여서는 아니된다. <개정 1999. 9. 9., 2009. 3. 5.>
1. 조달청장이 조사하여 통보한 가격
2. 기획재정부장관이 정하는 기준에 적합한 전문가격조사기관으로서 기획재정부장관에게 등록한 기관이 조사하여 공표한 가격
3. 각 중앙관서의 장 또는 계약담당공무원이 2이상의 사업자에 대하여 당해 물품의 거래실례를 직접 조사하여 확인한 가격

②영 제9조제1항제3호에 따른 표준시장단가에 따라 예정가격을 결정할 때에 이미 수행한 공사의 종류별 계약단가, 입찰단가와 시공단가 등을 토대로 시장상황과 시공상황을 고려하여 산정하되, 이와 관련하여 필요한 사항은 기획재정부장관이 정한다. <개정 1999. 9. 9., 2009. 3. 5., 2014. 11. 4.>

[제목개정 2014. 11. 4.]

위의 ①항을 보면, 거래실례가격은 <u>1호. 조달청장이 조사하여 통보한 가격</u>, <u>2호. 전문가격조사기관이 조사하여 공표한 가격</u>, 3호. 2이상의 사업자에 대해서 직접 조사하여 확인한 가격이라고 규정하고 있습니다. 즉, 이 3가지 경우에 해당하지 않으면 거래실례가격이 아닌 것입니다. 예를 들어, 우리 기관이 작년에 '차량용 블랙박스 20개'를 개당 15만원에 구매했다고 가정해 보겠습니다. 올해도 동일하게 '차량용 블랙박스 30개'를 추가 구매하려고 합니다. 이때 작년에 구매했던 실적가(개당 15만원 계약단가)는 위의 '거래실례가격'에 해당될까요? 정답은 '거래실례가격에 해당되지 않습니다.'가 답입니다. 거래실례가격을 설명하고 있는 시행규칙 제5조 ①항에는 전년도 실적가가 명시되어 있지 않습니다. 따라서 거래실례가격에 해당될 수 없습니다. 전년도 계약 실적가는 단지 참고만 할 수 있을 뿐입니다. 가끔 '거래실례가격'을 계약 실적가와 혼동하는 경우가 있어서 추가 설명드렸습니다.

그럼 위의 시행규칙 제5조 ①항 각호에 열거되어있는 '거래실례가격으로 인정되는 가격정보'를 하나씩 살펴볼까요? 먼저 <u>1호. 조달청장이 조사하여 통보한 가격</u>입니다. 조달청 나라장터 홈페이지에는 조달청장이 조사하여 통보하는 가격정보들이 많이 있습니다. 아래의 조

제7강 | '예정가격 결정 절차'와 '공사원가계산서'에 대해서 알아봅시다

달청 나라장터 홈페이지 캡쳐화면을 살펴볼까요?

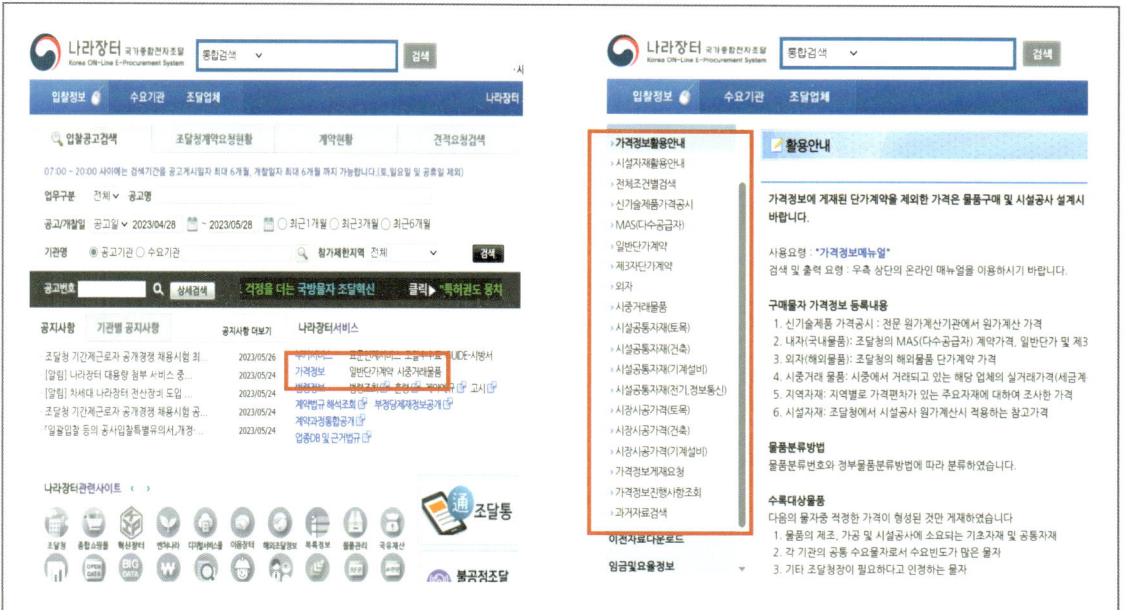

먼저 좌측 캡쳐화면은 나라장터 홈페이지의 메인 화면입니다. 메인 화면의 우측 중앙부분 (나라장터서비스)의 빨간색 박스처럼 '가격정보' 부분을 클릭하고 들어가면 우측과 같은 캡쳐화면이 열립니다. 여기에는 다양한 메뉴의 가격정보들이 있습니다. 그런데 여기에 나오는 가격정보들이 모두 거래실례가격으로 인정되는 것은 아닙니다. 잠시 조달청 홈페이지에 게시되어 있는 '조달청장이 조사하여 통보한 가격'과 관련된 유권해석 내용을 살펴보고 계속 설명을 이어가겠습니다.

질의 요지는 조달청 홈페이지에 나와있는 다양한 가격정보들 중에서 무엇이 '거래실례가격'(시행규칙 제5조 제1항 제1호)에 해당되는 것인지에 대한 질의였습니다. 아래는 조달청 답변내용입니다.

안녕하십니까? 국민신문고(조달청)를 찾아 주심을 감사드리며 질의하신 내용에 대하여 다음과 같이 답변드립니다.<질의요지> 국가계약법 시행규칙 제5조제1항제1호의 조달청장이 조사하여 통보한 가격에는 어떠한 것이 있는지 <답변내용> 「국가를 당사자로 하는 계약에 관한 법령 시행규칙」 제5조제1항제1호의 조달청장이 조사하여 통보한 가격에는 나라장터(G2B) 가격정보에 게재된 가격 중 제3자단가계약, 다수공급자계약(MAS), 일반단가계약 등 조달청 물품계약가격을 제외한 시설공통자재가격 등을 들 수 있을 것입니다. 이 답변은 법적인 효력을 갖지 아니함을 알려드리며, 답변내용이 만족스럽지 못하시더라도 법령해석상 부득이한 점 널리 이해하여 주시기 바랍니다. 아울러 답변내용중 궁금한 사항은 조달청 규제개혁법무담당관실 성주용(전화: 042-724-7071, 모사전송: 042-472-2279)에게 연락하여 주시기 바랍니다.

제7강 '예정가격 결정 절차'와 '공사원가계산서'에 대해서 알아봅시다

결론적으로 위의 많은 가격정보들(조달청 홈페이지에 게시되어 있는 가격정보들 : 신기술제품가격공시, MAS, 일반단가계약, 제3자단가계약, 외자, 시중거래물품, 시설공통자재, 시장시공가격)중에서 '시설공통자재가격'만 거래실례가격에 해당된다라는 의미입니다. 나머지 가격정보들은 단지 수요기관에서 참고하는 가격정보일뿐 거래실례가격으로 인정되는 것이 아닌 것입니다. 혹시 조달청 홈페이지에 나와있는 가격정보를 무조건 '거래실례가격'으로 오인하는 경우를 막기 위해서 유권해석 답변내용까지 설명드렸습니다.

다음으로 2호. 기획재정부장관에게 등록한 기관이 조사하여 공표한 가격을 알아보겠습니다. 기획재정부장관에게 등록한 기관은 대한건설협회, 한국물가협회, 한국응용통계연구원, 한국물가정보, 한국경제조사연구원, 건설산업정보연구원 등 6개 기관입니다. 각각의 기관에서 발행하는 가격정보지를 아래에 사진으로 모아보았습니다.

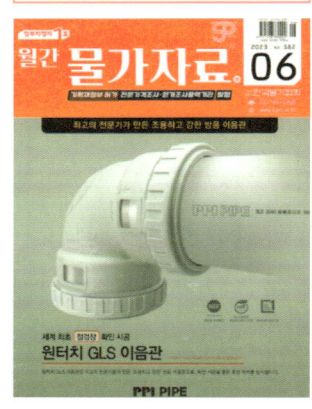

제7강 '예정가격 결정 절차'와 '공사원가계산서'에 대해서 알아봅시다

앞의 사진처럼 6개 기관들이 매월 발행하는 정보지에 나와있는 가격정보들은 '거래실례가격'으로 인정되는 것입니다. 따라서 계약담당자는 되도록 많은 가격정보지에서 가격조사를 실시하고 그중에서 가장 낮은 단가를 적용해서 기초금액을 산출해야 합니다. 한 권의 가격정보지만을 참고해서 '거래실례가격'을 적용했다고 주장하는 것이 아니라 여러 가격정보지를 종합적으로 조사해서 최저 '거래실례가격'을 적용해야 하는 것입니다. (참~~~ 어렵죠?)

다음으로 <u>3호. 각 중앙관서의 장 또는 계약담당공무원이 2이상의 사업자에 대하여 당해 물품의 거래실례를 직접 조사하여 확인한 가격</u>을 알아보겠습니다. 이 3호의 의미는 계약담당공무원이 해당 물품을 직접 생산하는 업체에 방문해서 계약서나 세금계산서 등에 의하여 실제 거래사실을 객관적으로 확인하여 조사한 가격을 의미합니다. 여기에서 중요한 것은 대상업체가 해당 물품을 생산하는 업체이어야 하고 계약담당자가 객관적인 거래 사실을 증빙자료들(예, 계약서, 세금계산서 등)을 직접 확인하고 조사해야 한다는 것입니다. 따라서 실제 우리가 계약업무를 수행하는 실무에서는 3호의 내용처럼 직접 조사한 가격정보를 적용하는 경우가 거의 없습니다.(저 역시 재무관 직책을 수행하면서 3호를 적용한 실무경험은 없습니다.)

그럼에도 불구하고 일부 계약담당자들이 업체들에게서 받은 '견적서'를 가지고 위의 3호에 해당된다고 오판하는 경우가 있습니다. 참고로 견적서는 실제 거래와 관계없는 업체의 희망가격이기 때문에 거래실례에 해당되지 않습니다. 따라서 3호의 규정에 따른 거래실례가격을 적용한 사례는 드물다고 생각합니다.

다음은 시행규칙 제5조 ②항입니다. <u>표준시장단가에 따라 예정가격을 결정할 때에 이미 수행한 공사의 종류별 계약단가, 입찰단가와 시공단가 등을 토대로 시장상황과 시공상황을 고려하여 산정하되</u>, 이와 관련하여 필요한 사항은 기획재정부장관이 정하도록 규정되어 있습니다. 이에 따라 (계약예규)예정가격 작성기준에서는 표준시장단가에 따른 예정가격 작성방법을 규정하고 있습니다. 다만 이 표준시장단가는 앞서 제6강 설계내역서 파트에서 설명드렸듯이, 매년 상반기와 하반기로 나누어서 한국건설기술연구원에서 표준시장단가를 조사하고 이를 최종적으로 국토교통부에서 승인하고 발표하고 있습니다. (아래의 화면을 보시면 제6강 설명내용이 기억나시겠죠?)

제7강 '예정가격 결정 절차'와 '공사원가계산서'에 대해서 알아봅시다

국토교통부 공고문	표준품셈 자료(공고시 해당 원문 첨부/게시)
국토교통부 공고 제2022-1622호 2023년 상반기 건설공사 표준시장단가 공종 및 단가 공고 「국가를 당사자로 하는 계약에 관한 법률 시행령」 제9조제1항제3호 및 「예정가격 작성기준(기획재정부 계약예규 제577호)」 제38조제4항, 「건설기술진흥업무 운영규정(국토교통부 훈령 제1564호)」 제88조제4항에 따라 "2023년 상반기 건설공사 표준시장단가 적용공종 및 단가"를 다음과 같이 공고합니다. 2022. 12. 30. 국토교통부장관 1. 제정목적 정부 등 공공기관에서 시행하는 건설공사의 예정가격 산정 기초자료 제공 2. 적용일시 : 2023년 1월 1일부터 3. 적용범위 국가, 지방자치단체, 공기업·준정부기관, 기타 공공기관 및 위 기관의 감독과 승인을 요하는 기관에서 시행하는 건설공사 4. 구성내용 제1장 총칙 제2장 토목공사 표준시장단가 제3장 건축공사 표준시장단가 제4장 기계설비공사 표준시장단가 제5장 표준시장단가 적용시 간접공사비 등 산정 참고자료 5. 관리기관 : 한국건설기술연구원 공사비원가관리센터 (☎031-995-0900)	

이제까지 거래실례가격의 3가지 종류와 표준시장단가에 대해서 각각 누가 어떻게 발표하는지 알아보았습니다. 요약 정리해 보면 조달청장이 조사하여 통보한 가격은 조달청에서 나라장터를 통해서 발표하고 있고, 전문가격조사기관이 조사하여 공표한 가격은 대한건설협회, 한국물가협회, 한국응용통계연구원, 사단법인 한국물가정보, 한국경제조사연구원, 건설산업정보연구원 등 6개 기관 및 협회가 책자 형태로 발표하고 있습니다. 그리고 각 중앙관서의 장 또는 계약담당공무원이 2이상의 사업자에 대하여 당해 물품의 거래실례를 직접 조사하여 확인한 가격도 거래실례가격에 포함되는 것으로 계약담당공무원이 직접 작성하는 것입니다. 마지막으로 표준시장단가는 한국건설기술연구원에서 상.하반기로 나누어 국토교통부 공고문으로 발표하고 있습니다.

자~~ 이제 거래실례가격과 표준시장단가를 어디서 어떻게 찾아야 하는지 아시겠죠?

제7강 '예정가격 결정 절차'와 '공사원가계산서'에 대해서 알아봅시다

Q4 '원가계산에 의한 예정가격 결정'에 대해서 좀 더 세부적으로 알려주세요~~

후배님! 공사계약은 '원가계산에 의한 예정가격 결정' 또는 '표준시장단가를 적용한 예정가격 결정' 방식을 따른다고 했습니다. 특히 100억원 미만 건설공사와 기타 개별법령에 따른 공사(전기공사, 소방공사, 정보통신공사 등 / 공사금액과 상관 없음)는 '원가계산에 의한 예정가격 결정' 방식을 적용합니다. 따라서 공사계약 담당자들이 제일 많이 접하는 것이 '원가계산에 의한 예정가격 결정' 방식이므로 좀 더 세부적으로 살펴볼 필요가 있겠죠?

잠시 「국가계약법 시행규칙」 제6조(원가계산에 의한 예정가격 결정)을 살펴보겠습니다. 아래 시행규칙 내용부터 읽어볼까요?

국가를 당사자로 하는 계약에 관한 법률 시행규칙 (약칭: 국가계약법 시행규칙)

[시행 2021. 10. 28.] [기획재정부령 제867호, 2021. 10. 28., 타법개정]

□ 제6조(원가계산에 의한 예정가격의 결정) ① 공사·제조·구매(수입물품의 구매는 제외한다) 및 용역의 경우 영 제9조제1항제2호에 따라 원가계산에 의한 가격으로 예정가격을 결정함에 있어서는 그 예정가격에 다음 각 호의 비목을 포함시켜야 한다. <개정 1999. 9. 9., 2009. 3. 5.>

1. 재료비
   계약목적물의 제조·시공 또는 용역등에 소요되는 규격별 재료량에 그 단위당 가격을 곱한 금액
2. 노무비
   계약목적물의 제조·시공 또는 용역등에 소요되는 공종별 노무량에 그 노임단가를 곱한 금액
3. 경비
   계약목적물의 제조·시공 또는 용역등에 소요되는 비목별 경비의 합계액
4. 일반관리비
   재료비·노무비 및 경비의 합계액에 제8조제1항(제10호를 제외한다)의 규정에 의한 일반관리비율을 곱한 금액
5. 이윤
   노무비·경비(기획재정부장관이 정하는 비목은 제외한다) 및 일반관리비의 합계액에 제8조제2항(제3호는 제외한다)에 따른 이윤율을 곱한 금액

「국가계약법 시행규칙」 제6조 ①항을 보면, 원가계산에 의한 방법을 적용할 때에는 재료비, 노무비, 경비, 일반관리비, 이윤 등의 비목을 포함해서 작성해야 한다고 나와 있습니다. 그리고 각각 재료비, 노무비, 경비, 일반관리비, 이윤에 포함되는 항목과 계산방법 등을 별도로 규정하고 있습니다. 원가계산서의 구성 항목별 세부설명은 다음 Question에서 나오기 때문에 우선 여기에서는 잠시 접어두겠습니다. 어쨌든 원가계산에 의한 예정가격 결정은 재료비, 노무비, 경비, 일반관리비, 이윤 등 다섯가지 비목으로 구성한다는 것을 알 수 있습니다.

제7강 '예정가격 결정 절차'와 '공사원가계산서'에 대해서 알아봅시다

「국가계약법 시행규칙」제6조와 연관해서 (계약예규)예정가격 작성기준의 별표에 보면 물품 제조, 공사, 학술연구용역 등 3가지 유형에 대한 원가계산서 양식을 예시로 지정하고 있습니다. 그 중에서 물품 제조, 공사 등 2가지 원가계산서 양식을 아래에 제시해 보았습니다.

별표 1. 제조원가계산서

(별표1) 제조원가계산서

품명: 생산량:
규격: 단위: 제조기간:

비목		구분	금액	구성비	비고
제조원가	재료비	직접재료비			
		간접재료비			
		작업설·부산물 등(△)			
		소계			
	노무비	직접노무비			
		간접노무비			
		소계			
	경비	전력비			
		수도광열비			
		운반비			
		감가상각비			
		수리수선비			
		특허권사용료			
		기술료			
		연구개발비			
		시험검사비			
		지급임차료			
		보험료			
		복리후생비			
		보관비			
		외주가공비			
		산업안전보건관리비			
		소모품비			
		여비·교통비·통신비			
		세금과공과			
		폐기물처리비			
		도서인쇄비			
		지급수수료			
		기타법정경비			
		소계			
일반관리비( )%					
이윤( )%					
총원가					

별표 2. 공사원가계산서

(별표2) 공사원가계산서

공사명: 공사기간:

비목		구분	금액	구성비	비고
순공사원가	재료비	직접재료비			
		간접재료비			
		소계			
	노무비	직접노무비			
		간접노무비			
		소계			
	경비	전력비			
		수도광열비			
		운반비			
		기계경비			
		특허권사용료			
		기술료			
		연구개발비			
		품질관리비			
		가설비			
		지급임차료			
		보험료			
		복리후생비			
		보관비			
		외주가공비			
		산업안전보건관리비			
		소모품비			
		여비·교통비·통신비			
		세금과공과			
		폐기물처리비			
		도서인쇄비			
		지급수수료			
		환경보전비			
		보상비			
		안전관리비			
		건설근로자퇴직공제부금비			
		기타법정경비			
		소계			
일반관리비[(재료비+노무비+경비)×)%]					
이윤[(노무비+경비+일반관리비)×)%]					
총원가					
공사손해보험료[보험가입대상공사부분의총원가×)%]					

(계약예규)예정가격 작성기준 별표1과 별표2에서 보듯이 제조원가계산서도 재료비, 노무비, 경비, 일반관리비, 이윤 등 5가지 비목으로 구성되어 있고 이중에서 재료비 + 노무비 + 경비가 제조원가로 구분되는 것을 알 수 있습니다. 마찬가지로 공사원가계산서도 동일하게 재료비, 노무비, 경비, 일반관리비, 이윤 등 5가지 비목으로 구성되어 있지만 경비에 포함되는 항목들이 제조원가계산서와는 상이하고 총원가 밑에 공사손해보험료 항목이 추가되어 있는 특징이 있습니다. 어쨌든 위의 별표 양식과 같이 작성하는 것이 '원가계산에 의한 예정가격 결정' 방법이라는 정도만 이해하시면 됩니다.

제7강 '예정가격 결정 절차'와 '공사원가계산서'에 대해서 알아봅시다

이외에도 「국가계약법 시행규칙」 제7조부터 제10조까지 '원가계산에 의한 예정가격 결정'에서 적용하는 세부 규정이 나열되어 있습니다. 이 부분은 공사계약 위주로 간단하게 요약해 놓았습니다.

제7조 (원가계산을 할 때 <u>단위당 가격의 기준</u>)	1순위 : 거래실례가격 2순위 : 감정가격 3순위 : 유사한 거래실례가격 4순위 : 견적가격
제8조 (원가계산에 의한 예정가격 결정시 일반관리비율 및 이윤율)	일반관리비율(공사의 경우) : 100분의 6을 초과하지 못함 이윤율(공사의 경우) : 100분의 15를 초과하지 못함
제9조 (원가계산서의 작성 등)	원가계산에 의한 가격으로 예정가격을 결정할 때에는 원가계산서를 작성하여야 함

「국가계약법 시행규칙」 제7조의 내용은 '원가계산을 할 때 <u>단위당 가격</u>을 적용하는 기준과 순서'에 대한 것입니다. 여기서 '단위당 가격'이라는 용어는 시행규칙 제6조 ①항 1호 재료비에 대한 내용에서 나옵니다. 앞에서 시행규칙 제6조 내용 중에 빨간색 동그라미로 표시해 놓았던 것을 보셨나요? 따라서 여기에서의 단위당 가격은 재료비 비목에서 적용하는 기준과 순서인 것입니다. 즉 재료비의 단위당 가격을 적용할 때에는 1순위) 거래실례가격 -> 2순위) 감정가격 -> 3순위) 유사한 거래실례가격 -> 4순위) 견적가격 순으로 적용토록 규정하고 있습니다.

예를 들어 공사원가계산서 중 재료비 비목에 포함되어 있는 '벽돌' 가격을 조사한다고 가정할 때, 거래실례가격(1. 조달청장이 조사하여 통보한 가격, 2. 기획재정부장관에게 등록한 기관이 조사하여 공표한 가격, 3. 각 중앙관서의 장 또는 계약담당공무원이 2이상의 사업자에 대하여 당해 물품의 거래실례를 직접 조사하여 확인한 가격)을 우선 적용하고, 거래실례가격이 없을 때 감정가격, 유사한 거래실례가격, 견적가격 순으로 내려간다는 의미입니다. '벽돌' 단가는 당연히 거래실례가격이 있겠지만 공통사용자재가 아닌 경우(예를 들어, 건축물에 특수한 규격의 스크린 도어가 설치되어야 하고 해당 자재가 재료비 내역에 포함되어 있는 경우라고 가정해 봅시다)에는 별도 주문제작 자재이기 때문에 거래실례가격으로 조사할 수 없는 것입니다. 이때에는 감정가격, 유사한 거래실례가격, 견적가격 순으로 적용한다는 의미입니다.

제7강 '예정가격 결정 절차'와 '공사원가계산서'에 대해서 알아봅시다

공사계약 실무에서도 재료비 중 특수규격 자재가 포함되어 있는 경우가 있으므로 해당 품목만 동종 업체(앞의 예시의 경우, 타 스크린 도어 제작업체)에 견적서를 의뢰해서 해당 견적가격으로 '가격조사'를 실시하곤 합니다. 어쨌든 재료비의 '단위당 가격'은 위의 1순위부터 4순위 순으로 적용해야 하며 1순위인 '거래실례가격'에는 3가지 종류가 있다는 것을 기억해야 합니다.

「국가계약법 시행규칙」제8조와 제9조의 내용은 위에 요약한 내용 그대로입니다. 즉 일반관리비는 6%를 초과할 수 없고 이윤은 15%를 초과할 수 없으며 원가계산서 양식에 따라 작성해야 한다는 규정입니다.

위의 내용들을 종합해서, 공사계약의 '원가계산에 의한 예정가격 결정시' 적용하는 방법을 하나의 도식으로 요약해서 아래에 제시해 드렸습니다. 차분하게 살펴보시면 공사원가계산서의 구성 항목별로 어떻게 '가격조사'를 해야 하는지에 대해서 이해하실 수 있으실 겁니다. 특히 직접재료비에 대한 '단위당 가격'을 조사할 때 지켜야 하는 적용 순서와 방법도 일목요연하게 표시해 놓았으니 규정을 이해하는데 도움이 되실 것 같습니다.

제7강 '예정가격 결정 절차'와 '공사원가계산서'에 대해서 알아봅시다

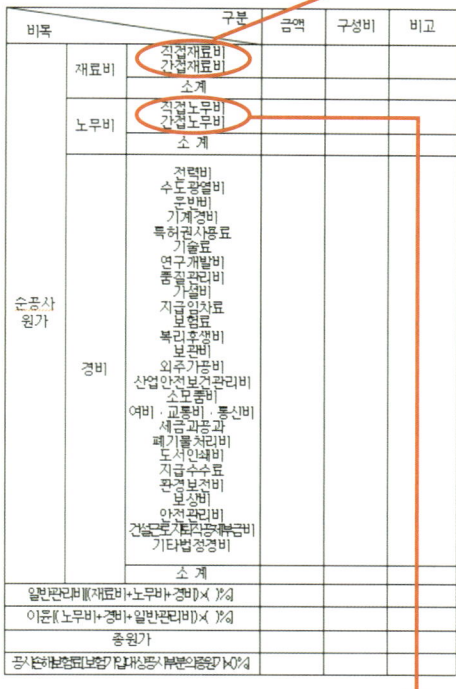

별표 2. 공사원가계산서

직접노무비 = 노무량 × 노임단가
* 직종별 노임단가 : 매년 2회 대한건설협회에서 발표

* 간접노무비는 직접노무비에 정해진 비율을 곱해서 산출함

경비 : 각 항목별 산출방법(공식)에 따라 산출함

일반관리비 : 재료비 + 노무비 + 경비 합계액에 정해진 비율을 곱해서 산출함
* 100분의 6을 초과하지 못함

이윤 : 노무비 + 경비 + 일반관리비 합계액에 정해진 비율을 곱해서 산출함
* 100분의 15를 초과하지 못함

직접재료비 단위당 가격 조사 방법

1. 거래실례가격

① 조달청장이 조사하여 통보한 가격

 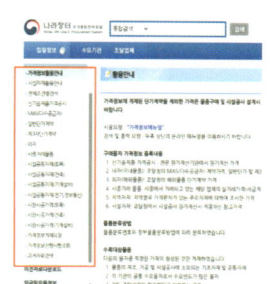

② 전문가격조사기관이 공표한 가격

③ 2이상의 사업자에 대하여 거래실례를 직접 조사한 가격

2. 감정가격

3. 유사한 거래실례가격

4. 견적가격

* 간접재료비는 직접재료비에 정해진 비율을 곱해서 산출함

제7강 '예정가격 결정 절차'와 '공사원가계산서'에 대해서 알아봅시다

Q5 간접재료비, 간접노무비, 기타경비 항목에 대해서 설명해 주세요~~

후배님! 앞에서 공사원가계산서의 전체적인 구조를 이해하셨을 겁니다. 여기 Q5에서는 각 항목들에 대해서 좀 더 구체적으로 설명해 드리겠습니다.

공사계약담당자들도 공사원가계산서에 많은 항목들이 열거되어 있어서 뭐가 뭔지 헷갈리거나 해당 항목이 무슨 비용을 집계하는 항목인지 잘 모르는 경우가 있습니다. 예를 들어, 직접재료비와 간접재료비가 어떻게 다른지? 어떤 것이 직접노무비에 해당되고 어떤 것이 간접노무비에 해당하되는지? 등 각 항목들의 의미를 잘 모르거나 어렴풋하게 아는 상태에서 관행적으로 업무를 하는 경우들이 있습니다. 그래서 여기 Q5에서는 공사원가계산서에 나오는 각 항목별 의미와 산정방법에 대해서 좀 더 세부적으로 설명해 드리겠습니다.

제6강 Q1에서 설계내역서 샘플을 통해서 설계내역서(엑셀)의 앞뒤 구성에 대해서 설명해 드렸는데, 당시에 사용했던 '풋살경기장 신축공사' 내역서를 다시한번 활용하겠습니다. 참고로 이번 Q5에서는 표준품셈을 기초로 한 '원가계산서'를 기초로 설명 드리겠습니다. 표준품셈을 기초로 한 원가계산서가 실무에서 많이 사용되고 있으며, 이 부분을 익혀두면 표준시장단가에 의한 원가계산서도 좀 더 쉽게 이해하실 수 있기 때문입니다. 그럼 원가계산서에 나와있는 항목들을 살펴볼까요?

구분		요율	토목	건축	기계		안전관리비	합계
재료비	직 접 재 료 비		7,650,985				0	7,650,985
	간 접 재 료 비						0	0
	소 계		7,650,985	0	0		0	7,650,985
노무비	직 접 노 무 비		9,893,857				0	9,893,857
	간 접 노 무 비	13.30%	1,315,882				0	1,315,882
	소 계		11,209,739	0	0		0	11,209,739
경 비	운 반 비						0	0
	기 계 경 비		1,079,049				0	1,079,049
	폐기물처리비(100톤미만)						0	0
	지정폐기물처리비						0	0
	산 재 보 험 료	3.70%	414,760				0	414,760
	고 용 보 험 료	1.01%	113,218				0	113,218
	건 강 보 험 료	3.545%	350,737				0	350,737
	노인장기요양보험료	12.81%	44,929				0	44,929
	연 금 보 험 료	4.50%	445,223				0	445,223
	퇴 직 공 제 부 금	2.30%	0				0	0
	안 전 관 리 비	2.93%					616,876	616,876
	기 타 경 비	5.20%	980,757				0	980,757
	환 경 보 전 비	0.30%	55,871				0	55,871
	지 급 수 수 료	0.081%	15,085				0	15,085
	건설기계대여금발급수수료	0.40%	74,495				0	74,495
	소 계		3,574,124				616,876	4,191,000
일 반 관 리 비		6.00%	1,348,090	0	0		37,012	1,393,102
이 윤		11.00%	1,774,294				71,927	1,846,221
관 급 품			2,100,000				0	2,100,000
안전비 / 안전비 / 분담금							0	0
보 일 러 검 사 비							0	0
석 면 농 도 측 정 비							0	0
합 계			27,655,232	0	0		725,815	28,381,047
부 가 가 치 세		10.00%	2,765,523				72,581	2,838,104

제7강 '예정가격 결정 절차'와 '공사원가계산서'에 대해서 알아봅시다

총 지재구매(도급자관급자재) 설치납품(관급자관급자재) 폐기물처리비(100톤이상) 재해예방기술지도비 한전비/안전비/분담금 분뇨처리비	30,420,755 12,193,712 112,537,137	0	0	798,396	31,219,151 12,193,712 112,537,137 0 0 0 0
총 공 사 비	155,151,604	0	0	798,396	155,950,000

맨 좌측 A열과 B열에 나오는 순서대로 각 항목별 의미와 산정방법을 설명드리겠습니다.

① **재료비** : 재료비는 공사목적물의 실체를 형성하는 직접재료비와 공사목적물의 실체를 형성하지는 않으나 공사에 보조적으로 소비되는 재료인 간접재료비로 나누어집니다. 예를 들어 설명해 보겠습니다. '○○ 도서관' 신축공사라고 가정해 봅시다. 해당 공사에 철근콘크리트 공종이 있습니다. 이런 철근콘크리트 공종에는 레미콘, 철근이 직접재료로 포함되어 있습니다. 이런 레미콘, 철근 등은 기둥이나 슬래브처럼 공사목적물의 실체로 남는 것입니다. 반면에 해당 철근콘크리트 공종에서 거푸집이나 동바리처럼 간접재료도 필요한 것입니다. 거푸집이나 동바리는 콘크리트 양성을 위해서 설치해 두었다가 제거하기 때문에 공사목적물의 실체로 남는 것은 아닙니다. 이처럼 공사목적물의 실체를 구성하는 것인지 여부에 따라 직접재료와 간접재료로 나누어지는 것입니다. 이러한 개념이 직접재료비, 간접재료비의 의미이자 개념입니다.

(계약예규)예정가격 작성기준의 제9조에 보면 간접재료비를 좀 더 구체적으로 아래와 같이 설명하고 있습니다.

<간접재료비> 계약목적물의 실체를 형성하지는 않으나 제조에 보조적으로 소비되는 물품의 가치
 1. 소모재료비 : 기계오일, 접착제, 용접가스, 장갑, 연마재 등 소모성 물품의 가치
 2. 소모성 공구, 기구, 비품비
 3. 포장 재료비 : 제품 포장에 소요되는 재료의 가치

그러면 공사원가계산서 예시에서 직접재료비는 7,650,985원이라고 나오는데 간접재료비는 왜 없는지? 궁금하실 겁니다. 위의 공사원가계산서는 표준품셈을 기초로 하여 작성된 원가계산서입니다. 표준품셈을 기초로 한다는 것은 하나의 공사 작업별로 재료량, 노무량, 경비 등을 모두 표준측정량을 기준으로 적용하는데, 이때 간접재료 소모량을 직접재료비에 같이 포함하고 있으며 소모되는 공구손료는 경비에 포함하기 때문에 별도로 간접재료비를 계상하지 않는 것입니다. 즉 간접재료비는 표준품셈을 통해서 직접재료비와 경비에 포함되어 있다고 생각하시면 됩니다. 따라서 간접재료비는 항상 '0'입니다.

제7강 '예정가격 결정 절차'와 '공사원가계산서'에 대해서 알아봅시다

② **노무비** : 노무비는 직접노무비와 간접노무비로 구분됩니다. 직접노무비는 공사현장에서 계약목적물을 완성하기 위해 직접 작업에 종사하는 종업원 및 노무자들에 대한 대가입니다. 반면에 간접노무비는 직접 공사작업에 종사하지는 않으나 보조작업 종사자, 현장감독자 등의 노무비입니다. 예를 들어 아스팔트콘크리트 포장 공종이 있다고 가정해 봅시다. 직접 포장시공을 담당하는 포장공은 직접노무비에 해당될 것이고 현장소장(현장대리인)과 공사현장 경비원이나 청소원 등은 간접노무비에 해당되는 것입니다.

(계약예규)예정가격 작성기준의 [별표 2의1] 공사원가계산시 간접노무비 계상방법을 보면 아래와 같이 명시되어 있습니다.

〈간접노무비의 대상으로 볼 수 있는 배치인원〉
현장소장, 현장사무원(총무, 경리, 급사 등), 기획·설계부문종사자, 노무관리원, 자재·구매관리원, 공구담당원, 시험관리원, 교육·산재담당원, 복지후생부문종사자, 경비원, 청소원 등

직접노무비는 표준품셈에서 정해져 있는 직종별 노무량에 해당 직종 노임단가를 곱해서 산출합니다. 반면에 간접노무비는 표준품셈에 의한 노무량 측정시 포함되어 있지 않기 때문에 별도로 산정해야 합니다. 간접노무비를 계상하는 방법에는 직접계상방법, 비율분석방법, 기타 보완적 계상방법 등 세가지 방법이 있습니다. 직접계상방법은 앞서 언급한 간접노무인원 소요(현장감독부터 청소원까지)를 모두 개별적으로 산출해서 노무비를 계상하는 방식입니다. 비율분석방법은 직접노무비에 간접노무비율(정해진 약식 비율)을 곱해서 간편하게 산출하는 방식입니다. 기타 보완적 계상방법은 공사종류, 공사 규모, 공사 기간별 간접노무비 비율의 평균값을 산출해서 곱하는 방식입니다.

- 직접계상방법 : 간접노무비 = 간접 노무량(직접 소요별 산출) × 노무비 단가
- 비율분석방법 : 간접노무비 = 직접노무비 × 간접노무비율
- 기타 보완적 계상방법 = (공사 종류별 % + 공사 규모별 % + 공사 기간별 %) ÷ 3

구 분	공사종류별	간접노무비율
공사 종류별	건 축 공 사	14.5
	토 목 공 사	15
	특수공사(포장, 준설 등)	15.5
	기타(전문, 전기, 통신 등)	15

제7강 '예정가격 결정 절차'와 '공사원가계산서'에 대해서 알아봅시다

공사 규모별	50억원 미만	14
	50~300억원 미만	15
	300억원 이상	16
공사 기간별	6개월 미만	13
	6~12개월 미만	15
	12개월 이상	17

기타 보완적 계상방법 예시) 토목공사 / 공사규모 100억원 / 공사기간 15개월
- 간접노무비율 = (공사종류 15% + 공사 규모 15% + 공사기간 17%) ÷ 3 = 15.67%
- 간접노무비 적용 = 직접노무비 × 15.67%

이상의 3가지 방법이 계약예규에 명시된 원칙적인 방법이고 실무에서는 조달청에서 발표하는 '시설공사 제비율' 발표 자료를 통상 적용하고 있습니다. 즉 조달청에서 기존에 완성된 공사들의 원가통계를 직접 작성해서 자체 간접노무비율 적용기준을 수립하는 것입니다. 그리고 타 기관에서는 조달청에서 발표하는 간접노무비 요율을 적용하고 있습니다. 그럼 조달청에서 어떤 형태로 발표하고 있는지 보여드리겠습니다. 첫번째는 간접공사비 적용기준(간접노무비율 상승) 변경사항을 보도하는 발표자료이고 두번째는 조달청에서 적용하는 '공사원가 제비율표' 게시자료 입니다. (참고로, 조달청에서는 토목공사, 건축공사, 국가유산수리공사 등 3가지 종류로 구분해서 게시하고 있습니다)

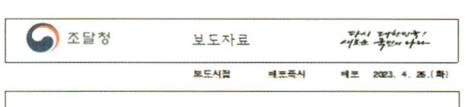

제7강 | '예정가격 결정 절차'와 '공사원가계산서'에 대해서 알아봅시다

위 보도자료에서 보듯이 조달청은 간접노무비, 기타경비, 일반관리비, 이윤, 공사이행보증수수료 등 5가지 항목에 대한 적용기준을 매년 발표하고 있습니다. 조달청은 완성공사에 대한 원가통계를 분석해서 결정함으로써 건설시장의 변화 상황을 적시적으로 반영하고 현장의 공사원가를 충실하게 반영될 수 있도록 제시하고 있는 것입니다.

이것을 구체화하고 다른 경비항목들도 같이 포함해서 하나의 도표로 종합한 것이 아래 자료입니다.

2023년 토목·조경·산업환경설비공사 원가계산 간접공사비(제비율) 적용기준

※ 적용시기 : 2023. 4. 28. 입찰공고분부터

공사규모 (직접공사비)	공사기간	[간접노무비] (직노) x 율		
		토목	조경	산업 설비 (토목)
50억 미만	6개월 이하 (183일)	13.7	13.7	13.7
	7~12개월 (365일)	13.8	13.8	13.8
	13~36개월 (1095일)	13.7	13.8	13.7
	36개월 초과 (1096일)	13.9	14.0	13.9
50억 - 300억 미만	6개월 이하 (183일)	13.3	13.3	13.3
	7~12개월 (365일)	13.4	13.4	13.4
	13~36개월 (1095일)	13.3	13.4	13.3
	36개월 초과 (1096일)	13.5		
300억 - 1000억 미만	6개월 이하 (183일)	13.1	13.2	
	7~12개월 (365일)	13.2	13.3	13.2
	13~36개월 (1095일)	13.2	13.2	13.2
	36개월 초과 (1096일)	13.4	13.4	13.4

제7강 '예정가격 결정 절차'와 '공사원가계산서'에 대해서 알아봅시다

앞서 간접노무비 예시에서 살펴보았던 사례를 위의 '조달청 제비율표'에서 찾아서 적용해 볼까요? 토목공사이면서 공사규모가 100억원이고 공사기간이 15개월이므로 위의 표에서 찾아보면 13.3%가 해당됩니다(빨간색 화살표 지점). 즉, 직접노무비에 13.3%를 곱해서 간접노무비를 산출하면 되는 것입니다. 공사종류, 공사규모, 공사기간에 따라 적용 요율을 바로 찾을 수 있도록 하나의 도표로 정리해 놓았기 때문에 편리하게 찾아서 사용할 수 있습니다.

참고로 일부 기관에서는 예산부족 등의 이유로 간접노무비율을 '조달청 적용기준'보다 적게 계상하는 경우들이 종종 있습니다. 이러한 관행은 공정한 국가계약 체결 및 이행을 보장하지 못하고 업체로 하여금 부실공사를 유발하는 요인이 되기 때문에 적절하지 못합니다. 부득이한 경우에 조달청 적용 비율보다 약간 적게 계상하는 것(예, 13.3% 적용 기준 -> 12% ~ 13% 적용)은 용인될 수 있지만 턱없이 부족하게 계상하는 것(예, 13.3% 적용 기준 -> 10% 미만 적용 등)은 안 된다고 생각합니다. 따라서 공사원가계산서에 계상된 간접노무비가 조달청 적용 비율보다 과도하게 부족한 경우에는 사업부서에 부족예산을 추가 확보하도록 통보하는 것이 맞다고 생각합니다.

③ 경비 : 경비에는 많은 비용항목들이 나열되어 있다보니 더 어렵게 생각하는 경우가 많습니다. 하지만 하나하나 살펴보면 그렇게 어려운 것이 아닙니다. 우선 경비란 재료비, 노무비를 제외한 공사 시공과정에서 발생하는 원가를 말하는데 관리활동부문에서 발생하는 일반관리비와는 구분되는 것입니다. 경비의 중요한 개념은 '공사 시공과정에서 필수적으로 발생하는 원가'라는 것입니다. 예를 들어 같은 전력비라고 하더라도 공사 시공과정에 소요되는 전력비는 경비항목에 포함되는 것이고 회사본사 사무실의 전력비는 일반관리비에 해당되는 것입니다. (계약예규)예정가격 결정 기준에서는 경비에 포함될 수 있는 항목들을 아래와 같이 열거하고 있습니다.

〈 경비에 포함되는 항목 〉

전력비, 수도광열비, 운반비, 기계경비, 특허권사용료, 기술료, 연구개발비, 품질관리비, 가설비, 지급임차료, 보험료, 복리후생비, 보관비, 외주가공비, 산업안전보건관리비, 소모품비, 여비.교통비.통신비, 세금 및 공과금, 폐기물처리비, 도서인쇄비, 지급수수료, 환경보전비, 보상비, 안전관리비, 건설근로자퇴직공제부금비, 기타법정경비

위에 열거된 항목들이 경비의 개념에 포함되는 것이지만, 실제 공사원가계산서의 경비 항목

제7강 '예정가격 결정 절차'와 '공사원가계산서'에 대해서 알아봅시다

들과 정확히 일치하는 것은 아닙니다. 그럼 경비에 포함되는 항목들이 공사원가계산서에 어떻게 매칭되는지를 도식화 해 보았습니다.

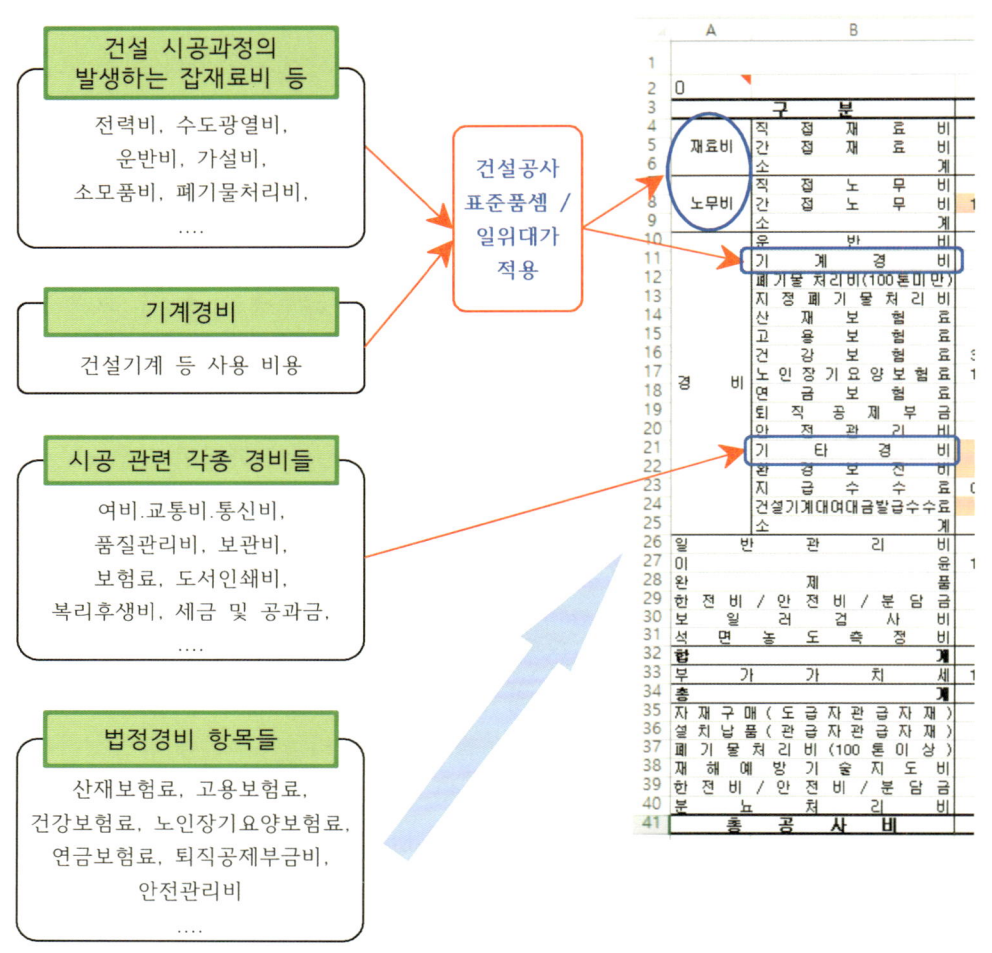

경비 항목들 중에서 시공과정의 소모품 등 잡재료비나 부수작업 노임(예, 운반비 등)은 건설공사 표준품셈에 의거 재료비와 노무비에 포함되어 있다고 간주하시면 되고, 건설기계를 사용에 따른 비용(건설기계 사용료, 감가상각비 등)은 건설공사 표준품셈에 의거 '기계경비' 항목으로 계상되는 것입니다. 이외의 시공 관련 각종 경비들(여비.교통비.통신비, 품질관리비, 보관비, 보험료, 도서인쇄비, 복리후생비, 세금 및 공과금 등)은 '기타경비'라는 항목으로 반영된다고 이해하시면 됩니다. '기타경비' 항목은 각종 경비 내역을 하나하나 측정해서 계상할 수 없으므로 공사 종류별로 반영 비율을 곱해서 개략적인 금액을 반영합니다. '기타경비'에 포함되지 않은 법정경비 항목들은 각각 관련 법령에 따라 개별 항목별로 정해진 금액을 산출해서 반영해야 합니다.

제7강 「'예정가격 결정 절차'와 '공사원가계산서'에 대해서 알아봅시다」

그럼 **기타경비** 계상 방법을 좀 더 구체적으로 살펴보겠습니다. '기타경비'도 앞서 간접노무비와 마찬가지로 공사종류, 공사 기간, 공사 규모 등에 따라 정해진 반영 비율을 찾아서 적용합니다. 앞서 보여드린 조달청 공사원가 제비율표 자료에서 기타경비가 나오는 부분만 캡쳐한 화면입니다.

※ 적용시기 : 2023. 4. 28. 입찰공고분부터

공사규모 (직접공사비)	공사기간	[간접노무비] (직노) x 율			[기타경비] (재+노) x 율			공사 (추정
		토목	조경	산업설비(토목)	토목	조경	산업설비(토목)	
50억 미만	6개월 이하 (183일)	13.7	13.7	13.7	6.5	6.4	6.5	5억 □
	7~12개월 (365일)	13.8	13.8	13.8	6.7	6.6	6.7	
	13~36개월 (1095일)	13.7	13.8	13.7	6.8	6.7	6.8	5억
	36개월 초과 (1096일)	13.9	14.0	13.9	7.1	7.0	7.1	
50억 - 300억 미만	6개월 이하 (183일)	13.3	13.3	13.3	6.8	6.7	6.8	30억 □
	7~12개월 (365일)	13.4	13.4	13.4	7.0	6.9	7.0	30
	13~36개월 (1095일)	13.3	13.4	13.3	7.1	7.0	7.1	50억
	36개월 초과 (1096일)	13.5	13.6	13.5	7.4	7.3	7.4	50
300억 - 1000억 미만	6개월 이하 (183일)	13.1	13.2	13.1	7.1	7.0	7.1	100억
	7~12개월 (365일)	13.2	13.3	13.2	7.3	7.2	7.3	100
	13~36개월 (1095일)	13.2	13.2	13.2	7.3	7.3	7.3	300억
	36개월 초과 (1096일)	13.4	13.4	13.4	7.7	7.6	7.7	300
1000억 이상	6개월 이하 (183일)	13.1	13.2	13.1	6.3	6.2	6.3	1000억
	7~12개월 (365일)	13.2	13.3	13.2	6.5	6.4	6.5	
	13~36개월 (1095일)	13.2	13.3	13.2	6.6	6.5	6.6	1000억
	36개월 초과 (1096일)	13.4	13.4	13.4	6.9	6.9	6.9	

* 기타경비항목: 수도광열비, 복리후생비, 소모품비, 여비·교통비·통신비, 세금과공과, 도서인쇄비
□ 산업·설비(토목) 해당공종: 수처리시설(오폐수, 하수처리, 분뇨처리, 정수장) 등

간접노무비와 마찬가지로 공사규모, 공사기간, 공사종류(토목, 조경, 산업설비 등)에 따라 표에서 나오는 비율을 적용하시면 됩니다. 이때 해당 비율을 곱하는 금액은 재료비 합계액과 노무비 합계액에 곱해서 기타경비를 산출하면 됩니다.

{기타경비 = (재료비 합계액 + 노무비 합계액) × 적용 비율}

간접노무비와 마찬가지로 일부 기관에서 예산부족의 이유로 기타경비를 과소 반영하는 경우들이 있습니다. 위의 표에서 나오는 요율을 무조건 반영해야 하는 것은 아니지만 적정 반영 비율이라고 생각하시고 최대한 근사치로 반영해 주시면 좋겠습니다. 참고로 Q5의 첫 페이지에서 예시로 보여드린 풋살경기장 신축공사의 경우, 위의 조달청 제비율표 기준을 적용할

제7강 '예정가격 결정 절차'와 '공사원가계산서'에 대해서 알아봅시다

경우 공사규모가 50억원 미만이고 공사기간이 6개월 이하이므로 6.5%가 산출되는데, 실제 설계내역서에는 5.2%를 반영하고 있습니다.

자~~ 여기까지 간접재료비, 간접노무비, 그리고 경비 중에서 기타경비 항목에 대한 계상방법을 살펴보았습니다. 요약해 보면, 표준품셈에 의한 공사 내역일 경우에 간접재료비 계상 금액이 없고, 간접노무비와 기타경비는 조달청 제비율표를 찾아서 적용하면 됩니다. 이처럼 공사계약 실무에서는 조달청 제비율표가 아주 중요한 척도이자 무기가 됩니다. 따라서 자주 찾아볼 수 있도록 사무실 책상 옆면에 부착해 놓고 활용하시면 좋을 것 같습니다.

제7강 「예정가격 결정 절차」와 「공사원가계산서」에 대해서 알아봅시다

Q6 사회보험 제도에 따른 5가지 보험료를 반드시 반영해야 한다고요?

후배님! 앞에서 공사원가계산서 중 간접재료비, 간접노무비, 기타경비 항목 위주로 설명해 드리겠습니다. 이번 Q6에서는 관련 법령에 따라 정확한 금액을 계상해야 하는 5가지 사회보험료 항목에 대해서 알아보겠습니다.

공사원가계산서에 반영해야 하는 사회보험료는 고용보험료(고용보험의 보험료), 산재보험료(산업재해보상보험의 보험료), 연금보험료(국민연금보험의 보험료), 건강보험료(국민건강보험의 보험료), 노인장기요양보험료(노인장기요양보험의 보험료) 등 5가지입니다. 이 5가지 보험료는 국토교통부에서 3년마다 고시문을 통해서 적용기준을 발표하고 있습니다. 현재 적용되고 있는 고시문은 2021. 7. 1일부로 시행되는 고시문입니다. 잠시 아래의 고시문 내용을 살펴보겠습니다.

사회보험의 보험료 적용기준

1. 보험료 적용기준

가. 고용보험의 보험료

○ 보험료 비용 : 노무비×율

○ 보험료 요율

구 분	1등급	2등급	3등급	4등급	5등급	6등급	7등급이하
요율(%)	1.57	1.30	1.13	1.06	1.03	1.02	1.01

※ 등급은 조달청의 유사공사명분류기준에 따름

○ 적용대상
- 모든 건설공사
- 다만, 총공사금액(도급금액+관급재료)에서 부가세 제외 2천만원 미만의 건설공사를 건설업자가 아닌 자가 시공 시 적용제외

○ 적용기준
- 일반(등급)공사 : 해당등급 요율적용
- PQ, 실적대상공사 : 공사금액에 따라 해당등급(토목, 건축 구분) 요율 적용
- 수의계약 대상공사 : 해당업체 시공능력평가액의 등급요율 적용
- 그 밖의 공사 : 공사금액에 따라 해당등급 요율 적용

나. 산업재해보상보험의 보험료

○ 보험료 비용 : 노무비×율

○ 보험료 요율 : 「고용보험 및 산업재해보상보험의 보험료징수 등에 관한 법률」제14조제3항 및 제4항, 같은 법 시행령 제13조 및 같은 법 시행규칙 제12조의 규정에 따라 고용노동부장관이 고시하는 요율

○ 적용대상
- 모든 건설공사

다. 국민연금보험의 보험료

○ 보험료 비용 : 직접노무비(공사예정금액이 있는 경우에는 공사 예정금액상의 직접노무비를 말함)×율

○ 보험료 요율 : 「국민연금법」 제88조 제3항에 따른 사용자의 부담금 요율

○ 적용대상
- 공사기간이 1개월 이상인 모든 건설공사

라. 국민건강보험의 보험료

○ 보험료 비용 : 직접노무비(공사예정금액이 있는 경우에는 공사예정금액상의 직접노무비를 말함)×율

○ 보험료 요율 : 「국민건강보험법」 제73조 제1항 및 같은 법 시행령 제44조 제1항에 따른 요율의 2분의 1

○ 적용대상
- 공사기간이 1개월 이상인 모든 건설공사

마. 노인장기요양보험의 보험료

○ 보험료 비용 : 국민건강보험의 보험료(라항) × 율

○ 보험료 요율 : 「노인장기요양보험법」 제9조제1항 및 같은 법 시행령 제4조에 따른 요율

○ 적용대상
- 공사기간이 1개월 이상인 모든 건설공사

제7강 '예정가격 결정 절차'와 '공사원가계산서'에 대해서 알아봅시다

고시문에서 보듯이 5가지 보험료에 대한 적용기준을 국토교통부에서 통합해서 발표하고 있습니다. 고시문에 나와있는 순서대로 세부 적용기준을 살펴보겠습니다.

여기에서 실무사례로 살펴 볼 공사원가계산서는 아래와 같습니다.

공 사 원 가 계 산 서 (토목+건축+설비)

	구 분		요율	토목	건축	기계		안전관리비	합 계
	재료비	직 접 재 료 비		13,393,131				0	13,393,131
		간 접 재 료 비						0	
		소 계		13,393,131	0	0		0	13,393,131
	노무비	직 접 노 무 비		11,445,596				0	11,445,596
		간 접 노 무 비	13.30%	1,522,264	0	0		0	1,522,264
		소 계		12,967,860	0	0		0	12,967,860
		운 반 비						0	0
		기 계 경 비		1,360,724				0	1,360,724
		폐기물처리비(100톤미만)						0	0
		지정폐기물처리비							
		산 재 보 험 료	3.70%	479,810	0	0		0	479,810
		고 용 보 험 료	1.01%	130,975	0	0		0	130,975
		건 강 보 험 료	3.545%	405,746	0	0		0	405,746
	경비	노인장기요양보험료	12.81%	51,976	0	0		0	51,976
		연 금 보 험 료	4.50%	515,051	0	0		0	515,051
		퇴직공제부금	2.30%						
		안 전 관 리 비	2.93%	873,329	0	0		0	873,329
		기 타 경 비	5.20%	1,370,771	0	0		0	1,370,771
		환 경 보 전 비	0.30%	78,598				0	78,598
		지 급 수 수 료	0.081%	21,221				0	21,221
		건설기계대여대금발급수수료	0.40%	104,797				0	104,797
		소 계		5,392,998				0	5,392,998
		일 반 관 리 비	6.00%	1,905,239	0	0		0	1,905,239
		이 윤	10.99996%	2,229,263				0	2,229,263
		관 급 품		9,140,000					9,140,000
		한전비/안전비/분담금							
		일 러 검 사 비							
		석 면 농 도 측 정 비							
		합 계		45,028,491	0	0		0	45,028,491
		부 가 가 치 세	10.00%	4,502,849	0	0		0	4,502,849
		총 계		49,531,340	0	0		0	49,531,340
		자재구매(도급자관급자재)		11,690,860					11,690,860
		설치납품(관급자관급자재)		78,295,270					78,295,270
		폐기물처리비(100톤이상)							
		재해예방기술지도비							
		한전비/안전비/분담금							
		분 뇨 처 리 비							
		총 공 사 비		139,517,470	0	0	0	0	139,517,470

먼저 **고용보험료**입니다. 고용보험료는 1993년부터 제정된 「고용보험법」에 의거 고용보험료를 납부하고 이를 통해서 근로자가 실직한 경우에 일정기간 동안 실업급여를 지급하거나 구직자에 대해서 직업능력 개발 및 재취업을 지원하는 사업을 실시하는 사회보험 제도입니다.

고용보험료는 위의 고시문에 나와있듯이 모든 건설공사를 대상으로 하며 적용 요율은 다음과 같습니다. 참고로 국토교통부 발표 고시문 내용과 조달청 제비율표의 내용은 동일합니다.

제7강 '예정가격 결정 절차'와 '공사원가계산서'에 대해서 알아봅시다

[고용보험료]

(노) × 율

공사배정규모(추정금액)	요율
[1등급] 1200억 이상	1.57
[2등급] 1200억 미만 ~ 950억 이상	1.30
[3등급] 950억 미만 ~ 550억 이상	1.13
[4등급] 550억 미만 ~ 400억 이상	1.06
[5등급] 400억 미만 ~ 220억 이상	1.03
[6등급] 220억 미만 ~ 130억 이상	1.02
[7등급] 130억 미만 ~ 81억(고시금액) 이상	1.01
7등급 미만	

* 모든 건설공사에 적용, 국토부 고시 제2021-905호(2021.7.1.), 고용보험법 시행령
* 총공사금액[(도급금액+관급금액)에서 부가세 제외] 2천만원 미만의 건설공사를 건설업자가 아닌 자가 시공 시 미적용
※ 등급기준: 조달청 등급별 유자격자 명부 등록 및 운용기준(조달청 공고 제2019-244호, 2018.12.18.)
※ 사회보험의 보험료 적용기준 (국토부 고시 제2021-905호, 2021.7.1.)

고용보험료 산출은 추정금액을 기준으로 적용 요율을 판단하는 것이 특징입니다. 고용보험료를 계상할 때에는 노무비 전체금액에 해당 요율을 곱해서 계상합니다. 앞의 Q5 예시로 제시한 풋살경기장 신축공사의 경우, 추정금액(추정금액 = 추정가격 44,000,939원 + 부가가치세 4,400,093원 + 도급자설치관급자재 11,690,860원)이 60,091,892원이므로 위의 조달청 기준에 7등급 미만에 해당되어 1.01%를 적용하면 됩니다. 따라서 고용보험료 계상액은 노무비 전체금액 12,967,890원 × 1.01% = 130,975원이 되는 것입니다.

이 고용보험료는 법정경비이므로 공사원가계산서에 130,975원을 정확히 반영해야 합니다. 대상액에 해당 요율을 곱해서 원미만 금액은 절사하고 원단위까지는 그대로 반영하면 됩니다. 여기에서 해당 계약업체가 보험료를 어떻게 납부하는지 여부는 우리 계약담당자들이 직접 수행하는 업무범위가 아니기 때문에 생략하겠습니다. 다만 우리 계약담당자들은 정확한 법정경비 금액이 공사원가계산서에 반영되어야 한다는 것을 기억하면 됩니다. 특히 법정경비 항목들은 단 1원도 부족하게 반영해서는 안 된다는 점을 기억해 두세요~~

다음은 산재보험료입니다. 산재보험은 1963년 제정된 「산업재해보상보험법」에 의거하여 산업재해근로자와 그 가족의 생활을 보장하기 위하여 사업주로부터 보험료를 징수하고 그 기금을 재원으로 산재근로자에게 보상을 해주는 제도입니다. 현재 우리나라의 5대 국가보험제도 중 가장 먼저 시행된 사회보험제도입니다. 산재보험료는 위의 고시문에 나와있듯이 모든

제7강 '예정가격 결정 절차'와 '공사원가계산서'에 대해서 알아봅시다

건설공사(공사금액 과소를 이유로 미대상이나 제외하는 경우가 없음)를 대상으로 하고 고용노동부에서 정한 단일 요율 3.7%를 적용하면 됩니다. 즉 공사 규모별로 차등 적용하는 비율이 아니고 무조건 동일하게 3.7%를 적용하는 것입니다. 앞서 고용보험료와 마찬가지로 노무비 전체금액에 요율을 곱해서 계상하면 됩니다.

예시로 제시한 풋살경기장 신축공사의 경우, 산재보험료는 노무비 전체금액 12,967,890원 × 3.7% = 479,810원이 정확히 계상되어 있습니다. 이 산재보험료도 법정경비이므로 공사원가계산서에 479,810원을 정확히 반영되어야 합니다. 원미만 금액만 절사하는 것은 알고 계시죠?

다음은 **국민연금보험료**입니다. 국민연금보험은 1988년 최초 시행되었고 점차 가입대상을 확대함으로써 2006년부터는 모든 국민들이 연금보험 가입 대상이 되었습니다(공무원 연금 등 직역연금 가입자 제외). 국민연금보험은 더 이상 일할 수 없는 고령의 나이(현재는 66세부터 지급)가 되었을 때 매월 연금을 지급하는 제도입니다. 국민연금보험료는 위의 고시문에 나와 있듯이 공사기간이 1개월 이상인 모든 건설공사에 적용하도록 되어 있고, 반영금액은 직접노무비 × 사용자의 부담금 요율(현재 4.5%)로 적용하도록 되어 있습니다. 참고로 국민연금은 9%를 납부하도록 되어 있고, 이중 근로자 본인이 4.5%를 부담하고 사업주가 4.5%를 부담해서 총 9%의 금액을 납부하는 것입니다. 여기 공사원가계산서에 계상하는 국민연금보험료는 사업주가 납부해야 할 금액을 계상해 주는 것이며 근로자들은 본인의 급여에서 4.5%를 납부해야 합니다.

예시로 제시한 풋살경기장 신축공사의 경우, 국민연금보험료는 직접노무비 11,445,596원 × 4.5% = 515,051원이 산출되는 것입니다. 이 국민연금보험료도 법정경비이므로 공사원가계산서에 515,051원을 정확히 반영했다는 것을 확인하실 수 있으실 겁니다.

다음은 **국민건강보험료**입니다. 국민건강보험은 1963년부터 태동하여 1989년부터 모든 국민들이 의료보험 적용 대상이 되어 있습니다. 질병이나 부상으로 인해 발생한 고액의 진료비로 가계에 과도한 부담이 되는 것을 방지하고 모든 국민들이 안정된 의료서비스를 받을 수 있도록 보장하는 제도입니다. 국민건강보험료는 위의 고시문에 나와 있듯이 공사기간이 1개월 이상인 모든 건설공사에 적용하고, 반영금액은 직접노무비 × 사용자의 부담금 요율(현재 3.545%)로 적용하도록 되어 있습니다. 참고로 국민건강보험은 현재 7.09%를 납부하

제7강 '예정가격 결정 절차'와 '공사원가계산서'에 대해서 알아봅시다

도록 되어 있고, 이중 근로자 본인이 3.545%를 부담하고 사업주가 3.545%를 부담해서 납부합니다. 공사원가계산서에 반영하는 금액은 사업주 부담분을 반영한 것입니다.

예시로 제시한 풋살경기장 신축공사의 경우, 국민건강보험료는 직접노무비 11,445,596원 × 3.545% = 405,746원이 산출되는 것입니다. 이 국민건강보험료도 법정경비이므로 공사원가계산서에 405,746원이 정확히 반영되어 있습니다.

자~~ 5대 보험 중 마지막 노인장기요양보험료입니다. 노인장기요양보험 제도는 고령화 사회로 급속하게 진전됨에 따라 요양보호가 필요한 노인들의 생활 자립을 지원하고 늘어나는 노인 요양비와 의료비 문제에 대처하고자 도입된 공적보험 제도입니다. 「노인장기요양보험법」에 의거 2008년부터 시행되고 있습니다. 위의 고시문에 나와 있듯이 노인장기요양보험료도 공사기간이 1개월 이상인 모든 건설공사에 적용하고 반영금액은 국민건강보험료 산출액 × 요율(23년 현재 12.81%) 적용하도록 되어 있습니다. 참고로 이 산출금액도 사업주가 납부하는 노인장기요양보험료를 반영한 것입니다. 근로자는 자신의 급여에서 자기 부담분 국민건강보험료와 노인장기요양보험료를 납부하는 것입니다.

예시로 제시한 풋살경기장 신축공사의 경우, 노인장기요양보험료는 국민건강보험료 405,746원 × 12.81% = 51,976원이 산출된 것입니다.

이렇게 5가지 공적보험료에 대해서 살펴보았습니다. 5가지 공적보험료는 각각 적용대상 공사에서 차이가 있고 계산 방법도 노무비 전체금액에 요율을 곱하거나 직접노무비 금액에 요율을 곱하는 등 차이가 있습니다. 이것을 간단히 하나의 도표로 요약 정리하면 아래와 같습니다.

〈 5대 공적보험제도 적용기준 요약 〉

구 분	시 작	적용 대상	계산 방법	비 고
고용보험료	1993년	모든 건설공사	노무비 × 해당 요율 (전체금액 반영)	고용노동부 산하 근로복지공단
산재보험료	1963년		노무비 × 3.7% (전체금액 반영)	

제7강 '예정가격 결정 절차'와 '공사원가계산서'에 대해서 알아봅시다

국민연금 보험료	1988년	공사기간 1개월 이상인 모든 건설공사	직접노무비 × 4.5% (사용자 부담분만 반영)	보건복지부 산하 국민연금관리공단
국민건강 보험료	1963년		직접노무비 × 3.545% (사용자 부담분만 반영)	보건복지부 산하 국민건강보험공단
노인장기 요양보험료	2008년		국민건강보험료 × 12.81% (사용자 부담분만 반영)	

위의 5가지 공적보험료는 계약업체가 가져가는 이윤과는 상관이 없습니다. 계약업체는 5가지 보험료를 각각 해당 납부기관에 납부하고 5가지 보험료가 포함된 공사비를 지급받는 것입니다. 계약담당자는 5가지 공적보험료를 해당 계약업체가 제대로 납부했는지를 확인하고 최종 준공대가를 지급해야 합니다. 이 5가지 공적보험료를 해당 계약업체가 납부하지 않았을 경우에는 최종 준공대가에서 해당 금액만큼 빼고 대가를 지급해야 합니다. 계약업체가 납부하지도 않은 금액을 부당하게 지급할 수 없는 것입니다. 5가지 공적보험료의 정확한 납부 사실 확인은 계약담당자의 의무라는 점을 꼭! 기억해야 합니다.

제7강 | '예정가격 결정 절차'와 '공사원가계산서'에 대해서 알아봅시다

 Q7 경비 항목에 반드시 포함되어야 하는 법정경비 항목들이 또 있다고요?

후배님! 앞에서 간접재료비, 간접노무비, 기타경비 그리고 5가지 보험료까지 살펴보았습니다. 이제 마지막으로 경비 항목 중에서 **퇴직공제부금비, 산업안전보건관리비, 환경보전비, 건설기계대여대금 지급보증서 발급수수료** 등 나머지 법정경비 항목에 대해서 알아보겠습니다. 퇴직공제부금비부터 차례대로 설명해 드리겠습니다.

퇴직공제부금비는 일용직 또는 임시직 건설근로자들의 퇴직금 보장을 위해서 마련한 제도로서, 건설업체가 건설근로자공제회에 일용직과 임시직의 근로일수를 신고하고 그에 맞는 공제부금(1일 근로당 6,200원)을 납부하면 해당 근로자가 건설업에서 퇴직할 때 건설근로자공제회로부터 퇴직금(개인별 적립금액 + 이자)을 지급받는 제도입니다. 즉 일용직과 임시직 건설근로자들에 대한 퇴직금 납부 비용을 계상하여 줌으로써 퇴직금 적립 및 수령을 보장해주는 것입니다. 참고로 건설근로자의 퇴직공제제도 시행과 관련된 법령 조항은 다음과 같습니다.

- 「건설산업기본법」 제87조(건설근로자 퇴직공제제도의 시행)
- 「건설산업기본법 시행령」 제83조(건설근로자 퇴직공제 가입대상공사)
- 「건설근로자의 고용개선 등에 관한 법률」 제10조(퇴직공제의 가입)
- 「건설근로자의 고용개선 등에 관한 법률 시행령」 제6조(퇴직공제의 당연 가입 대상)

건설근로자 퇴직공제 제도는 1996년 「건설근로자의 고용개선 등에 관한 법률」이 제정되고 이를 근거로 1997년 건설근로자퇴직공제회를 설립하였으며 1998년부터 본격적으로 시행하였습니다. 시행 초기에는 퇴직공제부금을 근로자 1일당 3,000원을 납부하다가 4,000원, 4,800원을 거쳐 현재는 6,200원을 납부하고 있습니다. 또한 대상 공사도 최초 시행시에는 대형공사 위주로 시행하였다가 현재는 공사예정금액 1억원 이상 공공공사는 모두 퇴직공제 적용대상 공사로 확대되었습니다. 여기서 말하는 공사예정금액이란 추정금액을 말하는 것이며 해당 내용은 국토교통부 유권해석(97.8.21)에 아래와 같이 명시되어 있습니다.

- 공사예정금액 = 설계금액(추정가격과 동일한 개념) + 부가가치세 + 도급자 설치 관급자재비

따라서 건설근로자 퇴직공제부금비에 명시된 공사예정금액은 추정금액을 의미하는 것으로

제7강 | '예정가격 결정 절차'와 '공사원가계산서'에 대해서 알아봅시다

이해하시면 됩니다. 현재 적용하는 퇴직공제부금비 산출 요율은 국토교통부 고시에 따라 적용되고 있습니다. 아래의 국토교통부 고시문을 살펴볼까요?

위의 고시문에서 보듯이 퇴직공제부금비 계상액은 직접노무비 × 2.3%를 반영하면 됩니다. 앞서 예시로 제시한 풋살경기장 신축공사의 경우를 대입해 볼까요? 풋살경기장 신축공사의 경우 추정금액(추정금액 = 추정가격 44,000,939원 + 부가가치세 4,400,093원 + 도급자 설치 관급자재 11,690,860원)이 60,091,892원이므로 퇴직공제부금비 반영 대상이 아닙니다. 따라서 풋살경기장 신축공사 내역서에도 퇴직공제부금비를 반영하지 않았습니다. 추정금액이 1억원 이상 공사만 퇴직공제부금비 적용대상이 된다는 것을 확실히 이해하실 수 있으시겠죠?

다음으로 산업안전보건관리비를 살펴보겠습니다. 이것은 건설공사현장의 산업재해 예방을 위해서 공사종류 및 규모에 따라 일정금액을 계상하고, 시공자는 계상된 금액을 안전관리자

제7강 '예정가격 결정 절차'와 '공사원가계산서'에 대해서 알아봅시다

인건비, 안전시설비, 안전보건진단 등에 사용하도록 하는 제도입니다. 즉 건설공사 현장의 산업재해를 예방하기 위한 비용입니다. 이것은 「산업안전보건법」 및 고용노동부 고시 "건설업 산업안전보건관리비 계상 및 사용기준"(2022.6.2)에 의거 시행되고 있습니다.

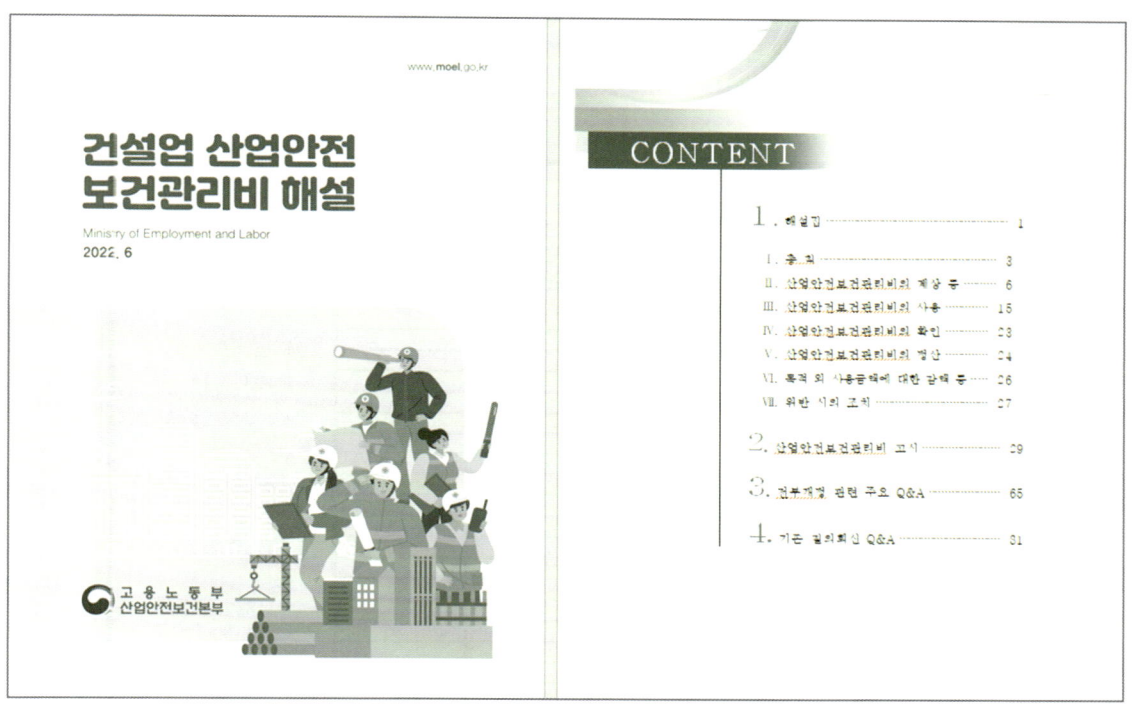

위의 캡쳐 화면처럼 고용노동부에서는 건설업 산업안전보건관리비 계상방법, 사용처, 확인 및 정산방법, 목적외 사용금액에 대한 감액, 위반시 조치 등 구체적인 실천사항들을 책자화해서 배포하고 있습니다. 후배님도 화일로 다운받거나 출력해서 자주 찾아보시기를 권해봅니다.

참고로 앞에서부터 살펴본 모든 법정경비 항목들이 모두 의미가 있지만, 그래도 제일 중요한 항목이 뭐냐고 묻는다면 '산업안전보건관리비'라고 말할 것 같습니다. 그 첫번째 이유는 건설공사 현장의 특성입니다. 건설현장은 일용 근로자들이 많고 평균 연령도 높으며 각종 위험 요소가 산재한 곳으로서 수시로 바뀌는 일용 근로자들의 안전통제가 허술하고 비계 구조물을 통한 고층건물 작업 및 각종 위험한 시공 등으로 안전사고 발생도 높은 곳이기 때문입니다. 이 부분은 누구나 공감하시겠죠? 두번째 이유는 2022년 1월 27일부터 건강한 안심 일터 조성을 위한 「중대재해처벌법」이 시행되었기 때문입니다. 그만큼 '안전'의 중요성이 모든 국민들의 관심과 인식에서 가장 핵심으로 대두되어, 공사현장의 안전사고 하나하나가 실시간 뉴스에 보도되고 안전수칙 위반 여부를 조사하고 처벌하기 때문입니다. 따라서 '산업안

제7강 '예정가격 결정 절차'와 '공사원가계산서'에 대해서 알아봅시다

전보건관리비'를 공사원가계산서 경비 항목의 하나로 볼 것이 아니라 공사현장의 안전을 보장해주는 '안전사고 예방 지킴이'라고 생각하면 좋을 것 같습니다.

그럼 조달청 제비율표에 나와있는 산업안전보건관리비 계상방법을 살펴보고, 풋살경기장 신축공사 예시에서 계상된 금액을 확인해 보겠습니다. 아래의 조달청 제비율표를 먼저 살펴보겠습니다. 약간 복잡해 보이죠?

[산업안전보건관리비]

| 도급자관급 미포함 | (재+직노) × 율 |
| 도급자관급 포함 | (재+직노+도급자관급) × 율과
(재+직노) × 율 × 1.2 중에 작은 금액 |

안전관리비 대상액	구분	요율	기초액(천원)
5억 미만	일반건설공사(갑)	2.93	
	일반건설공사(을)	3.09	
	중건설공사	3.43	
	철도·궤도신설공사	2.45	
	특수및기타건설공사	1.85	
5억 ~ 50억 미만	일반건설공사(갑)	1.86	5,349
	일반건설공사(을)	1.99	5,499
	중건설공사	2.35	5,400
	철도·궤도신설공사	1.57	4,411
	특수및기타건설공사	1.20	3,250
50억 이상 (추정금액 800억 미만 건설공사 (주공종이 토목인 경우 1,000억))	일반건설공사(갑)	1.97	
	일반건설공사(을)	2.10	
	중건설공사	2.44	
	철도·궤도신설공사	1.66	
	특수및기타건설공사	1.27	
50억 이상 (추정금액 800억 이상 건설공사 (주공종이 토목인 경우 1,000억))	일반건설공사(갑)	2.15	
	일반건설공사(을)	2.29	
	중건설공사	2.66	
	철도·궤도신설공사	1.81	
	특수및기타건설공사	1.38	

- 도급금액과 관급금액의 합계가 2천만원 이상인 건설공사에 적용

주) 안전관리비(산업안전보건관리비) 대상액
- 도급자설치 관급금액이 없는 공사 : 재료비와 직접노무비의 합계
- 도급자설치 관급금액을 포함한 공사 : 재료비(도급자관급 포함)와 직접노무비의 합계 또는 재료비(도급자관급 제외)와 직접노무비의 합계

• 건설업의 분류
[일반건설공사(갑)] 건축건설, 교량건설, 도로신설, 철도 궤도의 보수복구, 기설로면에 레일만 부설하는 공사, 지하 10m 이내 복개식 지하도, 지하철도, 지하상가, 통신선로 등 연접통신구 신선공사, 기타건설공사(다른 것에 분류하지 아니한 건설공사)

[일반건설공사(을)] 기계장치공사, 삭도건설공사, 공해방지시설 및 폐수처리시설 공사

[중건설공사] 방파제 신설공사, 안벽공사, 높이 20m 이상의 고제방(댐) 등 신설공사, 수력발전시설 신설공사, 터널신설공사, 굴착식 지하철도 지하도 신설공사, 지하 10m 이상 복개식 지하철도, 지하도, 지하상가, 통신선로 등 연접통신구 신선

[철도 또는 궤도신설공사] 철도, 궤도시설(기설노반 또는 구조물에 한함) 및 그에 따른 역사, 과선교, 송전선로

[특수 및 기타건설공사(단독발주에 한함)] 준설공사, 조경공사(전문포함), 대지조성 (경지정리포함), 포장공사, 전기공사, 정보통신공사

[타공사와 병해하는 경우 : 일반건설(갑) 적용]

※ 건설업 산업안전보건관리비 계상 및 사용기준 (노동부 고시 제2020 63호, 2020.1.23.)

제7강 '예정가격 결정 절차'와 '공사원가계산서'에 대해서 알아봅시다

산업안전보건관리비는 도급금액과 도급자 설치 관급자재 금액 합계액이 2천만원 이상인 건설공사에서 적용합니다. 즉 왠만한 건설공사는 모두 적용 대상이 됩니다. 계상방법은 도급자 설치 관급자재가 있는지 여부에 따라 아래처럼 2가지 Case로 나누어집니다.

> ① 도급자 설치 관급자재가 없는 경우 :
>   - (재료비 + 직접노무비) × 요율
>
> ② 도급자 설치 관급자재가 있는 경우 : 아래의 2개 중 적은 금액을 반영함
>   - (재료비 + 직접노무비 + 도급자 설치 관급자재비) × 요율
>   - (재료비 + 직접노무비) × 요율 × 1.2

안전관리 요소는 취급하는 재료가 많거나 공사에 투입되는 노무량이 많을수록 '산업안전보건관리비'가 많이 소요되기 때문에 재료비 전체와 직접노무비를 기준으로 합니다. 다만, 도급자가 직접 설치하는 관급자재가 있는 경우 해당 관급자재 설치 작업간에도 계약업체의 안전관리 소요가 발생하기 때문에 도급자 설치 관급자재비도 고려해야 하는 것입니다.

추가적으로 안전관리비 계상방법은 3가지 특징이 있습니다. 첫번째 특징은 건설업의 구분을 일반건설공사(갑), 일반건설공사(을), 중건설공사, 철도 또는 궤도신설공사, 특수 및 기타건설공사 등 5가지 종류로 구분하는 특징이 있습니다. 앞 페이지의 조달청 제비율표에서 각 구분별 세부 공사내용을 살펴보면 아시겠지만, 대부분의 일반적인 건설공사는 일반건설공사(갑)의 요율을 적용하면 되겠습니다. 두번째 특징은 금액 구간별 산정방법에서 5억 이상 50억 미만의 경우에는 기초액이 있어서 기초액을 깔고 위의 계산공식을 적용한다는 점입니다. 예를 들어 안전관리비 대상액(재료비 + 직접노무비)가 10억원이고 일반건설공사(갑)에 해당된다고 가정했을 때 계산은 아래와 같습니다.

- 기초액 5,349,000원 + { (재료비 + 직접노무비) × 해당 요율(1.86%) }
  = 5,349,000원 + { 10억원 × 1.86% }
  = 5,349,000원 + 18,600,000원
  = 23,949,000원

세번째 특징은 산업안전보건관리비 요율을 찾을 때, 판단기준 대상은 재료비, 직접노무비, 도급자 설치 관급자재비를 합한 금액을 기준으로 적용 요율을 찾아야 합니다.

제7강 '예정가격 결정 절차'와 '공사원가계산서'에 대해서 알아봅시다

그럼, 풋살경기장 신축공사 공사원가계산서의 안전관리비를 검증해 볼까요? 우선 풋살경기장 신축공사는 도급금액이 49,531,345원이고 도급자 설치 관급자재 금액이 11,690,860원이므로 두 합계액이 2천만원이 넘기 때문에 안전관리비 계상 대상 공사가 됩니다. 이 공사는 일반적인 건축공사이므로 일반건설공사(갑)에 해당됩니다. 안전관리비 대상액은 재료비 13,393,131원 + 직접노무비 11,445,596원 + 도급자 설치 관급자재비 11,690,860원 이므로 36,529,587원이 되며 이에 따라 적용 요율은 5억원 미만 도표에서 적용하면 됩니다. 결론적으로 적용 요율은 2.93%가 되겠습니다. 이렇게 적용 요율만 찾았다고 끝난 것은 아닙니다. 이 공사는 도급자 설치 관급자재비가 있으므로 2가지 계산공식으로 산출해서 이중 적은 금액을 반영해야 합니다. 아래는 이것을 대입해서 산출하는 예시입니다.

① 도급자 설치 관급자재가 없는 경우 :   ☞ 관급자재가 있으므로 이 공식은 해당없음
  – (재료비 + 직접노무비) × 요율

② 도급자 설치 관급자재가 있는 경우 : 아래의 2개 중 적은 금액을 반영함   ☞ 이것을 적용
  – (재료비 + 직접노무비 + 도급자 설치 관급자재비) × 요율
    (13,393,131원 + 11,445,596원 + 11,690,860원) × 2.93% = 1,070,316원
  – (재료비 + 직접노무비) × 요율 × 1.2
    (13,393,131원 + 11,445,596원) × 2.93% × 1.2 = 873,329원
  ☞ 2가지 산출결과 중 적은 금액을 반영하므로 873,329원을 계상하면 됩니다.

여기에서는 산업안전보건관리비 항목의 반영 목적과 계상방법 위주로 알아보았습니다. 계약담당자는 계약업체의 산업안전보건관리비 사용내역 및 영수증을 제출받고 원가계산서상 계상액을 모두 적합하게 집행했는지 정산을 해야하는 책임이 있습니다. 즉 산업안전보건관리비 근본 목적 및 취지와 어긋나게 집행한 부분이 있다면 정산금액에 포함해서는 안 됩니다. 이처럼 계약담당자는 산업안전보건관리비 정산방법도 알고 있어야 하므로 고용노동부에서 발행한 '건설업 산업안전보건관리비 해설'(고용노동부 고시)을 출력해서 자주 읽어보시기 바랍니다.

다음으로 환경보전비를 살펴보겠습니다. 환경보전비는 공사시 발생하는 공해 및 환경오염을 최소화하기 위해 반영하는 경비입니다. 예를 들어 살수차량 운영, 비산먼지 방지용 분진막 설치, 이동식 간이화장실 설치, 방음벽 설치, 세륜시설, 방진덮개용 부직포 등 공사간 환

제7강 '예정가격 결정 절차'와 '공사원가계산서'에 대해서 알아봅시다

경보전 목적으로 집행하도록 반영하는 비용입니다. 환경보전비는 환경관리비의 산출기준 및 관리에 관한 지침(국토교통부 고시 제2018-528호, 2018.8.30)에 구체적인 산출방법이 나와 있습니다. 이 지침에는 공사 현장의 대기환경, 소음진동, 폐기물, 수질환경 4가지 분야별 환경관리 방법과 환경오염방지시설 설치방법을 제시하고 있습니다.

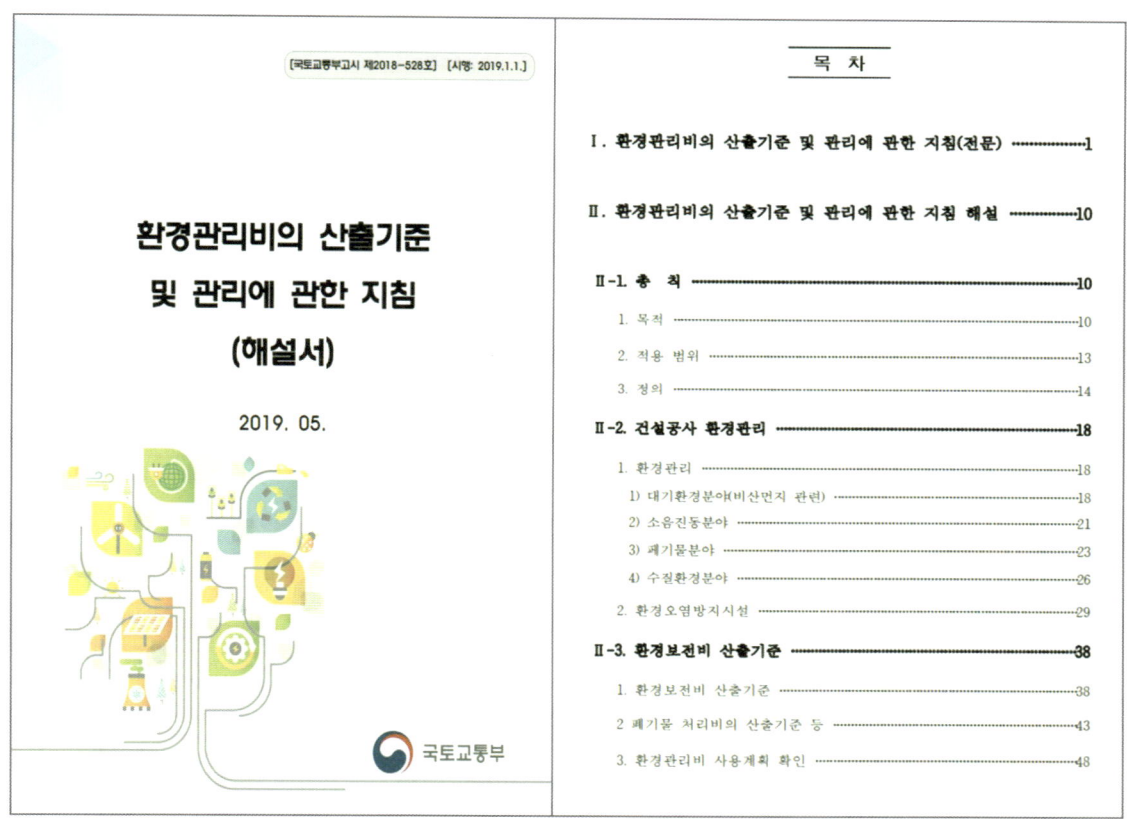

산업안전보건관리비와 마찬가지로 환경관리비 지침도 파일로 다운받거나 출력해서 살펴보시기를 권해봅니다. 환경관리비 계상방법은 공사종류별로 정해진 요율을 직접공사비에 곱해서 산출합니다. 여기서 직접공사비는 직접재료비, 직접노무비, 운반비, 기계경비, 폐기물처리비 등 시공과 관련된 직접경비 항목들만 해당되는 것입니다.

그럼, 풋살경기장 신축공사 공사원가계산서의 환경보전비를 검증해 볼까요? 풋살경기장 신축공사의 직접공사비(직접재료비 + 직접노무비 + 운반비 + 기계경비 + 폐기물처리비 + 지정폐기물처리비)가 18,623,891원이고 여기에 적용 요율(건축공사 중 주택공사) 0.3%를 곱해서 55,871원이 산출된 것입니다.

제7강 '예정가격 결정 절차'와 '공사원가계산서'에 대해서 알아봅시다

마지막으로 건설기계대여대금 지급보증서 발급수수료에 대해서 알아보겠습니다. 이 제도는 건설현장의 건설기계 대여금의 체불 현상을 해소하기 위해 2013년 6월부터 시행하고 있습니다. 예를 들어 계약업체가 건설기계를 대여해서 사용하고 해당 장비대금을 체불하는 경우도 있고 계약업체의 부도나 폐업 등으로 장비대금을 못 받는 경우도 있습니다. 이와 같이 체불, 부도, 폐업 등으로 장비대금을 못 받는 경우를 방지하기 위해서 계약업체와 장비대여업자간 지급보증서를 발행하도록 하는 제도 입니다. 이 지급보증서 발급수수료 비용을 계상하는 것입니다. 즉 계약업체는 공사 착공 전에 지급보증서를 발행해서 건설기계 대여업자에게 교부하고 발주처에 제출해야 합니다.

여기서 참고로 계약업체라고 표현하는 것보다 원·하도급 업체라고 표현하는 것이 더 정확합니다. 해당 공사를 최초 수주받은 원도급 업체나 이를 하도급받은 업체 모두가 지급보증서를 발행할 의무가 있기 때문입니다. 지급보증서 발행은 원·하도급 업체가 건설관련 공제조합이나 민간 보증보험회사에 신청해서 발행해야 합니다. 이러한 건설기계대여대금 지급보증서 발급수수료는 건설공사 계약시에만 해당됩니다. 즉 개별법령에 따른 공사(전기공사, 소방공사, 정보통신공사 등)은 건설기계 대여 자체가 많이 없으므로 적용대상이 아닙니다.

그럼 구체적인 계상방법을 알아볼까요? 공사원가계산서에 반영하는 발급수수료 금액은 직접공사비(재료비 + 직접노무비 + 직접공사경비) × 적용 요율로 산출합니다. 적용요율은 종합건설업의 업종별, 전문건설업의 업종별로 각각 적용요율이 다릅니다. 아래의 표를 살펴볼까요?

〈 종합건설 업종별 적용 요율〉

종합건설 업종구분	적용요율
토목공사(토목·건축공사 포함)	0.40%
건축공사	0.07%
산업·환경설비공사	0.16%
조경공사	0.18%

제7강 '예정가격 결정 절차'와 '공사원가계산서'에 대해서 알아봅시다

〈 전문건설 업종별 적용 요율〉

구 분		적용요율
A그룹	준설공사, 포장공사, 토공사, 비계구조물해체공사	0.68%
B그룹	상하수도설비공사, 보링그라우팅공사, 수중공사	0.51%
C그룹	석공사, 시설물유지관리공사, 철근콘크리트공사, 가스시설공사(1종),	0.32%
D그룹	조경시설물설치공사, 조경식재공사, 도장공사, 철도궤도공사, 철강재설치공사	0.16%
E그룹	A그룹~D그룹 이외의 공사	0.10%

이 업종별 구분에 따라 적용요율을 선택해서 적용하시면 됩니다. 그럼, 풋살경기장 신축공사 공사원가계산서의 건설기계대여대금 지급보증서 발급수수료를 검증해 볼까요? 풋살경기장 신축공사의 직접공사비(직접재료비 + 직접노무비 + 운반비 + 기계경비 + 폐기물처리비 + 지정폐기물처리비)가 26,199,451원이고 여기에 토목공사 적용요율 0.4%를 곱해서 104,797원이 산출된 것입니다. 공사원가계산서에 104,797원이 정확하게 반영되어 있는 것을 확인하실 수 있으시죠?

참고로, 건설기계대여대금 지급보증서 발급방식은 2가지가 있습니다. 즉 1개의 공사현장에서 대여받는 모든 건설기계 대여대금을 보증하는 '현장별 보증서', 건설기계 대여계약별로 각각 보증서를 발급받고 보증하는 '대여계약별 보증서' 등 2가지 방식이 있습니다. 원칙은 '현장별 보증서' 발급방법이 원칙이고 아래와 같이 소규모 공사일 경우에는 '대여계약별 보증서' 발급이 허용됩니다. (관련 법령은 「건설산업기본법 시행규칙」 제34조의4에 나와 있습니다)

〈 대여계약별 지급보증서 발급이 가능한 경우 〉
- 도급금액 1억원미만이고 착공일부터 준공예정일까지 공사기간이 5개월 이내인 경우
- 하도급 금액이 5천만원 미만이고 착공일부터 준공예정일까지 공사기간이 3개월 이내인 경우
- 당해 건설공사의 도급금액 산출내역서(하도급금액 산출내역서를 포함한다)에 기재된 건설기계 대여대금의 합계금액이 400만원 미만인 경우

제7강 | '예정가격 결정 절차'와 '공사원가계산서'에 대해서 알아봅시다

그리고 관련 법령에는 발주자가 건설기계대여대금을 대여업자에 직접 지급하기로 한 경우, 발주자·계약업체·건설기계 대여업자가 대여금액 지급방법 및 절차를 합의한 경우에는 지급보증서 발급을 안 해도 되는 예외 대상이 될 수 있습니다.

간혹 소규모 공사 또는 보수 공사는 건설기계대여대금 지급보증서 발급수수료를 계상하지 않아도 되지 않는가? 라고 생각하는 경우가 있습니다. 하지만 법령과 국토교통부 고시에 따르면 공사금액과 관계없이 모든 건설공사는 해당 항목 비용을 공사원가계산서에 반영하는 것이 맞습니다. 다만 위에서 설명했듯이 소규모 공사일 경우에는 '대여계약별 보증서'를 제출할 수 있고, 발주자의 대여대금 직접 지급방식을 합의한 경우에는 보증서 발급이 면제될 수 있습니다. 따라서 모든 건설공사(국가유산수리공사, 개별법령 공사는 제외)는 건설기계대여대금 지급보증서 발급수수료를 공사원가계산서에 꼭! 반영해야 합니다.

이제까지 퇴직공제부금비, 산업안전보건관리비, 환경보전비, 건설기계대여대금 지급보증서 발급수수료 등 4가지 법정경비 항목에 대해서 알아보았습니다. 이외에도 건설하도급대금 지급보증서 발급수수료, 공사이행 보증수수료(지방계약법 적용)이 있습니다. 이 항목들은 총 공사비 산출금액 하단에 추가하는 비용 항목이므로 정확히 얘기하면 공사원가 항목이라고 볼 수는 없습니다. 따라서 여기 제7강 공사원가계산서 설명에 포함하지 않았습니다. 이 2가지 수수료는 여러분 스스로 발급대상 공사와 수수료 계상방법을 찾아보시기 바랍니다. 앞서 여러가지 경비 항목들을 공부했으므로 충분히 찾아 보시고 적용하실 수 있다고 생각합니다.

후배님! 이제 제7강을 마무리하겠습니다. 전체적으로 공사원가계산서의 구성 항목별로 차례대로 설명드렸습니다. 뭐니뭐니해도 가장 중요한 것은 공사원가계산서를 많이 찾아보고 스스로 검증해 보는 것이 제일 중요합니다. 공사원가계산서 엑셀 자료를 열어 놓고 조달청 제비율표와 맞춰가면서 검증해 보고, 반대로 공사원가계산서 각 비용 항목의 엑셀 함수를 빼고 스스로 함수를 넣어서 계산해보거나 계산기로 수기계산을 해 보는 방법으로 자주 연습해보는 것이 중요합니다. 자주 찾아보고 내 것으로 만드는 훈련을 꼭! 해 보시기 바라겠습니다.

제8강

입찰공고문을 작성해 볼까요?
제가 작성한 입찰공고문을
많은 입찰 참가자들이 보겠죠 ~

제8강

입찰공고문을 작성해 볼까요? 제가 작성한 입찰공고문을 많은 입찰 참가자들이 보겠죠~

Q1 입찰공고문에는 무슨 요소들을 포함해야 하나요? ········ 255

Q2 입찰공고문을 게시 기간은 어떻게 계산하나요? ········ 257

Q3 입찰공고문 실제 사례를 통해서 좀 더 설명해 주세요~~ ········ 264

Q4 긴급공고, 재공고, 재입찰, 정정공고 등 각각의 경우에 대해서 설명해 주세요~~ ········ 271

Q5 2단계 경쟁입찰, 협상에 의한 계약시 입찰공고문을 어떻게 해야 하나요? ········ 279

Q6 입찰공고문, 입찰정보 게시 화면에 A값이 표시되어 있던데요... A값이 무엇인가요? ········ 283

제8강 | 입찰공고문을 작성해 볼까요?
제가 작성한 입찰공고문을 많은 입찰 참가자들이 보겠죠~

Q1 입찰공고문에는 무슨 요소들을 포함해야 하나요?

후배님! 드디어 입찰공고문 작성 단계에 왔네요. 설계내역서 검토부터 계약추진계획 판단 및 작성, 기초예비가격 조사 등 사전 준비단계를 착실하게 진행하셨고, 이제 본격적으로 입찰을 진행하기 위한 입찰공고문 작성에 대해서 알아보겠습니다. 입찰공고문은 수많은 입찰 참여자들이 찾아보기 때문에 입찰공고문 중 오류사항이 발생하면 민원과 소송의 문제가 될 수 있으므로 가장 신중을 기해야 부분입니다. 입찰공고문의 문구 하나하나, 금액이나 날짜, 법령 조항 등 모든 내용을 완벽하게 작성해야 나중에 문제가 생기지 않습니다. 얼마나 중요한지는 굳이 강조하지 않아도 이해하고 계시죠?

「국가계약법 시행령」 제36조에는 입찰공고시 포함해야 할 사항을 열거하고 있습니다. 즉, 입찰공고문에 명시해야 하는 주요 내용들이라고 생각하시면 되겠습니다. 아래처럼 총 17가지 내용을 포함하도록 규정하고 있습니다.

1. 입찰에 부치는 사항
2. 입찰 또는 개찰의 장소와 일시
3. 공사입찰의 경우에는 현장설명의 장소·일시 및 참가자격에 관한 사항
4. 입찰참가자의 자격에 관한 사항
5. 입찰보증금과 국고귀속에 관한 사항
6. 낙찰자 결정방법
7. 계약의 착수일 및 완료일
8. 계약하고자 하는 조건을 공시하는 장소
9. 입찰무효에 관한 사항
10. 입찰에 관한 서류의 열람·교부장소 및 교부비용
11. 추가정보를 입수할 수 있는 기관의 주소 등
12. 전자조달시스템 또는 각 중앙관서의 장이 지정·고시한 정보처리장치를 이용하여 입찰서를 제출하는 경우에는 그 절차 및 방법
13. 공동계약을 허용하는 경우에는 공동계약이 가능하다는 뜻과 공동계약의 이행방식
14. 부대입찰의 경우에는 그 취지
15. 대안입찰 또는 일괄입찰 등에 관한 사항
16. 예정가격 결정과 관련하여 계약의 목적이 되는 물품·공사·용역 등을 구성하는 재료비·노무비·경비의 책정기준, 일반관리비율 및 이윤율 등 기획재정부장관이 정하는 기준 및 비율
17. 기타 입찰에 관하여 필요한 사항

제8강 입찰공고문을 작성해 볼까요?
제가 작성한 입찰공고문을 많은 입찰 참가자들이 보겠죠~

시행령에 열거된 17가지를 실제 입찰공고문에서 하나씩 찾아보는 것은 좋은 훈련과 연습이 될 것입니다. 이 책에서는 입찰공고문 중 17가지 포함내용을 찾아보는 것은 생략하겠습니다. 이것은 후배님 스스로 할 수 있고 직접 찾아볼 때 더 의미있는 공부가 되기 때문에 각자의 숙제로 남겨놓겠습니다.

아마 각 기관별로 매번 공통적으로 작성하는 입찰공고문 양식이 있으실 겁니다. 자기 소속 기관 입찰공고문 뿐만아니라 조달청 또는 타 기관의 입찰공고문을 출력해서 상호 비교도 해 보시고 위의 17가지 요소가 어떻게 기재되어 있는지 찾아보는 것을 권해봅니다.

제8강 | 입찰공고문을 작성해 볼까요?
제가 작성한 입찰공고문을 많은 입찰 참가자들이 보겠죠~

Q2 입찰공고문 게시 기간은 어떻게 계산하나요?

후배님! 처음 계약업무를 하는 인원들이 헷갈려하고 어려워하는 부분이 입찰공고 기간을 계산하는 것입니다. 공사 규모별로 입찰공고 기간을 다르게 정해져 있고, 현장설명을 실시하는 경우에는 입찰공고 기간이 틀려지며, 입찰공고일(초일)과 개찰일을 공고기간에 포함하는지? 입찰공고 기간 중에 포함되어 있는 휴일은 공고기간에 포함되는지? 등 다양한 요소들이 있어서 어렵게 느끼는 편입니다. 자~~ 하나씩 풀어서 설명해 드리겠습니다. (참고로, 긴급공고, 재공고, 재입찰 등은 뒤에 나오는 Q3에서 설명드릴 예정이며, 이번 Q2에서는 일반적인 정상공고를 가장 기본으로 설명해 드리겠습니다)

먼저 법령을 살펴보기전에 입찰공고 진행 과정을 도식을 통해서 살펴보겠습니다. 아래를 살펴볼까요?

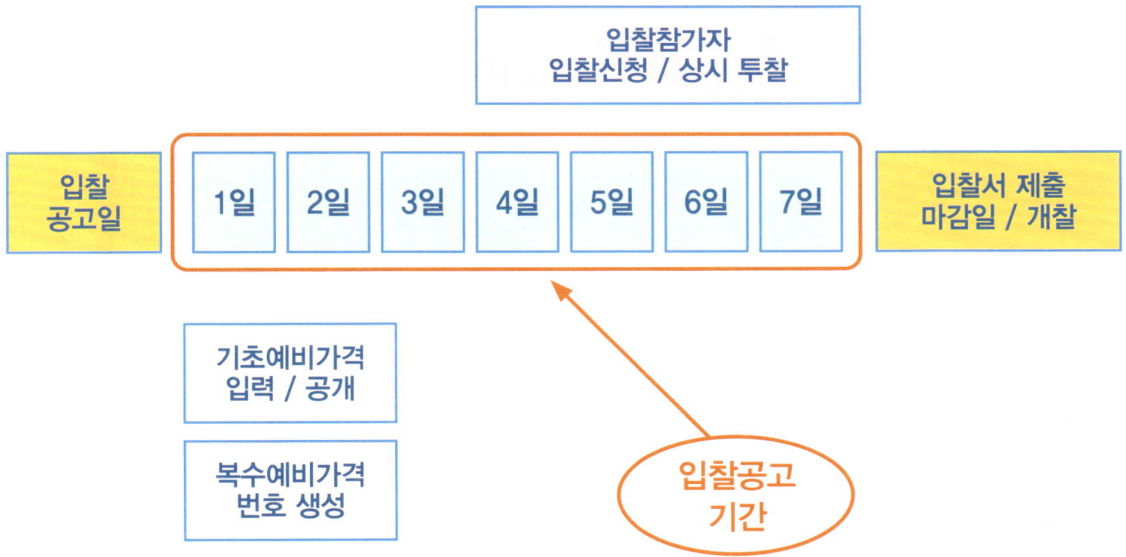

맨 좌측 노란색 박스에 입찰공고일이 보이실겁니다. 이것은 계약담당자가 입찰공고문을 작성해서 전자조달시스템에 게시하는 날짜입니다. 이것을 통상 초일(初日)이라고 부르는데 이 초일은 완전한 하루(24시간)가 아니기 때문에 입찰공고 기간에 불산입하게 됩니다. 이것을 일컬어 '초일불산입'이라고 부릅니다. 예를 들어 계약담당자가 월요일에 출근해서 오전에 입찰공고문을 작성해서 오후에 입찰공고문을 시스템에 게시했다고 가정해 봅시다. 해당 입찰공고

제8강 | 입찰공고문을 작성해 볼까요?
제가 작성한 입찰공고문을 많은 입찰 참가자들이 보겠죠~

문을 게시한 날은 24시간이 완벽하게 보장되지 않았습니다. 따라서 월요일 오전 08시에 게시했든 월요일 저녁 23시에 게시했든 해당 입찰공고를 게시한 일자는 입찰공고 기간에 포함되지 않는 것입니다. 입찰공고일 다음날인 화요일부터 1일차로 들어가는 것입니다. 즉 모든 입찰공고 게시 일자는 불완전한 하루이므로 입찰공고 기간에 포함되지 않는 점을 꼭! 기억해 둡시다.

다음으로 1일부터 7일까지 기간이 입찰공고 기간이 되는 것입니다. 이 입찰공고 기간 중에 계약담당자가 기초예비가격을 입력하고 공개하며 이에 따라 복수예비가격 번호도 생성됩니다. 이후에 입찰참가자들이 입찰참가 신청을 실시하고 상시 투찰을 하는 것입니다. 예전에는 입찰참가자들이 정해진 시간까지 입찰참가 신청을 별도로 하고 입찰장소에 정해진 시간에 모여서 직접 수기입찰서를 작성하여 제출하는 방식으로 진행했지만, 지금은 전자조달시스템이 잘 개발되어 있기 때문에 입찰참가자들이 입찰공고 기간 중에 상시 투찰할 수 있도록 제도가 마련되어 있습니다. 따라서 정상적인 입찰공고 기간이 끝난 바로 다음날을 입찰서 제출마감일로 설정하고 개찰일도 이 날이 되는 것입니다. 앞서 입찰공고 게시 일자와 마찬가지로 입찰서 제출 마감일과 개찰일도 완벽한 24시간을 보장하지 못하므로 입찰공고 기간에 포함되지 않습니다.

결론적으로 입찰공고 기간이 7일이라고 하면 우리나라 시계로 00시 00분부터 시작해서 그 날 마지막 시간인 24시까지 완성되는 날짜가 총 7일이 보장되어야 한다는 뜻입니다. 자~~ 이 정도 개념을 이해한 상태에서 「국가계약법 시행령」에 입찰공고 기간이 어떻게 규정되어 있는지 살펴볼까요?

국가를 당사자로 하는 계약에 관한 법률 시행령 (약칭: 국가계약법 시행령)

[시행 2023. 6. 5.] [대통령령 제33382호, 2023. 4. 11., 타법개정]

☐ 제35조(입찰공고의 시기) ①입찰공고는 입찰서 제출마감일의 전일부터 기산하여 7일전에 이를 행하여야 한다. <개정 1996. 12. 31., 2006. 5. 25.>

②공사입찰의 경우로서 제14조의2제1항에 따른 현장설명을 실시하는 경우에는 현장설명일의 전일부터 기산하여 7일전에 공고해야 한다. 다만, 제13조에 따라 입찰참가자격을 사전에 심사하려는 공사입찰의 경우에는 현장설명일 전일부터 기산하여 30일 전에 공고해야 한다. <신설 1996. 12. 31., 2006. 5. 25., 2010. 7. 21., 2021. 7. 6.>

③공사입찰의 경우로서 현장설명을 실시하지 아니하는 때에는 입찰서 제출마감일의 전일부터 기산하여 다음 각 호에서 정한 기간 전에 공고하여야 한다. <개정 2006. 5. 25.>
1. 추정가격이 10억원 미만인 경우 7일
2. 추정가격이 10억원 이상 50억원 미만인 경우 15일
3. 추정가격이 50억원 이상인 경우 40일

제8강 | 입찰공고문을 작성해 볼까요?
제가 작성한 입찰공고문을 많은 입찰 참가자들이 보겠죠~

위의 ①항이 입찰공고 기간의 가장 기본입니다. 문구를 보면 '입찰공고는 입찰서 제출마감일의 전일부터 기산하여 7일전에 이를 행하여야 한다.'라고 명시되어 있는데, 이것을 편하게 표현하면 '입찰공고 기간은 입찰공고일과 입찰서 제출마감일을 제외하고 7일이 보장되어야 한다'라고 표현할 수 있습니다. 앞부분 도식에서 보여드렸듯이 가운데 7일이 완벽하게 보장되어야 한다는 뜻입니다.

다음으로 ③항을 먼저 살펴보겠습니다. ③항은 공사입찰에서 현장설명을 실시하지 않는 경우의 공고기간을 설명하고 있는 것입니다. 이것은 아래처럼 도식화할 수 있습니다.

<u>1호. 추정가격이 10억원 미만인 경우 7일</u>

추정가격이 10억원 미만인 경우에는 입찰공고 기간이 7일 이상이어야 합니다. 여기서 7일은 최소 보장일수이고 8일, 9일, 10일이 되는 것은 아무 문제가 없고 반대로 공고기간이 5일 또는 6일만 보장된 공고문은 허용되지 않는 것입니다.

<u>2호. 추정가격이 10억원 이상 50억원 미만인 경우 15일</u>

추정가격이 10억원 이상 50억원 미만인 경우에는 입찰공고 기간을 최소 15일 이상 보장해야 합니다.

제8강 | 입찰공고문을 작성해 볼까요?
제가 작성한 입찰공고문을 많은 입찰 참가자들이 보겠죠~

3호. 추정가격이 50억원 이상 경우 40일

추정가격이 50억원 이상인 경우에는 입찰공고 기간이 최소 40일 이상 보장되어야 하는 것입니다.

위의 1호부터 3호까지 내용을 종합하면, 공사규모가 클수록 입찰공고 기간을 길게 보장해야 하는 것을 알 수 있습니다. 이것은 당연한 이치입니다. 공사규모가 클수록 입찰참가자들이 설계내역서를 검토하고 입찰참여 여부도 결정하고 입찰서 금액 산정도 더 오래 소요되므로 당연히 입찰공고 기간이 길게 부여되어야 합니다.

「국가계약법 시행령」 제35조 ②항은 공사입찰 중 현장설명을 실시하는 경우와 입찰참가자격 사전심사 대상 공사의 입찰공고에 대한 내용입니다. 그러나 대부분 공사계약 실무에서는 현장설명을 실시하는 경우와 입찰참가자격 사전심사 대상 공사가 드물기 때문에 이 책에서는 해당 내용 설명을 생략하겠습니다. 너무 많은 Case를 설명하다 보면 더 혼란스럽기 때문에 실무적으로 꼭 필요한 부분만 설명드리기 위한 것임을 이해해 주시기 바랍니다. 앞서 살펴본 공사규모에 따른 입찰공고기간 적용에 대해서 하나의 도식으로 요약해 보았습니다. 아래 도식을 보면서 머릿속에 정리해 보시면 좋을 것 같습니다.

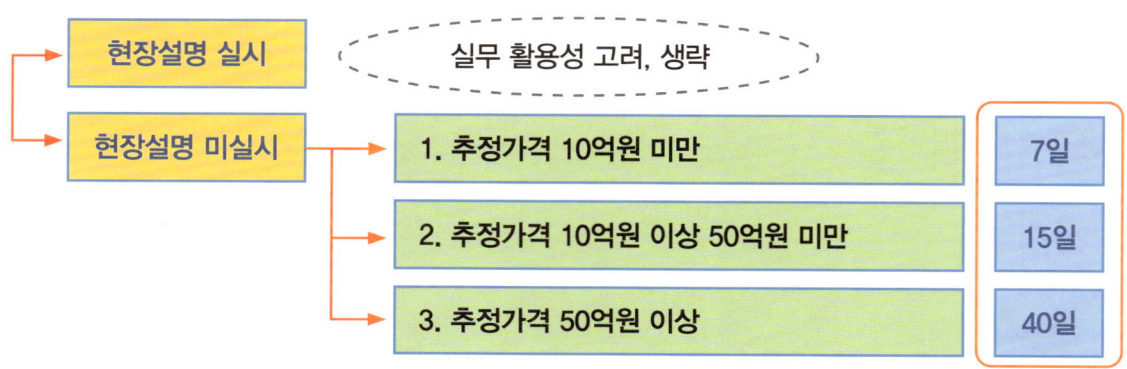

제8강 | 입찰공고문을 작성해 볼까요?
제가 작성한 입찰공고문을 많은 입찰 참가자들이 보겠죠~

추가적으로 실무에서 궁금해 하거나 헷갈려하는 부분에 대해서 아래의 5가지 질문과 답을 통해서 보충 설명을 해 드리겠습니다.

질문 1) 공고기간 중에 포함되는 토요일, 일요일, 국경일 등 휴일은 공고기간 계산 시 포함하는지?
답은 해당 법령 조항에 '제외한다'는 문구가 없다면 포함합니다.
위의「국가계약법 시행령」제35조에는 '공휴일과 토요일을 제외한다'는 문구가 없으므로 입찰공고 기간을 계산할 때 토요일, 일요일, 국경일 등 휴일을 포함해서 7일, 15일, 40일을 적용하면 됩니다.

질문 2) 입찰공고일, 입찰서 제출 마감일 또는 개찰일은 휴일이어도 관계없나요?
답은 입찰공고문을 게시하는 입찰공고일은 휴일에 실시해도 됩니다.
마찬가지로 위의「국가계약법 시행령」제35조에 금지하는 문구가 없으므로 입찰공고문을 휴일에 게시해도 괜찮습니다.
다만, 입찰서 제출 마감일과 개찰일은 반드시 평일이 되도록 설정해야 합니다.
이것은「전자조달 이용 및 촉진에 관한 법률 시행규칙」제2조 ③항에 '수요기관의 장 또는 계약담당자는 제1항제2호에 따른 전자입찰서의 제출마감 일시를 근무일(토요일과「관공서의 공휴일에 관한 규정」제2조에 따른 공휴일 및 수요기관이 정한 휴무일을 제외한 날을 말한다)의 오전 10시부터 오후 5시까지로 하여야 한다.'고 명시되어 있기 때문입니다. 즉, 입찰서 제출 마감일은 평일 근무일이어야 하고 오전 10시부터 오후 5시까지의 사이 시간에서 설정해야 하는 것입니다. 법령에 규정된대로 적용하시면 됩니다.

질문 3) 입찰서 제출기간은 얼마나 보장해야 하나요?
답은 최소 48시간 이상은 반드시 보장해야 합니다. 실무적으로는 최대한 많이 보장하는 것이 좋습니다.
이것은「전자조달 이용 및 촉진에 관한 법률 시행규칙」제2조 ②항에 '수요기관의 장 또는 계약담당자는 제1항제1호에 따른 전자입찰서의 접수시작 일시부터 같은 항 제2호에 따른 전자입찰서의 제출마감 일시까지가 최소한 48시간 이상이 되도록 정하여야 한다.'고 명시되어 있기 때문입니다.

질문 4) 개찰일시는 어떻게 정해야 하나요?

제8강 입찰공고문을 작성해 볼까요?
제가 작성한 입찰공고문을 많은 입찰 참가자들이 보겠죠~

답은 입찰서 제출 마감 1시간 이후의 시간을 개찰일시로 정해야 합니다.

이것도 「전자조달 이용 및 촉진에 관한 법률 시행규칙」 제2조 ④항에 '개찰일시는 전자입찰서의 제출마감 일시부터 1시간이 지난 때로 한다.'고 명시되어 있습니다. 통상 실무에서는 동일 일자에 1시간 이후의 시간을 설정합니다. 예를 들어 입찰서 제출 마감일시가 6.1일 10시라고 한다면 개찰일시는 6.1일 11시로 설정해서 진행합니다. 앞서 질문 2에서 보았듯이 입찰서 제출 마감일시는 평일 근무일의 오전 10시부터 오후 5시까지 설정하도록 되어 있기 때문에 개찰일시는 바로 그날 1시간 뒤를 설정하면 무리가 없습니다.

질문 5) 입찰참가신청 마감은 무엇인가요?
답은 입찰참가 신청서를 제출받고 해당 접수를 마감하는 것을 입찰참가신청 마감일이라고 합니다. 입찰을 신청할 수 있는 마감일로서 입찰서 제출 마감일의 전일로 하도록 규정되어 있습니다.
이것은 「국가계약법 시행규칙」 제40조(입찰참가 신청) ④항에 '입찰참가신청서류의 접수마감일은 입찰서 제출마감일 전일로 한다.'고 명시되어 있습니다.

이렇게 5가지 질문과 답을 통해서 입찰공고의 유의사항들을 살펴보았습니다. 이것을 도식화해서 좀 더 알기쉽게 요약해 보겠습니다.

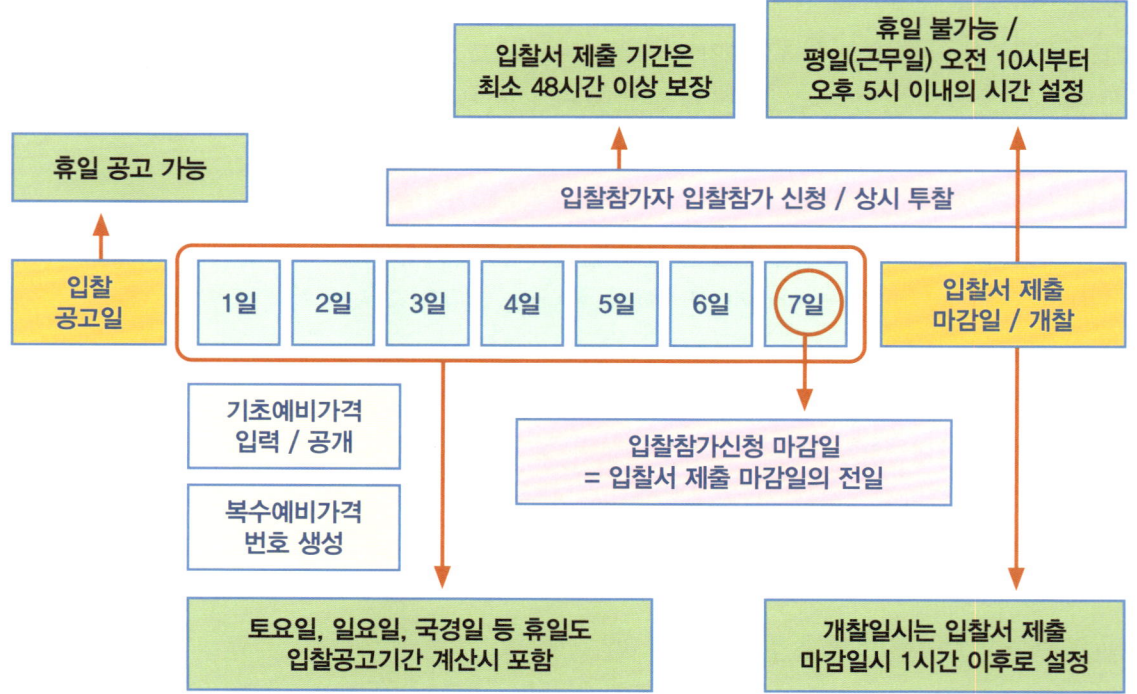

제8강 | 입찰공고문을 작성해 볼까요?
제가 작성한 입찰공고문을 많은 입찰 참가자들이 보겠죠~

요약해 놓은 위 도식이 아직 복잡해 보이시죠? 따라서 다음 Question에서는 위의 요약 도식 내용과 실제 입찰공고문 사례를 비교해 보면서 좀 더 실무적인 측면에서 설명해 드리겠습니다. 자~~ 가벼운 마음으로 다음 Question으로 넘어가 볼까요?

공사입찰에서 현장설명을 실시하는 경우가 왜 드문가요?

예전에는 추정가격 300억원 이상 공사에 대하여 의무적으로 현장설명을 실시하도록 규정되어 있었습니다. 이 부분이 2019년 9월 17일부터 규제완화 차원에서 「국가계약법 시행령」 제14조 ②항이 개정되어서 현재는 공사규모와 관계없이 발주기관이 자율적으로 결정하도록 되어 있습니다. 따라서 현장설명을 실시하는 경우도 많이 줄었습니다.

이러한 현장설명 제도는 공사입찰에만 존재하는 특수한 규정입니다. 실제 공사현장에서 계약담당자가 입찰참가 희망업체들을 모아놓고 해당 공사의 설계서 및 시공내용을 설명함으로써 입찰참가자들이 적절한 시공능력을 갖추고 합리적인 입찰가격을 작성하도록 하여 궁극적으로는 계약목적물의 완벽한 시공을 보장하는 것입니다. 제도의 취지와 목적은 좋으나 행정소요가 만만치 않기 때문에 실무에서 많이 활용되지는 못하고 있습니다.

제8강 | 입찰공고문을 작성해 볼까요?
제가 작성한 입찰공고문을 많은 입찰 참가자들이 보겠죠~

Q3 입찰공고문 실제 사례를 통해서 좀 더 설명해 주세요~~

후배님! 앞에서 살펴본 내용을 실제 입찰공고문 사례와 접목해서 살펴볼까요? 참고로 입찰공고문은 각 기관마다 작성 형태가 약간 틀립니다. 여기에서는 국군재정관리단 입찰공고문과 조달청 입찰공고문 등 2가지 사례를 가지고 살펴보겠습니다.

먼저 첫번째 국군재정관리단의 입찰공고문입니다. 여기서 주로 살펴볼 내용은 입찰공고 기간부터 입찰참가등록 마감, 입찰서 제출 마감일시, 개찰일시 등을 어떻게 적용했는지를 주로 살펴보겠습니다. 참고로 아래의 입찰공고문은 23. 4. 19일에 게시된 공고문 입니다.

입 찰 공 고 (긴급)

※ 보안성 검토 "필"

1. 본 입찰은 전자입찰 및 청렴계약제 대상입니다.
   가. 본 사업은 「건설산업기본법」에 의거하여 건설업 상호시장 진출이 허용되는 공사입니다.

2. 입찰에 부치는 사항
   가. 공 사 명 : ○○○ 시설공사
   나. 공사범위 : 종합공사 1식(물량내역서 참고)
   다. 공 사 비(추정가격) : 1,699,852,000원(1,545,321,573원)
   1) '23년 예산 : 187,810,000원   2) 계속소요비 : 1,512,042,000원
   3) 추정금액 : 1,874,606,000원(추정가격 : 1,545,321,573원 + 부가가치세 : 154,532,157원
      + 도급자설치관급금액 : 174,754,000원)
      ※ 관급자설치관급금액 : 93,867,000원
   4) 시공자격 업종별 추정금액 (구성비율)
      - 건축공사업 또는 토목건축공사업 : 1,874,606,000원(100%)
      - 지반조성·포장공사업 : 100,495,000원(5.36%)
      - 실내건축공사업 : 759,093,000원(40.50%)
      - 금속창호·지붕건축물조립공사업 : 144,472,000원(7.71%)
      - 철근·콘크리트공사업 : 656,735,000원(35.03%)
      - 구조물해체·비계공사업 : 213,811,000원(11.4%)
   라. 공사기간 : 착공일로부터 346일까지(1차수: 착공일로부터 '23. 12. 30까지)
   마. 공사현장 : ○○○ 일대
   바. 주요일정
   1) 기초예비가격공개 : '23. 4. 19.(수) ※ 기초예비가격공개일 변동 가능함
   2) 입찰참가등록마감일시 : '23. 4. 24.(월) 11:00
      ※ SMS서비스를 신청하여 입찰단계별 문자안내를 받으시기 바랍니다.(14항 기타사항 참조)
   3) 입찰서제출마감일시 : '23. 4. 25.(화) 10:00
   4) 개 찰 일 시 : '23. 4. 25.(화) 11:00

제8강 | 입찰공고문을 작성해 볼까요?
제가 작성한 입찰공고문을 많은 입찰 참가자들이 보겠죠~

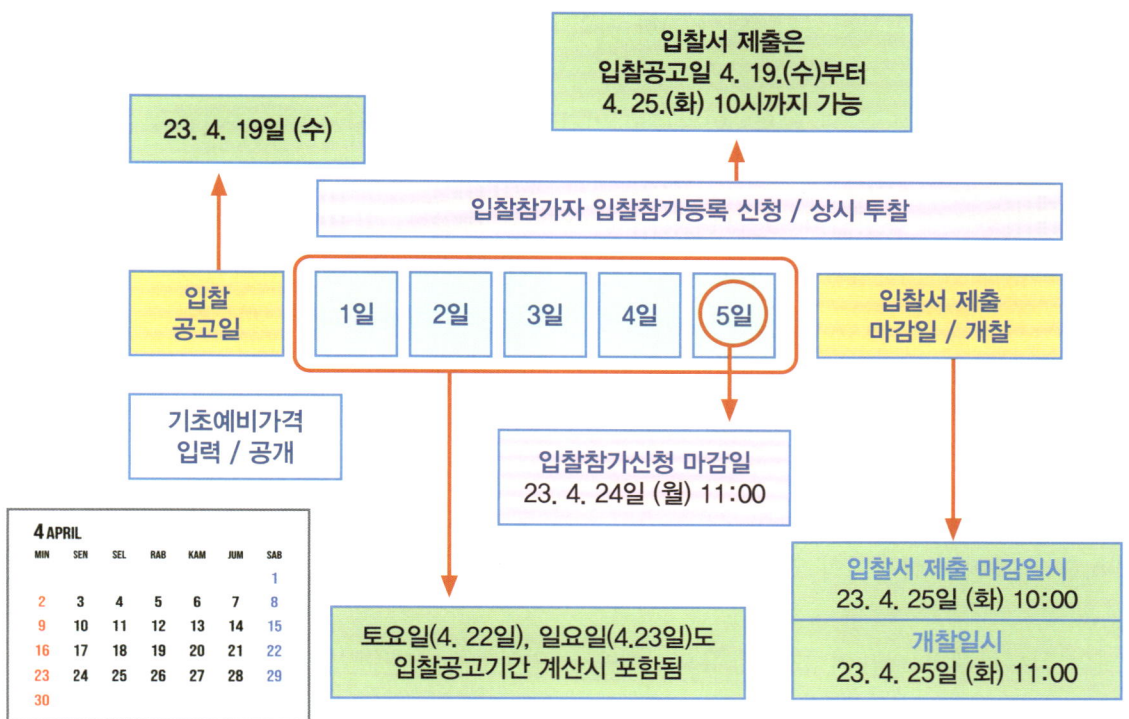

먼저 입찰공고는 4. 19.(수)에 게시하였습니다. 통상 입찰공고를 게시하는 것은 평일 근무일에 하는 것이 보편적입니다. 부득이한 경우 휴일에도 가능하지만 최대한 평일 근무일에 게시하는 것을 권해드립니다.

두번째로 기초예비가격(기초금액) 공개는 입찰공고문을 게시하는 날에 전자조달시스템에 게시하였습니다. 입찰공고일에 기초예비가격을 같이 공개하면 입찰참가자들의 입찰정보 확인을 충분히 보장할 수 있기 때문에 기초예비가격도 입찰공고일에 같이 게시하는 것을 권해드립니다. 참고로 조달청에서는 기초예비가격 공개를 입찰서 제출 마감일 5일전까지 공개하는 것을 자체 규정에 따라 적용하고 있습니다. 이에 따라 다른 기관들도 대부분 입찰서 제출 마감일 5일전을 적용하고 있는데 이것을 하나하나 따져서 적용하기 불편하므로 입찰공고문을 게시할 때 기초예비가격도 같이 공개하면 제일 깔끔합니다.

세번째, 이 입찰공고문은 긴급공고이기 때문에 공고기간을 5일을 적용하였습니다. 원래 정상공고였다면 추정가격이 약 15억원 규모이므로 15일의 입찰공고 기간을 보장해야 합니다. 다만 긴급공고일때는 5일로 단축 적용할 수 있으므로 긴급공고라는 것을 밝히고 공고기간을

제8강 | 입찰공고문을 작성해 볼까요?
제가 작성한 입찰공고문을 많은 입찰 참가자들이 보겠죠~

5일만 적용(4. 20일부터 4. 24일까지)한 것입니다.

네번째, 입찰참가등록 마감일은 입찰공고 기간의 맨 마지막 5일차인 4. 24.(월) 11:00시로 설정하였습니다. 앞서 Q2에서 배웠듯이 입찰참가등록 마감일은 입찰서 제출 마감일의 전날로 설정하도록 규정되어 있습니다. 이에 따라 4. 25.(화) 입찰서 제출 마감일 전날인 4. 24.(월)을 설정한 것입니다. 다만 마감시간은 일과 시간내에서 정하면 됩니다. 이 마감시간은 입찰참가자들의 참가 신청을 마감하는 것이며 입찰 마감과는 다릅니다. 즉 4. 24.(월) 11시 이후에는 입찰참가 신청이 불가하고, 만약 4. 24.(월) 10시에 입찰참가등록을 마친 업체라면 다음날 4. 25.(화) 10시 입찰서 제출 마감시간까지 투찰이 가능합니다.

다섯번째, 개찰일시는 입찰서 제출 마감일시 4. 25.(화) 10시로부터 1시간 이후인 4. 25.(화) 11시로 설정되어 있습니다.

위의 실무사례와 더불어 한가지 유의사항을 설명하겠습니다. 입찰공고일, 입찰참가등록 마감일, 입찰서 제출 마감일 등 3가지 날짜는 되도록 평일 근무일이 되도록 설정할 것을 권해드립니다. 규정상에는 입찰서 제출 마감일만 명시되어 있지만 3가지 행위 본질은 담당공무원이 평일 근무일에 실시하는 것이 보편적이기 때문에 평일 근무일로 설정하는 것이 좋습니다. 지금은 전자조달시스템에 의해서 업무가 자동 처리되다 보니 평일과 휴일의 업무처리 차이가 안 느껴지지만 아래 박스의 설명처럼 실제 수기식 계약업무를 진행한다고 가정한다면 위의 3가지 업무는 평일 근무일에 실시하는 것이 맞습니다.

구 분	수기식 계약업무 상황 가정	평일 실시 타당성 판단
입찰공고	계약담당 공무원이 신문이나 관보, 관공서 게시판 등에 입찰공고문을 게시함	예를 들어 계약담당 공무원이 관공서 게시판에 휴일에 게시하는 것은 비정상적 행위로 보일 수 있음
입찰참가 등록 마감일	계약담당 공무원이 업체들로부터 입찰보증금과 입찰참가신청서 및 기타 입찰참가자격 증빙서류를 확인하고 접수하며 입찰참가 가능 여부를 판정함	입찰에 참여하는 업체들 입장에서는 휴일에 입찰참가등록을 마감하는 것이 불합리하게 느껴질 수 있음
입찰서 제출 마감일	계약담당 공무원이 입찰현장에서 많은 입찰 참가들을 확인하고 안내해서 입찰서를 작성하고 제출함	입찰서를 접수하고 마감한 후 개찰결과에 따라 1순위 업체를 통보하는 것은 평일 근무일에 하는 것이 타당함

제8강 입찰공고문을 작성해 볼까요?
제가 작성한 입찰공고문을 많은 입찰 참가자들이 보겠죠~

입찰공고일, 입찰참가등록 마감일, 입찰서 제출 마감일 등 3가지 날짜를 왜 평일 근무일로 해야 하는지 이해되시죠? 통상 정상공고인 경우에는 9일이 소요되는데 이번주 수요일에 입찰공고를 실시하면 입찰참가등록 마감일은 다음주 목요일, 입찰서 제출 마감일은 다음주 금요일로 설정됩니다. 긴급공고인 경우에는 개략 7일이 소요되는데 이번주 수요일에 입찰공고를 실시하면 입찰참가등록 마감일은 다음주 월요일, 입찰서 제출 마감일은 다음주 화요일로 설정됩니다. 3가지 날짜를 평일 근무일로 맞추는 것이 어렵게 생각되실 수 있지만 실제로 적용해 보면 그다지 어려운 부분은 아닙니다.

다음으로 조달청 입찰공고문 사례를 통해서 살펴보겠습니다. 아래는 조달청 나라장터에 올라와 있는 공사 입찰공고입니다. 주의깊게 살펴 볼 날짜 위주로 빨간색 동그라미로 표시해 놓았습니다.

[공고일반]

공고종류	실공고	게시일시	2023/08/04 14:43
입찰공고번호	- 00	참조번호	
공고명	국립수목원 매표소 신축공사(건축) 본 공고는 지문인식 전자입찰제도가 적용되오니 미리 지문보안토큰에 지문정보를 등록하여야 합니다.		
공고기관	조달청 서울지방조달청	수요기관	산림청 국립수목원
입찰방식	전자입찰	낙찰방법	공고서 참조
계약방법	지역제한	국제입찰구분	국내입찰
재입찰	재입찰 허용 (재입찰시 기존 예비가격을 사용하여 예정가격이 산정됩니다.)		
발주계획번호		공사현장	경기도
국내/국제 입찰사유	국제입찰 비대상(고시금액 이하 또는 대상기관아님)		
WTO품목번호	건설공사		
건설산업기본법 적용대상여부	대상 [종합공사 - 신설공사]		
상호시장진출 허용여부	※ 본 공사는 상호시장 진출을 허용하지 않는 공사입니다.		
입찰자격	공고서 참조		
관련공고			

제8강 | 입찰공고문을 작성해 볼까요?
제가 작성한 입찰공고문을 많은 입찰 참가자들이 보겠죠~

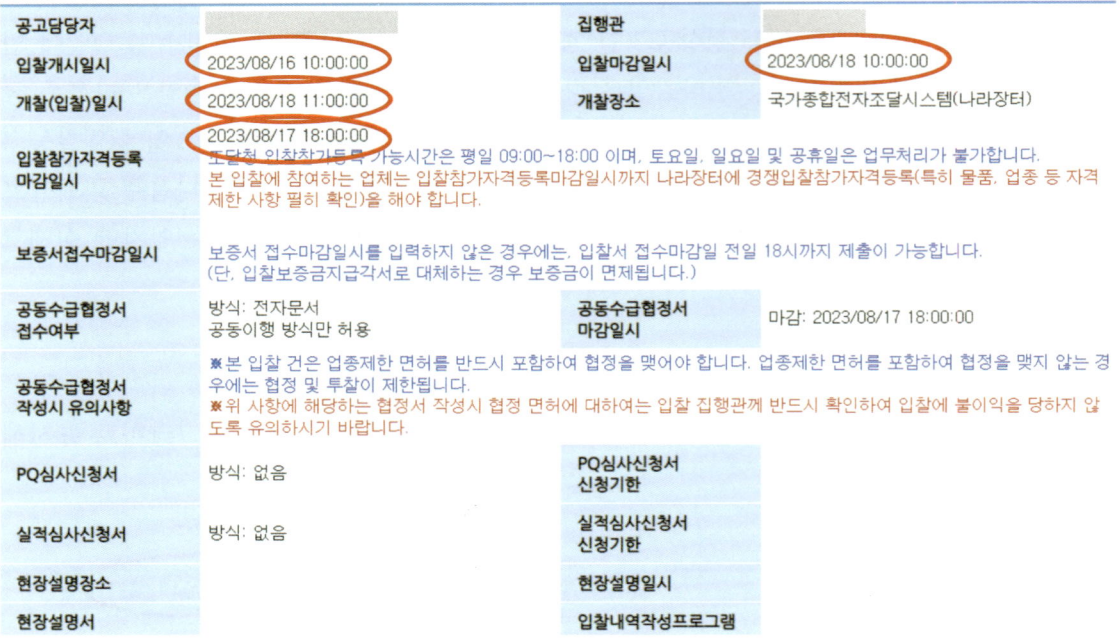

위의 입찰정보와 입찰공고문에 나와있는 정보들과 합해서 하나의 도표와 달력에 표시해 보았습니다.

〈공사 입찰공고 요약〉
- 공사명 : ○○○길 국립수목원 매표소 신축공사(건축)
- 공사현장 : ○○도 ○○시 ○○읍 ○○○○○로 ○○○ 국립수목원
- 공사기간 : 착공일부터 130일
- 공사내용 : 매표소 신축공사 1식(300.11㎡)
- 공사금액 : 추정금액 1,005,804,000원
  (추정가격 838,974,545원 + 부가가치세 83,897,455원 + 도급자설치 관급 82,932,000원)   * 관급자설치 관급 52,351,000원
- 입찰진행 세부 일정

입찰공고 게시	23. 8. 4.(금)	
입찰서 제출기간	23. 8. 16.(수) 10:00 ~ 23. 8. 18.(금) 10:00	48시간 부여
입찰참가자격등록 마감일시	23. 8. 17.(목) 18:00	입찰서 제출 마감일 전일

제8강 | 입찰공고문을 작성해 볼까요?
제가 작성한 입찰공고문을 많은 입찰 참가자들이 보겠죠~

개찰일시	23. 8. 18.(금) 11:00	입찰서 제출 마감일시 이후 1시간 후

앞서 살펴본 입찰공고 관련 규정을 준수하고 있는지? 어떻게 적용하지 있는지? 하나씩 살펴볼까요?

먼저, 입찰공고일(8. 4일. 금요일), 입찰참가등록 마감일(8. 17일. 목요일), 입찰서 제출 마감일(8. 18일. 금요일), 개찰일(8. 18일. 금요일) 등 모두 평일 근무일로 설정되어 있습니다. 두번째, 해당 공사의 추정가격이 약 8억원 규모이므로 입찰공고 기간을 7일 이상을 부여해야 합니다. 위 조달청 입찰공고는 좀 더 길게 13일간 입찰공고를 실시하였네요. 세번째, 입찰참가자격 등록 마감일(8. 17일)은 입찰서 제출 마감일(8. 18일)의 전일로 설정했으며, 개찰일시는 입찰서 제출 마감일시 1시간 이후로 설정해 놓았네요. 전반적으로 앞서 살펴본 규정 내용이 잘 적용되어 있음을 알 수 있습니다.

여기서 한가지 주목해서 볼 부분은 입찰서 제출기간입니다. 조달청 입찰공고문은 입찰서 제출기간을 8. 16일.(수) 10:00부터 23. 8. 18일.(금) 10:00까지 딱 48시간을 부여하고 있습

제8강 | 입찰공고문을 작성해 볼까요?
제가 작성한 입찰공고문을 많은 입찰 참가자들이 보겠죠~

니다. 각 기관 또는 업무담당자마다 약간 다르지만 최소 입찰보장 시간만 부여해도 되고 좀 더 길게 입찰가능 시간을 부여해도 됩니다. 무조건 48시간만 해야되는 것으로 오해하지 않기 바라면서 추가 설명 드렸습니다.

이제까지 2건의 입찰공고 사례를 통해서 입찰공고 관련 규정에 대해서 좀 더 살펴보았습니다. 너무 성급하게 입찰공고문을 작성하다보면 날짜를 잘못 적용해서 입찰공고를 취소하게 되는 경우가 발생하곤 합니다. 후배님께서는 입찰공고 게시일자부터 입찰공고 기간, 입찰참가등록 마감일시, 입찰서 제출 마감일시, 개찰일시 등을 규정에 맞게 적용할 수 있을거라 믿습니다.

제8강 입찰공고문을 작성해 볼까요?
제가 작성한 입찰공고문을 많은 입찰 참가자들이 보겠죠~

 Q4 긴급공고, 재공고, 재입찰, 정정공고 등 각각의 경우에 대해서 설명해 주세요~~

후배님! 입찰공고와 관련해서 긴급공고, 재공고, 정정공고, 재입찰 등을 살펴보지 않으면 수박 겉 핥기식의 공부밖에 되지 않습니다. 실무에서는 긴급공고부터 재공고, 정정공고, 재입찰 등이 많이 발생하고 이에 대한 명확한 개념과 실무를 모르면 잘 진행되던 일을 그르치거나 민원이 발생해서 사업추진 자체가 지연되는 경우가 많기 때문입니다. 앞서 배운 기초내용을 토대로 각 Case별 개념과 유의사항을 설명해 드리겠습니다.

가장 먼저 알아볼 것은 긴급공고와 재공고입니다. 이 부분은「국가계약법 시행령」제35조 ④항에 나와 있습니다.

> 제35조(입찰공고의 시기) ①입찰공고는 입찰서 제출마감일의 전일부터 기산하여 7일전에 이를 행하여야 한다. <개정 1996. 12. 31., 2006. 5. 25.>
> ②공사입찰의 경우로서 제14조의2제1항에 따른 현장설명을 실시하는 경우에는 현장설명일의 전일부터 기산하여 7일전에 공고해야 한다. 다만, 제13조에 따라 입찰참가자격을 사전에 심사하려는 공사입찰의 경우에는 현장설명일 전일부터 기산하여 30일전에 공고해야 한다. <신설 1996. 12. 31., 2006. 5. 25., 2010. 7. 21., 2021. 7. 6.>
> ③공사입찰의 경우로서 현장설명을 실시하지 아니하는 때에는 입찰서 제출마감일의 전일부터 기산하여 다음 각 호에서 정한 기간 전에 공고하여야 한다. <개정 2006. 5. 25.>
> 1. 추정가격이 10억원 미만인 경우 7일
> 2. 추정가격이 10억원 이상 50억원 미만인 경우 15일
> 3. 추정가격이 50억원 이상인 경우 40일
> ④ 제1항부터 제3항까지의 규정에도 불구하고 다음 각 호의 어느 하나에 해당하는 경우에는 입찰서 제출마감일의 전날부터 기산하여 5일 전까지 공고할 수 있다. <개정 2015. 6. 22., 2020. 5. 1.>
> 1. 제20조제2항에 따른 재공고입찰의 경우
> 1의2. 국가의 재정정책상 예산의 조기집행을 위해 필요한 경우
> 2. 다른 국가사업과 연계되어 일정조정을 위하여 불가피한 경우
> 3. 긴급한 행사 또는 긴급한 재해예방·복구 등을 위하여 필요한 경우
> 4. 그 밖에 제2호 및 제3호에 준하는 경우

앞에 설명드린 Q2에서 ①항과 ③항의 내용은 살펴보았습니다. 이번에 살펴볼 조항은 ④항입니다. 법령의 내용에 나와 있듯이, 재공고 입찰의 경우나 긴급공고 입찰의 경우에는 5일간 공고를 해야 합니다. ④항 1호는 재공고를 지칭하는 것이고 2호부터 4호는 긴급공고를 지칭하는 것입니다. 2호부터 4호의 긴급공고 내용을 보면 우리 발주기관들이 일반적으로 하고 있는 긴급공고 사유와 약간 차이가 있습니다. 즉, 다른 국가사업과 연계되어 일정조정을

제8강 | 입찰공고문을 작성해 볼까요?
제가 작성한 입찰공고문을 많은 입찰 참가자들이 보겠죠~

위하여 불가피한 경우, 긴급한 행사 또는 긴급한 재해예방·복구 등을 위하여 필요한 경우 또는 이에 준하는 경우에만 긴급공고를 실시하도록 규정하고 있습니다. 계약담당자가 편의적이고 자의적으로 긴급공고를 내는 것이 아니라 위의 2호부터 4호에 해당될 때에만 긴급공고가 가능한 경우인 것입니다. 이 점은 우리 계약담당자들 모두가 좀 더 유의해야 하지 않을까 싶습니다.

어쨌든, 재공고든 긴급공고든 공사규모와 관계없이 입찰공고 기간을 5일로 단축할 수 있습니다. 여기서 재공고라 함은 입찰공고를 게시하였으나 입찰참가자가 없어서 유찰된 경우에 다시한번 그대로 공고하는 것을 말합니다. 반면에 입찰공고를 냈다가 오류가 있어서 취소하고 입찰공고문을 다시 올리는 것은 재공고에 해당되지 않습니다. 또한 입찰공고를 냈다가 입찰참가자가 없어서 입참참가자격 조건, 공사기간, 입찰금액 등을 변경해서 다시 올리는 공고문도 재공고에 해당되지 않습니다. 즉, 재공고는 최초 입찰공고문에서 정한 조건이 동일하게 유지되어야 재공고라고 인정되는 것입니다. 아무거나 재공고라고 우기면 안 된다는 것을 아시겠죠?

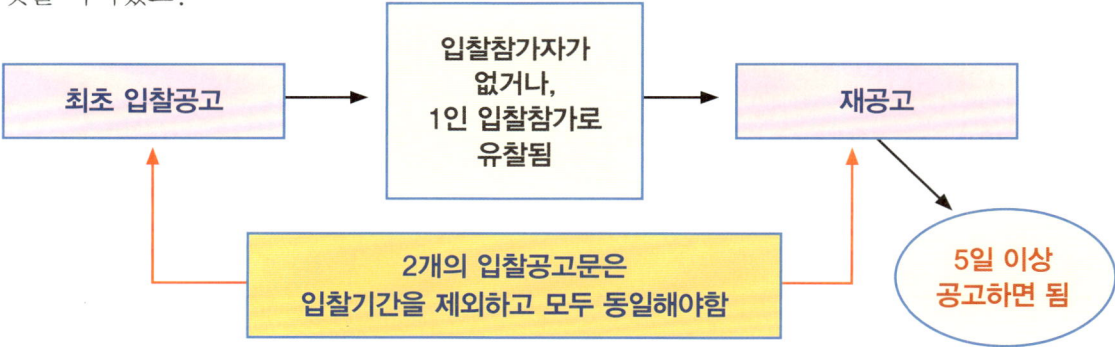

긴급공고도 5일 이상만 공고를 하면 되는데 이것도 도식화하면 아래와 같습니다. 추정가격 규모와 관계없이 5일 이상 공고를 실시하면 됩니다. 즉, 추정가격 50억원 이상 공사는 원래 40일 이상 입찰공고를 실시해야 하는데 이것을 긴급공고로 진행할 경우에는 5일만 공고해도 되는 것입니다. 그만큼 긴급공고는 특별한 경우에만 실시한다는 뜻이기도 합니다.

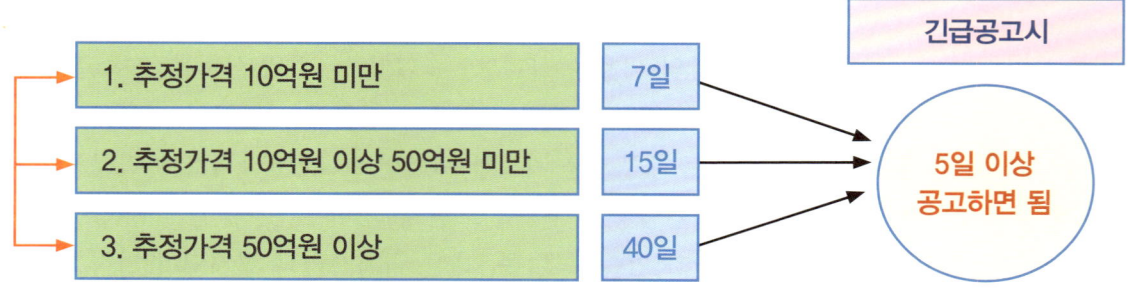

제8강 입찰공고문을 작성해 볼까요?
제가 작성한 입찰공고문을 많은 입찰 참가자들이 보겠죠~

각 발주기관마다 표시하는 방법이 틀리지만, 긴급공고든 재공고든 아래처럼 입찰공고 제목 옆에 (긴급), (재공고) 등을 빨간색으로 선명하게 명시합니다.

입 찰 공 고(긴급)

이제 재공고 입찰과 재입찰에 대해서 비교하면서 개념과 차이점을 살펴보겠습니다. 먼저 각각의 개념을 다시 설명하면 아래와 같습니다.

재공고 입찰	입찰공고 후 2이상의 유효한 입찰참여자가 없거나(입찰무효), 낙찰자가 없어서 최초 입찰공고를 다시한번 공고하는 것
재입찰	개찰 결과, 2이상의 유효한 입찰참여자는 있으나 입찰가격이 낙찰범위를 초과 또는 미달하여 해당 입찰참여자들만 다시 정해진 일시(2번째 입찰시간)까지 입찰서를 써 내도록 하는 것

그럼 재공고 입찰과 재입찰의 차이점을 비교하면 아래와 같습니다.

구 분	입찰공고문	입찰참가 범위	기간
재공고 입찰	별도의 입찰공고문(재공고)을 작성하여 게시함	입찰공고를 게시하였으므로 입찰참가등록부터 다시 실시함	5일 이상 공고
재입찰	처음 게시되었던 입찰공고문이 유효함 (입찰공고 미실시)	기존 입찰참가자들만 대상으로 함	재입찰 마감시간만 정해서 2번째 입찰을 실시함

위의 개념과 차이점을 살펴보면 재공고 입찰과 재입찰이 확연하게 틀리다는 것을 이해하실 수 있으실겁니다. 특히 재공고 입찰인지 재입찰인지 여부에 따라 후속 추진을 수의계약으로 가능한지 여부가 틀려지게 됩니다. 최초 입찰공고 이후에 재공고 입찰을 추진했고 재공고 입찰시에도 유효한 입찰자나 낙찰자가 없는 경우에는 수의계약으로 진행이 가능합니다. 아래 절차도를 살펴볼까요?

제8강 | 입찰공고문을 작성해 볼까요?
제가 작성한 입찰공고문을 많은 입찰 참가자들이 보겠죠~

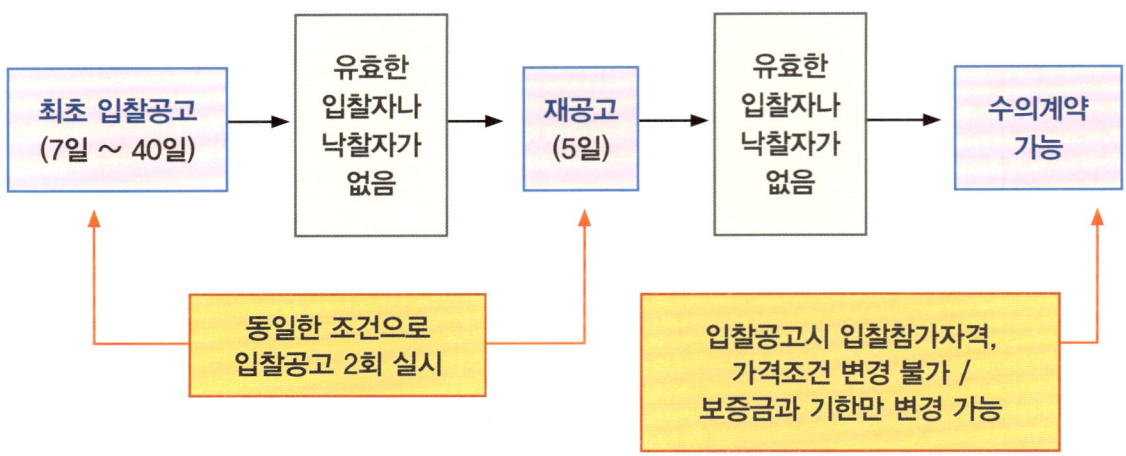

절차도에서 보듯이 재공고 이후에 유효한 입찰자나 낙찰자가 없는 경우에 수의계약 추진이 가능합니다. 이처럼 재공고 이후 수의계약에 대한 법령 조항은 「국가계약법 시행령」 제27조 ①항 2호부터 ②항까지 나와 있습니다. 아래 법령 조항 내용도 살펴보고 위의 절차도와 비교해 보시면 좀 더 쉽게 이해되실 겁니다.

국가를 당사자로 하는 계약에 관한 법률 시행령 (약칭: 국가계약법 시행령)

[시행 2023. 6. 5.] [대통령령 제33382호, 2023. 4. 11., 타법개정]

☐ **제27조(재공고입찰과 수의계약)** ①경쟁입찰을 실시한 결과 <u>다음 각호의 1에 해당하는 경우에는 수의계약에 의할 수 있다.</u>
  1. 제10조의 규정에 의하여 경쟁입찰을 실시하였으나 입찰자가 1인뿐인 경우로서 제20조제2항의 규정에 의하여 재공고입찰을 실시하더라도 제12조의 규정에 의한 입찰참가자격을 갖춘 자가 1인밖에 없음이 명백하다고 인정되는 경우
  2. 제20조제2항의 규정에 의하여 <u>재공고입찰에 부친 경우로서 입찰자 또는 낙찰자가 없는 경우</u>
  ②<u>제1항의 규정에 의한 수의계약의 경우 보증금과 기한을 제외하고는 최초의 입찰에 부칠 때에 정한 가격 및 기타 조건을 변경할 수 없다.</u>

이번에는 재입찰과 관련된 부연설명을 해드리겠습니다. 일부 계약담당자들, 입찰참여자들이 재공고 입찰과 헷갈려서 재입찰 후에 수의계약이 가능하다고 오판하는 경우가 있습니다. 앞서 살펴보았듯이 재공고 입찰과 재입찰은 개념부터 차이가 있습니다. 아래 절차도를 살펴볼까요?

제8강 | 입찰공고문을 작성해 볼까요?
제가 작성한 입찰공고문을 많은 입찰 참가자들이 보겠죠~

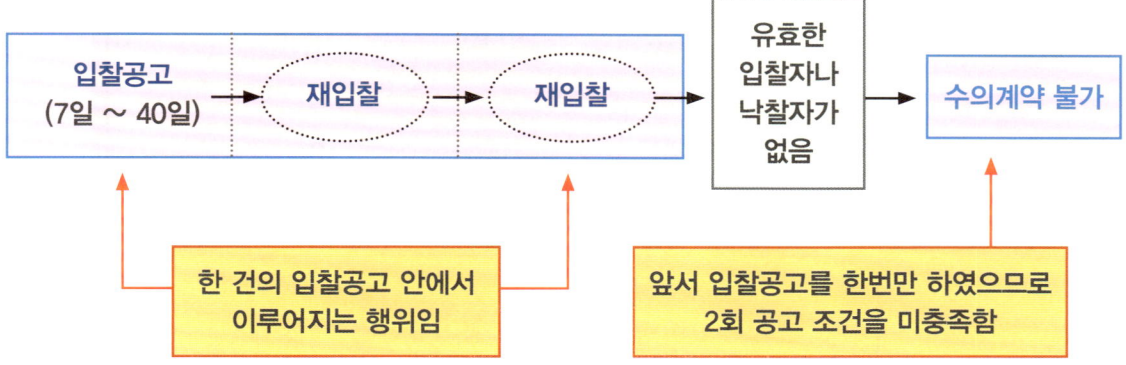

재입찰은 입찰서만 다시 제출하도록 한 것이므로 동일한 입찰공고로 봅니다. 따라서 여러번 재입찰을 실시해서 유효한 낙찰자가 없다고 하더라도 수의계약으로 바로 진행할 수가 없습니다. 즉, 재입찰은 공고 횟수와는 무관한 것입니다. 이러한 내용이 「국가계약법 시행령」 제20조 ①항에 나와 있습니다. 아래 법령 내용도 살펴볼까요?

> **국가를 당사자로 하는 계약에 관한 법률 시행령** (약칭: 국가계약법 시행령)
> [시행 2023. 6. 5.] [대통령령 제33382호, 2023. 4. 11.. 타법개정]
>
> ☐ **제20조(재입찰 및 재공고입찰)** ①경쟁입찰을 할 때 2인 이상의 유효한 입찰자가 없거나 낙찰자가 없을 경우 재입찰에 부칠 수 있다. 이 경우 재입찰은 새로운 입찰로 보지 않으며, 입찰자 또는 입찰횟수의 제한을 받지 않는다. <개정 2019. 9. 17.>

여기서 제일 핵심 문구는 '재입찰은 새로운 입찰로 보지 않는다' 입니다. 아무리 재입찰을 여러번 했어도 이것은 새로운 입찰공고에 해당되지 않는 것입니다. 이 의미가 무슨 뜻인지? 왜 중요한지? 이해되시죠~~

자~~ 마지막으로 정정공고에 대해서 알아보겠습니다. 정정공고는 계약담당자가 게시한 입찰공고문 중에 오류사항이 있어서 해당 오류사항만 정정해서 공고하는 것을 말합니다. 즉 게시되어 있는 입찰공고문을 유효한 상태에서 정정내용만 추가해서 공지하는 것입니다. 이렇게 정정공고를 실시할 경우에는 남은 공고기간에 5일 이상을 추가해서 공고하면 되는 것입니다. 아래의 상황 가정 및 절차도를 살펴볼까요?

제8강 입찰공고문을 작성해 볼까요?
제가 작성한 입찰공고문을 많은 입찰 참가자들이 보겠죠~

〈상황 가정〉 추정가격 80억원 공사를 입찰공고를 실시함.
(법령에 따라 40일 공고기간을 적용함)

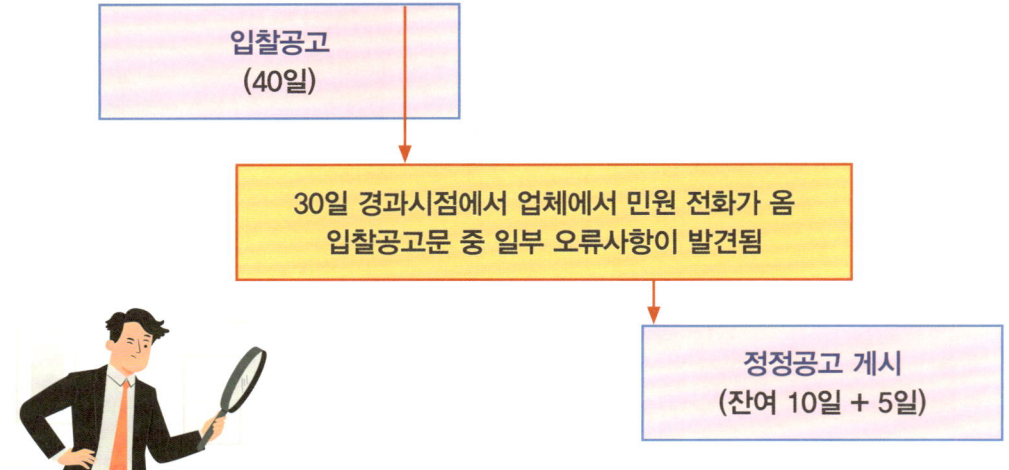

위 상황에서 만약 정정공고 제도가 없었다면 어떻게 될까요? 입찰공고를 취소하고 다시 40일 기간동안 입찰공고를 게시해야 하므로 계약행정 소요기간이 엄청나게 길어질 것입니다. 이러한 문제점 때문에 정정공고 제도를 두고 있는 것입니다. 기존 입찰공고문 중 정정할 내용만 정정해서 공고하되 잔여 공고기간에 5일 이상을 추가해서 게시하는 것입니다. 관련 법령 조항은 「국가계약법 시행령」 제33조 ②항에 나와 있습니다.

국가를 당사자로 하는 계약에 관한 법률 시행령 (약칭: 국가계약법 시행령)
[시행 2023. 6. 5.] [대통령령 제33382호, 2023. 4. 11., 타법개정]

☐ 제33조(입찰공고) ①입찰방법에 의하여 경쟁에 부치고자 할 때에는 이 영에 특별한 규정이 있는 경우를 제외하고는 전자조달시스템을 이용하여 공고하여야 한다. 다만, 필요한 경우 일간신문 등에 게재하는 방법을 병행할 수 있다. <개정 1999. 9. 9., 2002. 7. 30., 2013. 9. 17.>
② 각 중앙관서의 장 또는 계약담당공무원은 제1항에 따른 <u>입찰공고 중 내용의 오류나 법령위반사항이 발견되어 공고사항의 정정이 필요한 경우에는 남은 공고기간에 5일 이상을 더하여 공고하여야 한다.</u> <신설 2007. 10. 10.>

참고로 각 발주기관 또는 계약담당자마다 정정공고를 작성하는 방법이 다릅니다. 어떤 기관은 최초 입찰공고문 중 정정부분을 정정해서 정정한 원문 그대로 정정공고를 게시하는 경우가 있고 어떤 경우에는 아래처럼 정정내용만 게시하는 경우가 있습니다. 참고하시도록 정정내용만 요약해서 게시한 공고문 샘플을 아래에 넣어 놓았습니다.

제8강 | 입찰공고문을 작성해 볼까요?
제가 작성한 입찰공고문을 많은 입찰 참가자들이 보겠죠~

공사입찰 정정공고

우리공사 공고번호 제 ○○○○○호(2023.07.27)로 공고한 '○○~○○간 ○○지사 신축공사' 건에 대하여 다음과 같이 정정공고 합니다.

1. 정정사항

가. 입찰서 제출 등에 관한 사항

항목	당초	정정
9.1	9.1 입찰참가신청 및 입찰서 제출 기간 ○ 2023. 8. 23. 09:00 ~ 2023. 9. 6. 10:20	9.1 입찰참가신청 및 입찰서 제출 기간 ○ 2023. 8. 28. 09:00 ~ 2023. 9. 11. 10:20
10.1	10.1.1 개찰시간 : 2023. 9. 6. 14:00	10.1.1 개찰시간 : 2023. 9. 11. 14:00

나. 국민건강보험료 등의 사후 정산에 관한 사항

[당초]

17.1 본 건 설계금액에 계상된 국민건강보험료, 국민연금보험료, 노인장기요양보험료, 퇴직공제부금, 산업안전보건관리비, 품질관리비 및 안전관리비는 다음과 같습니다. (부가세 제외)

퇴직공제부금 (부가세 제외)	산업안전보건관리비 (부가세 제외)	품질관리비 (부가세 제외)	안전관리비 (부가세 제외)
₩91,880,766	₩201,053,540	₩67,771,262	₩11,200,000

[정정]

17.1 본 건 설계금액에 계상된 국민건강보험료, 국민연금보험료, 노인장기요양보험료, 퇴직공제부금, 산업안전보건관리비, 품질관리비 및 안전관리비는 다음과 같습니다. (부가세 제외)

퇴직공제부금 (부가세 제외)	산업안전보건관리비 (부가세 제외)	품질관리비 (부가세 제외)	안전관리비 (부가세 제외)
₩91,880,766	₩201,053,540	₩73,725,262	₩11,200,000

※ 본 공고에 해당하는 「공사계약 종합심사낙찰제 심사세부기준」 제9조의 입찰공고일은 최초입찰공고일인 2023년 7월 27일입니다.

※ 기타사항은 당초 입찰공고조건과 동일합니다.

※ **본 정정공고 게시 전에 제출한 입찰참가신청서 및 입찰서는 무효이므로 반드시 정정공고된 입찰 건에서 입찰참가신청서 및 입찰서를 다시 제출해야 합니다.**

제8강 | 입찰공고문을 작성해 볼까요?
제가 작성한 입찰공고문을 많은 입찰 참가자들이 보겠죠~

정정공고문 예시에서 보듯이 정정공고에 따른 공고기간 변경으로 입찰서 제출 마감시간이 바뀌게 되고 개찰시간도 바뀌게 됩니다. 그리고 아랫부분의 빨간색 글씨처럼 정정공고 전에 제출했던 입찰참가등록과 입찰서는 무효가 되고 이 정정공고에 따라 새로 입찰참가등록과 입찰서를 제출해야 하는 것입니다.

통상 정정공고를 실시하는 경우는 입찰참가자격 설정 착오, 내역서 및 원가계산서 상 금액이나 비목상 오류 발생, 적격심사 기준표 착오 적용, 기타 입찰 관련 날짜나 시간 착오 지정 등입니다. 비록 정정공고 제도가 있지만, 정정공고를 자주 하는 것보다 처음부터 정확하고 올바르게 입찰공고를 작성하고 게시하는 것이 최선의 지름길이라는 것은 항상 기억했으면 좋겠습니다.

자~~ 이상으로 긴급공고부터 재공고, 재입찰, 정정공고까지 살펴보았습니다. 계약담당자는 상황에 따른 다양한 업무처리 지식을 알고 있는 것이 중요합니다. 실무에서 긴급공고, 재공고, 재입찰, 정정공고를 상황에 따라 적절히 적용하고 능숙능란하게 처리하는 후배님을 기대하고 응원하겠습니다.

제8강 | 입찰공고문을 작성해 볼까요?
제가 작성한 입찰공고문을 많은 입찰 참가자들이 보겠죠~

Q5 2단계 경쟁입찰, 협상에 의한 계약시 입찰공고는 어떻게 하나요?

후배님! 좋은 질문입니다. 그런데 2단계 경쟁입찰 또는 협상에 의한 계약은 물품이나 용역 사업에서 사용되는 입찰 및 계약추진 방식입니다. 따라서 공사계약을 중점적으로 설명드리는 이 책에서는 설명드릴 부분은 아니지만, 계약업무 관련 기초지식을 소개하는 차원에서 설명 드리겠습니다. 입찰 개념과 입찰공고 특징 위주로 간략히 안내해 드리겠습니다.

먼저 2단계 경쟁입찰입니다. 2단계 경쟁입찰은 1단계 규격 및 계약수행 관련 제안서 평가, 2단계 입찰가격 평가로 구분해서 2번의 경쟁을 실시하기 때문에 2단계 경쟁입찰이라고 하는 것입니다. 정확히 얘기하면 2단계 경쟁입찰도 아래처럼 2가지 방식으로 나누어집니다. 아래 절차도를 보시고 계속 설명을 이어가겠습니다.

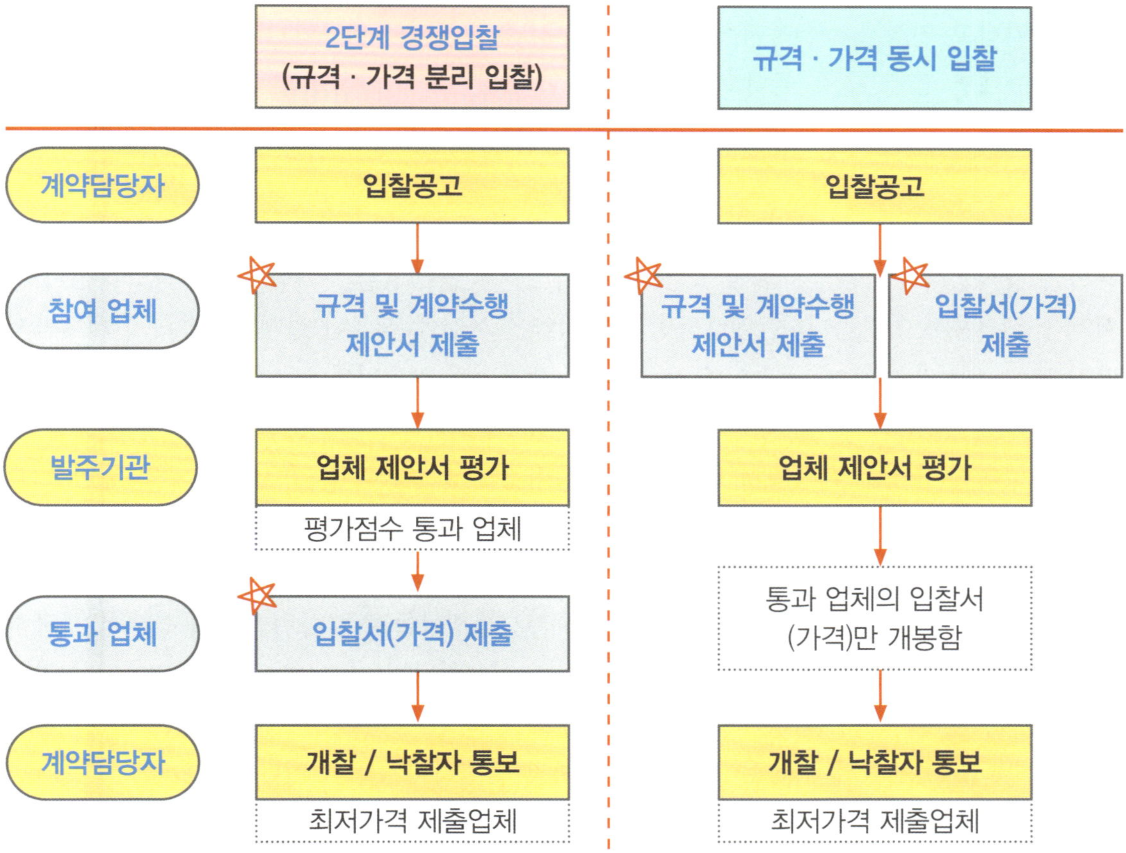

	2단계 경쟁입찰 (규격 · 가격 분리 입찰)	규격 · 가격 동시 입찰
계약담당자	입찰공고	입찰공고
참여 업체	규격 및 계약수행 제안서 제출	규격 및 계약수행 제안서 제출 / 입찰서(가격) 제출
발주기관	업체 제안서 평가 평가점수 통과 업체	업체 제안서 평가
통과 업체	입찰서(가격) 제출	통과 업체의 입찰서 (가격)만 개봉함
계약담당자	개찰 / 낙찰자 통보 최저가격 제출업체	개찰 / 낙찰자 통보 최저가격 제출업체

제8강 | 입찰공고문을 작성해 볼까요?
제가 작성한 입찰공고문을 많은 입찰 참가자들이 보겠죠~

좌측 절차도에 나와 있는 것이 2단계 경쟁계약입니다. 1단계는 규격 및 계약수행 관련 제안서를 제출하고 평가하는 것이고 2단계는 제안서 통과업체들이 입찰서를 써 내고 가격경쟁을 하는 것입니다. 여기서 중요한 것은 1단계 제안서 평가 부분입니다. 제안서 평가에서 일정 점수를 통과하지 못하는 업체는 2단계 가격 경쟁에 참가하지 못하기 때문에 제안서 평가를 우선 통과하는 것이 중요합니다. 이렇게 2번에 걸쳐서 단계별 경쟁을 하기 때문에 2단계 경쟁입찰이라고 하는 것입니다.

우측 절차도에 나와 있는 것은 정확하게 얘기하면 2단계 경쟁입찰은 아닙니다. 정식 용어는 규격·가격 동시입찰이라고 합니다. 가끔 실무에서 우측 절차도도 2단계 경쟁입찰이라고 부르는 경우가 있는데 이것은 정식 용어로는 맞지 않습니다. 법령에서는 위의 2가지 방식을 포괄해서 지칭하다 보니 '2단계 경쟁계약 등'이라고 해서 '등'을 붙여서 각각의 방식임을 나누고 있습니다. 어쨌든 우측의 규격·가격 동시입찰은 입찰 참여업체들이 제안서와 입찰서를 같은 마감일시에 동시 제출하는 방식입니다. 발주기관에서는 제안서 평가위원회를 통해서 제안서를 평가하고 일정점수를 통과한 업체의 입찰서만 개봉해서 비교합니다. 따라서 정확히 얘기하면 단계별 경쟁입찰은 아니고 동시에 제출한 제안서와 입찰서를 개봉시기만 다르게 하는 것입니다.

2단계 경쟁입찰, 규격·가격 동시입찰은 미리 적절한 규격을 작성하기 곤란한 경우에 주로 적용하는 방식입니다. 앞서 서두에 말씀드렸듯이 2단계 경쟁입찰, 규격·가격 동시입찰은 공사계약에서 적용하지 않습니다. 왜냐하면 공사계약은 사전에 작성된 설계도면부터 설계내역서가 있는 계약이기 때문에 '규격이 없는 계약'에 해당되지 않습니다.

규격이 없거나 규격을 작성하기 곤란한 경우로써 2단계 경쟁입찰, 규격·가격 동시입찰을 적용하는 사업들의 예를 들어보면 다음과 같습니다. 학교 학생들의 교복 제작·구매사업을 입찰에 부칠 때 교복의 재질부터 디자인까지 업체별 샘플을 제출하고 평가하는 경우입니다. 업체별로 제출한 교복 샘플을 학부모 대표와 학교 선생님들로 평가위원을 구성해서 객관적으로 평가하고 일정점수 통과 업체만 가격경쟁을 실시합니다. 또는 대규모 교육이나 훈련시 도시락을 구매하는 사업으로 업체별로 생산설비 구비, 납품하는 도시락의 메뉴 구성, 음식물 포장 및 현장 납품계획 등을 제안서로 제출받아 평가하기도 합니다. 이외에도 발주기관의 홍보 영상물을 제작하는 것도 홍보영상 제작 업체별로 영상제작 제안서를 제출받고 평가해서 선정하기도 합니다. 예시로 설명드린 교복, 도시락, 홍보영상 제작 등이 모두 물품이나

제8강 | 입찰공고문을 작성해 볼까요?
제가 작성한 입찰공고문을 많은 입찰 참가자들이 보겠죠~

용역계약입니다. 몇가지 예시만 설명드렸는데 어떤 사업들을 적용하는지 느낌이 오시나요?

이상과 같이 설명드린 2단계 경쟁입찰, 규격·가격 동시입찰은 어떻게 입찰공고를 할까요? 업체들이 입찰공고를 보고 각자 자신의 제안서를 작성해서 제출할 수 있는 시간이 필요하므로 최대한 입찰공고 기간을 길게 부여해야 합니다. 「국가계약법」에서는 입찰공고 기간을 별도 규정하고 있지 않지만 저의 실무 경험에서는 약 20일 이상의 공고기간을 부여하는 것이 좋다고 생각합니다. 입찰공고 기간이 짧으면 입찰참여 희망업체나 능력이 있는 업체들이 제안서 작성기간 부족으로 입찰참여를 포기하는 경우가 있습니다. 만약 사업부서와 사전에 밀착된 특정업체가 있다면 입찰공고 기간이 짧을수록 해당 특정업체에게만 유리한 여건이 조성될 수 있습니다. 따라서 「국가계약법」을 적용하면 7일 이상만 부여해도 가능하지만 실무 적용시에는 최대한 길게 입찰공고 기간을 적용할 것을 권해드립니다.

다음은 협상에 의한 계약에 대해서 설명해 드리겠습니다. 협상에 의한 계약은 고도의 전문성과 기술성이 필요한 계약사업에서 적용하는 방식입니다. 예를 들어 정보시스템 개발사업, 산업디자인 사업, 온라인 디지털 콘텐츠 제작사업, 행사 기획 용역, 박물관 전시물 설계 및 설치사업, 도시계획 수립, 고난이도 과학기술 기반 연구용역 사업 등이 있습니다. 사회의 각 분야별 전문성이 심화되고 고도의 기술이 필요한 사업이 증가하고 있으며, 물품·용역이 기술 기반하에 상호 융합되는 사업도 증가하고 있기 때문에 협상에 의한 계약으로 추진하는 사업도 많아지고 있습니다.

그럼 협상에 의한 계약 절차는 어떻게 이루어질까요? 앞서 2단계 경쟁입찰, 규격·가격 동시입찰과 마찬가지로 참가희망 업체들의 제안서를 제출받고 평가한다는 점은 비슷합니다. 다만 제안서 평가 이후에 협상적격자를 선정하고 해당 협상적격자와 협상 절차를 통해서 최종 낙찰자와 계약내용, 계약금액을 확정짓는 것이 약간 다릅니다. 다음의 절차도를 살펴볼까요?

제8강 | 입찰공고문을 작성해 볼까요?
제가 작성한 입찰공고문을 많은 입찰 참가자들이 보겠죠~

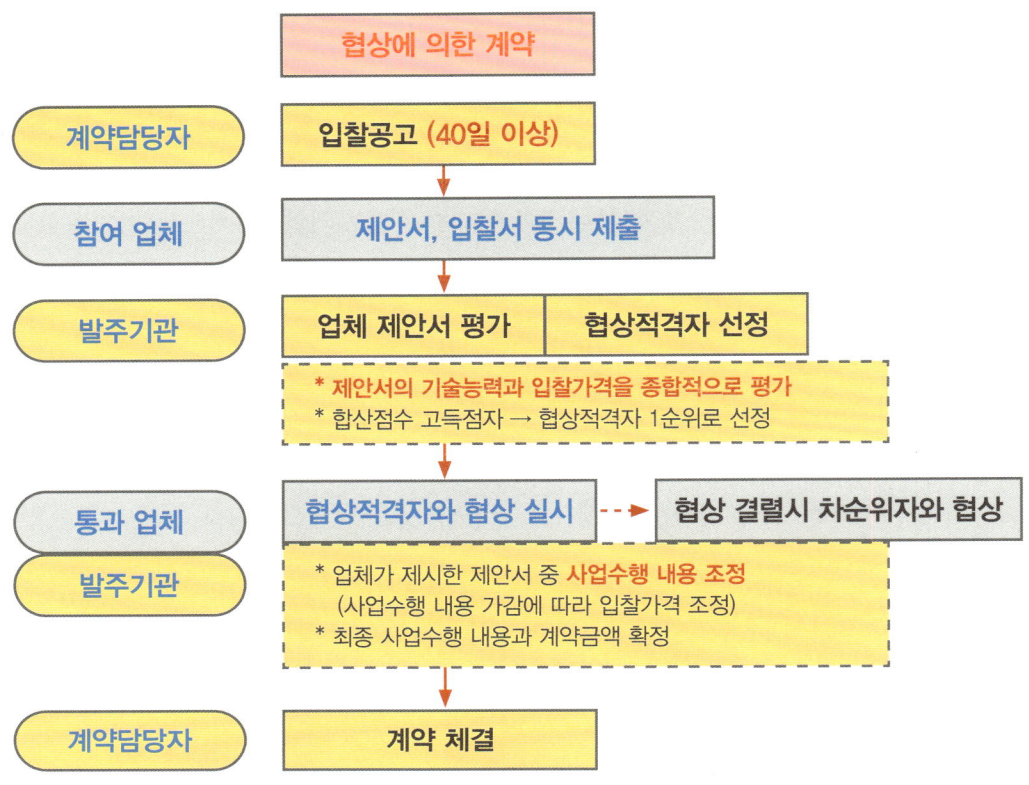

위의 절차도에서 보듯이 협상에 의한 계약의 경우 입찰공고를 40일 이상 부여하게 되어 있습니다. 그만큼 고도의 전문성과 기술성이 필요하기 때문에 제안서 작성기간을 충분히 부여해야 한다는 의미입니다. 입찰공고를 통해서 참여희망 업체들로부터 제안서와 입찰서를 동시에 제출받고 제안서 내용과 입찰가격을 종합적으로 평가해서 협상적격자를 선정합니다. 이후 해당 1순위 협상적격자와 협상을 실시하게 되는데, 이때 협상의 주된 내용은 업체가 제시한 사업수행 내용에 대해서 발주기관과 협상을 통해서 조정을 하는 것입니다. 입찰가격이 협상 대상이 아니라 사업수행 내용이 주된 협상 대상이며 입찰가격은 사업수행 내용 조정에 따라 수반되는 것일 뿐입니다.

이상으로 2단계 경쟁입찰, 규격·가격 동시입찰, 협상에 의한 계약 등에 대해서 전체적인 개념과 절차, 특징 등을 살펴보았습니다. 공사계약에서 사용되지는 않지만 물품·용역계약에서는 점점 더 활용 빈도나 비중이 늘어나고 있고 계약업무를 공부하는 사람이라면 상식적으로 필요할 것 같아서 소개해 드렸습니다. 조달청 나라장터에서 각 기관들이 발주하는 다양한 계약들을 찾아보시면서 각 사업의 특성, 입찰 및 계약방법의 특성들을 탐구해 보시기를 권해봅니다.

제8강 | 입찰공고문을 작성해 볼까요?
제가 작성한 입찰공고문을 많은 입찰 참가자들이 보겠죠~

 Q6 입찰공고문, 입찰정보 게시 화면에 A값이 표시되어 있던데요… A값이 무엇인가요?

처음 공사계약 실무를 접하는 분들은 모든 것이 생소하고 낯설겠지만, 특히 이해하기 어렵고 힘든 부분이 이 A값이 아닐까 싶습니다. 이 A값은 적격심사 점수 계산식에서 나오지만 적격심사 및 낙찰자 결정과 직결되므로 입찰공고시부터 정확히 안내하고 게시해야 합니다. 그럼 A값의 의미는 무엇이고, 왜 설정하고 있는지에 대해서 알아보겠습니다.

A값은 「국가계약법」이나 계약예규 본문에는 나오지 않습니다. 다만 계약예규 적격심사 기준의 별표에 나옵니다. 잠시 아래의 캡쳐 화면을 살펴볼까요? 아래 화면은 적격심사 기준 별표에서 추정가격 100억원 미만 50억원 이상인 공사의 적격심사 기준입니다.

2. 추정가격이 100억원 미만 50억원 이상인 공사

구분	심사분야	심사항목	배점한도	비고
계			100	
해당공사 수행능력			50	
	·시공경험 ·경영상태 ·신인도	·PQ심사항목을 이용 ·경영상태의 경우에는 입찰자가 제출하는 다음 각 호의 자료 중 어느 하나로 평가 1. 최근년도 부채비율, 유동비율 및 영업기간 2. 회사채, 기업어음, 기업의 신용평가등급 <개정 2015.1.1.>	(30)	
	·하도급관리계획의 적정성	·하도급금액의 적정성	(10)	
	·자재 및 인력조달가격의 적정성	·재료비 및 노무비의 적정성	(10)	
입찰가격			50	*평점산식:아래

주1) 입찰가격 평점산식

○ 평점(점) = $50 - 2 \times \left| \frac{88}{100} - \frac{\text{입찰가격} - A}{\text{예정가격} - A} \right| \times 100$

* A : 국민연금, 건강보험, 퇴직공제부금비, 노인장기요양보험, 산업안전보건관리비, 안전관리비, 품질관리비의 합산액 <개정 2020.12.28.>
* | |는 절대값 표시임
* (입찰가격-A)을 (예정가격-A)으로 나눈 결과 소수점이하의 숫자가 있는 경우에는 소수점 다섯째자리에서 반올림
○ (입찰가격-A)이 (예정가격-A)이하로서 (예정가격-A)의 100분의 90.5이상인 경우의 평점은 45점으로 한다.
○ 최저평점은 2점으로 한다.

제8강 | 입찰공고문을 작성해 볼까요?
제가 작성한 입찰공고문을 많은 입찰 참가자들이 보겠죠~

박스는 전체 분야별 배점을 설명한 것으로써, 총 100점 배점 중 공사수행능력이 50점을 차지하고 입찰가격이 50점을 차지합니다. 박스 하단에 입찰가격 평점 산식은 입찰가격과 예정가격에 따라 입찰가격 평점을 산출하는 공식입니다. 여기에 A가 표시되어 있습니다. 우선 A값은 국민연금, 건강보험, 퇴직공제부금비, 노인장기요양보험, 산업안전보건관리비, 안전관리비, 품질관리비 등 7개 항목을 합산한 금액입니다. A라고 하는 것은 이 7개 항목 합산액을 별도 지칭하는 문자입니다.

A값	국민연금 + 건강보험 + 퇴직공제부금비 + 노인장기요양보험 + 산업안전보건관리비 + 안전관리비 + 품질관리비

그럼 왜? A값을 입찰가격 평가점수 산출 공식에서 제외하고 평가하는지 설명해 드리겠습니다. 이해를 돕기 위해 전체 공사원가는 100억원이고 낙찰률은 88%이며 이중 A값은 2억원이라고 가정하고, A값을 제외하지 않고 공사금액을 산출한 경우와 A값을 제외하고 공사금액을 산출한 경우를 비교해서 설명드리겠습니다.

〈 전체 공사원가는 100억원이고, 낙찰률 88%이고, A값은 2억원이라 가정함 〉

전체 공사원가에 낙찰률을 곱한 경우

100억원

재료비,
노무비,
경비 ┬ 기계경비,
    │ 산재보험료, 고용보험료,
    │ 국민연금, 건강보험,
    │ 퇴직공제부금비
    │ 노인장기요양보험,
    │ 산업안전보건관리비,
    │ 안전관리비, 품질관리비,
    │ 환경보전비,
    └ 건설기계대여대금수수료
일반관리비, 이윤 부가가치세 ....

× 낙찰률 88%

공사총액 **88억원**

전체 공사원가 중 A를 제외하고 나머지 부분만 낙찰률을 곱한 경우

100억원 − 2억원

재료비,
노무비,
경비 ┬ 기계경비,
    │ 산재보험료, 고용보험료,
    │ 국민연금, 건강보험,   ┐
    │ 퇴직공제부금비   │ 제외하고
    │ 노인장기요양보험,   │ 적용함
    │ 산업안전보건관리비,   │
    │ 안전관리비, 품질관리비,┘
    │ 환경보전비,
    └ 건설기계대여대금수수료
일반관리비, 이윤 부가가치세 ....

× 낙찰률 88%

공사금액 **86.24억원** + A값 **2억원**

제8강 | 입찰공고문을 작성해 볼까요?
제가 작성한 입찰공고문을 많은 입찰 참가자들이 보겠죠~

왼쪽의 경우는 A값을 고려하지 않고 전체 공사원가에 낙찰률을 곱한 경우입니다. 이 경우에는 공사계약 금액이 88억원이 산출됩니다. 그러면 실제 이 공사를 88%로 낙찰받은 업체는 계약내역서를 작성해서 제출할 때에 공사금액 86억원 + A값 2억원으로 계약내역서를 작성해서 제출하게 됩니다. A값의 경우 실제 공사금액과는 무관하므로, 이렇게 되면 해당 계약업체는 공사에 투입되는 실제금액은 86억원이 되는 것입니다.

반대로 오른쪽의 경우는 A값을 제외하고 공사원가에 낙찰률을 곱한 경우입니다. 전체 공사원가 100억원 - A값 2억원 = 98억원 × 낙찰률 88% => 86.24억원이 산출됩니다. 여기에 A값 2억원을 그대로 더해주면 공사계약 금액은 88.24억원이 됩니다. 이렇게 A값을 빼고 낙찰률을 적용하고 나중에 A값을 그대로 보전해서 공사 계약금액에 넣어주는 방식입니다. 이렇게 하면 공사금액도 보장하고(왼쪽은 86억원, 오른쪽은 86.24억원임) A값도 그대로 보장하는 효과가 있습니다.

결론적으로 A값을 왜 설정하는지? 어떤 효과가 있는지? 요약해 보겠습니다.

---

1. A값은 입찰 참여업체가 작성하는 입찰금액의 영향을 받아서는 안 되는 요소들이다.
   (A값은 낙찰률과 관계없이 해당 금액을 그대로 계약내역서에 반영해야 하므로 입찰금액 산출시 고려하거나 작성 범위와 무관함)

2. A값을 입찰금액에서 제외함으로써 계약업체의 공사계약 금액을 좀 더 보장해주는 효과가 있다.

그럼 입찰공고 실무에서는 어떻게 A값 정보를 게시하고 있는지 살펴볼까요? 먼저 입찰공고문 예시입니다. (참고로 지면 관계상 일부 내용만 부분 편집해서 제시했습니다)

제8강 | 입찰공고문을 작성해 볼까요?
제가 작성한 입찰공고문을 많은 입찰 참가자들이 보겠죠~

---

1. 공사 개요

1.1. 공 사 명 : ▨▨▨법원·등기소 리모델링공사[건축 기계]
1.2. 공사현장 : ▨▨▨▨▨▨▨▨▨▨
1.3. 공사기간 : 착공일로부터 75일
1.4. 공사내용 : 리모델링에 따른 건축/기계설비 공사
1.5. 추정금액 : **620,873,000원 (추정가격 564,430,000원 + 부가세 56,443,000원)**
　　　　　　　[도급자설치관급액: 0원, 관급자설치관급액: 183,278,000원]
1.6. 업종별 추정금액 및 업종별 금액(추정가격+부가가치세)

업종	추정금액(비율)	추정가격+부가가치세(비율)
건축공사업	620,873,000원(100.00%)	620,873,000원(100.00%)

1.7. 적격심사 평가대상업종 및 평가비율
　　- 건축공사업 100.00%

2.6. 이 공사는 국민건강보험료, 국민연금보험료 및 노인장기요양보험료, 건설근로자 퇴직공제부금 반영 대상 공사입니다.

　2.6.1. 입찰참가자는 입찰금액을 산정할 때 예비가격 기초금액과 함께 발표된 국민건강보험료, 국민연금보험료, 노인장기요양보험료, 건설근로자 퇴직공제부금금액을 조정하지 않고 그대로 반영하여야 합니다.

국민건강보험료	국민연금보험료	노인장기요양보험료	퇴직공제부금	산업안전보건관리비
6,748,494원	8,566,495원	864,482원	4,378,431원	11,089,669원

빨간색 박스로 표시된 부분이 이 A값을 설명하고 있는 것입니다. 이 입찰공고의 A값은 5개 항목만 있다는 뜻이며 각각의 금액을 계약내역서에 그대로 반영해야 한다는 것을 공고하고 있습니다. 이 입찰공고문의 나라장터 게시화면 자료도 살펴볼까요?

제8강 | 입찰공고문을 작성해 볼까요?
제가 작성한 입찰공고문을 많은 입찰 참가자들이 보겠죠~

예비가격	기초금액 기준으로 ± 2 % 범위 내에서 작성됩니다.
	☐ A 31,647,571 원
	※ A 란?
	- 국민연금보험료,국민건강보험료,퇴직공제부금비,노인장기요양보험료,산업안전보건관리비,안전관리비,품질관리비의 합산액
적격심사사항	☐ 난이도계수 1
	☐ 기타경비기준율 5.8 %
	☐ 일반관리비기준율 6 %
	☐ 이윤기준율 15 %
	☐ 노무비기준율 12.2 %
	※ 제경비 적정성 평가의 적용율은 예비가격기초금액 작성시 적용율로 평가
	※ 국민연금보험료, 국민건강보험료, 퇴직공제부금비, 노인장기요양보험료, 산업안전보건관리비, 안전관리비, 품질관리비를 조정없이 입찰금액에 반영하여야 하며, 【A정보】 항목의 합산금액(A)은 입찰가격 평가시 제외합니다.
참고사항	[A 정보]
	☐ 국민연금보험료 8,566,495 원
	☐ 국민건강보험료 6,748,494 원
	☐ 퇴직공제부금비 4,378,431 원
	☐ 노인장기요양보험료 864,482 원
	☐ 산업안전보건관리비 11,089,669 원
	☐ 안전관리비 0 원
	☐ 품질관리비 0 원

입찰공고문과 동일하게 A값 전체금액도 게시해 놓았고, A값의 항목별 개별 금액도 세부적으로 입력해서 게시해 놓았습니다. 입찰참가 업체들은 입찰공고문 및 입찰정보 화면에서 이 A값을 확인하고 입찰금액을 결정시 고려해야 합니다.

자~~ 지금까지 입찰공고문에 포함되는 A값에 대한 개념, 설정 이유, 예시 등을 설명해 드렸습니다. 계약담당자는 A값을 설정하는 이유만 정확하게 이해하시고 규정에 나와있는대로 A값을 입찰공고문과 입찰정보에 게시하면 됩니다. 그리고 계약업체가 계약내역서에 해당 A값 항목별 금액을 그대로 반영해서 제출하는지만 확인하면 됩니다. A값~~ 어렵지 않죠?

제9강

입찰공고문을 게시했으니, 입찰보증금, 입찰참가신청, 입찰서 제출까지 살펴볼까요?

제9강

입찰공고문을 게시했으니, 입찰보증금, 입찰참가신청, 입찰서 제출까지 살펴볼까요?

Q1 입찰에 참가하는 업체들은 입찰보증금을 납부해야 한다구요?
.... 290

Q2 공사계약에서는 지역제한 입찰이 많은데, 지역제한 입찰시 입찰참가자격 판단을 어떻게 하나요?
.... 297

Q3 업체가 입찰서를 작성해서 제출할 때, 작성방법과 제출서류가 정해져 있다구요?
.... 303

Q4 100억원 이상 공사계약 입찰의 경우 업체가 입찰서를 제출할 때, 산출내역서를 같이 제출해야 한다구요?
.... 310

Q5 입찰이 무효로 처리되는 경우는 어떤 경우들인가요?
.... 315

제9강 입찰공고문을 게시했으니, 입찰보증금, 입찰참가신청, 입찰서 제출까지 살펴볼까요?

Q1 입찰에 참가하는 업체들은 입찰보증금을 납부해야 한다구요?

후배님! 이제 제9강으로 넘어가 볼까요? 입찰공고문을 게시했으니 앞으로 해야하는 중요한 일들이 더 많아질 겁니다. 당장 입찰에 참가하는 업체들의 입찰보증금도 확인해야 하고, 입찰참가자격을 갖춘 업체들이 입찰참가를 신청했는지도 확인해야 하며, 입찰서 제출을 마감하고 개찰까지 실시해야 합니다. 이러한 내용들을 제9강에서 알아보겠습니다. 제9강의 내용들도 하나 하나가 모두 중요하다는 것을 느끼실 수 있으시죠? Q1부터 차근차근 읽어가면 하나도 어렵지 않으실테니 자~~ Q1부터 시작해 볼까요?

먼저 Q1에서는 입찰보증금의 목적과 의의, 납부금액 기준, 납부 시기, 납부 방법, 납부 면제조항, 입찰보증금의 국고귀속과 반환 등을 순차적으로 설명해 드리겠습니다.

입찰보증금은 왜? 무슨 목적으로 납부받는 것일까요? 답은 '입찰에서 결정된 낙찰자가 계약을 체결하도록 보장받기 위함'입니다. 즉 입찰에 참가하는 모든 업체들은 입찰보증금을 먼저 납부하고 입찰에 참가해야 하며 개찰 결과에서 낙찰자가 된 업체는 반드시 계약을 체결해야 합니다. 만약 해당 낙찰자가 계약을 체결하지 않을 때에는 해당 업체의 입찰보증금을 국고로 환수하는 것입니다. 그래서 입찰보증금은 '계약체결을 담보받기 위한 보증금'이라고 말합니다.

이런 입찰보증금 제도는 '계약체결 담보' 외에도 다른 긍정적인 기능을 수행합니다. 입찰에서 계약체결 의사가 있는 성실한 입찰참가자들만 참가하도록 유도합니다. 이를 통해 입찰참가에 대한 엄정한 기강을 세워주는 긍정적인 기능을 수행하는 것입니다. 그리고 해당 낙찰자가 계약체결을 하지 않았을 때 입찰보증금을 환수함으로써 일정부분 국가의 손해를 배상받는 기능입니다.

종합해서 보면 입찰보증금의 목적은 '계약체결 담보'이고, 입찰보증금의 의의는 '성실한 입찰참가자들을 참여시키고 입찰참가에 대한 기강을 세워주는 것' 그리고 '낙찰자가 계약을 체결하지 않았을 때 국가의 손해를 배상받는 것'이라고 요약할 수 있습니다.

그럼 입찰보증금의 납부 금액과 납부 시기는 어떻게 규정되어 있을까요? 아래 박스에 간단

제9강 입찰공고문을 게시했으니, 입찰보증금, 입찰참가신청, 입찰서 제출까지 살펴볼까요?

하게 요약해 놓았습니다. 살펴볼까요?

구 분	납부 금액	납부 시기
내 용	■ 입찰금액의 100분의 5이상 (다만, 재난이나 경기침체, 대량실업 등으로 인한 국가의 경제위기를 극복하기 위해 기획재정부장관이 기간을 정하여 고시한 경우에는 1천분의 25이상을 납부)	■ 입찰신청마감일까지 납부해야 함
관련 조항	■「국가계약법 시행령」 제37조(입찰보증금)	■「국가계약법 시행규칙」 제43조(입찰보증금의 납부)

입찰보증금은 입찰참가자가 써 내고자 하는 '입찰금액'을 기준으로 5% 이상을 납부해야 합니다. 간혹 기초예비가격 등 입찰에 부치는 금액 기준으로 착각하는 경우가 있는데 입찰자가 자기 스스로 정하는 입찰금액이 기준이라는 것을 유념해야 합니다. 따라서 입찰참가자들이 모두 동일한 입찰보증금을 납부하는 것이 아닌 것이죠. 어떤 업체는 100만원을 입찰금액으로 써 내고자 한다면 5만원 이상을 입찰보증금으로 납부해야 하는 것이고, 어떤 업체는 90만원을 입찰금액으로 써 내고자 한다면 4만 5천원 이상을 입찰보증금으로 납부해야 하는 것입니다.

추가적으로, 2020년 12월 28일부터 입찰보증금 납부금액에 대한 단서 조항이 신설되었고 이에 따른 특례 적용기간에 관한 고시가 발령되어 있습니다. 이에 따라 2020년말부터 현재까지는 입찰금액 기준 1천분의 25이상을 납부토록 규정되어 있습니다. 즉 입찰참가자가 써 내는 입찰금액 기준 2.5% 이상만 납부하도록 완화되어 있습니다. 이것은 코로나19 극복을 위해서 경영상의 부담을 완화시켜 주기 위해서 입찰보증금 단서조항을 신설하여 시행하였고 계속 지속되는 경기침체 상황을 고려하여 2024년 6월 30일까지 특례 적용기간이 유효한 상황입니다. 다음에 나오는 왼쪽 문서는 2020년 12월 28일자로 특례 적용기간이 처음 고시된 고시문이고, 오른쪽 문서는 가장 최근 특례 적용기간을 발표 고시문입니다. 매 6개월마다 특례 적용기간을 고시하고 있기 때문에 적용기간이 연장되는지를 주기적으로 확인하고 업데이트해야 합니다. 때로는 입찰공고문에 관련조항 문구나 내용을 잘못 기재하였는지 확인도 해야합니다. 아셨죠?

제9강 | 입찰공고문을 게시했으니, 입찰보증금, 입찰참가신청, 입찰서 제출까지 살펴볼까요?

기획재정부 고시 제2020-38호

「국가를 당사자로 하는 계약에 관한 법률 시행령」 제26조제6항, 제27조제3항, 제37조제1항, 제50조제1항, 제52조제1항, 제55조제1항, 제58조제1항의 규정에 따라 「국가를 당사자로 하는 계약에 관한 법률 시행령의 수의계약 등 한시적 특례 적용기간에 관한 고시」를 다음과 같이 고시합니다.

2020년 12월 28일
기획재정부장관

「국가를 당사자로 하는 계약에 관한 법률 시행령의 수의계약 등 한시적 특례 적용기간에 관한 고시」

제1조(목적) 이 규정은 「국가를 당사자로 하는 계약에 관한 법률 시행령(이하 "영"이라 한다.)」 제26조제6항 등에 따라 재난, 경기침체 등으로 인한 국가의 경제위기를 극복하기 위한 수의계약 기준 완화, 입찰 계약보증금 인하 등 한시적 특례가 적용되는 기간을 정함을 목적으로 한다.

제2조(특례 적용기간) 영 제26조제6항, 제27조제3항, 제37조제1항, 제50조제1항, 제52조제1항, 제55조제1항, 제58조제1항에 따른 특례 적용기간은 이 규정을 고시한 날부터 2021년 6월 30일까지로 한다.

기획재정부 고시 제2023-49호

「국가를 당사자로 하는 계약에 관한 법률 시행령」 제27조제3항, 제37조제1항, 제50조제1항, 제52조제1항, 제55조제1항, 제58조제1항의 규정에 따라 「국가를 당사자로 하는 계약에 관한 법률 시행령의 한시적 특례 적용 기간에 관한 고시」를 다음과 같이 고시합니다.

2024년 1월 1일
기획재정부장관

「국가를 당사자로 하는 계약에 관한 법률 시행령의 한시적 특례 적용기간에 관한 고시」

제1조(목적) 이 규정은 「국가를 당사자로 하는 계약에 관한 법률 시행령(이하 "영"이라 한다.)」 제27조제3항 등에 따라 재난, 경기침체 등으로 인한 국가의 경제위기를 극복하기 위한 입찰·계약보증금 인하 등 한시적 특례가 적용되는 기간을 정함을 목적으로 한다.

제2조(특례 적용기간) 영 제27조제3항, 제37조제1항, 제50조제1항, 제52조제1항, 제55조제1항, 제58조제1항에 따른 특례 적용기간은 이 규정을 고시한 날부터 2024년 6월 30일까지로 한다.

부 칙
제1조(시행일) 이 규정은 고시한 날부터 시행한다.
제2조(유효기간) 이 규정은 2024년 6월 30일까지 효력을 가진다.

입찰보증금 납부시기는 입찰공고문에 명시되어 있는 입찰신청마감일까지 납부해야 합니다. 정확히 얘기하면 입찰신청마감일시(입찰공고문에 사전해 정해서 공고한 시간)까지 입찰참가신청도 마무리해야 하고 입찰보증금도 납부해야 입찰참가가 가능합니다. 앞서 제8강 Q2에서 입찰신청마감일은 '입찰서 제출마감일의 전일'로 규정되어 있다고 설명해 드렸습니다. 혹시 기억이 안 나실까 싶어서 제8강 Q2에서 설명드렸던 입찰공고 시간흐름 도식을 다시한번 보여드리면서 설명해 드리겠습니다.

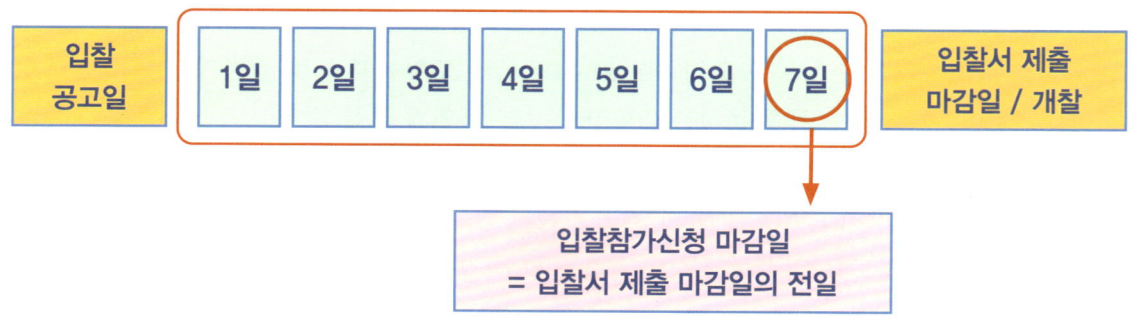

제9강 입찰공고문을 게시했으니, 입찰보증금, 입찰참가신청, 입찰서 제출까지 살펴볼까요?

즉, 입찰서 제출마감일 전일까지 입찰참가신청과 입찰보증금 납부 등 2가지 행위를 모두 완료해야 입찰참가가 가능한 것입니다. 아래 화면은 앞서 제8강 Q3에서 보여드렸던 입찰공고 예시입니다. 아래화면에서 빨간색 동그라미 부분을 보시면, 입찰참가자격등록 마감일시가 보이실겁니다. 바로 여기에 명시되어 있는 2023년 8월 17일 18시까지 입찰참가신청과 입찰보증금 납부의 2가지 행위를 마쳐야 입찰참가가 가능한 것입니다. 입찰참가신청 마감일, 입찰신청마감일, 일참가자격 등록 마감일, 입찰등록 마감일 등 실무에서 사용하는 용어가 조금씩 달라서 헷갈려하는 경우가 있지만 '참가', '등록', '마감일'이라는 용어가 들어가면 의미하는 것은 동일하다고 생각하시면 됩니다. 입찰보증금 납부시기에 대해서 완벽하게 이해하셨겠죠?

[입찰집행 및 진행 정보]

공고담당자		집행관	
입찰개시일시	2023/08/16 10:00:00	입찰마감일시	2023/08/18 10:00:00
개찰(입찰)일시	2023/08/18 11:00:00	개찰장소	국가종합전자조달시스템(나라장터)
입찰참가자격등록 마감일시	2023/08/17 18:00:00 조달청 입찰참가등록 가능시간은 평일 09:00~18:00 이며, 토요일, 일요일 및 공휴일은 업무처리가 불가합니다. 본 입찰에 참여하는 업체는 입찰참가자격등록마감일시까지 나라장터에 경쟁입찰참가자격등록(특히 물품, 업종 등 자격제한 사항 필히 확인)을 해야 합니다.		
보증서접수마감일시	보증서 접수마감일시를 입력하지 않은 경우에는, 입찰서 접수마감일 전일 18시까지 제출이 가능합니다. (단, 입찰보증금지급각서로 대체하는 경우 보증금이 면제됩니다.)		
공동수급협정서 접수여부	방식: 전자문서 공동이행 방식만 허용	공동수급협정서 마감일시	마감: 2023/08/17 18:00:00
공동수급협정서 작성시 유의사항	※본 입찰 건은 업종제한 면허를 반드시 포함하여 협정을 맺어야 합니다. 업종제한 면허를 포함하여 협정을 맺지 않는 경우에는 협정 및 투찰이 제한됩니다. ※위 사항에 해당하는 협정서 작성시 협정 면허에 대하여는 입찰 집행관께 반드시 확인하여 입찰에 불이익을 당하지 않도록 유의하시기 바랍니다.		
PQ심사신청서	방식: 없음	PQ심사신청서 신청기한	
실적심사신청서	방식: 없음	실적심사신청서 신청기한	
현장설명장소		현장설명일시	
현장설명서		입찰내역작성프로그램	

다음으로 입찰보증금 납부방법을 살펴보겠습니다. 입찰보증금은 현금 또는 각종 보증서로 납부할 수 있습니다. 이 보증서는 워낙 종류가 많아서 아래에 열거해 보겠습니다.

제9강 | 입찰공고문을 게시했으니, 입찰보증금, 입찰참가신청, 입찰서 제출까지 살펴볼까요?

입찰보증금 납부방법

- 현금
- 금융기관이 발행한 지급보증서
- 보험회사가 발행한 보증보험증권
- 관련 조합 및 기관들이 발행한 채무액 지급보증서
  - 「건설산업기본법」에 따른 공제조합, 「전기공사공제조합법」에 따른 공제조합... (이하 생략)
  ** 시행령에는 총 23개의 각종 조합, 협회, 공사, 재단 조항이 열거되어 있음 **
- 금융기관과 체신관서가 발행한 정기예금증서
- 신탁업자가 발행하는 수익증권
- 집합투자업자가 발행하는 수익증권

위에 열거된 종류들을 보시면서 어떤 점이 느껴지시나요? 입찰보증금 지급을 보장할 수 있는 종류면 대부분 가능하다는 것을 느끼실 수 있습니다. 결론적으로 입찰보증금은 현금부터 보증서, 보험증권 등 대부분이 납부방법으로 가능합니다.

그런데 실제 계약실무에서는 입찰보증금을 직접 납부받는 경우가 거의 없습니다. 이유는 입찰보증금을 면제하고 확약서로 대체할 수 있는 법규가 있기 때문입니다. 면제에 대한 조항은 「국가계약법 시행령」 제37조 ③항에 나와있고 해당 내용을 요약하면 아래와 같습니다.

〈 입찰보증금의 전부 또는 일부의 납부를 면제할 수 있는 자 〉

1호. 국가기관 및 지방자치단체 ==〉 신뢰할 수 있음
2호. 공공기관 ==〉 신뢰할 수 있음
3호. 국가 또는 지방자치단체가 100분의 50이상을 출연 또는 출자한 법인 ==〉 신뢰할 수 있음
4호. 「농업협동조합법」, 「수산업협동조합법」, 「산림조합법」, 「중소기업협동조합법」에 따른
     각종 조합 및 중앙회 ==〉 공공기관의 성격을 갖기 때문에 신뢰할 수 있음
5호. 「건설산업기본법」· 「전기공사업법」· 「정보통신공사업법」· 「건설폐기물의 재활용촉진에 관한
     법률」· 「골재채취법」 또는 「문화재수리 등에 관한 법률」 등의 법령에 따라 허가 · 인가 ·
     면허를 받았거나 등록 · 신고 등을 한 자로서 입찰공고일 현재 관련 법령에 따라 사업을
     영위하고 있는 자 ==〉 사업을 계속 영위하기 위해서 계약체결을 기피할 우려가 없음
6호. 기타 경쟁입찰에서 낙찰자로 결정된 후 계약체결을 기피할 우려가 없다고 인정되는 자

제9강 입찰공고문을 게시했으니, 입찰보증금, 입찰참가신청, 입찰서 제출까지 살펴볼까요?

1호부터 6호까지 6가지 경우에 하나라도 해당되면 입찰보증금 납부를 면제받을 수 있습니다. 여기서 특히 눈여겨 볼 조항이 5호입니다. 공사 입찰에서 입찰에 참가하는 거의 모든 업체들은 해당 법령에 따른 허가·인가·면허를 받았거나 등록·신고를 한 유자격 업체들이며, 입찰공고일 현재 해당 업종 사업을 영위하고 있을 겁니다. 따라서 공사계약 실무에서 대부분 입찰참가 업체들이 위의 5호에 해당되기 때문에 당연히 입찰보증금 납부를 면제받고 있습니다. 왜 입찰보증금 면제가 일상적인지 이해되시죠?

입찰보증금과 관련하여 마지막으로 살펴볼 부분이 입찰보증금의 국고귀속 및 환불, 보증서를 제출할 경우의 보증기간 설정에 대한 내용입니다. 실무에서 입찰보증금을 직접 제출받는 경우가 거의 없기 때문에 해당 내용을 자주 찾거나 적용하지는 않습니다. 하지만 문제 상황이 발생하면 계약담당자가 정당한 업무조치를 해야 하므로 기본적인 내용을 알아두어야 합니다. 먼저 입찰보증금의 국고귀속과 반환에 대한 내용입니다.

구 분	국고 귀속	반 환
내용	■ 낙찰자가 정당한 이유 없이 소정의 기한 내에 계약을 체결하지 아니한 때	■ 납부된 보증금의 보증목적이 달성된 때 - 낙찰자 : 낙찰자가 계약체결을 완료한 경우 - 낙찰되지 아니한 자 : 낙찰자가 결정된 경우 (바로 즉시 반환)
관련 조항	■ 「국가계약법」 제9조(입찰보증금) ③항 ■ 「국가계약법 시행령」 제38조(입찰보증금의 국고귀속)	■ 「국가계약법 시행규칙」 제63조(보증금의 반환)

입찰보증금의 국고귀속은 해당 낙찰자가 정당한 이유 없이 계약을 체결하지 아니한 때에 낙찰자가 납부한 입찰보증금 금액을 국고로 귀속시켜야 합니다. 이것이 맨 처음에 설명드린 입찰보증금의 기본 목적(낙찰자의 계약체결을 보장받기 위함)입니다. 참고로 실무에서는 대부분 입찰보증금 납부가 면제되고 확약서만 제출받기 때문에 업체의 확약서를 근거로 입찰보증금 국고귀속을 직접 청구하게 되는 것이 일반적입니다.

입찰보증금의 반환은 2가지로 나누어 볼 수 있습니다. 예를 들어 10개 업체가 입찰에 참여해서 1개 업체가 낙찰되고 9개 업체가 떨어졌다고 가정해 봅시다. 이때 입찰결과가 나와서 낙

제9강 │ 입찰공고문을 게시했으니, 입찰보증금, 입찰참가신청, 입찰서 제출까지 살펴볼까요?

찰자가 결정되었다면 떨어진 9개 업체들에게 바로 즉시 각자가 납부한 입찰보증금을 반환해야 합니다. 그럼 계약담당자는 낙찰된 1개 업체의 입찰보증금만 보관하고 있겠죠? 이 상황에서 해당 낙찰자가 계약체결을 완료하면 해당 낙찰자의 입찰보증금도 반환하면 됩니다. 제가 이렇게 예를 들어 설명한 것은 입찰보증금의 반환이 2가지 시점 차이가 있기 때문입니다. 그래서 위의 요약 박스 내용에서 보듯이 낙찰자와 낙찰되지 아니한 자로 구분해서 반환 시점을 기술해 놓은 것입니다.

자~~ 여기까지 입찰보증금에 대해서 설명해 드렸습니다. 입찰보증금의 목적과 의의, 납부 금액 기준, 납부 시기, 납부 방법, 납부 면제조항, 입찰보증금의 국고귀속과 반환 등 6가지를 설명해 드렸습니다. 실무에서 입찰보증금 관련 업무처리나 문제상황이 많이 발생하지는 않지만 기본 직무지식으로 알고 있어야 합니다. 또한 입찰보증금 납부 기준액이 기획재정부 고시문에 따라서 변경되기 때문에 주기적으로 확인해야 합니다. 아셨죠? ~~

제9강 입찰공고문을 게시했으니, 입찰보증금, 입찰참가신청, 입찰서 제출까지 살펴볼까요?

Q2 공사계약에서는 지역제한 입찰이 많은데, 지역제한 입찰시 입찰참가자격 판단을 어떻게 하나요?

앞의 Q1에서 입찰보증금에 대해서 알아보았습니다. 입찰 진행에서 입찰참가 업체는 입찰보증금 납부, 입찰참가 신청, 입찰서 제출 등 3가지 핵심 행위가 이루어집니다. 반면에 입찰 진행에서 계약담당자는 입찰공고, 기초예비가격 공개, 입찰참가신청 접수, 입찰참가자격 심사 및 승인, 입찰서 접수(시스템), 개찰(시스템) 등 주요한 업무가 순차적으로 이루어집니다. 이번 Q2에서 알아볼 내용은 입찰참가 업체가 제출하는 입찰참가 신청서를 토대로 계약담당자가 입찰참가자격을 어떻게 확인하고 심사해서 입찰참가 여부를 승인하는지에 대해서 알아보겠습니다.

입찰참가 업체의 입찰참가 신청에 대해서 알아보겠습니다. 이 부분은 아래의 「국가계약법 시행규칙」 제40조(입찰참가 신청)를 읽은 후에 계속 설명해 드리겠습니다.

국가를 당사자로 하는 계약에 관한 법률 시행규칙 (약칭: 국가계약법 시행규칙)

[시행 2023. 11. 2.] [기획재정부령 제1022호, 2023. 11. 2., 일부개정]

☐ **제40조(입찰 참가신청)** ①각 중앙관서의 장 또는 계약담당공무원은 경쟁 입찰에 부치고자 할 때에는 입찰참가신청인으로 하여금 다음 각호의 서류를 제출하게 하여야 한다. 다만, <u>제15조</u>의 규정에 의하여 자격등록을 한 자에 대하여는 입찰 보증금의 납부로써 다음 각호의 서류의 제출에 갈음하게 할 수 있다.

1. <u>별지 제3호서식</u>의 입찰참가신청서
2. <u>입찰참가자격을 증명하는 서류</u>
3. <u>기타 입찰공고 또는 지명통지에서 요구한 서류</u>

②각 중앙관서의 장 또는 계약담당공무원은 입찰참가신청인이 제1항 각호의 서류를 제출한 때에는 그 서류의 내용을 검토하여 이를 접수하고 필요한 사항에 대하여 사실조사를 할 수 있다.

③각 중앙관서의 장 또는 계약담당공무원은 입찰참가신청서류를 접수한 때에는 <u>별지 제4호서식</u>의 입찰참가신청증을 교부하여야 한다. 다만, 우편입찰의 경우 기타 필요하지 아니하다고 인정되는 경우에는 이를 생략할 수 있다.

④제1항 본문의 규정에 의하여 제출하는 입찰참가신청서류의 접수마감은 입찰서 제출마감일 전일로 한다. <개정 1996. 12. 31.>

제9강 | 입찰공고문을 게시했으니, 입찰보증금, 입찰참가신청, 입찰서 제출까지 살펴볼까요?

[별지 제3호서식] <개정 2016. 9. 23.>

입찰참가신청서		처리기간 즉시

※ 아래 사항 중 해당되는 경우에만 기재하시기 바랍니다.

신청인	상호또는법인명칭		법인등록번호	
	주소		전화번호	
	대표자		주민등록번호	
입찰개요	입찰공고(지명)번호	제 호	입찰일자	. . .
	입찰건명			

입찰보증금
- 납부
  - 보증금율 :   %
  - 보증액 : 금   원정(₩   )
  - 보증금납부방법 :
- 납부면제 및 지급확약
  - 사유 :
  - 본인은 낙찰 후 계약미체결시 귀부(처·청)에 낙찰금 액에 해당하는 소정의 입찰보증금을 현금으로 납부할 것을 확약합니다.

대리인·사용인감
- 본 입찰에 관한 일체의 권한을 다음의 자에게 위임합니다.
  성명   주민등록번호
- 본 입찰에 사용할 인감을 다음과 같이 신고합니다.
  사용인감   (인)

본인은 위의 번호로 공고(지명통지)한 귀부(처·청)의 일반(제한·지명)경쟁입찰에 참가하고자 정부에서 정한 공사[물품구매(제조)·용역]입찰유의서 및 입찰공고사항을 모두 승낙하고 별첨서류를 첨부하여 입찰참가신청을 합니다.

붙임서류: 1. 입찰참가자격을 증명하는 서류 사본 1통
2. 인감증명서 또는 본인서명사실확인서 1통
3. 그 밖에 공고로서 정한 서류

신청인   (인)

_____ 귀하

| 세입세출외현금출납공무원 | 성명 : | (인) |
| 유가증권취급공무원 | 성명 : | (인) |

22221-20311일
95.6.30 승인

210mm×297mm
(신문용지 54g/㎡)

위 조문과 별지 제3호 서식의 내용을 보면, 입찰참가 희망 업체는 입찰참가신청서와 입찰참가자격 증명 서류를 같이 제출하도록 규정되어 있습니다. 특히 위의 입찰참가신청서 양식을 보면 입찰 신청인 정보부터 입찰보증금 납부, 대리인 및 사용인감, 그리고 신청 날짜 및 신청인의 최종 서명 또는 인감 날인 등이 포함되어 있습니다. 이처럼 입찰참가신청인은 입찰참가신청서와 증명 서류들을 계약담당자에게 입찰참가신청 마감일시까지 제출해야 합니다.

위 제40조 ②항과 ③항에서 보듯이, 계약담당자는 입찰참가신청인의 제출서류를 접수하고 검토해서 아래와 같은 입찰참가신청증(별지 제4호 서식)을 교부해야 합니다. 아래 양식의 교부서류를 보면 계약담당공무원이 입찰참가신청인에 대해서 입찰 참가신청을 마친 자임을

제9강 입찰공고문을 게시했으니, 입찰보증금, 입찰참가신청, 입찰서 제출까지 살펴볼까요?

증명하는 서류입니다. 즉 입찰 참가가 가능하다고 계약담당자가 인정하고 승인해서 발급해 주는 서류인 것입니다.

[별지 제4호서식]

입찰참가신청증		처리기간
		즉 시

입찰개요	입찰공고(지명)번호		입찰일자	. .
	입 찰 건 명			
신청인	상호 또는 법인명칭		법인등록번호	
	주 소		전 화 번 호	
	대 표 자		주민등록번호	

귀하는 이번에 위의 번호로 공고(지명통지)한 우리 부(처·청)의 일반(제한·지명)경쟁입찰에 참가신청을 마친 자임을 증명합니다.

○○관서

중앙관서의 장 또는 성명   (인)
계 약 담 당 공 무 원

_____ 귀하

22221-20411일
95.6.30 승인
210mm×297mm
(신문용지 54g/㎡)

전체적인 진행 절차와 모습이 눈에 그려지시나요? 그럼 실무에서 위의 「국가계약법 시행규칙」을 그대로 적용해서 업무를 한다면 어떤 현상이 생길까요? 예를 들어 1건의 공사계약을 위해서 입찰공고를 게시했는데 이때 약 100개 업체들이 입찰에 참가한다고 가정해 봅시다. 100개 업체들이 각각 위의 입찰참가신청서와 증명서류들을 제출하고 계약담당자는 수시로 접수되는 입찰참가신청 서류를 직접 확인하고 입찰참가신청증을 교부해야 한다면 얼마나 많은 행정상의 노력과 시간이 소요될지 감이 오시나요?

이와 같은 과도한 입찰사무를 좀 더 효율적으로 수행하기 위해서 「국가계약법 시행규칙」 제15조(입찰참가자격의 등록) 조항을 통해서 사전 일괄 등록제도를 시행하고 있습니다. 즉 경

제9강 입찰공고문을 게시했으니, 입찰보증금, 입찰참가신청, 입찰서 제출까지 살펴볼까요?

쟁입찰에 참여하고자 하는 업체들은 등록신청서, 관련 허가·인가·면허·등록·신고 등을 증명하는 서류, 인감증명서 등을 최초 등록시 한번만 제출하고 이것을 확인해서 경쟁입찰참가자격 등록을 실시하고 등록증을 교부합니다. 이후부터는 경쟁입찰참가자격 등록증만 가지고 모든 입찰에서 사용하는 것입니다. 즉, 업체는 최초 등록시 한번만 입찰참가자격 등록을 실시하고 이 등록증으로 모든 입찰에서 계속 사용하므로 매 입찰시마다 각각 입찰참가신청 및 등록을 실시하지 않는 것입니다.

또한「국가계약법 시행규칙」제15조(입찰참가자격의 등록) ⑤항을 보면, 국가종합전자조달시스템(나라장터)에 최초 등록사항을 게재하면 다른 중앙관서에도 등록된 것으로 인정되기 때문에 입찰참가업체는 모든 중앙관서에 따로 등록할 필요도 없습니다. 매 입찰시마다 각각 입찰참가등록을 실시하지 않는 이유를 이해하셨죠?

다음은 공사계약에서 자주 사용되는 지역제한 입찰시 입찰참가자격 판단 기준에 대해서 설명드리겠습니다. 이 부분은 (계약예규) 공사입찰유의서 제3조의2(입찰참가자격의 판단기준일) 조항을 먼저 읽어보고 설명을 이어가겠습니다. 아래의 조문을 먼저 읽어볼까요?

(계약예규) 공사입찰유의서
[시행 2023. 6. 30.] [기획재정부계약예규 제650호, 2023. 6. 16., 일부개정]

☐ 제3조의2(입찰참가자격의 판단기준일) ① 시행령 제12조 및 제21조에 따른 등록·시공능력·실적 등에 의한 입찰참가자격의 판단기준일은 시행규칙 제40조제4항에 의한 입찰참가신청서류의 접수마감일(이하 "입찰참가등록마감일"이라 한다)로 하며, 입찰참가자는 입찰서제출 마감일까지 해당 입찰참가자격을 계속 유지하여야 한다. <개정 2010.9.8, 2011.2.1>

1. <삭제 2010.9.8.>
2. <삭제 2010.9.8.>

② 제1항에도 불구하고 시행령 제21조제1항제6호 및 시행규칙 제24조에 따라 지역제한경쟁입찰에 부치는 경우 법인등기부상 본점소재지 기준일(본점소재지가 변경된 경우 법인등기부상 본점소재지 변경일을 말한다.)은 입찰공고일 전일(다만, 시행령 제72조제3항 제2호에 따른 사업의 경우에는 입찰공고일 전일 현재 해당업체의 전입일 익일부터 기산하여 90일 이상이 경과하고 있어야 한다.)로 하며 계약체결일까지 계속 유지하여야 한다. <개정 2009.4.8., 2011.2.1., 2019.12.18.>

먼저 ①항을 살펴보면, '시행령 제12조 및 제21조에 따른 등록·시공능력·실적 등에 의한 입찰참가자격의 판단기준일은… (중략) …입찰참가등록마감로 하며, 입찰참가자는 입찰서제출 마감일까지 해당 입찰참가자격을 계속 유지하여야 한다.'로 나와 있습니다. 이 조문을 화살표 흐름의 도표에서 표시하면 아래와 같습니다.

제9강 입찰공고문을 게시했으니, 입찰보증금, 입찰참가신청, 입찰서 제출까지 살펴볼까요?

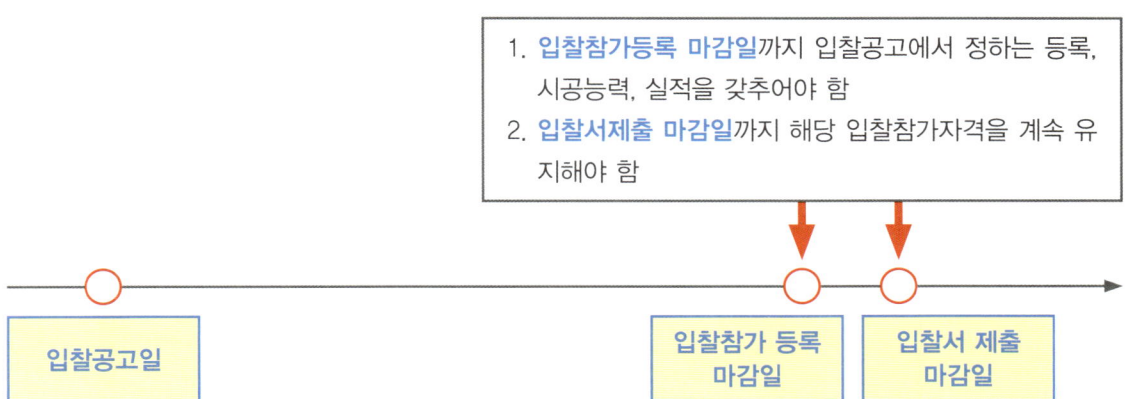

위 ①항 조문에 나오는 등록이란 종합건설업이나 전문공사업 등록을 말하는 것입니다. 시공능력은 시공능력 제한입찰을 말하며, 실적은 실적 제한입찰을 말합니다. 따라서 기본적인 업종 등록기준이나 시공능력 평가, 실적 평가에 따른 입찰참가자격 유무 기준일은 모두 입찰참가등록 마감일입니다. 자격요건을 갖추는 기준일이 '입찰공고일'이 아니라 '입찰참가등록 마감일'이 기본이라는 것을 이해하셨으면 하는 바램에서 장황하게 설명해 드렸습니다.

위의 ①항 조문 외에도 추가로 적용해야 하는 조건이 있습니다. ②항 조문을 보면, '제1항에도 불구하고… (중략) … 지역제한경쟁입찰에 부치는 경우 법인등기부상 본점소재지 기준일은 입찰공고일 전일로 하며 계약체결일까지 계속 유지하여야 한다.'고 명시되어 있습니다. 이것은 지역제한 경쟁입찰일 경우 본점 소재지 규정이 하나 더 추가된다는 뜻으로 시간 흐름의 도식에 표시하면 아래의 3번과 4번을 충족해야 합니다.

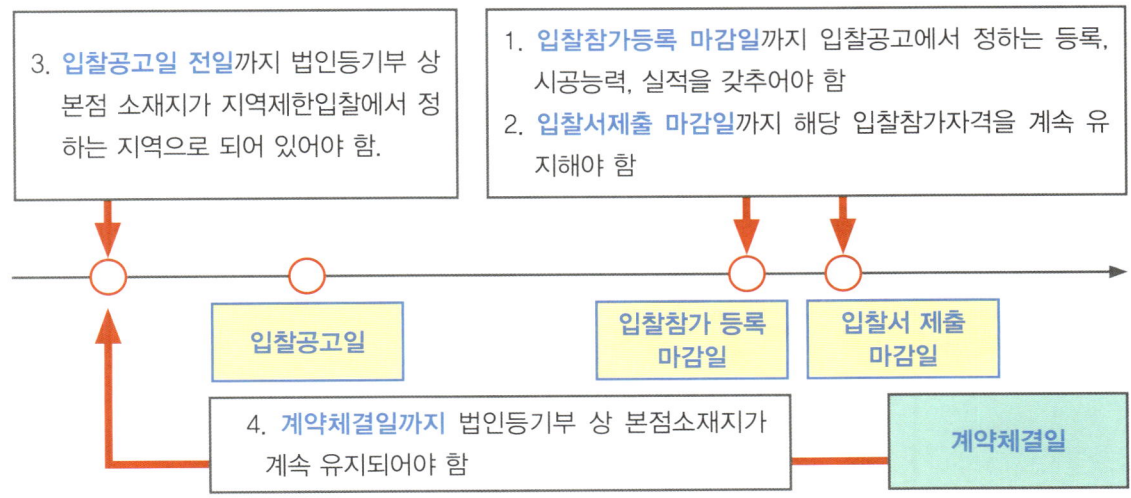

제9강 | 입찰공고문을 게시했으니, 입찰보증금, 입찰참가신청, 입찰서 제출까지 살펴볼까요?

지역제한 경쟁입찰의 경우 조건이 까다롭죠? 가끔 입찰참가등록 마감일과 헷갈려하는 경우가 종종 있어서 일부러 화살표식 날짜 흐름에서 이해하실 수 있도록 설명해 드렸습니다. 지역제한 경쟁입찰은 공사계약 실무에서 많이 활용되기 때문에 중요한 부분입니다. 지역제한 경쟁입찰의 경우 본점 소재지 등록을 입찰공고일 전일까지 해야 하며 계약체결일까지이므로 유지해야 하므로 소재지 준수 기간이 상당히 길다는 점을 기억했으면 좋겠습니다.

제9강 입찰공고문을 게시했으니, 입찰보증금, 입찰참가신청, 입찰서 제출까지 살펴볼까요?

Q3 업체가 입찰서를 작성해서 제출할 때, 작성방법과 제출서류가 정해져 있다구요?

Q3에서는 본격적인 입찰과정으로 들어가 보겠습니다. Q3에서는 참가희망 업체들이 작성하는 입찰서 양식과 작성방법, 제출에 대해서 알아보겠습니다. 실무에서는 모두 전자적으로 이루어지기 때문에 계약담당자가 고민하거나 조치하는 사항이 거의 없지만, 입찰서가 계약 추진간 가장 핵심적인 의사표시가 담긴 행위이므로 중요성이 있다고 생각합니다. 그리고 비록 실무에서는 전자조달시스템을 통해서 자동적으로 이루어진다고 하더라도 수기식 기본 업무에 대해서 제대로 알고 있는 것이 정통한 직무지식을 쌓는 것이므로 입찰서 작성 및 제출 방법을 기초부터 살펴보겠습니다. 자~~ 입찰서 작성 및 제출에 대해서 알아볼까요?

먼저 입찰서 작성방법은 아래의 「국가계약법 시행규칙」 제42조(입찰서 작성방법)에 명시되어 있습니다. 한번 읽어본 후에 계속 설명해 드리겠습니다.

국가를 당사자로 하는 계약에 관한 법률 시행규칙 (약칭: 국가계약법 시행규칙)

[시행 2023. 11. 2.] [기획재정부령 제1022호, 2023. 11. 2., 일부개정]

□ 제42조(입찰방법) ①각 중앙관서의 장 또는 계약담당공무원은 경쟁입찰에 참가하고자 하는 자로 하여금 <u>별지 제5호서식</u>(입찰 및 낙찰자 결정을 전산처리에 의하여 하고자 하는 경우에는 <u>별지 제6호서식</u>)의 입찰서를 제출하게 하여야 한다.
②제1항의 규정에 의하여 제출하는 입찰서는 1인 1통으로 한다.
③각 중앙관서의 장 또는 계약담당공무원은 입찰에 참가하고자 하는 자가 별지 제3호서식의 입찰참가신청서를 제출하는 때부터 입찰 개시시각전까지 입찰대리인을 지정하거나 지정된 입찰대리인을 변경하는 경우에는 그 대리인을 당해입찰에 참가하게 할 수 있다. <개정 1999. 9. 9.>
④각 중앙관서의 장 또는 계약담당공무원은 입찰서를 접수한 때에는 당해입찰서에 확인인을 날인하고 개찰시까지 개봉하지 아니하고 보관하여야 한다.
⑤제1항에 따라 제출하는 입찰서에 사용되는 인감(서명을 포함한다. 이하 이 항에서 같다)은 입찰참가신청서 제출시 신고한 인감과 같아야 한다. <개정 1996. 12. 31., 2016. 9. 23.>
⑥각 중앙관서의 장 또는 계약담당공무원은 영 <u>제44조제1항</u>의 규정에 의하여 물품의 제조 또는 구매계약을 체결하고자 하는 때에는 입찰시에 입찰자로 하여금 입찰서와 함께 당해 물품의 품질·성능·효율등이 표시된 품질등의 표시서(이하 "품질등 표시서"라 한다)를 제출하게 하여야 한다. <개정 1999. 9. 9., 2000. 12. 30.>

제9강 | 입찰공고문을 게시했으니, 입찰보증금, 입찰참가신청, 입찰서 제출까지 살펴볼까요?

먼저 ①항의 내용을 보면, 입찰에 참가하는 자는 시행규칙에서 정하고 있는 별지 제5호 서식(입찰서 양식)을 작성해서 제출해야 합니다. 아래의 입찰서 양식을 차근하게 살펴보면서 여러분이 입찰에 참가하는 업체라고 생각하시고 어떻게 기입해야 할지 가상 실습을 해 보셨으면 좋겠습니다.

[별지 제5호서식] <개정 2016. 9. 23.>

입 찰 서

입찰내용	공고번호		제 호		입찰일자	. . .
	건 명					
	금 액	금		원정(₩		)
	준공(납품)연월일					
입찰자	상호 또는 법인명칭			법인등록번호		
	주 소			전화번호		
	대 표 자			주민등록번호		

본인은 「국가를 당사자로 하는 계약에 관한 법률 시행규칙」에 의한 공사[물품구매(제조)·용역]입찰유의서에 따라 응찰하여 이 입찰이 귀 기관에 의하여 수락되면 공사[물품구매(제조)·용역]계약일반조건·계약특수조건·설계서(물품규격서) 및 현장설명사항에 따라 위의 입찰금액으로 준공(납품·용역수행)기한 내에 공사(물품·용역)를 완성(제조·납품)할 것을 확약하며 입찰서를 제출합니다.

붙임 : 산출내역서(100억원 이상 공사의 경우) 1부

입찰자   (인)

_____ 귀하

22221-20511일
95.6.30 승인
210mm×297mm
(신문용지 54g/㎡)

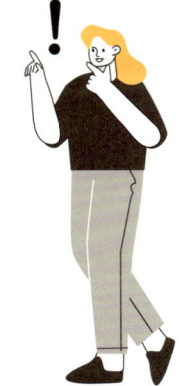

입찰서는 조금만 잘못 작성해도 해당 입찰서 자체가 무효로 처리됩니다. 주어진 양식에 정확하고 빈틈없이 작성하지 않으면 해당 입찰서를 무효로 처리하므로 입찰참가 희망업체나 계약담당자나 모두 주의해야 합니다. 이에 대한 세부 규정은 (계약예규) 공사입찰유의서 제9조(입찰서의 제출)에 나와 있습니다. 아래의 해당 조문을 읽어볼까요?

제9강 │ 입찰공고문을 게시했으니, 입찰보증금, 입찰참가신청, 입찰서 제출까지 살펴볼까요?

> **(계약예규) 공사입찰유의서**
> [시행 2023. 6. 30.] [기획재정부계약예규 제650호, 2023. 6. 16., 일부개정]
>
> ☐ 제9조(입찰서의 작성) ① 입찰자는 입찰서를 소정의 서식에 의하여 작성하여야 하며, 입찰자는 기명날인을 함에 있어 반드시 입찰자 성명(법인의 경우 대표자 성명)을 기재하고 입찰참가신청서 제출시 신고한 인감(서명을 포함한다. 이하 같다)으로 날인하여야 한다. <개정 2016.12.30.>
> ② 입찰자는 입찰서(추정가격이 100억원이상인 공사의 입찰에 있어서는 시행령 제14조 제6항에 따른 산출내역서를 포함한다)의 기재사항 중 삭제 또는 정정한 곳이 있을 때에는 입찰에 사용하는 인감으로 날인하여야 한다. <개정 2010.9.8, 2016.1.1.>
> ③ 입찰자는 입찰서를 입찰공고 또는 입찰참가통지서 등에 별도로 규정한 경우를 제외하고는 한글로 작성하여야 하고, 입찰금액은 원화로 표기하여야 한다.
> ④ 입찰자는 입찰서의 금액표시를 한글 또는 한자로 기재하여야 하며, 아라비아숫자로 병기할 수 있다. 이 경우에 한글 또는 한자로 기재된 금액과 차이가 있을 때에는 한글 또는 한자로 기재한 금액에 의한다. 다만, 전산서식에 의한 입찰의 경우에는 지정된 표기방법으로 기재하여야 한다.

①항의 내용부터 살펴보면, 입찰자는 반드시 입찰자 성명(법인의 경우 대표자 성명)을 기재하고 인감으로 날인해야 합니다. 특히 인감은 입찰참가신청서에 신고한 인감으로 날인해야 합니다. ③항의 내용에 따르면, 입찰서는 모든 부분을 한글로 작성해야 합니다. ④항의 내용에 따르면, 입찰금액은 한글 또는 한자로 기재하며 아라비아숫자 금액을 병기할 수 있도록 되어 있습니다. 앞 페이지에서 살펴본 '입찰서' 양식의 입찰금액 작성 부분을 보면, 한글이 먼저 나오고 그 뒤에 아라비아 숫자 금액을 기재하도록 되어 있습니다. 예를 들어 '금 일억이천삼백사십만원정(₩123,400,000)'이라고 한글과 아라비아 숫자로 금액을 병기해서 기재하면 됩니다. 그리고 한글 또는 한자와 아라비아숫자 기재 금액간 차이가 있을 때에는 한글 또는 한자금액을 우선 적용하도록 되어 있습니다.

업체가 입찰서를 작성했다면 입찰서를 해당 발주기관에 제출할 것입니다. 입찰서를 제출할 때에는 입찰서를 봉함(봉투에 넣어서 감춤)하여 1인 1통만 제출하여야 하며, 만약 동일사항에 동일인이 2통 이상의 입찰서를 제출하면 제출된 입찰서는 모두 무효처리가 됩니다. 그리고 당연한 이야기이지만 제출한 입찰서는 교환, 변경 또는 취소하지 못합니다. 다만 개찰시간 전까지 입찰서에 기재한 중요 부분에 오기가 있다고 인정될 때에 계약담당자의 승인에 따라 입찰서를 회수하고 다시 제출할 수 있습니다. 이상은 모두 현장입찰 또는 수기식 입찰서 제출을 기준으로 설명드렸습니다. 실무에서는 모두 전자조달시스템을 통해서 전자적으로 입찰서를 작성하고 제출하기 때문에 계약담당자가 신경 쓸 부분은 거의 없습니다.

제9강 | 입찰공고문을 게시했으니, 입찰보증금, 입찰참가신청, 입찰서 제출까지 살펴볼까요?

입찰참가 업체가 입찰서를 작성해서 제출할 때에 동시에 같이 제출해야 하는 서류가 있습니다. 잠시 아래의 「국가계약법 시행령」 제4조의2(청렴계약의 내용과 체결 절차)를 살펴볼까요?

국가를 당사자로 하는 계약에 관한 법률 시행령 (약칭: 국가계약법 시행령)

[시행 2023. 6. 5.] [대통령령 제33382호, 2023. 4. 11., 타법개정]

☐ **제4조의2(청렴계약의 내용과 체결 절차)** ① 법 제5조의2제1항에 따른 청렴계약(이하 "청렴계약"이라 한다)에 포함되어야 할 구체적인 내용은 다음 각 호와 같다. <개정 2019. 9. 17.>
1. 금품, 향응, 취업제공 및 알선 등의 요구·약속과 수수(授受) 금지 등에 관한 사항
2. 입찰가격의 사전 협의 또는 특정인의 낙찰을 위한 담합 등 공정한 경쟁을 방해하는 행위의 금지에 관한 사항
3. 공정한 직무수행을 방해하는 알선·청탁을 통하여 입찰 또는 계약과 관련된 특정 정보의 제공을 요구하거나 받는 행위의 금지에 관한 사항

② 각 중앙관서의 장 또는 법 제6조에 따라 계약사무의 위임·위탁을 받은 공무원(이하 "계약담당공무원"이라 한다)은 입찰자가 입찰서를 제출할 때 법 제5조의2에 따라 체결한 청렴계약의 계약서를 제출하도록 해야 한다. <개정 2019. 9. 17., 2020. 4. 7.>

[본조신설 2013. 6. 17.]

위 조문 중 ①항은 청렴계약에 포함되는 내용을 규정하고 있습니다. 뒤에서 보여드리겠지만 발주기관별로 미리 정해놓은 '청렴계약서'에 위 ①항의 3가지 내용들이 모두 포함되어 있습니다. 다음 ②항을 보면, '**입찰자가 입찰서를 제출할 때** 법 제5조의2에 따라 체결한 청렴계약의 계약서를 제출하도록 해야 한다.'고 명시되어 있습니다. 여기서 주목해야 될 부분은 '입찰자가 입찰서를 제출할 때' 입니다. 즉, 청렴계약서는 입찰서를 제출할 때 같이 제출하는 서류인 것입니다. 계약업무 경험이 많은 담당자들도 청렴계약서를 계약서 작성시 제출서류로 오해하는 경우가 있습니다. 청렴계약서는 입찰서 제출시 같이 제출하는 서류라는 것을 이해하셨으면 좋겠습니다.

청렴계약서는 '청렴계약이행서약서'가 정식 명칭입니다. 다만 실무에서는 줄여서 '청렴계약서'라고 부르는 편입니다. '청렴계약이행서약서'는 각 발주기관마다 자체 훈령 또는 예규로 그 제출양식과 제출방법을 세부적으로 규정하고 있습니다. 참고로 국방부는 계약업무처리훈령 제41조(서약서의 징구) 및 제42조(시행 절차)에 세부적으로 규정하고 있습니다. 각 발주기관마다 양식이나 내용이 조금씩 다르다는 것을 알아두시고, 여기에서는 국방부 훈령을 기준으로 설명해 드리겠습니다.

제9강 입찰공고문을 게시했으니, 입찰보증금, 입찰참가신청, 입찰서 제출까지 살펴볼까요?

계약업무처리훈령

[시행 2022. 5. 10.] [국방부훈령 제2650호, 2022. 5. 10., 일부개정]

국방부(재정회계담당관), 02-748-5367

☐ **제41조(서약서의 징구)** ① 법 제7조에 의거 입찰에 참여하는 업체에 대하여 다음 각 호와 같이 별지 제9호의 청렴계약이행서약서(업체용)를 제출받아 보관한다.
  1. 신규업체에 대하여는 입찰참가시 또는 시행규칙 제15조에 의한 입찰참가자격 사전 등록시 1회 제출토록 한다.
  2. 제1호의 기존 등록업체에 대하여는 입찰참가시(전자입찰 포함), 품목추가 또는 대표자 명의 변경 등 등록사항 변경 신청시 제출토록 한다.

② 제1항의 등록업체로부터 청렴계약이행서약서를 제출받은 때에는 별지 제10호의 청렴계약이행서약서(업체교부용) 및 별지 제10호의2의 공정계약이행서약서(업체교부용)를 동시에 교부하여야 한다. <개정 2020.9.19.>

③ 발주관서장(재무관 또는 계약담당공무원)은 소속공무원을 구매, 원가 등 계약 관련부서에 보직시 별지 제11호의 청렴계약이행서약서(직원용)를 제출받아 당해 발주관서의 감사실(또는 감찰실)에 보관하여야 한다. 다만 감찰부서가 없는 경우 재무관이 보관할 수 있다.

④ 제1항의 경우 정보통신망에 의거 등록하거나 등록한 업체에 대하여는 제2항의 청렴계약이행서약서를 방위사업청장이 교부하여야 한다.

☐ **제42조(시행 절차)** ① 입찰공고시 별지 제12호의 청렴계약제 시행내용을 공고하여야 하며, 인터넷 홈페이지에 별지 제13호의 청렴계약제 시행내용을 게시하여야 한다.

② 입찰진행시 입찰참가 업체에 대하여 반드시 제1항의 청렴계약제 시행에 따른 강조사항을 주지시켜야 한다.

③ 계약상대방이 결정된 후 계약서 작성시 별지 제14호의 청렴계약제 이행에 관한 계약상의 특수조건을 명시하도록 하여야 한다.

국방부 계약업무처리훈령 제41조 ①항에 보면, 계약담당자가 입찰참여 업체들로부터 '청렴계약이행서약서(업체용)'을 제출받아 보관하도록 되어 있습니다. 한편 ②항을 보면, 발주기관도 '청렴계약이행서약서(업체교부용)'과 '공정계약이행서약서(업체교부용)'을 교부하도록 되어 있습니다. 즉 입찰참가 업체들만 작성해서 제출하는 것이 아니라 발주기관도 동시에 작성해서 교부하는 것입니다. 이 청렴계약 이행은 일방(입찰참가 업체들)에게만 부여되는 준수사항이 아니라 쌍방(입찰참가 업체들, 발주기관)모두가 준수해야 하는 사항입니다. 일부 계약담당자들은 입찰참가 업체 또는 계약체결 업체만 작성하고 준수하는 사항으로 오인하는 경우가 있는데, 쌍방이 모두 작성하고 상호 준수해야 하는 의무사항이 있다는 것을 잊지 말아야 합니다.

국방부 계약업무처리훈령 제42조를 보면, 입찰공고시 청렴계약제 시행내용을 공고해야 하

제9강 | 입찰공고문을 게시했으니, 입찰보증금, 입찰참가신청, 입찰서 제출까지 살펴볼까요?

고 입찰진행시에도 강조해야 하며 계약서 작성시 계약특수조건에 청렴계약 이행 준수사항을 포함하도록 규정되어 있습니다. 이러한 규정들은 모든 발주기관들이 동일하다고 보시면 됩니다.

마지막으로 입찰참가 희망 업체가 작성해서 제출해야 하는 양식과 발주기관이 교부해 주어야 하는 양식을 살펴보겠습니다. 아래 양식들은 국방부에서 사용하고 있는 규정 양식이지만 대부분 발주기관이 엇비슷한 부분이니 개략적인 내용을 살펴본다는 측면에서는 큰 무리가 없을 것 같습니다.

제9강 입찰공고문을 게시했으니, 입찰보증금, 입찰참가신청, 입찰서 제출까지 살펴볼까요?

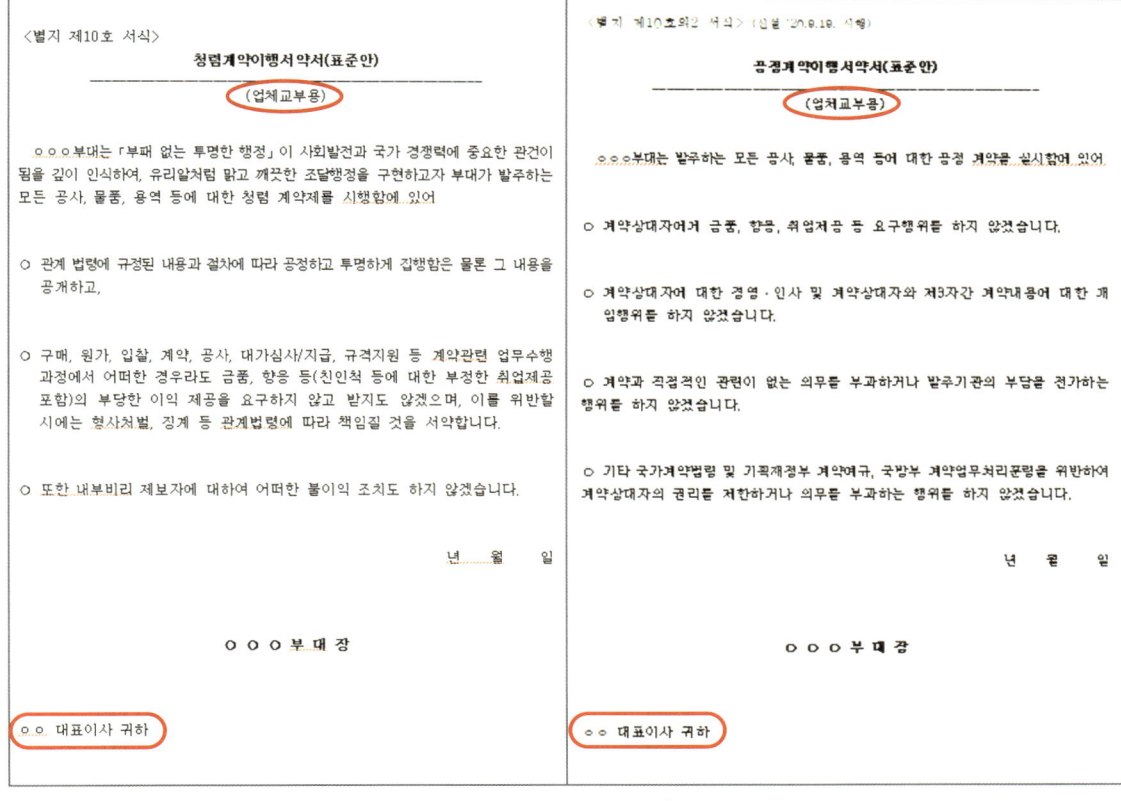

입찰참가 업체는 1개 양식을 작성해서 제출하지만, 발주기관은 2개 양식을 교부해야 하는 특징도 기억했으면 좋겠습니다.

제9강 | 입찰공고문을 게시했으니, 입찰보증금, 입찰참가신청, 입찰서 제출까지 살펴볼까요?

 Q4 100억원 이상 공사계약 입찰의 경우 업체가 입찰서를 제출할 때, 산출내역서를 같이 제출해야 한다구요?

Q3에서 업체가 입찰서를 제출할 때 '청렴계약이행서약서'를 같이 제출해야 한다는 것을 알아보았습니다. 입찰서와 '청렴계약이행서약서'는 모든 입찰에서 기본이고, 100억원 이상 공사계약일 경우에는 이에 덧붙여서 '산출내역서'를 추가로 제출해야 합니다. 이렇게 '산출내역서'를 같이 제출하는 입찰을 '내역입찰'이라고 부르기도 합니다. 이번 Q4에서는 '산출내역서'를 같이 제출해야 하는 Case, 이유, 관련법규 등을 살펴보겠습니다.

본격적인 설명에 앞서, '산출내역서'의 정의를 정확하게 이해하기 위해서 제6강 Q2에서 설명드렸던 내용을 다시 상기해보고 시작하겠습니다. 공사계약 업무를 하다보면 설계내역서, 물량내역서, 산출내역서 등 3가지 용어를 자주 사용하게 되는데 세가지 용어는 서로 의미하는 것이 차이가 있다고 말씀드렸습니다. 아래 도표와 박스 설명을 다시한번 볼까요?

구분	설계내역서	물량내역서	산출내역서
단계	설계용역 납품 → 설계내역서	입찰공고 단계 → 물량내역서	계약체결 단계 → 산출내역서
작성 주체	설계업체	계약담당자	계약업체
개념 및 특징	설계업체가 공사량, 단가(재료비, 노임 등)를 기입해서 완성한 내역서 * 공사예정금액이 산출되어 있음	설계내역서에서 단가(재료비, 노임 등)를 제외하고 공종별 공사량만 제시하는 내역서 * 공사량만 제시되어 있음	물량내역서에 단가(재료비, 노임 등)를 기입해서 계약금액이 나오도록 산출/작성한 내역서 * 계약금액에 맞춰서 새로 산출되어 있음
사용 시기	설계업체가 설계 완료후 도면과 함께 설계내역서를 납품함	발주기관이 입찰공고시 입찰공고문과 함께 첨부문서로 공고함	계약업체가 계약서 작성시 산출내역서를 계약서 첨부문서로 첨부함

제9강 입찰공고문을 게시했으니, 입찰보증금, 입찰참가신청, 입찰서 제출까지 살펴볼까요?

위의 박스 내용은 앞에서 공부했던 내용입니다. 다시한번 강조하면 설계내역서는 설계업체가 설계 완료 후 도면과 함께 납품한 내역서입니다. 물량내역서는 설계내역서에서 단가 부분을 삭제 처리하고 공사물량만 확인할 수 있도록 만든 내역서입니다. 이것은 입찰공고문에 덧붙여서 입찰참가 업체들이 공사내역(물량 위주)을 확인할 수 있도록 하는 것입니다. 마지막으로 산출내역서는 계약업체가 계약체결 단계에서 작성해서 제출하는 것으로 업체 스스로 계약단가를 기입해서 총 계약금액에 맞도록 작성한 내역서를 말합니다.

이 부분에서 '산출내역서'에 대한 설명을 조금 수정해야 합니다. 산출내역서를 업체가 작성한다는 것은 맞지만 계약체결 단계라는 것은 항상 옳은 것은 아닙니다. 즉, 어떤 경우에는 입찰시에 작성해서 제출하고 어떤 경우에는 계약체결 단계에서 작성해서 제출하는 것입니다. 다시 말해서 추정가격 100억원 이상 공사계약은 입찰시에 입찰서와 함께 산출내역서를 모든 입찰참가 업체들이 제출하는 것이고, 추정가격 100억원 미만 공사계약은 입찰시 입찰서(가격)만 제출하고 착공신고시 산출내역서를 제출하는 것입니다. 따라서 6강에서 설명드린 도표는 아래와 같이 두가지 경우로 수정되어야 맞습니다. (6강에서 계약체결 단계라고 설명드렸던 이유는 계약업무를 처음 접하시는 분들이 쉽게 이해하실 수 있도록 단순하게 표현했던 것이었습니다. 한번에 모든 case를 설명드리면 복잡하게 느끼시고 좌절하실까봐 일부러 단순하게 설명드렸습니다.)

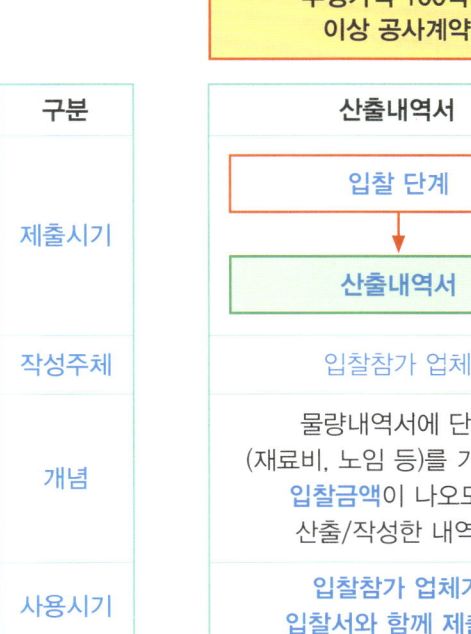

제9강 | 입찰공고문을 게시했으니, 입찰보증금, 입찰참가신청, 입찰서 제출까지 살펴볼까요?

산출내역서가 의미하는 것은 동일하지만 100억원 이상 공사계약인지 100억원 미만 공사계약인지에 따라 제출시점이 다르다는 것을 이해하셨겠죠? 그럼 본격적으로 관련 법규와 예규를 살펴보겠습니다. 먼저「국가계약법 시행령」제14조의 ⑥항과 ⑦항만 살펴보겠습니다.

국가를 당사자로 하는 계약에 관한 법률 시행령 (약칭: 국가계약법 시행령)
[시행 2023. 11. 16.] [대통령령 제33861호, 2023. 11. 16., 일부개정]

☐ **제14조(공사의 입찰)** ① 각 중앙관서의 장 또는 계약담당공무원은 공사를 입찰에 부치려는 때에는 다음 각 호의 서류(이하 "입찰관련서류"라 한다)를 작성해야 한다.

──────────── (중략) ────────────

⑥ 공사입찰에 참가하려는 자는 입찰 시 입찰서와 함께 산출내역서를 중앙관서의 장 또는 계약담당공무원에게 제출해야 한다. 다만, 추정가격이 100억원 미만인 공사와 제20조제1항에 따라 재입찰에 부치는 공사의 경우에는 낙찰자로 결정된 후 착공신고서를 제출하는 때에 제출해야 한다. <개정 2015. 12. 31., 2019. 9. 17.>

⑦ 제6항의 산출내역서는 물량내역서에 단가를 적는 방법으로 작성해야 한다. 다만, 제1항 각 호 외의 부분 단서에 따라 입찰에 참가하려는 자에게 물량내역서를 작성하게 하는 경우에는 직접 작성한 물량내역서에 단가를 적어야 한다. <개정 2015. 12. 31., 2019. 9. 17.>

---

⑥항을 살펴보면, 공사입찰에 참가하려는 자는 입찰 시 입찰서와 함께 산출내역서를 제출해야 한다고 명시되어 있습니다. 다만, 추정가격이 100억원 미만인 공사인 경우에는 착공신고서를 제출하는 때에 제출해야 한다고 되어 있습니다. 그러나 통상 계약실무에서는 계약서 작성시에 산출내역서를 첨부해서 계약서를 작성합니다. 대부분 계약업체들이 계약담당자의 요구에 따라 계약체결시 제출하지만 만약 계약업체가 착공신고시에 제출하겠다고 하면 그때 받아주어야 합니다. 계약체결시로 강요할 수는 없다는 것을 위의 ⑥항 내용을 보면 알 수 있겠죠? 그리고 ⑦항은 산출내역서를 작성하는 방법을 설명하고 있습니다.

추가로 (계약예규) 공사입찰유의서 제11조(산출내역서의 제출)를 살펴보겠습니다.

(계약예규) 공사입찰유의서
[시행 2023. 6. 30.] [기획재정부계약예규 제650호, 2023. 6. 16., 일부개정]

☐ **제11조(산출내역서의 제출)** ① 추정가격이 100억원이상인 공사의 입찰 시에는 입찰서에 산출내역서를 첨부하여야 한다.

② 제1항에 규정된 공사로서 제17조제1항에 의하여 재입찰에 부치는 공사 또는 추정가격이 100억원미만인 공사의 경우에 낙찰자는 착공신고서를 제출하는 때까지 산출내역서를 제출하여야 한다.

③ 제1항 및 제2항에 의하여 제출하는 산출내역서는 모든 면에 제9조제1항에 의한 인감으로 간인하거나, 모든 면의 하단에 약식서명 또는 천공하여야 한다. <개정 2019.12.18.>

제9강 입찰공고문을 게시했으니, 입찰보증금, 입찰참가신청, 입찰서 제출까지 살펴볼까요?

계약예규의 내용도 앞서 살펴본 「국가계약법 시행령」 제14조(공사의 입찰) 내용과 동일합니다. ①항은 추정가격 100억원이상인 공사, ②항은 추정가격 100억원미만인 공사를 설명하고 있습니다.

통상 추정가격 100억원이상의 공사계약 입찰을 '내역입찰'이라고 부릅니다. '내역입찰' 이란 입찰참여 업체가 입찰금액과 산출내역서를 함께 제출하는 것을 말합니다. 이렇게 추정가격 100억원이상의 공사계약 입찰에서 '내역입찰' 제도를 시행하는 이유는 무엇일까요? 입찰참가 업체들이 물량내역서를 기초로 각 공종별 공사내역과 공사금액을 면밀하게 확인하고 작성한 후 입찰에 참여하게 함으로써 공사계약 이행의 실행력을 제고하고 부실공사를 방지하며 무작위 투찰행위를 막기 위함입니다. 이것은 모든 공사계약 입찰에서 지켜져야 할 원칙입니다.

반대로 추정가격 100억원미만의 공사계약에서는 왜 '내역입찰'을 시행하지 않을까요? 이것은 산출내역서 작성 비용과 노력이 과다하게 소요되기 때문입니다. 만약 100억원미만의 공사계약까지 모두 '내역입찰'을 시행한다면 중소 건설업체들은 입찰참여 행정 소요가 과다하여 좀 더 자유롭게 참여하기가 어렵게 됩니다. 또한 100억원미만 공사계약의 경우 입찰금액 적정성에 대한 우려가 적기 때문에 산출내역 작성 소요를 입찰참가 업체들에게 부담시키는 것이 불필요합니다. 즉, 중소 건설업체들의 입찰참가 부담을 없애주고 좀 더 효율적이면서 자유로운 경쟁을 유도하기 위함이라고 보시면 됩니다. 아마 이 부분은 여러분들이 공사계약 입찰을 해 보시면 쉽게 피부로 느끼실 겁니다.

이번 Q4를 끝내기 전에 산출내역서의 중요성에 대해서 생각해보고 넘어가면 좋겠습니다. 지금까지는 산출내역서가 입찰금액 산출을 위한 내역서이지만, 계약체결 이후부터는 계약서의 일부로써 존재하게 됩니다. 계약서에 첨부된 산출내역서는 향후 발생할지 모르는 설계변경이나 물가변동, 기타 계약금액 조정시에 기준이 되는 문서로 작용하게 됩니다. 예를 들어 벽돌 100개를 100원의 단가로 적어서 10,000원의 금액을 산출했다고 가정해 봅시다. 이 공사계약을 이행하던 중에 벽돌을 총 150개로 증가시키는 설계변경 수정계약이 이루어진다면 해당 계약업체는 추가되는 벽돌 50개도 최초 기입단가 100원으로 수정계약을 해야 합니다. 만약 해당 계약업체가 최초 벽돌단가를 150원으로 산출내역서를 작성했다면 추가되는 벽돌 50개는 150원의 단가를 적용하는 것입니다. 만약 공사내용 변경이나 계약금액 조정 소요가 발생하지 않는다면 크게 문제가 없지만 이런 경우들이 발생하면 최초 제출한 산출내

제9강 입찰공고문을 게시했으니, 입찰보증금, 입찰참가신청, 입찰서 제출까지 살펴볼까요?

역서에 해당품목 존재 여부, 해당품목 기입단가가 중요한 기준으로 작용하는 것입니다. 계약금액 조정시에 계약업체와 발주기관간에 최초 산출내역서를 기준으로 논쟁이 많이 벌어지므로 좀 더 대규모 공사계약일수록, 그리고 좀 더 공사기간이 길거나 공사내용 변경이 생기는 공사일수록 산출내역서는 아주 중요한 문서입니다. 산출내역서~~ 쉽게 여길 문서가 아니라는 것을 아셨죠?

제9강 입찰공고문을 게시했으니, 입찰보증금, 입찰참가신청, 입찰서 제출까지 살펴볼까요?

Q5 입찰이 무효로 처리되는 경우는 어떤 경우들인가요?

이번 Q5에서는 입찰이 무효가 되는 경우들을 살펴보겠습니다. 입찰무효를 처리하는 경우는 전자조달시스템 업무처리 실무에서는 자주 발생하지 않습니다. 왜냐하면 전자조달시스템에서 입찰참가자격을 1차적으로 걸러서 참가자격 등록을 실시하기 때문에 입찰참가자격이 없는 무자격 업체나 타업종 업체가 입찰에 참여하는 경우도 없고 입찰서 기본 기재사항도 전자조달시스템에 등록된 업체 기본정보가 자동 입력되기 때문에 입찰서 필수 기재사항에서 착오사항이 생기는 경우도 없습니다. 다만 계약법령과 전자조달시스템에서의 업무처리는 모두 현장 입찰을 기본으로 서술하고 있고 현장 입찰의 과정을 전자적으로 구현해 놓은 것이므로 현장 입찰하에서의 업무처리 규정을 익히는 것이 필요한 것입니다. 그런 의미에서 관련 법령을 살펴볼까요?

입찰의 무효에 대한 부분은 「국가계약법 시행령」 제39조(입찰서의 제출·접수 및 입찰의 무효) ④항, 「국가계약법 시행규칙」 제44조(입찰무효), (계약예규) 공사입찰유의서 제15조(입찰의 무효) 등 3가지에 구체적으로 나열되어 있습니다. 이 입찰무효는 일종의 열거주의라고 보시면 됩니다. 즉 위의 2가지 법령과 계약예규 조항에서 구체적으로 열거된 내용이 없으면 입찰무효가 아닌 것입니다. 열거된 내용에 해당될 때에만 입찰무효로 처리하는 것입니다.

먼저 시행령과 시행규칙에서 규정하고 있는 내용을 핵심 위주로 아래 박스에 요약해 보았습니다.

구분	입찰 무효에 해당하는 경우
시행령 제39조 ④항	• 경쟁 참가자의 자격이 없는 자가 행한 입찰 　(예 : 입찰공고시 입찰참가자격에 '건축공사업'을 등록한 자로 공고함 　　→ 건축공사업이 없거나 타 업종을 등록한 자가 입찰한 경우)
시행규칙 제44조	• 입찰참가자격이 없는 자가 한 입찰 　(위 시행령과 동일) • 입찰참가자격 제한기간 내에 있는 대표자를 통한 입찰 　(부정당업자 제재 처분 기간 중인 경우) • 입찰보증금 납부일시까지 납부하지 아니한 경우 　(입찰보증금을 납부한 경우에만 입찰참가가 가능하므로 입찰보증금을 납부하지 않은 　　경우에는 입찰무효로 처리)

제9강 | 입찰공고문을 게시했으니, 입찰보증금, 입찰참가신청, 입찰서 제출까지 살펴볼까요?

구분	
시행규칙 제44조	• 동일사항에 동일인이 2통이상 입찰서를 제출한 경우 　(1인이 수개 법인의 대표자라면 해당 수개의 법인을 동일인으로 봄) • '내역입찰'에서 산출내역서를 제출하지 아니한 입찰 • '내역입찰'에서 입찰서 금액과 산출내역서상의 금액이 일치하지 아니한 입찰 • 상호, 법인 명칭, 대표자 성명 등 등록사항을 변경등록하지 아니한 입찰 　(법인등기부등본 대표자가 수인인 경우, 대표자 전원의 성명이 일치해야 함)

위 박스 내용에서 파란색 글씨는 법령에 나와있는 문구이며 아래 괄호 내용은 추가적인 설명을 달아놓은 것입니다. 박스에 열거된 내용을 읽어보면 상식적인 부분이므로 이해되실 겁니다. 이어서 (계약예규) 공사입찰유의서에 열거된 입찰무효 내용도 살펴보겠습니다.

구분	입찰 무효에 해당하는 경우
(계약예규) 공사입찰 유의서 제15조	• 대리인을 통해 입찰할 때, 지정된 대리인이 아닌 자가 한 입찰 　또는 대리권이 없는 자가 한 입찰 　(예 : 입찰참가 등록시 대리인을 A로 제출했는데 입찰서는 B가 제출한 경우, 　　　대리인을 지정한 경우에는 반드시 지정된 대리인이 입찰에 참가해야 함) • 동일사항에 대하여 타인의 대리를 겸하거나 2인 이상을 대리한 입찰 　(1인이 여러 업체를 중복하여 대리하는 행위) • 입찰서의 입찰금액 등 중요한 부분이 불분명하거나, 정정한 후 정정날인을 누락한 입찰 　(예를 들어 정정날인이 없는 것은 뒤늦게 가필해서 변조했거나 다른 사람이 고의로 　변조했을 가능성이 있으므로 반드시 정정날인을 해서 입찰자가 직접 정정한 부분임 　을 스스로 증명해야 함) • 담합하거나 타인의 경쟁참가를 방해 또는 관계공무원의 공무집행을 방해한 자의 입찰 • 입찰자의 기명날인이 없는 입찰 　(입찰자의 성명을 기재하지 아니하고 대리인 성명 또는 회사명을 기재한 경우, 　입찰참가신청서 제출시 신고한 인감과 다른 인감으로 날인된 경우도 포함) • 입찰서에 기재한 중요부분에 착오가 있음을 이유로 개찰현장에서 입찰자가 입찰의 취소 　의사를 표시한 것으로서 계약담당공무원이 이를 인정한 입찰 　(입찰자가 취소의사를 표시한다고 해서 무조건 취소해주는 것은 아니며 위의 3가지 　조건이 모두 충족해야 함. 즉 중요부분 착오 기재 and 입찰자가 취소의사 표시 and 　계약담당공무원이 이를 인정)

제9강 | 입찰공고문을 게시했으니, 입찰보증금, 입찰참가신청, 입찰서 제출까지 살펴볼까요?

구분	입찰 무효에 해당하는 경우
(계약예규) 공사입찰 유의서 제15조	• '내역입찰'에서 타인의 산출내역서와 복사 등의 방법으로 동일하게 작성한 산출내역서가 첨부된 입찰 　(내역입찰에서 타인의 산출내역서와 동일한 경우는 있을 수 없는 사항임. 산출내역서가 동일하다는 것은 상호 복사했거나 공유했다고 판단되기 때문에 입찰무효로 처리함) • 소정의 입찰서를 사용하지 않거나 입찰서의 금액을 아라비아 숫자로만 기재한 입찰 또는 전산서식에 의한 입찰서를 훼손하거나 전산표기방법과 상이하게 작성·기재하여 전산처리가 되지 아니한 입찰 　(입찰서의 모든 부분은 한글 작성이 원칙임. 입찰금액은 한글 또는 한자로 작성할 수 있으며 한글 또는 한자로 작성한 금액과 아라비아 숫자로 작성한 금액이 차이가 있을 경우에는 한글 또는 한자로 기재한 금액을 적용함. 아라비아 숫자로만 기재된 입찰은 입찰서 중요부분이 완성되지 못한 상태이므로 입찰무효로 처리함) • 공동계약의 공동수급체구성원이 동일 입찰 건에 대하여 공동수급체를 중복적으로 결성하여 참여한 입찰, 입찰등록 시 공동수급표준협정서를 제출하지 아니한 입찰, 「공동계약운용요령」 제9조를 위반한 입찰 • 「건설산업기본법령」에 의하여 종합공사를 시공하는 업종을 등록한 건설업자가 도급받아서는 아니되는 공사금액의 하한을 위반한 입찰 　(중소건설업체의 보호·육성을 위해 국가기관 및 공공기관에서 발주하는 일정금액 이하의 건설공사에 대해서는 대형 건설업체의 참여를 제한하는 규정이 있음. 이것은 「건설산업기본법」 제47조, 「건설산업기본법 시행령」 제39조에 나와 있음. 이 법령을 위반하여 공사금액의 하한에 미달하는 공사를 대형 건설업체가 도급받는 경우에는 1년 이내의 영업정지 또는 위반한 공사 도급금액의 100분의 30에 상당하는 금액 이하의 과징금이 부과되며, 해당 입찰은 무효처리됨. 현재 대형 건설업체는 시공능력기준 상위 3%에 포함되는 업체들이며 도급 받아서는 아니되는 공사금액은 추정가격 83억원 미만인 공사임) • 전기공사업법령에 의하여 대기업인 전기공사업체가 도급받아서는 아니되는 공사 금액의 하한을 위반한 입찰 　(위의 건설산업기본법과 동일하게 「전기공사업법」도 중소업체 보호·육성을 위해 도급공사 금액 하한을 규정하고 있음)

제9강 | 입찰공고문을 게시했으니, 입찰보증금, 입찰참가신청, 입찰서 제출까지 살펴볼까요?

(계약예규) 공사입찰유의서에 열거된 입찰무효 내용도 하나하나 살펴보았습니다. 서두에 말씀드렸듯이 전자조달시스템 입찰시에는 위와 같은 입찰무효가 발생하는 경우는 드물지만 입찰무효를 처리해야 하는 상황이나 민원이 발생하면 골치 아픈 사항이 되기도 합니다. 따라서 평상시 입찰무효에 대한 Case를 정확히 알아두시는 것은 이른바 '有備無患(유비무환)'과 같은 것이라고 생각합니다. 언제 어디서나 당당하고 자신있게 해당 입찰이 유효한 입찰인지 무효한 입찰인지 판정하고 처리해 나갈 수 있으시길 바라겠습니다.

제10강

짜잔~ 이제 개찰을 해 볼까요? 적격심사를 거쳐서 낙찰자 결정까지 아직도 거쳐야 할 단계가 많아요

제10강

짜잔~~
이제 개찰을
해 볼까요?
적격심사를
거쳐서
낙찰자 결정
까지 아직도
거쳐야 할
단계가
많아요

Q1 짜잔~~ 개찰을 했는데요~
1순위 업체를 뭐라고 불러야 하나요? 그리고,
적격심사 제도는 언제부터 시작되었나요?
.... 321

Q2 공사계약에서 낙찰자 결정 방법은
'종합심사 낙찰제'와 '적격심사 낙찰제'가 있다는데
왜 두 개로 나뉘어져 있나요?
.... 326

Q3 공사계약의 적격심사는 어떤 요소들을 평가하나요?
각 공사규모별로 적격심사 배점이 틀리다구요?
.... 329

Q4 적격심사 실제 예시를 가지고 설명해 주세요~~
.... 336

Q5 다들 '낙찰하한율'을 얘기하는데요~~
법령과 계약예규에는 안 나와요~~
어떻게 산출하는거죠?
.... 348

Q6 적격심사 관련해서 궁금한 질문 3가지만 해도 돼요?
(건설기술자 보유증명서, 심사서류 미제출, 순공사원가의
98% 미만 낙찰 배제)
.... 363

제10강 | 짜잔~~ 이제 개찰을 해 볼까요? 적격심사를 거쳐서 낙찰자 결정까지 아직도 거쳐야 할 단계가 많아요

Q1 짜잔~~ 개찰을 했는데요~ 1순위 업체를 뭐라고 불러야 하나요? 그리고, 적격심사 제도는 언제부터 시작되었나요?

후배님! 이제 제10강입니다. 벌써 책 전체 내용 중 2개 Chapter만 남았습니다. 목표가 멀지 않으니 다 같이 힘을 내서 전진해 볼까요? 여기 10강에서는 개찰로부터 적격심사를 거쳐 낙찰자 결정까지 알아보겠습니다.

먼저 용어부터 정립해 볼까요? 대부분 시중에 발간되어 있는 책들은 '낙찰자 결정' 또는 '적격심사'라는 제목으로 이 과정을 설명하고 있습니다. 하지만 공사계약 실무에서 보면, 개찰로부터 적격심사 우선심사 대상자 선정, 적격심사 서류제출 요청, 적격심사, 낙찰자 결정 등 세부업무 절차가 엄연히 구분됩니다. 따라서 '낙찰자 결정' 또는 '적격심사'라고 표현하거나 지칭한다면 전체 절차 중 하나의 업무만 얘기하는 것일 수 있습니다. 그러므로 '개찰로부터 최종 낙찰자 결정'까지 라고 표현하는 것이 정확한 표현이라고 생각합니다.

이번 Q1에서는 전체적인 업무진행 단계 및 절차를 개괄적으로 설명해 드리고, 이어서 나오는 Q2부터 각 단계별 업무를 세부적으로 설명해 드리겠습니다. 개찰로부터 낙찰자 결정까지의 전체적인 절차를 그려보면 아래와 같습니다. 아마 실무를 해 보신 분들은 아래 절차만 봐도 이해하실 것이고 이 과정을 아래처럼 세부적으로 표현해서 설명한다는 것에 대해서 약간은 지겹게 느껴지실 수 있습니다. 다만 처음 계약업무를 하시는 분들을 위해서 상세하게 설명하는 것이니 조금 지루하시더라도 같이 따라와 주시면 감사하겠습니다.

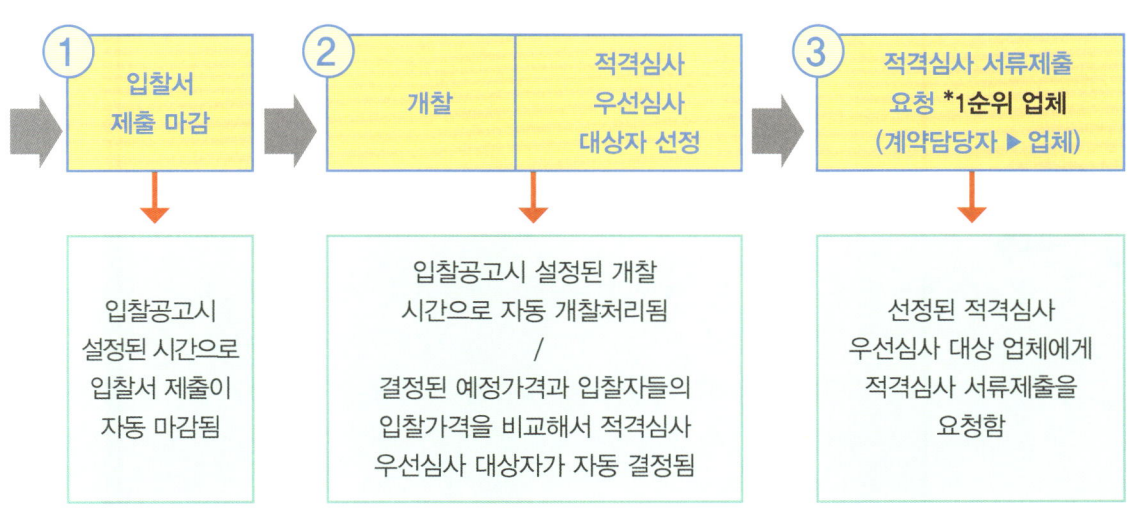

제10강 | 짜잔~~ 이제 개찰을 해 볼까요? 적격심사를 거쳐서 낙찰자 결정까지 아직도 거쳐야 할 단계가 많아요

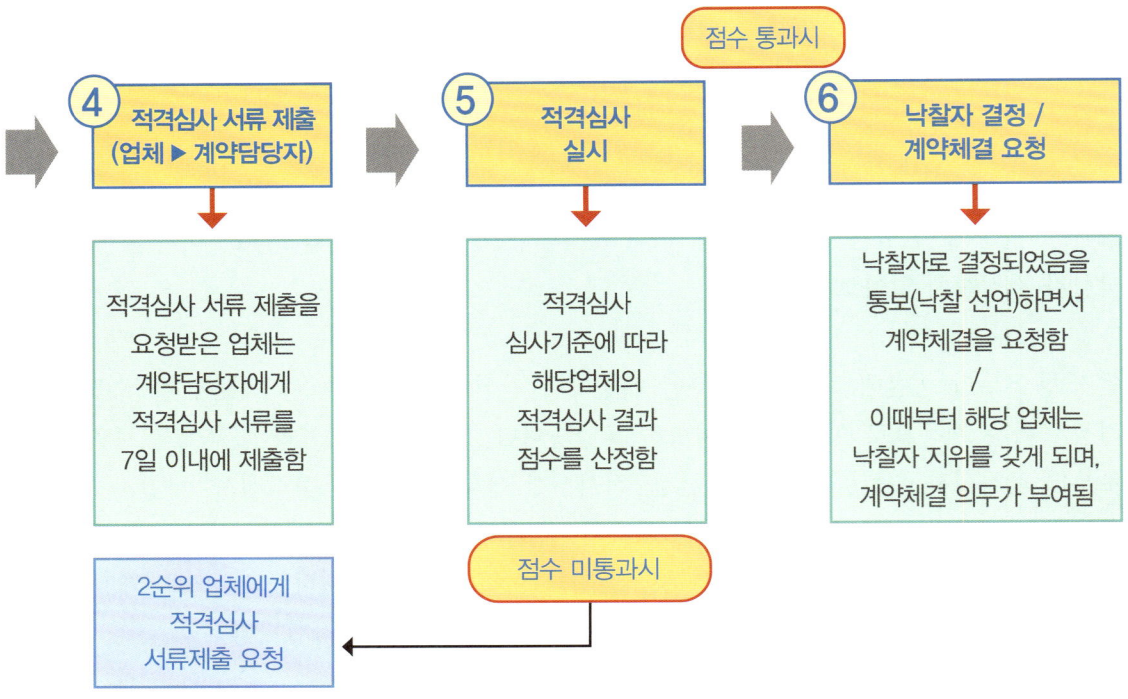

위의 절차도에서는 1. 입찰서 제출 마감부터 2. 개찰 및 적격심사 우선심사 대상자 선정, 3. 적격심사 서류제출 요청(1순위 업체, 계약담당자 -> 업체), 4. 적격심사 서류 제출(업체 -> 계약담당자), 5. 적격심사 실시, 6. 최종 낙찰자 결정 및 계약체결 요청 등 6가지 단계로 풀어 놓았습니다. 아마 각 단계별 박스 설명만 읽어보셔도 충분히 이해가 되시는 부분이므로 추가 설명은 생략하겠습니다.

다만, 여기서 여러분들의 직무지식을 다지기 위해서 3가지 문답 퀴즈와 이에 대한 답을 제시해 보겠습니다.

 **개찰 직후의 1순위 업체를 뭐라고 불러야 하나요?**

▶ 답 : '적격심사 우선심사 대상자'라고 불러야 맞습니다. 개찰을 했다고 해서 해당 1순위 업체가 최종 낙찰자의 지위를 바로 갖는 것이 아닙니다. 위의 6가지 절차에서 봤듯이 적격심사 서류접수 및 점수 평가를 실시해서 일정 통과점수를 넘어야 합니다. 따라서 개찰 1순위 업체를 무작정 낙찰자라고 부르는 것은 맞지 않고, '적격심사 우선심사 대상자'라고 부르는 것이 맞습니다.

제10강 | 짜잔~~ 이제 개찰을 해 볼까요? 적격심사를 거쳐서 낙찰자 결정까지 아직도 거쳐야 할 단계가 많아요

적격심사를 통해서 낙찰자를 결정한다는 법령이 어디에 명시되어 있나요?

▶ 답 : 「국가계약법 시행령」 제42조 ①항에 명시되어 있습니다. 법령 문구를 보면 '… 국고의 부담이 되는 경쟁입찰의 경우에는 예정가격 이하로서 최저가격으로 입찰한 자의 순으로 <u>계약이행능력 및 일자리창출 실적 등을 심사하여</u> 낙찰자를 결정한다.'고 나와 있습니다. 참고로 2018년까지는 계약이행능력 심사만 하였으나 2018. 12. 4일자로 「국가계약법 시행령」 제42조를 개정하여 2019년 3월 5일부터는 일자리 창출 실적도 심사하도록 되어 있습니다. 아래 법령 문구가 보이시죠?

국가를 당사자로 하는 계약에 관한 법률 시행령 (약칭: 국가계약법 시행령)

[시행 2023. 11. 16.] [대통령령 제33861호, 2023. 11. 16., 일부개정] [입법예고]

☐ 제42조(국고의 부담이 되는 경쟁입찰에서의 낙찰자 결정) ①각 중앙관서의 장 또는 계약담당공무원은 국고의 부담이 되는 경쟁입찰의 경우에는 예정가격 이하로서 최저가격으로 입찰한 자의 순으로 <u>계약이행능력 및 기획재정부장관이 정하는 일자리 창출 실적 등을 심사하여 낙찰자를 결정한다.</u> <개정 1999. 9. 9., 2000. 12. 27., 2003. 12. 11., 2006. 5. 25., 2018. 12. 4., 2019. 9. 17.>

계약이행능력 심사와 적격심사가 동일한 용어인가요?

▶ 답 : 네. 두 개의 용어는 동일한 의미로 사용되고 있습니다. 참고로 아래 박스는 각 법령과 계약예규에서 해당 용어를 어떻게 사용하고 있는지 요약해 보았습니다.

구 분	본문에 수록된 용어	비 고
「국가계약법」	(사용 용어가 없음)	
「국가계약법 시행령」	계약이행능력 심사	
「국가계약법 시행규칙」	계약이행능력 심사	
(계약예규) 적격심사 기준	계약이행능력 심사 ⇒ 적격심사	법령에 규정된 용어를 적격심사라고 부르기로 정함(제1조 참조)

제10강 | 짜잔~~ 이제 개찰을 해 볼까요? 적격심사를 거쳐서 낙찰자 결정까지 아직도 거쳐야 할 단계가 많아요

아래의 (계약예규)적격심사 기준 제1조를 보면, '… 계약이행능력 심사(이하 "적격심사"라 한다) 방법…' 문구가 보이실 겁니다. 즉, 국가계약법령에서 나오는 '계약이행능력 심사'라는 용어를 계약예규에서는 '적격심사'라고 부르기로 정한 것입니다. 결론적으로 두 개의 용어는 동일한 의미인 것입니다.

(계약예규) 적격심사기준

[시행 2023. 6. 30.] [기획재정부계약예규 제654호, 2023. 6. 16., 일부개정]

기획재정부(계약정책과), 044-215-5212, 5217, 5218

☐ **제1조(목적)** 이 예규는 「국가를 당사자로 하는 계약에 관한 법률 시행령」(이하 "시행령"이라 한다) 제42조제1항에 의한 낙찰자 결정시의 <u>계약이행능력 심사(이하 "적격심사"라 한다)</u> 방법·항목·배점한도액 기타 필요한 사항을 정함을 목적으로 한다.

그럼 다음으로, Q1의 두번째 질문인 적격심사 제도가 왜 생겼는지? 언제부터 시작되었는지? 에 대해서 알아보겠습니다. 이것은 바야흐로 1994년 10월 성수대교 붕괴사고 시점으로 거슬러 올라갑니다. 1994년 10월 21일 오전 7시 40분경에 서울 성동구 성수동과 강남구 압구정동을 잇는 성수대교의 가운데 상판이 무너져 내리는 사건이 발생하였습니다. 이로 인해서 직장인과 등굣길 여고생 등 32명이 사망하고 17명이 큰 부상을 당했습니다. 있어서는 안 될 사건이 벌어져서 전 국민들도 놀라고 전 세계 언론들도 대서특필 보도하는 사건이 발생한 것입니다. 참으로 어이없고 답답한 일이었습니다. 이 사건의 원인을 규명하다 보니 부실시공, 관리소홀, 만연된 부정부패 등 우리 사회의 구조적 병폐가 드러났습니다.

이를 계기로 1995년 7월부터 공공계약에서 입찰가격만으로 낙찰자가 결정되는 것을 개선하고 시공불량이나 시공 부적격 업체가 계약 당사자로 선정되는 것을 배제하기 위해서 적격심사 제도를 도입하게 되었습니다. 따라서 성수대교 붕괴 사고는 우리나라의 입찰 제도를 대대적으로 바꾸는 계기가 되었습니다. 후배님께서는 이러한 배경과 이유를 머릿속에 넣어놓고 적격심사 제도의 중요성을 이해하셨으면 좋겠습니다. 참고로 다음의 사진은 당시 참혹했던 사고장면입니다.

제10강 | 짜잔~~ 이제 개찰을 해 볼까요? 적격심사를 거쳐서 낙찰자 결정까지 아직도 거쳐야 할 단계가 많아요

제10강 | 짜잔~~ 이제 개찰을 해 볼까요? 적격심사를 거쳐서 낙찰자 결정까지 아직도 거쳐야 할 단계가 많아요

 Q2 공사계약에서 낙찰자 결정 방법은 '종합심사 낙찰제'와 '적격심사 낙찰제'가 있다는데 왜 두 개로 나뉘어져 있나요?

앞서 Q1에서는 전체적인 6단계의 절차 위주로 설명해 드리다보니 '종합심사 낙찰제'와 '적격심사 낙찰제'의 구분에 대해서 설명해 드리지 못했습니다. 이번 Q2에서 이 부분을 깔끔하게 정리해 드리겠습니다.

공사계약의 낙찰자 결정 방법은 크게 두가지로 나누어집니다. 하나는 '종합심사 낙찰제'이고 다른 하나는 '적격심사 낙찰제'입니다. 이 두개 구분은 입찰에 부치는 공사의 추정가격이 100억원 미만 공사인지 100억원 이상 공사인지에 따라 나누어집니다. 잠시 아래 도표를 살펴볼까요?

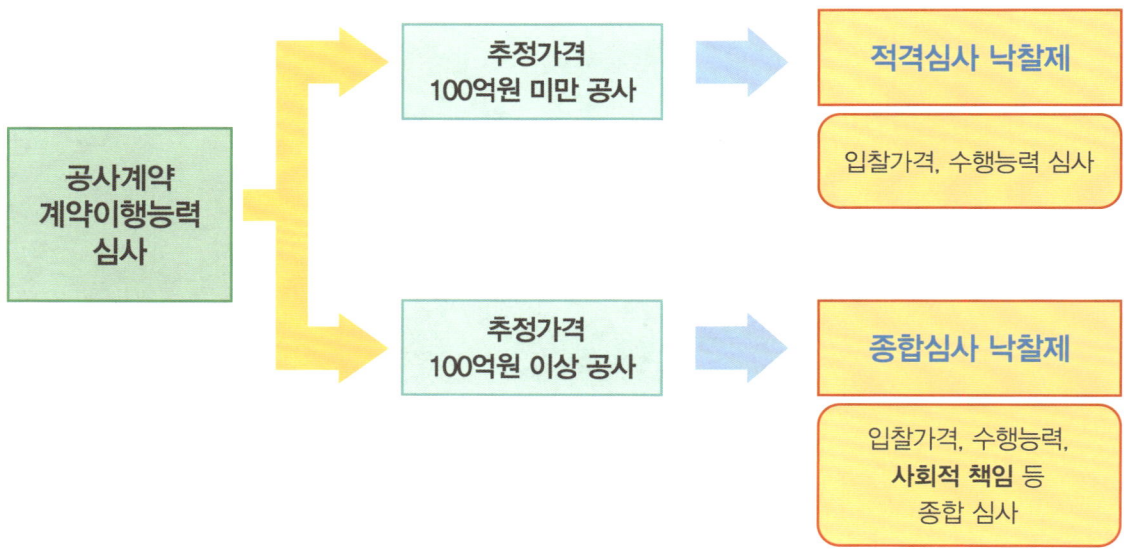

즉, 추정가격 100억원 미만의 중소규모 공사 입찰은 적격심사 낙찰제를 적용하고 추정가격 100억원 이상의 대형공사 입찰은 종합심사 낙찰제를 적용하는 것입니다. 우리는 추정가격 100억원이라는 기준액을 머릿속에 넣어 놓고, 100억원 미만 중소규모일 때에는 적격심사 낙찰제를, 100억원 이상 대형일 때에는 종합심사 낙찰제를 적용한다고 기억하고 있으면 전혀 무리가 없습니다.

「국가계약법 시행령」에서는 이 부분을 어떻게 규정하고 있는지 법령을 한번 살펴볼까요? 이것은 「국가계약법 시행령」 제42조의 ①항과 ④항에 나와 있습니다.

제10강 | 짜잔~~ 이제 개찰을 해 볼까요? 적격심사를 거쳐서 낙찰자 결정까지 아직도 거쳐야 할 단계가 많아요

> **국가를 당사자로 하는 계약에 관한 법률 시행령** (약칭: 국가계약법 시행령)
>
> [시행 2023. 11. 16.] [대통령령 제33861호, 2023. 11. 16., 일부개정] <입법예고>
>
> ☐ 제42조(국고의 부담이 되는 경쟁입찰에서의 낙찰자 결정) ①각 중앙관서의 장 또는 계약담당공무원은 국고의 부담이 되는 경쟁입찰의 경우에는 예정가격 이하로서 최저가격으로 입찰한 자의 순으로 계약이행능력 및 <u>기획재정부장관이 정하는</u> 일자리창출 실적 등을 심사하여 낙찰자를 결정한다. <개정 1999. 9. 9., 2000. 12. 27., 2003. 12. 11., 2006. 5. 25., 2018. 12. 4., 2019. 9. 17.>
>
> ② 삭제 <2018. 12. 4.>
>
> ③각 중앙관서의 장 또는 계약담당공무원은 제1항에 불구하고 <u>제18조</u>에 따른 입찰의 경우에는 예정가격 이하로서 최저가격으로 입찰한 자를 낙찰자로 결정한다. <신설 2006. 5. 25.>
>
> ④ 각 중앙관서의 장 또는 계약담당공무원은 제1항에도 불구하고 다음 각 호의 공사 또는 용역입찰에 대해서는 예정가격 이하로 입찰한 입찰자 중 <u>각 입찰자의 입찰가격, 공사수행능력</u>(용역입찰의 경우에는 용역수행능력을 말하며, <u>제40조제2항</u> 단서 및 이하에서 같다) 및 <u>사회적 책임 등을 종합 심사</u>하여 합산점수가 가장 높은 자를 낙찰자로 결정한다. <개정 2015. 12. 31., 2018. 12. 4., 2019. 9. 17., 2021. 7. 6., 2023. 11. 16.>
>
> 1. <u>추정가격이 100억원 이상인 공사</u>
> 2. 「문화재수리 등에 관한 법률」 <u>제2조제1호</u>에 따른 문화재수리로서 <u>문화재청장이 정하는</u> 공사
> 3. 「건설기술 진흥법」 <u>제39조제2항</u>에 따른 건설사업관리 용역으로서 추정가격이 50억원 이상인 용역
> 4. 「건설기술 진흥법 시행령」 <u>제69조</u>에 따른 건설공사기본계획 용역 또는 <u>같은 영 제71조</u>에 따른 기본설계 용역으로서 추정가격이 30억원 이상인 용역
> 5. 「건설기술 진흥법 시행령」 <u>제73조</u>에 따른 실시설계 용역으로서 추정가격이 40억원 이상인 용역

위 ①항은 앞서 살펴본 것처럼 국고의 부담이 되는 경쟁입찰은 모두 계약이행능력 심사(공사는 적격심사)를 실시한다는 원칙을 얘기하고 있는 것입니다. 반면에 ④항을 읽어보면, '…제1항에도 불구하고 다음 각 호의 공사 또는 용역입찰에 대해서는 예정가격 이하로 입찰한 입찰자 중 각 입찰자의 입찰가격, 공사수행능력 및 사회적 책임 등을 종합 심사하여 … 낙찰자로 결정한다.'고 나와 있습니다. 그리고 그 아래에 1호. 추정가격이 100억원 이상인 공사가 명시되어 있습니다. 즉, 추정가격 100억원 이상인 공사는 ④항(종합심사 낙찰제)를 적용하고 나머지 공사(추정가격 100억원 미만인 공사)는 위의 ①항을 적용하는 것입니다.

참고로 ④항 2호, 3호, 4호, 5호 등을 살펴보면, 종합심사 낙찰제를 적용해야 하는 다른 종류의 입찰도 열거되어 있습니다. 2호. 문화재수리공사 중 문화재청장이 정하는 공사, 3호. 추정가격 50억원 이상인 건설사업관리 용역, 4호. 추정가격 30억원 이상인 기본설계용역, 5호. 추정가격 40억원 이상인 실시설계용역 사업 등 약간 특수하고 규모가 큰 사업들이 모두 '종합심사 낙찰제'를 적용하도록 되어 있습니다.

제10강 | 짜잔~~ 이제 개찰을 해 볼까요? 적격심사를 거쳐서 낙찰자 결정까지 아직도 거쳐야 할 단계가 많아요

어쨌든 우리는 일반적인 공사입찰에 국한해서 논의하고 있으므로 추정가격 100억원 기준만 잘 이해하고 있으면 됩니다.

앞으로 계속 설명드릴 내용(이후 Q3부터)에서는 '적격심사 낙찰제'를 위주로 설명해 드리겠습니다. 첫번째 이유는 적격심사 낙찰제가 보편적이고 실무에서 훨씬 많이 사용되기 때문입니다. 두번째 이유는 처음 계약실무를 접하거나 계약업무를 공부하는 입장에서는 가장 기본이 되는 적격심사 낙찰제를 이해하는 것이 훨씬 용이하기 때문입니다. 즉, 적격심사 낙찰제(기본)를 이해한 뒤 그 뒤에 필요한 경우 종합심사 낙찰제를 공부하는 방식으로 쌓아 올라가는 것이 쉽기 때문입니다.

각 발주기관마다 적용하는 '적격심사' 적용 기준이 틀린가요?

예. 맞습니다. 적격심사 기준은 각 발주기관마다 자체 '심사기준'을 정해서 운용할 수 있습니다. 이것은 「국가계약법 시행령」 제42조 ⑤항에 나와 있습니다.(아래 참조)
참고로, 현재 공사계약 '적격심사 기준'을 별도로 제정하는 곳은 3군데로 압축해 볼 수 있습니다.

1. 기획재정부 : (계약예규)적격심사기준 (기획재정부예규 제679호, 2024. 1. 1.)
2. 조달청 : 조달청 시설공사 적격심사세부기준 (조달청 지침, 2023. 12. 20.)
3. 국방부 : 군시설공사 적격심사기준에 관한 훈령 (국방부 훈령, 2023. 10. 24.)
4. 행정안전부 : 지방자치단체 입찰시 낙찰자 결정기준 제2장 (행정안전부예규 제253호, 2023. 6. 29.)

기획재정부에서 정하고 있는 적격심사 기준은 공사계약을 중심으로 하면서 물품과 용역계약까지 전반적이고 일반적인 기준을 제시하고 있습니다. 대부분 2번부터 4번까지 각 발주기관에서 별도 제정하고 있는 적격심사 기준을 적용하고 있습니다. 후배님께서 속한 기관이 어디인지에 따라 2호부터 4호까지 기준 중에서 적용하면 되는 것입니다.

국가를 당사자로 하는 계약에 관한 법률 시행령 (약칭: 국가계약법 시행령)

[시행 2023. 11. 16.] [대통령령 제33861호, 2023. 11. 16., 일부개정] 입법예고

⑤제1항에 따른 계약이행능력심사는 해당 입찰자의 이행실적, 기술능력, 재무상태, 과거 계약이행 성실도, 자재 및 인력조달가격·하도급관리계획·외주근로자 근로조건 이행계획의 적정성, 계약질서의 준수정도, 과거공사의 품질정도 및 입찰가격등을 종합적으로 고려하여 기획재정부장관이 정하는 심사기준에 따라 세부심사기준을 정하여 적격여부를 심사하며, 그 심사결과 적격하다고 인정되는 경우 당해 입찰자를 낙찰자로 결정한다. 다만, 공사 또는 물품등의 특성상 필요하다고 인정되는 경우에는 각 중앙관서의 장이 기획재정부장관과의 협의를 거쳐 직접 심사기준을 정할 수 있다. <개정 1999. 9. 9., 2000. 12. 27., 2005. 9. 8., 2006. 5. 25., 2007. 10. 10., 2008. 2. 29., 2019. 9. 17.>

제10강 | 짜잔~~ 이제 개찰을 해 볼까요? 적격심사를 거쳐서 낙찰자 결정까지 아직도 거쳐야 할 단계가 많아요

Q3 공사계약의 적격심사는 어떤 요소들을 평가하나요?
각 공사규모별로 적격심사 배점이 틀리다구요?

이번 Question에서는 공사계약의 적격심사 평가 요소 및 배점을 살펴보겠습니다. 바로 본론으로 들어가서 아래에 하나의 도표로 정리해 보았습니다.

건설산업기본법에 따른 건설공사		개별 법령에 따른 공사 (전기·정보통신·소방시설 ·국가유산공사 등)	적격심사 평가 요소 및 배점	
종합공사업	전문공사업			
[별표1] 추정가격 100억원 미만 ~ 50억원 이상			공사 수행능력 **30점** - 시공경험 15점 - 경영상태 15점 - 신인도 ±0.9점	입찰가격 점수 **50점**
			자재/인력조달 가격의 적정성 **10점**	하도급 관리 계획의 적정성 **10점**
[별표2] 추정가격 50억원 미만 ~ 10억원 이상		추정가격 50억원 미만 ~ 3억원 이상	공사 수행능력 **30점** - 시공경험 15점 - 경영상태 15점 - 신인도 -1 ~ +4	입찰가격 점수 **70점**
[별표3] 추정가격 10억원 미만 ~ 3억원 이상		없음	공사 수행능력 **20점** - 시공경험 10점 - 경영상태 10점 - 신인도 -1 ~ +4	입찰가격 점수 **80점**

제10강 | 짜잔~~ 이제 개찰을 해 볼까요? 적격심사를 거쳐서 낙찰자 결정까지 아직도 거쳐야 할 단계가 많아요

건설산업기본법에 따른 건설공사		개별 법령에 따른 공사 (전기·정보통신·소방시설 ·국가유산공사 등)	적격심사 평가 요소 및 배점	
종합공사업	전문공사업			
별표4 추정가격 3억원 미만 ~ 2억원 이상		추정가격 3억원 미만 ~ 8천만원 이상	공사 수행능력 10점 - 시공경험 5점 - 경영상태 5점 - 신인도 -1 ~ +4	입찰가격 점수 90점
별표5 추정가격 2억원 미만		추정가격 8천만원 이상	공사 수행능력 10점 - 경영상태 10점 - 특별신인도 2점 - 신인도 -1 ~ +4	입찰가격 점수 90점

이 도표를 처음 보시는 분들은 약간 어렵게 느끼실 것 같습니다. 하나하나 차근차근 설명해 드릴테니 겁먹을 필요는 전혀 없습니다. 우선 위의 적격심사 평가 요소 및 배점은 '조달청 시설공사 적격심사세부기준'(조달청지침 제161호, 2024.1.5.)을 토대로 작성했습니다. 앞서 Q2에서 말씀드렸듯이 적격심사 기준은 각 발주기관별로 정할 수 있는데 크게 조달청 기준, 행안부 기준, 국방부 기준 등이 있다고 설명드렸습니다. 이번 Q3에서 제시하는 것은 조달청 기준을 기초로 도표를 작성한 것이므로 소속 발주기관에 따라 약간의 차이가 있을 수 있습니다. 이 부분은 적격심사의 전체적인 구조와 실무 방법을 이해하시는 차원에서 활용하시면 됩니다.

위의 도표에서 5가지 특징을 살펴보는 방법으로 설명해 드리겠습니다.
첫번째, 100억원 미만 공사계약의 적격심사 평가 기준은 공사규모별로 5가지 종류로 구분됩니다. 잠시 조달청 적격심사세부기준 제2호 본문 내용을 잠시 볼까요?

제10강 | 짜잔~~ 이제 개찰을 해 볼까요? 적격심사를 거쳐서 낙찰자 결정까지 아직도 거쳐야 할 단계가 많아요

> **조달청 시설공사 적격심사세부기준**
> [시행 2024. 1. 8.] [조달청지침 제161호, 2024. 1. 5., 일부개정]
>
> ☐ 제2조(평가기준) ① 적격심사의 공사규모별 세부평가기준은 다음 각 호와 같다.
> 1. 추정가격 100억원 미만 50억원 이상인 공사의 평가기준 [별표 1]
> 2. 추정가격 50억원 미만 10억원 이상(전기·정보통신·소방시설·문화재공사 등은 50억원 미만 3억원 이상)인 공사의 평가기준 : [별표 2]
> 3. 추정가격 10억원 미만 3억원 이상인 공사(건설산업기본법에 따른 건설공사에 해당)의 평가기준 [별표 3]
> 4. 추정가격 3억원 미만 2억원 이상(전기·정보통신·소방시설·문화재공사 등은 3억원 미만 8천만원 이상)인 공사의 평가기준 : [별표 4]
> 5. 추정가격 2억원 미만(전기·정보통신·소방시설·문화재공사 등은 8천만원 미만)인 공사의 평가기준 [별표 5]

위의 제2조 내용을 보면 공사규모에 따라 별표1부터 별표5까지 각각 적용한다는 뜻입니다. 따라서 앞서 도표에서 총 5개의 구분으로 요약해 놓았던 것입니다. 결론적으로 추정가격 100억원 미만 공사계약의 적격심사는 공사규모별로 5가지 종류가 있다는 것입니다.

두번째, 공사의 종류에 따라 적격심사 기준표(별표1부터 별표5까지)를 제대로 적용해야 합니다. 크게 종합공사, 전문공사, 개별 법령에 따른 공사(전기공사, 정보통신공사, 소방시설공사, 국가유산공사) 등 그 구분을 제대로 찾아서 적용해야 합니다. 예를 들어 보겠습니다.

시설공사 추정가격 5억원인 경우	전기공사 추정가격 5억원인 경우
별표3 적용	별표2 적용

시설공사(종합공사) 추정가격 5억원이라면 별표3을 적용하는 것이고, 같은 추정가격 5억원이라고 하더라도 전기공사인 경우에는 별표2를 적용해야 하는 것입니다. 별표1에서만 모든 공사의 추정가격 범위가 동일하고 별표2부터 별표5까지 각각 추정가격 적용 범위가 다르기 때문에 공사 종류를 잘 확인해서 별표를 적용해야 합니다. 참고로 별표3은 건설산업기본법에 따른 건설공사(종합공사, 전문공사)만 적용하는 별표입니다. 이처럼 적격심사 기준표는 어떤 종류의 공사인지? 공사 규모(추정가격)가 얼마인지?를 잘 확인해야 합니다.

세번째, 별표1. 공사규모가 큰 것부터 별표5. 공사규모가 작은 것으로 내려갈수록 적격심사 평가 요소는 단순해집니다. 별표1은 평가요소가 4개(공사 수행능력, 입찰가격 점수, 자재/인력

제10강 | 짜잔~~ 이제 개찰을 해 볼까요? 적격심사를 거쳐서 낙찰자 결정까지 아직도 거쳐야 할 단계가 많아요

조달 가격의 적정성, 하도급 관리 계획의 적정성)이고 별표2부터는 평가요소가 2개(공사 수행능력, 입찰가격 점수)입니다. 점수 배점도 공사규모가 큰 것은 공사 수행능력 등의 점수 비중이 높고 공사규모가 작은 것은 입찰가격 점수 비중이 높은 편입니다. 이러한 특징을 막대그래프 형태로 다시 요약해서 그려보면 아래와 같습니다.

너무나도 당연한 이야기이겠지만, 공사규모가 클수록 공사 수행능력 평가가 중심이 되고, 공사규모가 작을수록 공사 수행능력은 대부분 갖추어져 있다고 평가되므로 점수배점이 낮고 입찰가격 점수가 대부분을 차지하게 됩니다. 그럼 별표4와 별표5의 차이점은 무엇일까요? 앞서 전체 도표에 나와있는데, 공사 수행능력 점수 10점을 구성하는 내용의 차이입니다. 별표4의 경우는 시공경험 5점, 경영상태 5점이고 별표5의 경우는 경영상태만 10점입니다. 즉, 별표5의 경우는 시공경험 자체를 평가하지 않는다는 뜻입니다.

네번째 특징입니다. 앞 페이지의 총괄 도표에 보면 '신인도 ±0.9' 또는 '신인도 -1 ~+4' 등 공사 수행능력에 포함된 요소를 보셨을 겁니다. 일부에는 특별신인도 2점까지 포함된 것도 있습니다. 예를 들어 별표5(추정가격 2억원 미만인 공사, 전기·정보통신·소방시설·국가유산공사 등은 8천만원 미만인 공사)의 공사수행능력(다음 페이지 노란색 박스)을 보면, 총점수는 10점이고 이중에서 경영상태가 10점, 특별신인도 2점(가점), 신인도 -1 ~+4점(감점 또는 가점)으로 나와 있습니다. 이것은 각각의 요소별 점수를 평가해서 합산하되 전체 배점한도 10점은 초과할 수 없다는 뜻입니다.

제10강 | 짜잔~~ 이제 개찰을 해 볼까요? 적격심사를 거쳐서 낙찰자 결정까지 아직도 거쳐야 할 단계가 많아요

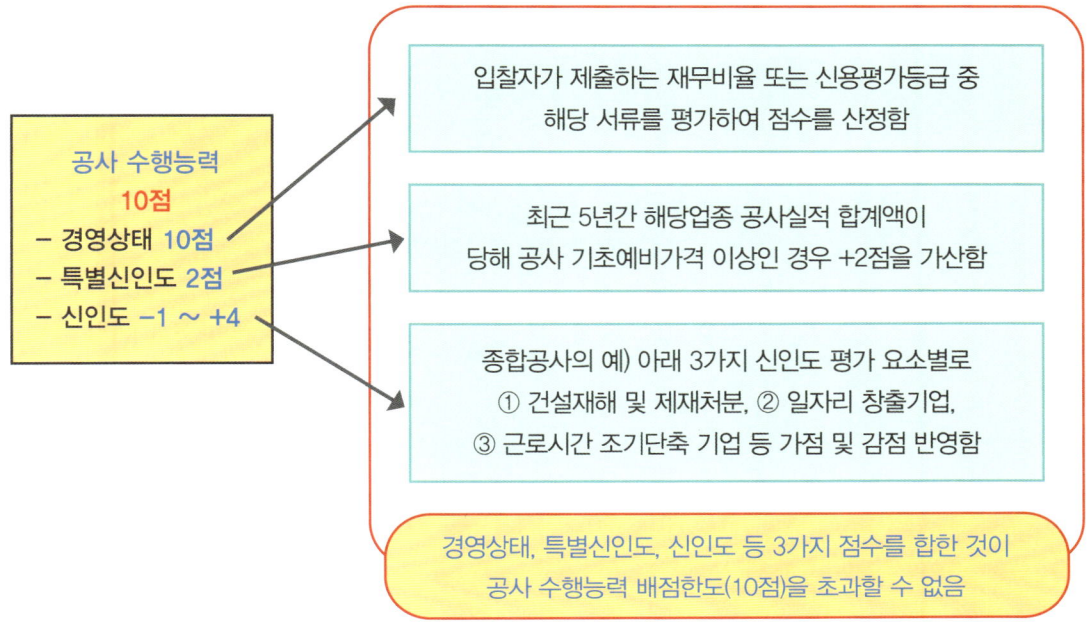

위의 박스는 각각의 평가요소별 점수 평가방법을 설명하려는 것은 아닙니다. 각 평가요소별 점수 평가방법은 뒤에서 설명해 드릴 것이고, 위의 박스 설명은 3가지 평가요소가 공사 수행능력 10점 안에 하나로 묶이는 것을 보여드리는 것입니다. 참고로, 특별신인도는 감점이 없는 가점 요소이고, 신인도는 감점(최대 -1점까지)도 있지만 가점(최대 +4점까지)도 높은 요소입니다.

어쨌든 경영상태 점수 + 특별신인도 가점 + 신인도 가·감점을 모두 합한 점수가 공사 수행능력 배점한도(10점)를 초과할 수는 없습니다. 신인도든 특별신인도든 '신인도'라는 평가요소는 공사 수행능력 배점한도를 채울 수 있지만, 반면에 배점한도를 초과할 수 없는 특징이 있습니다.

다섯번째, 별표1. 공사규모가 큰 것부터 별표5. 공사규모가 작은 것까지 각각 입찰가격 점수 산정 계산식이 다릅니다.

제10강 | 짜잔~~ 이제 개찰을 해 볼까요? 적격심사를 거쳐서 낙찰자 결정까지 아직도 거쳐야 할 단계가 많아요

구 분		입찰가격 점수 평가 공식
별표1	공사규모 큰 것	$\circ\ 50 - 2 \times \left\| \left(\dfrac{88}{100} - \dfrac{입찰가격 - A}{예정가격 - A} \right) \right\| \times 100$
별표2		가. 추정가격 50억원 미만 10억원 이상인 건설공사 / 추정가격 10억원 이상인 전기·정보통신·소방공사·문화재공사 $\circ\ 70 - 4 \times \left\| \left(\dfrac{88}{100} - \dfrac{입찰가격 - A}{예정가격 - A} \right) \right\| \times 100$ 나. 추정가격이 10억원 미만 3억원 이상인 전기·정보통신·소방공사·문화재공사 $\circ\ 70 - 20 \times \left\| \left(\dfrac{88}{100} - \dfrac{입찰가격 - A}{예정가격 - A} \right) \right\| \times 100$
별표3		$\circ\ 80 - 20 \times \left\| \left(\dfrac{88}{100} - \dfrac{입찰가격 - A}{예정가격 - A} \right) \right\| \times 100$
별표4		
별표5	공사규모 작은 것	$\circ\ 90 - 20 \times \left\| \left(\dfrac{88}{100} - \dfrac{입찰가격 - A}{예정가격 - A} \right) \right\| \times 100$

위 계산식을 처음 보시는 분들은 어렵게 느껴질 수 있습니다. 계산식에 따른 입찰가격 점수 계산은 뒤에서 예시를 가지고 설명을 해드리겠습니다. 또한 각 별표의 계산식에 따른 낙찰하한율을 알아보는 것도 뒤에서 설명해 드리겠습니다. 다만 여기 Q3에서는 별표1부터 별표5까지의 입찰가격 평가 특징을 살펴보는 것에 중점을 두겠습니다.

별표1부터 별표5까지 전체적인 계산식 구조는 동일합니다. 배점한도(별표1은 50점, 별표2는 70점, 별표3은 80점, 별표4와 별표5는 90점)에서 예정가격 대비 입찰가격 비율이 88% 기준으로 멀어지는 만큼 감점하는 방식입니다. 따라서 계산식에서 맨 앞에 나오는 숫자(50, 70, 80, 90)는 각각 입찰가격 점수 배점한도를 의미합니다.

절대값 앞에 2×, 4×, 20× 등은 예정가격 대비 입찰가격 비율이 88% 기준으로 1%씩 멀

제10강 | 짜잔~~ 이제 개찰을 해 볼까요? 적격심사를 거쳐서 낙찰자 결정까지 아직도 거쳐야 할 단계가 많아요

어질 때 감점하는 점수입니다. 별표1의 경우 입찰가격을 예정가격의 89%를 제출했다고 가정한다면 50점 배점에서 2점을 감점해서 48점이 됩니다. 반면에 별표3의 경우 입찰가격을 예정가격의 89%를 제출했다고 가정한다면 20점을 감점하므로 80점 배점에서 20점을 빼서 60점이 되는 것입니다.(감점 방식에 대한 개념을 쉽게 이해시켜 드리기 위해서 간략히 설명한 것입니다. 실제 계산결과는 차이가 있습니다.)

절대값에 앞에 있는 곱하기 숫자(2×, 4×, 20× 등)가 입찰가격 점수 감점에 큰 영향력을 발휘합니다. 따라서 별표1처럼 '2×'인 경우에는 예정가격 대비 입찰가격 비율 1% 차이가 전체 점수에 미치는 영향이 적은 편이고, 별표3처럼 '20×'인 경우에는 예정가격 대비 입찰가격 비율 1% 차이가 엄청난 감점 결과로 나오게 됩니다. 결론적으로 별표1처럼 공사규모가 큰 경우에는 88%를 기준으로 입찰가격 점수 차이를 크게 반영하지 않지만, 별표3/별표4/별표5처럼 공사규모가 작은 경우에는 88%를 기준으로 1%만 차이나도 낙찰이 안되는 계산 구조를 가지고 있습니다.

추가적으로, 별표2는 계산식이 두가지입니다. 박스에 파란색 글씨 가. 나.로 적용 구분이 나와 있습니다. 건설공사는 가. 계산식을 적용하지만, 전기·정보통신·소방공사·국가유산공사의 경우 '50억원 미만 10억원 이상'과 '10억원 미만 3억원 이상'의 두가지 구분에 따라 계산식을 달리 적용하도록 나누어져 있습니다. 한편 별표4와 별표5는 입찰가격 점수 계산식이 동일합니다. 90점 만점을 기준으로 감점 평가방식이 동일한 특징을 가지고 있습니다.

이제까지 100억원 미만 공사계약에서 적용하는 '적격심사 평가 요소 및 배점'에 대해서 개괄적으로 살펴보았습니다. 또한 적격심사 별표1부터 별표5까지 나열해 놓고 각각의 특징도 비교해서 살펴보았습니다. 아마 공사계약 실무를 하시는 분들도 이렇게 별표1부터 별표5까지 같이 나열해 놓고 비교하거나 특징을 살펴보는 기회가 없었을 겁니다. 이번 Q3를 통해 계약업무 초보자이든 실무 경험자이든 적격심사 별표 5가지 구성에 대해서 좀 더 체계적으로 비교해보시는 기회가 되셨으면 좋겠습니다.

제10강 | 짜잔~~ 이제 개찰을 해 볼까요? 적격심사를 거쳐서 낙찰자 결정까지 아직도 거쳐야 할 단계가 많아요

Q4 적격심사 실제 예시를 가지고 설명해 주세요~~

계약업무를 처음 접하시는 분들은 이쯤되면 적격심사 샘플을 직접 보시고 직접 점수를 산정해 보고 싶으실 것 같습니다. 따라서 이번 Question에서는 적격심사 실무 사례를 통해서 적격심사 실무를 설명해 드리겠습니다.

샘플은 별표2. 추정가격 50억원 미만 10억원 이상 평가기준을 사용하는 시설공사(종합공사) 사례를 보여드리겠습니다. 좀 더 쉬운 이해를 위해서 앞서 Q3에서 살펴본 별표2의 평가요소별 배점을 다시한번 상기시켜 드리고 실무 사례를 설명해 드리겠습니다.

건설산업기본법에 따른 건설공사		개별 법령에 따른 공사 (전기·정보통신·소방시설·문화재공사 등)	적격심사 평가 요소 및 배점	
종합공사업	전문공사업			
별표2 추정가격 50억원 미만 ~ 10억원 이상		추정가격 50억원 미만 ~ 3억원 이상	공사 수행능력 **30점** - 시공경험 15점 - 경영상태 15점 - 신인도 -1 ~ +4	입찰가격 점수 **70점**

자! 기억나시나요? 별표2의 경우는 공사 수행능력은 총 30점인데, 이중에서 시공경험이 15점이고 경영상태가 15점입니다. 다만 신인도 배점이 있어서 -1점 감점부터 최대 +4점까지 가점이 가능합니다. 다만, 시공경험 + 경영상태 + 신인도 점수는 총 배점한도 30점을 초과할 수 없습니다. 그리고 입찰가격 점수는 70점입니다.

실무 사례를 살펴보기 위해서, **해당 공사입찰의 기본 정보**는 아래와 같습니다.

- 공사명 : 체육관 신축 시설공사
- 기초예비가격 : 1,117,117,000원
- 예정가격 : 1,117,115,286원
- A값 : 57,550,819원 (아래 다섯가지 원가 항목 합계)

건강보험료	노인장기요양 보험료	연금보험료	안전관리비	퇴직공제부금
12,273,985원	1,572,296원	15,580,517원	20,160,647원	7,963,374원

제10강 | 짜잔~~ 이제 개찰을 해 볼까요? 적격심사를 거쳐서 낙찰자 결정까지 아직도 거쳐야 할 단계가 많아요

개찰을 실시하면 아래와 같은 결과자료가 나옵니다. 개찰 결과물을 통상 '개찰조서'라고 부릅니다. 아래는 초심건설(주)가 1순위 적격심사 대상자로 선정된 결과를 가정해서 제시해 본 샘플입니다. 각 발주기관(입찰시스템)마다 출력물이 조금 다르지만 대부분 포함된 내용은 엇비슷합니다. 개찰 결과라고 가정하고 살펴볼까요?

개찰 조서

입찰공고번호	20240601000-00				
공 고 명	체육관 신축 시설공사				
참 조 번 호	체육관-	입 찰 분 류	1	재입찰번호	0
공 고 기 관	○○○	수 요 기 관	○○○		
계 약 방 법	제한경쟁 입찰	낙 찰 방 법	적격심사제 (추정가격 50억원 미만 10억원 이상 평가기준)		
개 찰 일 시	2024/06/01 11:00	입찰집행관	김입찰		
개 찰 여 부	개찰완료				

순위	사업자등록번호	업체명	대표자명	투찰금액	예가비율
1	2130302011	초심건설(주)	이초심	976,742,999	:
2	4090376500	랜드건설	김랜드	(생략)	:
3	5797000357	해람건설	박해람	:	:
4	4816000556	수전건설(주)	강수전	:	:
5	4090294901	우리건축(주)	박우리	:	:
====== (중간 생략) ======					
106	5100684225	코코모건설(주)	김번창	:	:

제10강 | 짜잔~~ 이제 개찰을 해 볼까요? 적격심사를 거쳐서 낙찰자 결정까지 아직도 거쳐야 할 단계가 많아요

개찰 결과에 따라서 계약담당자는 1순위 적격심사 우선심사 대상자로 선정된 초심건설(주)에게 적격심사 서류 제출을 요청하였습니다. 이에 초심건설(주)는 아래와 같이 적격심사 서류를 제출하였습니다.

초심건설(주)에서 제출한 서류를 각 페이지마다 어떤 것을 의미하는지 설명해 드리기 위해서 샘플을 제시하고 우측 박스에 설명을 덧붙이겠습니다. 첫번째는 적격심사 신청서와 적격심사 자기평가표입니다.

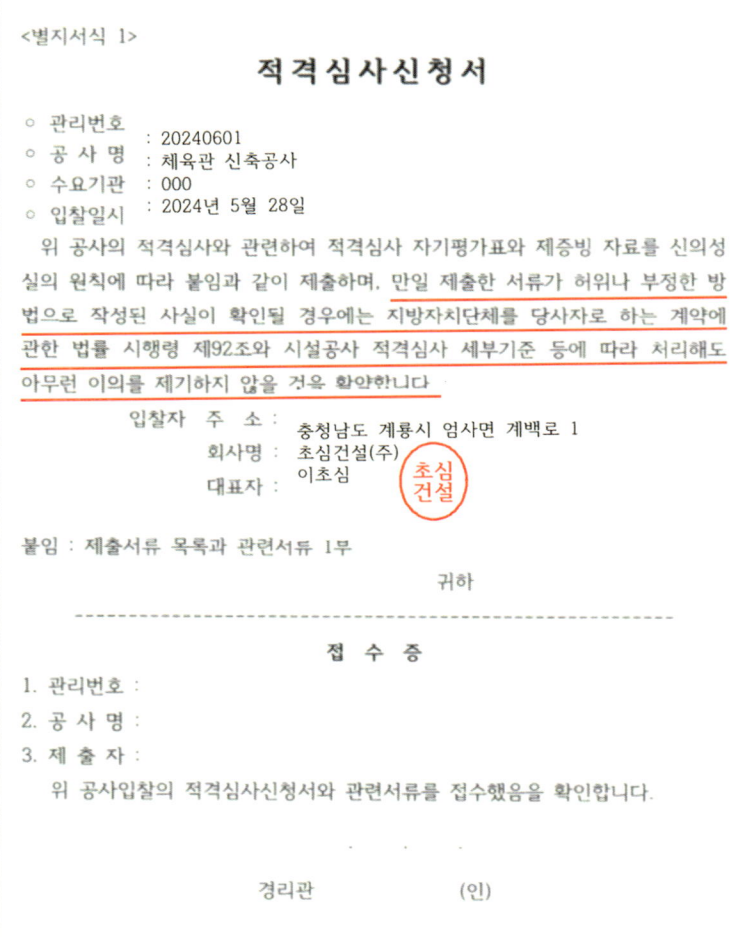

적격심사 신청서(왼쪽 서식)는 초심건설(주)에서 서류 일체를 제출하면서 맨 앞페이지에 제출하는 서식입니다.

초심건설(주)는 서류일체를 계약담당자에게 제출하면서 표지 중간의 절취선 아랫부분(접수증)을 절취해서 받습니다. 여기서 중요한 것은 가운데 문구입니다. (빨간색 밑줄)

참고로, 대부분 업체들이 서류 일체를 스캔파일로 제출하기 때문에 직접 대면해서 서류를 제출하고 접수증을 받아가는 경우는 거의 없습니다.

제10강 | 짜잔~~ 이제 개찰을 해 볼까요? 적격심사를 거쳐서 낙찰자 결정까지 아직도 거쳐야 할 단계가 많아요

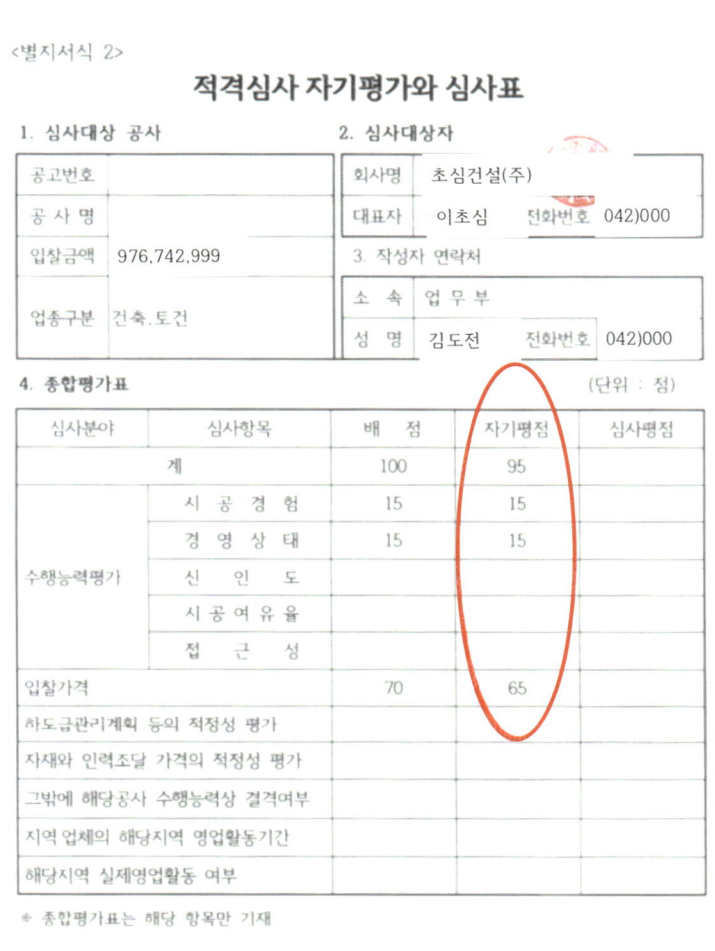

적격심사 자기심사 평가표는 초심건설(주)에서 스스로 점수를 산정한 요약지 입니다. 위의 경우, 시공경험은 15점 만점에 15점, 경영상태도 15점 만점에 15점, 입찰가격은 70점 만점에 65점을 획득한 것으로 평가되어 있습니다. 종합점수는 95점이라고 평가했네요. (빨간색 원 부분)

계약담당자는 이것을 곧이곧대로 믿으면 안됩니다. 직접 첨부서류의 진위 여부를 확인하고 스스로 평가점수를 계산해서 확인해야 합니다.

제10강 | 짜잔~~ 이제 개찰을 해 볼까요? 적격심사를 거쳐서 낙찰자 결정까지 아직도 거쳐야 할 단계가 많아요

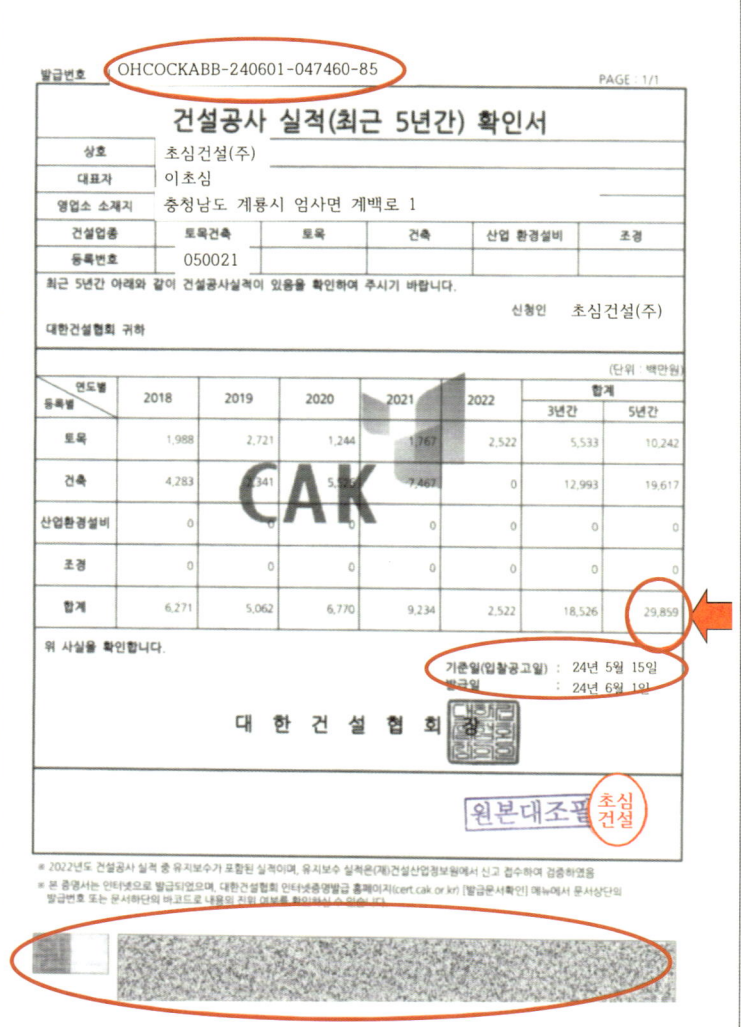

건설공사 실적 확인서는 초심건설(주)가 대한건설협회로부터 발급받은 서류입니다. 이것은 최근 3년간 또는 최근 5년간 업종별 공사실적을 증명하는 서류입니다.

계약담당자는 서류의 진위여부를 확인하기 위해서 맨 위의 발급번호를 가지고 직접 확인해 볼 수 있습니다. (대한건설협회 인터넷 사이트에서 발급번호로 조회함)

계약담당자는 입찰에 부치는 공사 업종 실적만 인정해야 합니다. 따라서 금번 입찰공사는 토목과 건축이 모두 인정되는 시설공사(종합공사)이므로 토목과 건축공사 실적 합계액을 모두 인정하면 됩니다.

또한, 기준일과 발급일자를 확인해서 최근 실적서류인지 확인해야 하며, 맨 아래 위변조 방지탭 부분을 확인해서 위변조 서류는 아닌지도 확인해야 합니다.

〈 **시공경험(15점) 평가 기준** 〉(평가 기준은 조달청 시설공사 적격심사 세부기준에서 발췌)

입찰방법	실적사항	점수배점
실적에 의한 경쟁 입찰 이외의 경쟁입찰공사(15점)	최근 5년간 당해공사 업종(또는 주력업무분야)의 공사실적(금액)	**점수 = 실적계수* × 15** (단, 평점 상한은 15점임) * 실적계수 = 당해공사 업종(또는 주력업무분야)의 실적 합계액 ÷ (예비가격기초금액 × 1)

제10강 | 짜잔~~ 이제 개찰을 해 볼까요? 적격심사를 거쳐서 낙찰자 결정까지 아직도 거쳐야 할 단계가 많아요

1) 실적계수 = 당해공사 업종 실적합계액 ÷ (예비가격기초금액 × 1)

           = 29,859,000,000원 ÷ (1,117,117,000원 × 1)

           = 26.73

           ☞ 초심건설(주)는 해당 공사규모 11.17억원 대비 298.59억원의 실적을 가지고 있으므로 실적계수가 약 26배 이상이라는 의미입니다.

2) 시공경험 점수 = 실적계수 × 15점 = 26.73 × 15점

                 = 400.93점 => 15점 만점 부여합니다.

           ☞ 초심건설(주)는 시공경험 점수 평가결과, 15점 만점이라는 의미입니다.

           ☞ 위 계산식에 따르면, 최근 5년간 당해공사 실적이 기초예비가격 1배 이상(실적계수가 1이상)이면 만점으로 평가하는 것을 의미합니다.

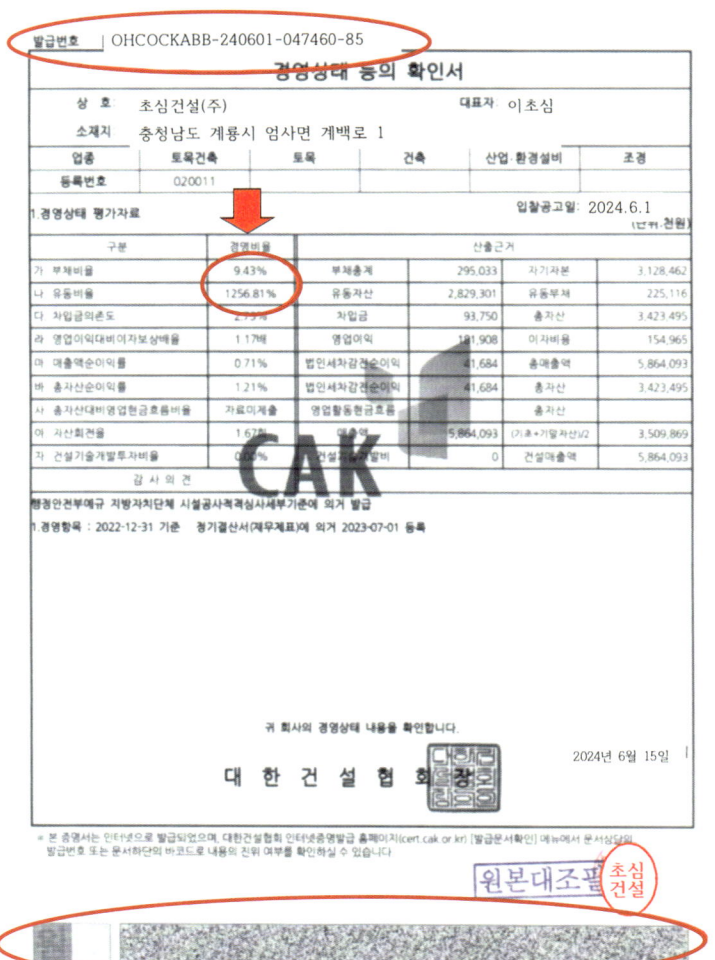

경영상태 등의 확인서는 초심건설(주)가 대한건설협회로부터 부채비율, 유동비율 등 재무상태에 대해 발급받은 서류입니다. 이것은 경영상태 점수 평가 근거서류 입니다.

앞서 실적확인서와 마찬가지로, 발급번호(맨 위), 위변조 방지탭(맨 아래)을 통해서 서류 위변조 및 진위 여부를 확인해 볼 수 있습니다.

경영상태 점수 평가방법에는 '재무비율' 평가와 '신용평가등급' 평가 등 2가지 방법이 있습니다. 좌측에 보시는 자료는 '재무비율' 평가 방법시 사용하는 자료입니다.

'재무비율' 평가든 '신용평가등급' 평가 방식이든 모두 별도 평가기준표가 따로 있습니다. 따라서 적용 평가기준표를 잘 확인해서 적용해야 합니다. (아래 박스 자료는 별표7에 따로 나와 있음)

제10강 | 짜잔~~ 이제 개찰을 해 볼까요? 적격심사를 거쳐서 낙찰자 결정까지 아직도 거쳐야 할 단계가 많아요

〈 추정가격 50억원 미만 10억원 이상인 공사의 경영상태 평가기준 〉

심사 항목	평가요소	배점	평가등급 A공사	평가등급 B공사	평점
가. 최근년도 부채비율 (부채총계/ 자기자본)	1) 업종별 평균 부채비율에 대한 해당업체의 비율	7	A. 50%미만 B. 75%미만 C. 100%미만 D. 125%미만 E. 125%이상	A. 100%미만 B. 130%미만 C. 160%미만 D. 190%미만 E. 190%이상	7.0 6.2 5.4 4.6 3.8
나. 최근년도 유동비율 (유동자산/ 유동부채)	2) 업종별 평균 유동비율에 대한 해당업체 비율	7	A. 150%이상 B. 120%이상 C. 100%이상 D. 70%이상 E. 70%미만	A. 100%이상 B. 90%이상 C. 80%이상 D. 70%이상 E. 70%미만	7.0 6.2 5.4 4.6 3.8
다. 영업기간		1	3년이상 3년미만 1년이상 1년미만		1.0 0.9 0.8

* 평가등급의 'A'공사는 추정가격 50억원 미만 10억원 이상인 공사에 적용함
* 평가등급의 'B'공사는 추정가격 10억원 미만 3억원 이상인 전기·정보통신·소방시설·문화재공사 등에 적용함

1) **최근년도 부채비율** = 부채총계 / 자기자본 = 9.43% ⇒ 50% 미만 ⇒ 7.0점 부여
2) **최근년도 유동비율** = 유동자산 / 유동부채 = 1256.81% ⇒ 150% 이상 ⇒ 7.0점 부여
3) **영업기간** = 3년이상 ⇒ 1.0점 부여 (건설업면허 취득 또는 등록일부터 적격심사일까지)

<u>신인도 평가</u>는 아래와 같이 3가지 항목을 각각 평가하여 최저 −1점부터 최대 +4점까지 가산할 수 있습니다.

가. 건설재해 및 제재처분 결과에 따른 가감점 평가

다. 건설 재해 및 제재 처분	10) 최근 3년간 고용노동부장관이 산정한 사고사망만인율의 가중평균이 평균사고사망만인율의 가중평균 이하인 자 <u>또는 초과한 자</u>	−1 ~ +1	A. 평균사고사망만인율 0.2배 이하 B. 평균사고사망만인율 0.4배 이하 C. 평균사고사망만인율 0.6배 이하 D. 평균사고사망만인율 1.0배 이하 E. 평균사고사망만인율 1.0배 초과 F. 평균사고사망만인율 1.5배 초과	+1.0 +0.6 +0.3 0.0 −0.5 −1.0

제10강 | 짜잔~~ 이제 개찰을 해 볼까요? 적격심사를 거쳐서 낙찰자 결정까지 아직도 거쳐야 할 단계가 많아요

다. 건설 재해 및 제재 처분	11) 최근 1년간 건설업체의 산업재해 예방 활동 실적을 고용노동부 장관이 평가한 결과 그 실적이 우수한자	+1	A. 평점 95점 이상인 자 B. 평점 90점 이상 95점 미만인 자 C. 평점 85점 이상 90점 미만인 자 D. 평점 80점 이상 85점 미만인 자 E. 평점 75점 이상 80점 미만인 자 F. 평점 75점 미만인 자	+1.0 +0.8 +0.6 +0.4 +0.2 0.0
	12) 최근 1년 동안 「산업안전보건법」 제30조제3항에 따른 산업안전보건관리비 사용의무를 위반하여 목적 외 사용금액이 1,000만원을 초과하거나 사용내역서를 작성·보존하지 아니한 자	-1	A. 과태료처분을 받은 사실이 있는 자 B. 과태료처분을 2회 이상 받은 사실이 있는 자	-0.5 -1.0

건설재해 및 제재처분 항목도 다시 3가지 항목으로 세분화됩니다. 첫번째는 대한건설협회에서 발행하는 사고사망만인율 확인서입니다. 먼저 '사고사망만인율'이 무엇인지 개념과 목적, 적용방법을 살펴보겠습니다.

$$\text{사고사망만인율} = (\text{사고사망자수} / \text{상시근로자수}) \times 10{,}000$$

산출공식은 위와 같습니다. 즉, 근로자수 10,000명당 발생하는 사망자수의 비율입니다. 예를 들어 상시근로자수가 10명, 1년동안 사고사망자수가 2명이라고 가정하면 이 업체의 사고사망만인율은 2,000입니다. 즉 이 업체가 한해동안 10,000명을 고용한다면 2,000명의 사고사망이 발생한다는 뜻입니다. 사고사망이라는 것이 발생해서는 안되는 숫자이므로 이것을 10,000명 고용이라고 가정해서 증폭 비율로 비교해보는 수치라고 생각하면 됩니다.

이 비율을 산출하고 적용하는 목적은 건설업체의 자율적인 재해예방활동을 촉진하기 위함입니다. 업체별 사고사망만인율을 파악하고 해당 실적을 적격심사 점수에 반영함으로써 평균보다 사망사고가 많은 기업에게는 불이익(감점)을 주고 사망사고가 평균보다 적은 기업에게는 가점을 부여하는 것입니다. 위의 A부터 F등급까지 가점과 감점 점수를 보시면 이해되실 겁니다. 업체별 사고사망만인율 확인서는 대한건설협회에서 발행하는데, 해당 문서는 샘플이 없어서 여기 지문에 제시하지 못했습니다.

제10강 | 짜잔~~ 이제 개찰을 해 볼까요? 적격심사를 거쳐서 낙찰자 결정까지 아직도 거쳐야 할 단계가 많아요

두번째는 업체의 산업재해 예방활동 실적을 고용노동부가 평가한 결과입니다. 산업재해 예방활동 실적 평가는 사업주의 안전·보건활동 실적, 전담 안전·보건관리자의 정규직 비율, 본사 안전보건 전담자 직원 수 등을 평가하여 점수화합니다. 이것도 따로 샘플 문서가 없어서 여기 지문에 제시하지 못했습니다.

세번째는 산업안전보건관리비 적정 사용 여부입니다. 사용의무를 위반하여 목적 외 집행하였거나 사용내역서를 작성·보존하지 않아서 과태료 처분을 받은 경우에는 감점을 하게 됩니다. 고용노동부에서 건설업체의 현장점검을 통해서 업체별 이행준수 실태를 조사하고 과태료 처분을 하고 있습니다. 이 과태료 처분 실적이 있는 경우 감점을 하는 것입니다.

다음 평가요소는 일자리 창출기업에 대한 가점 부여입니다. 아래 박스에 보시는 바와 같이 건설고용지수 평가(건설근로자공제회 발표), 일자리 창출 실적 등을 아래처럼 가점 요소로 반영하는 것입니다.

바. 일자리 창출 관련	23)최근년도 건설고용지수(건설근로자공제회 발표) 평가에 따른 평가등급을 보유한 자	+3	A. 1등급인 자 B. 2등급인 자	+3 +2
	24)일자리창출 실적(고용인력 증가 등)이 확인되는 자	+3	A. 근로내용 확인신고서(「고용보험법시행규칙」 별지 7호 서식)로 신고한 최근 6개월 평균 고용인원·급여지급액이 그 이전 6개월 평균보다 증가한 경우 B. 국세청 홈텍스 또는 관할세무서에서 발급한 표준손익계산서, 「법인세법시행규칙」[별지 제3호의 3서식] 등에 따라 관할세무서에 신고된 손익계산서(공인회계사 또는 세무사 증명필요, 「법인세법 시행규칙」[별지 제3호의 3서식] 준용)상 전년도 급여액(퇴직급여액 제외)이 전전년도 급여액(퇴직급여액 제외)보다 증가한 경우	+2.5 +0.5

마지막으로 근로시간 조기단축 기업 가점 평가입니다. 이것은 근로시간 단축의 시행시기 도래 이전 근로시간을 52시간으로 단축하여 시행한 업체로서 고용노동부로부터 근로시간 단축 확인을 받은 업체('21.6.30.까지 부여)에 대해서 가점을 부여하는 것입니다. 가점은 +1점입니다.

제10강 | 짜잔~~ 이제 개찰을 해 볼까요? 적격심사를 거쳐서 낙찰자 결정까지 아직도 거쳐야 할 단계가 많아요

이렇게 신인도 평가 3가지 항목과 세부 항목에 대해서 살펴보았습니다. 신인도 평가 요소 중 계약담당자는 감점 요소만 확인하면 됩니다. 가점 요소는 해당 업체가 관련서류를 제출하면 심사해서 가점을 부여하면 되는 것입니다. 즉 가점은 업체가 자발적으로 서류를 제출하지 않았다면 계약담당자가 직접 확인해서 가점을 처리해 줄 의무가 없습니다. 그러므로 업체 제출서류가 없다면 감점 요소만 집중 확인하면 됩니다. 따라서 신인조 평가 중 감점요소인 사고사망만인율과 산업안전보건관리비 과태료만 확인해서 감점 여부를 확인하고 적용하면 됩니다.

이상으로 적격심사 샘플 설명을 마치고 초심건설(주)의 적격심사 점수평가 결과 보고를 작성해 보겠습니다. 대부분 실무 계약담당자들은 표준화된 엑셀 양식으로 적격심사 결과 보고를 작성하는 경우가 많은데, 여기에서는 편의상 문서형태로 작성해 보았습니다.

적격심사 결과 보고

■ 공사명 : 체육관 신축 시설공사

■ 총 괄

항 목	당해공사 수행능력				입찰 가격	종합 점수	최종 심사 결과
	시공경험	경영상태	신인도	소계			
배 점	15점	15점	−1 ~ +4점	30점	70점	100점	
평 점	15점	15점	없음	30점	65점	95점	적격

① 시공경험

(단위 : 천원)

심사항목	평가식	5년간 업체실적	기초예비가격	평 가	최종 점수
최근 5년간 공사실적	(최근5년간 시공실적 합계액 / 기초예비가격) × 15	29,859,000	1,117,117	400.93	15점

제10강 | 짜잔~~ 이제 개찰을 해 볼까요? 적격심사를 거쳐서 낙찰자 결정까지 아직도 거쳐야 할 단계가 많아요

② 경영상태

(단위 : 천원)

심사항목	평가식 〈 A공사 〉	업체실적	평 가	최종 점수
부채비율	A. 50%미만 / B. 75%미만 / C. 100%미만 / D. 125%미만 / E. 125%이상	9.43%	A	7.0점
유동비율	A. 150%이상 / B. 120%이상 / C. 100%이상 / D. 70%이상 / E. 70%미만	1256.81%	A	7.0점
영업기간	3년이상 1.0점 / 3년미만 1년이상 0.9점 / 1년미만 0.8점	1996년 등록 (3년 이상)		1.0점

③ 신인도

심사항목	건설재해 및 제재처분			일자리 창출 기업		근로시간 조기단축 기업
	사고사망 만인율	산업재해 예방활동 실적	산업안전보건 관리비 과태료 처분	건설고용 지수 평가	일자리 창출 실적	
배 점	−1~+1점	+1점	−1점	+3	+3	−1점
최종점수	없음	없음	없음	없음	없음	없음

④ 입찰가격 점수 : 65점

평가식	$\circ\ 70 - 4 \times \left\| \left(\dfrac{88}{100} - \dfrac{입찰가격 - A}{예정가격 - A} \right) \times 100 \right\|$
계산 과정 및 결과	$\circ\ 70 - 4 \times \left\| \left(\dfrac{88}{100} - \dfrac{976,742,999 - 57,550,819}{1,117,115,286 - 57,550,819} \right) \times 100 \right\|$ $\circ\ 70 - 4 \times \left\| \left(\dfrac{88}{100} - \dfrac{919,192,180}{1,059,564,467} \right) \times 100 \right\|$

제10강 | 짜잔~~ 이제 개찰을 해 볼까요? 적격심사를 거쳐서 낙찰자 결정까지 아직도 거쳐야 할 단계가 많아요

계산 과정 및 결과	○ $70 - 4 \times \left(\dfrac{88}{100} - \dfrac{910{,}191{,}847}{1{,}059{,}564{,}467} \right) \times 100$ ○ $70 - 4 \times (\quad 0.88 - 0.8675 \quad) \times 100$ ○ $70 - 4 \times (\quad 0.0125 \quad) \times 100$ ○ $70 - 4 \times \quad 1.25$ ○ $70 - 5 =$ **65점**

- 입찰가격 : 976,742,999
- 예정가격 : 1,117,115,286원
- A값 : 57,550,819원 (아래 다섯가지 원가 항목 합계)

건강보험료	노인장기요양 보험료	연금보험료	안전관리비	퇴직공제부금
12,273,985원	1,572,296원	15,580,517원	20,160,647원	7,963,374원

- (입찰가격 −A)을 (예정가격 − A)으로 나눈 결과, 소수점이하의 숫자가 있는 경우에는 소수점 다섯째자리에서 반올림함

==

여기까지 적격심사 결과보고를 샘플로 작성해 본 것입니다. 입찰가격 점수 계산부분은 여러분들이 계산 과정을 직접 쫓아서 해 볼 수 있도록 세부적으로 풀어서 기술해 놓았습니다. 입찰가격 점수 계산에서 특히 주의할 점은 (입찰가격 −A)을 (예정가격 − A)으로 나눈 값을 처리할 때 반드시 소수점 다섯째자리에서 반올림해서 계산해야 한다는 점입니다. 이것은 무조건 기억하고 주의해야 합니다.

이번 Q4 적격심사 샘플(실무 예시)을 통해서 적격심사의 규정과 실무에 대해서 좀 더 이해하시는 계기가 되었으면 좋겠습니다. 서두에 말씀드렸지만, 각 발주기관마다 적용하는 적격심사 세부기준이 다르고, 각 공사규모에 따라 적용하는 별표도 다르기 때문에 여기 샘플로 보여드린 것이 그대로 적용되는 것은 아닙니다. 여기 Q4의 샘플자료는 적격심사 실무를 보여드리고 이해시켜 드리기 위한 자료라는 점을 기억해 주시기 바랍니다. 또한 책의 분량 및 지면 관계상 더 많은 샘플자료 및 점수 계산을 보여드리지 못한 점도 양해해 주시기 바랍니다.

제10강 | 짜잔~~ 이제 개찰을 해 볼까요? 적격심사를 거쳐서 낙찰자 결정까지 아직도 거쳐야 할 단계가 많아요

Q5 다들 '낙찰하한율'을 얘기하는데요~~ 법령과 계약예규에는 안 나와요~~ 어떻게 산출하는거죠?

계약 업무를 하다보면 '낙찰하한율'이라는 용어를 빼고 얘기할 수 없을 정도로 실무에서 자주 사용되므로 중요합니다. 모든 계약담당자들이 입찰계획을 수립하고 입찰공고문을 작성할 때, 적격심사 별표 선택과 낙찰하한율 확인 및 공지를 같이 합니다. 즉 입찰공고문 작성, 적격심사 별표 선택, 낙찰하한율 공지 등은 하나의 작업 세트입니다. 입찰에 부치는 공사의 종류 및 추정가격에 따라서 적격심사 별표를 선택하고 해당 별표에 나오는 입찰가격 점수 계산식에 따른 낙찰하한율을 확인해서 입찰공고문에 같이 게시합니다. 아래 입찰공고문 예시에서 보듯이 통상 낙찰자 결정 부분에 적격심사 별표 적용기준과 낙찰하한율을 명시해 줍니다.

1. 입찰에 부치는 사항
- 가. 공 사 명: 교과교실제 구축사업 건축공사(긴급)
- 나. 공사현장:
- 다. 공사구분: 전문공사(실내건축공사업)
- 라. 공사기간: 착공일로부터 40일 이내(학교 사정에 의해 협의 조정 될 수 있음)
  ※본교 학사일정에 따라 변경될 수 있으니 전체공사는 2024. 3. 10. 까지 완료하고 발주처 본관동 건물 5층 공사는 2024. 2. 18. 까지 완료가능한 업체만 투찰하기 바람
- 마. 공사금액

(금액단위:원)

기초금액	추정가격	부가가치세	추정금액
486,440,000	442,218,182	44,221,818	486,440,000

※ 적격심사 입찰가격 평정산식의 A값

(금액단위: 원)

국민건강 보험료	국민연금 보험료	노인장기 요양보험료	퇴직공제부금	산업안전 보건관리비	A값
4,579,461	5,813,139	593,040	2,971,159	9,097,294	23,054,093

- 바. 현장설명을 생략하고 설계서 열람으로 갈음
  - 설계서 열람: 행정실, 담당자 (   )

제10강 | 짜잔~~ 이제 개찰을 해 볼까요? 적격심사를 거쳐서 낙찰자 결정까지 아직도 거쳐야 할 단계가 많아요

2. 공사개요
   가. 공사종류 : 전문공사
      ※ 이 공사는 건설업역규제 폐지 대상공사로 입찰공고문, 특례사항 등 입찰 관련 서류의 내용을 충분히 숙지하고 입찰에 참가하시기 바랍니다.(전문공사를 종합건설사업자가 참여하는 경우)
   나. 공종구성
      1) 실내건축공사업 : 【금 365,802,880원(75.2%)】
          금속창호 · 지붕건축물조립공사업 : 【금 120,637,120원(24.8%)】
      2) 건축공사업 또는 토목건축공사업【금 486,440,000원(100%)】

========================== (중략) ==========================

9. 예정가격 및 낙찰자 결정
   가. 예정가격은 기초금액의 ±3% 범위 내에서 복수예비가격 15개를 작성, 입찰에 참여하는 각 업체가 추첨한(2개씩 선택) 번호 중 가장 많이 선택된 4개의 복수예비가격을 산술 평균한 금액으로 결정됩니다.
   나. 본 공사는 총액으로 입찰서를 제출하여야 하며, 낙찰자 결정은 예정가격이하로 낙찰하한선 이상으로 최저가격을 입찰한 자 순으로 「지방자치단체 입찰시 낙찰자 결정기준」 제2장의1 시설공사 적격심사 세부기준 〈별표 5〉 추정가격이 10억원 미만 4억원 이상인 입찰공사 평가기준에 따라 적격통과점수(95점) 이상인 자를 낙찰자로 결정합니다. [낙찰하한율 87.745%]

위의 입찰공고문은 '지방자치단체 적격심사 세부기준 〈별표 5〉를 적용'하고 '낙찰하한율은 87.745%'라는 것이 공고되어 있습니다. 그런데 위처럼 '낙찰하한율'은 계약법령과 계약예규에 명시되어 있지 않습니다. 그럼 낙찰하한율이 어디서 나오고, 어떻게 산출하는지에 대해서 살펴보겠습니다.

낙찰하한율은 적격심사 세부기준의 입찰가격 점수 계산식에서 도출됩니다. 잠시 적격심사 별표의 입찰가격 점수 계산식을 다시 볼까요?

제10강 | 짜잔~~ 이제 개찰을 해 볼까요? 적격심사를 거쳐서 낙찰자 결정까지 아직도 거쳐야 할 단계가 많아요

구 분		입찰가격 점수 평가 공식
별표1	공사규모 큰 것	○ $50 - 2 \times \left\| \left(\dfrac{88}{100} - \dfrac{입찰가격 - A}{예정가격 - A} \right) \times 100 \right\|$
별표2		가. 추정가격 50억원 미만 10억원 이상인 건설공사 / 추정가격 10억원 이상인 전기·정보통신·소방공사·문화재공사 ○ $70 - 4 \times \left\| \left(\dfrac{88}{100} - \dfrac{입찰가격 - A}{예정가격 - A} \right) \times 100 \right\|$ 나. 추정가격이 10억원 미만 3억원 이상인 전기·정보통신·소방공사·문화재공사 ○ $70 - 20 \times \left\| \left(\dfrac{88}{100} - \dfrac{입찰가격 - A}{예정가격 - A} \right) \times 100 \right\|$
별표3		○ $80 - 20 \times \left\| \left(\dfrac{88}{100} - \dfrac{입찰가격 - A}{예정가격 - A} \right) \times 100 \right\|$
별표4		
별표5	공사규모 작은 것	○ $90 - 20 \times \left\| \left(\dfrac{88}{100} - \dfrac{입찰가격 - A}{예정가격 - A} \right) \times 100 \right\|$

우선 낙찰하한율을 구하기 전에 입찰가격 점수가 최소한 몇점 이상 나와야 적격심사 심사 대상자 범위에 들어갈 수 있을까요? 답은 '해당 배점의 최대 5점이상 감점되면 안 된다' 입니다. 즉, 별표1의 경우 50점이 배점이므로 45점 이상부터 적격심사 대상에 포함되고, 별표4 또는 별표5의 경우에는 90점이 배점이므로 85점 이상부터 적격심사 대상에 포함될 수 있습니다. 이것은 적격심사 최종 통과 점수(낙찰자로서 평가받을 수 있는 점수)가 95점이기 때문입니다. (참고로, 100억원 이상 종합심사 낙찰제에서는 통과점수가 92점입니다. 다만 이 책에서는 100억원미만 적격심사제만 설명하고 있기 때문에 95점이라고 설명한 것입니다.)

이상과 같은 요점(입찰가격 점수에서 최대 5점이내에서 감점되어야만 적격심사 대상에 포함됨)을 머릿속에 넣어놓고 입찰가격 점수 계산식에서 낙찰하한율을 구해 볼까요? 우선 별표1의 입찰가격 점수 계산식을 가지고 구해보겠습니다. (풀이를 위해서, 낙찰하한율을 입찰가격

제10강 | 짜잔~~ 이제 개찰을 해 볼까요? 적격심사를 거쳐서 낙찰자 결정까지 아직도 거쳐야 할 단계가 많아요

÷ 예정가격을 낙찰하한율이라고 정의해 둡니다. 즉, 입찰자들이 예정가격 대비 몇 %까지 입찰가격을 써야 되는가를 낙찰하한율이라고 정하는 것입니다.)

위의 풀이 과정이 이해되시나요? 잠시 학창시절의 수학시간으로 돌아간 것 같죠~~. 위의

제10강 | 짜잔~~ 이제 개찰을 해 볼까요? 적격심사를 거쳐서 낙찰자 결정까지 아직도 거쳐야 할 단계가 많아요

X 풀이를 통해서 우리가 구하고자 하는 답이 나왔습니다. 즉, 낙찰 가능범위 X의 산출결과를 보면, 낙찰하한율은 85.5%이고 낙찰상한율은 90.5%입니다. 즉, (입찰가격-A)가 (예정가격-A) 대비 85.5%이상인 것부터 낙찰 가능범위에 들어가고 (입찰가격-A)가 (예정가격-A) 대비 90.5%를 넘어가면 낙찰 가능범위를 초과하게 됩니다. 여기서 한가지 질문이 있을 수 있습니다. 왜 계약실무에서 낙찰상한율은 의미를 두지 않는지? 입니다. 이것에 대한 답은 '낙찰하한율 이상으로 투찰한 업체부터 가장 먼저 적격심사를 실시하기 때문'입니다. 이것을 도식으로 표현한다면 아래와 같습니다.

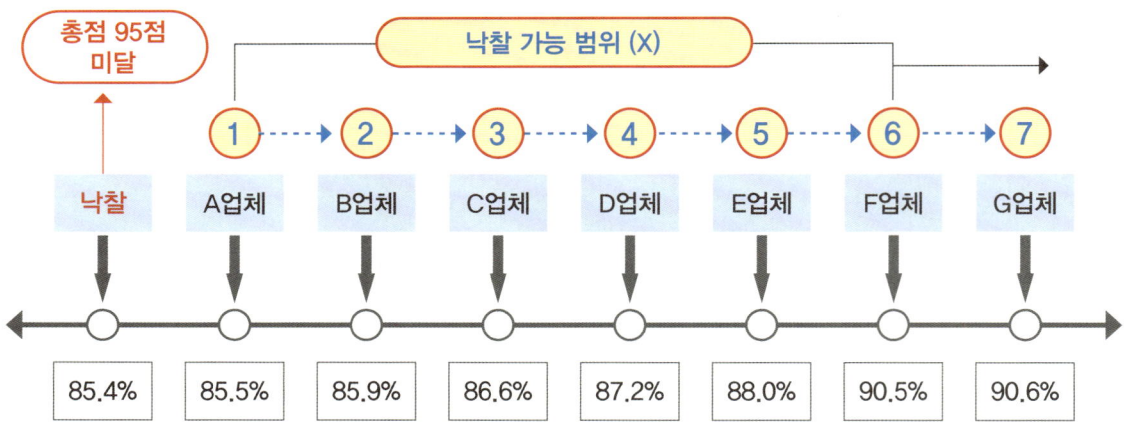

예를 들어 별표1의 적격심사 기준을 따르는 입찰에서 개찰 결과, 낙찰가능 범위에 투찰한 업체가 6개(A업체부터 F업체가 낙찰가능 범위인 85.5%부터 90.5% 사이를 투찰)가 있다고 가정해 봅시다. 이 6개 업체 중 적격심사를 실시하는 순서는 1번. A업체부터 적격심사를 실시해서 A업체가 총점 95점 통과점수가 안 되면 B업체로 넘어가고, B업체가 안 되면 C업체로 넘어가는 순서입니다. 그렇기 때문에 낙찰상한율을 투찰한 업체인 6번. F업체까지는 적격심사 순서가 돌아가는 일이 거의 없습니다. 따라서 낙찰하한율과 낙찰상한율이 있다 하더라도 실제 낙찰 가능성이 있는 것은 낙찰하한율에 가장 근접한 투찰업체와 투찰가격만 의미가 있는 것입니다.

추가적으로 여기 도식에서 약간 의아하게 생각되는 부분이 있으실겁니다. 그것은 낙찰상한율을 넘어서는 7번. G업체 예시일 겁니다. 앞서 계산식 풀이에서는 낙찰상한율 90.5%로 산출했기 때문에 90.6%를 투찰한 G업체는 낙찰 가능범위가 아니라고 생각하실 겁니다. 그런데 이 부분은 입찰가격 계산식에 별도 배점부여 방식이 명시되어 있기 때문에 낙찰 가능범위에 들어가는 것입니다. 적격심사 세부기준 별표1의 입찰가격 계산식 아래에 서술되어 있

제10강 | 짜잔~~ 이제 개찰을 해 볼까요? 적격심사를 거쳐서 낙찰자 결정까지 아직도 거쳐야 할 단계가 많아요

는 부분(아래 빨간색 밑줄 부분)이 그 내용입니다.

2. 입찰가격 평가 (50점)

○ $50 - 2 \times \left| \left(\frac{88}{100} - \frac{\text{입찰가격} - A}{\text{예정가격} - A} \right) \times 100 \right|$ = 입찰가격점수

- A : 국민연금, 건강보험, 퇴직공제부금비, 노인장기요양보험, 산업안전보건관리비, 안전관리비, 품질관리비의 합산액
- | |는 절대값 표시임
- (입찰가격-A)을 (예정가격-A)으로 나눈 결과 소수점이하의 숫자가 있는 경우에는 소수점 다섯째자리에서 반올림한다.

○ (입찰가격-A)이 (예정가격-A) 이하로서 (예정가격-A)의 100분의 90.5 이상인 경우의 평점은 45점으로 한다.
○ 최저 평점은 2점으로 한다.

따라서, 90.5% 이상인 경우에는 계산식과 상관없이 45점을 부여하기 때문에 낙찰 가능범위에 포함되는 것입니다. 다만 앞서 설명과 마찬가지로 낙찰하한율로부터 적격심사를 실시하기 때문에 실제 낙찰 가능성으로 이어지는 경우는 거의 없습니다.

이번에는 입찰가격 계산식을 그래프로 그려서 좀 더 직관적으로 이해해 보겠습니다. 마찬가지로 적격심사 세부기준 별표1에 나와 있는 입찰가격 점수 계산식을 활용해 보겠습니다. X축은 (입찰가격-A) ÷ (예정가격-A)를 퍼센트로 나타낸 것입니다. Y축은 입찰가격 평가 점수입니다.

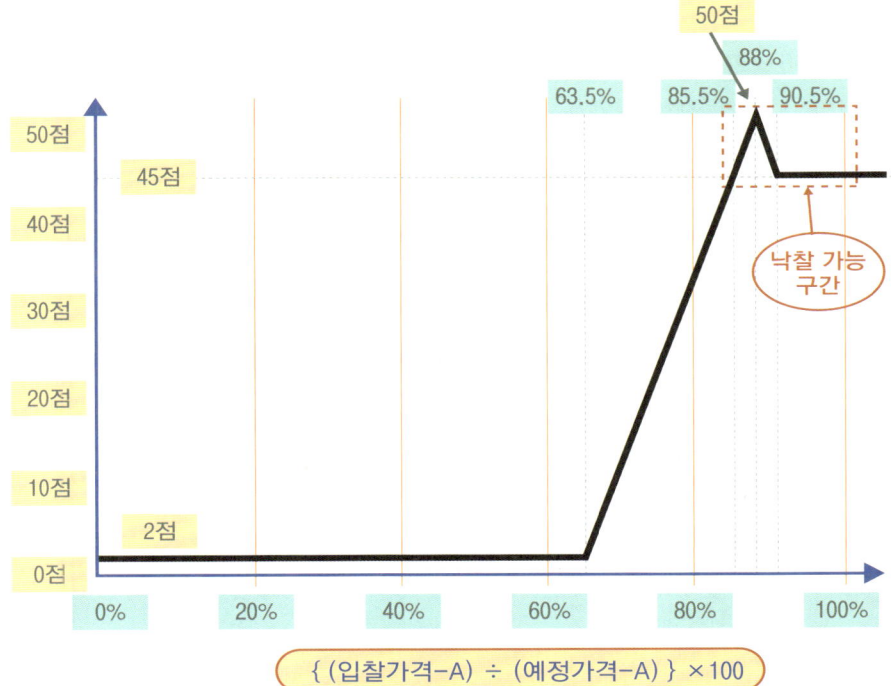

제10강 | 짜잔~~ 이제 개찰을 해 볼까요? 적격심사를 거쳐서 낙찰자 결정까지 아직도 거쳐야 할 단계가 많아요

그래프를 보면서 입찰가격 점수 계산식과 점수 산정방법 특징을 보충 설명해 드리겠습니다. 첫번째, 가장 높은 점수를 받는 것은 88%를 투찰했을 때 입찰가격 50점 만점을 받게 됩니다. 이렇게 88%가 가장 높은 입찰가격 점수를 받는 이유는 '88%가 순공사비'라는 뜻입니다. 88%보다 낮게 입찰가격을 투찰하는 것은 순공사비 보장이 미흡하기 때문에 감점하는 것이고 88%보다 높게 입찰가격을 투찰하는 것은 업체 이윤이 늘어나 국가에 불리하기 때문에 감점하는 것입니다. 참고로 별표1부터 별표5까지 모든 적격심사 기준에서 88%가 가장 높은 점수로 받는 구조는 동일합니다. 추정가격 100억원 미만 공사에서는 88%를 순공사비로 동일하게 보기 때문입니다.

두번째, 낙찰 가능점수(입찰가격 점수 45점)를 받는 구간(빨간색 점선 박스 부분)은 85.5% 이상부터 45점을 받고, 88%에서 가장 높은 점수 50점을 받게 되며, 90.5%에서 45점까지 내려가게 됩니다. 90.5%를 넘는 입찰가격은 모두 45점을 받게 됩니다. 이것은 입찰가격 평가에서 별도 규정된 문구를 적용하는 것이므로 계산식에 따른 점수와 관계없이 45점을 부여합니다. 따라서 그래프에서도 90.5%를 넘어서부터는 45점으로 수평선 그래프가 나타납니다.

세번째, 최저 평점도 입찰가격 평가에 별도 규정된 문구가 있기 때문에 입찰가격 계산식과 관계없이 2점을 부여한 것입니다.

마지막으로 계약 실무에서 접하게 되는 입찰공고 개찰결과 화면을 통해서 이제까지 설명드린 낙찰 가능범위와 적격심사 순위, 투찰률, 난이도계수까지 추가 설명해 드리겠습니다. 아래 실제 개찰결과 화면을 살펴볼까요? (아래 화면들은 조달청 나라장터에서 누구나 검색해서 확인할 수 있는 화면입니다. 다만 투찰한 업체들의 정보보호를 위해서 일부만 음영처리 했습니다.)

[입찰결과]

입찰공고번호	-00 [공고상세]	참조번호	
공고명	그린스마트 미래학교 리모델링공사(건축+기계+토목+조경)		
공고기관		수요기관	경기도교육청
집행관		추정금액	10,074,587,000 원
실제개찰일시	2024/01/23 11:02	복수예비가 및 예정가격	[보기]
적격심사결과			
유의사항	※ 사전판정 과정에서 부적격 처리된 업체의 투찰금액과 투찰률은 표시되지 않습니다. ※ 2019.08.01. 이후 기준으로 개정된 조달청 기준 적격심사 대상 낙찰방법의 경우 　낙찰하한율(%)은 (입찰가격-A)/(예정가격-A)*100(%)으로 계산됩니다. ※ 판정관련 문의 및 심사결과 관련 문의는 해당 공고 건의 공고 담당자에게 하시기 바랍니다. ※ 개찰결과 비고 항목의 표기내용 설명 　◎「적격점수미달」 　　- 시공경험 및 경영상태 등 수행능력평가는 배점한도를 적용하고 자재 및 인력조달가격의 적정성평가 예상점수를 합산한 평가결과입니다 　◎「순공사원가98%미만」 　　-「조달청 시설공사 적격심사세부기준」에 따라 　　예정가격 중 순공사원가의 98% 미만으로 입찰한 자는 심사대상에서 제외합니다.		

제10강 | 짜잔~~ 이제 개찰을 해 볼까요? 적격심사를 거쳐서 낙찰자 결정까지 아직도 거쳐야 할 단계가 많아요

앞서 본 화면은 입찰결과 맨 상단에 나오는 화면입니다. 공고명은 ○○학교 리모델링 공사입니다. 추정금액은 약 100.7억원입니다. 추정가격은 부가가치세가 빠지기 때문에 약 91.5억원이고, 적격심사 기준은 조달청 적격심사 세부기준 별표1(추정가격 100억원 미만 ~ 50억원 이상)을 적용하는 공사입니다. (참고로 추정가격과 적격심사 기준은 입찰공고문에서 확인한 내용입니다.) 다음으로 아래 화면은 이 입찰공고의 개찰순위 결과 화면입니다. 1순위 업체부터 나열되어 있는 것이 보이시죠?

순위	사업자 등록번호	업체명	대표자명	입찰금액(원)	투찰률 (%)	(입찰가격-A) (예정가격-A)*100	추첨 번호	투찰일시	비고
1				8,862,775,700	86.534	85.995	09 13	2024/01/19 14:30:45	
2				8,862,838,800	86.535	85.995	14 03	2024/01/23 09:23:17	
3				8,863,086,000	86.537	85.998	06 11	2024/01/22 23:12:53	
4				8,863,417,160	86.541	86.001	09 10	2024/01/19 16:45:04	
5				8,863,465,730	86.541	86.002	12 13	2024/01/19 14:53:26	
6				8,864,525,300	86.551	86.012	12 09	2024/01/21 15:09:06	

위의 개찰결과 화면을 보시면, 1순위 업체부터 사업자등록번호, 업체명, 대표자명, 입찰금액, 투찰률(%), $\dfrac{입찰가격 - A}{예정가격 - A} * 100$, 추첨번호, 투찰일시까지 세부정보가 모두 나옵니다. 다음은 해당 입찰에 대한 예정가격 산정결과 화면입니다. 이것도 조달청 나라장터에 모두 공개되어 있는 화면입니다. 설명을 위해서 잠시 아래 화면도 살펴보실까요?

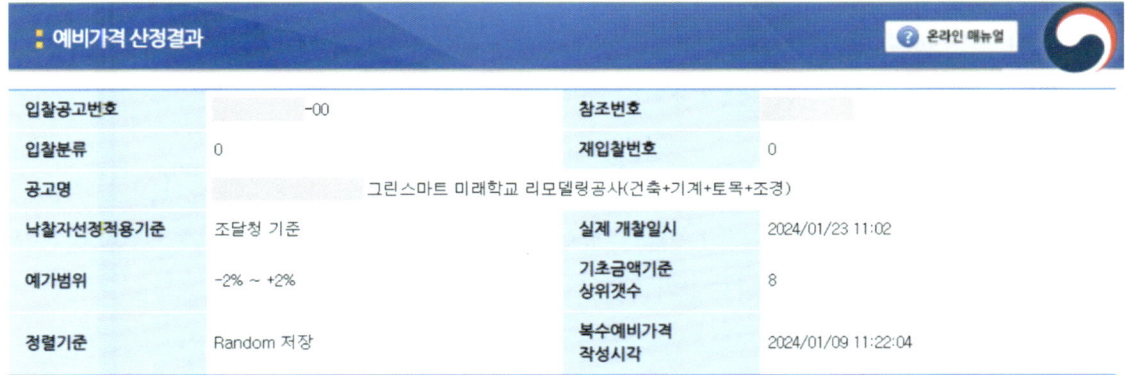

제10강 | 짜잔~~ 이제 개찰을 해 볼까요? 적격심사를 거쳐서 낙찰자 결정까지 아직도 거쳐야 할 단계가 많아요

구분	금액	추첨횟수	구분	금액	추첨횟수
추첨가격 1	10,412,845,500	61	추첨가격 2	10,129,238,800	80
추첨가격 3	10,455,150,400	71	추첨가격 4	10,271,760,900	65
추첨가격 5	10,212,616,300	77	추첨가격 6	10,250,095,100	70
추첨가격 7	10,097,612,800	65	추첨가격 8	10,349,490,900	63
추첨가격 9	10,149,672,400	59	추첨가격 10	10,322,588,300	81
추첨가격 11	10,302,976,100	73	추첨가격 12	10,185,713,700	70
추첨가격 13	10,419,417,100	62	추첨가격 14	10,080,465,000	61
추첨가격 15	10,382,143,700	66			
예정가격	10,241,854,875		기초금액	10,268,167,000	

[닫기]

위의 예정가격 결과 화면을 보시면, 입찰공고번호, 공고명, 개찰일시, 예가범위, 복수예비가격 생성 시각, 15개 추첨번호별 예비가격과 추첨횟수(입찰참여자들), 다빈도로 선택된 4개 예비가격(노란 음영 색깔), 결정된 예정가격, 기초금액(기초예비가격) 등을 직접 눈으로 확인할 수 있습니다.

여기에서는 투찰률(%)와 $\frac{입찰가격 - A}{예정가격 - A} * 100$ 에 대해서 비교 설명해 드리고자 합니다. 먼저, 개찰 순위 결과화면에 나오는 투찰률(%)은 해당 업체의 입찰금액을 예정가격으로 나눈 퍼센트 입니다. 한번 검산해 볼까요? 1순위 업체의 입찰금액(8,862,775,700원) ÷ 예정가격(10,241,854,875원) = 0.865348... => 86.534% 입니다. 즉, 투찰률(%)은 입찰금액을 예정가격으로 나눈 비율을 퍼센트화한 것입니다. 그러면 이 투찰률은 앞서 이제까지 살펴보았던 '낙찰가능 범위'와는 다른 것입니다. 왜냐하면 A값을 고려하지 않았기 때문입니다. 따라서 이 투찰률은 개략적인 입찰금액 비율을 보는 것이지 적격심사 우선심사 순위를 선정하는 것과는 상관이 없습니다. 참고자료일 뿐입니다.

두번째, 개찰 순위 결과화면에 나오는 $\frac{입찰가격 - A}{예정가격 - A} * 100$ 입니다. 마찬가지로 1순위 업체를 검산해 볼까요? (참고로 이 입찰공고의 A값은 394,657,957원입니다. 관련 화면은 아래에 해당 부분만 잘라서 보여드립니다.)

제10강 | 짜잔~~ 이제 개찰을 해 볼까요? 적격심사를 거쳐서 낙찰자 결정까지 아직도 거쳐야 할 단계가 많아요

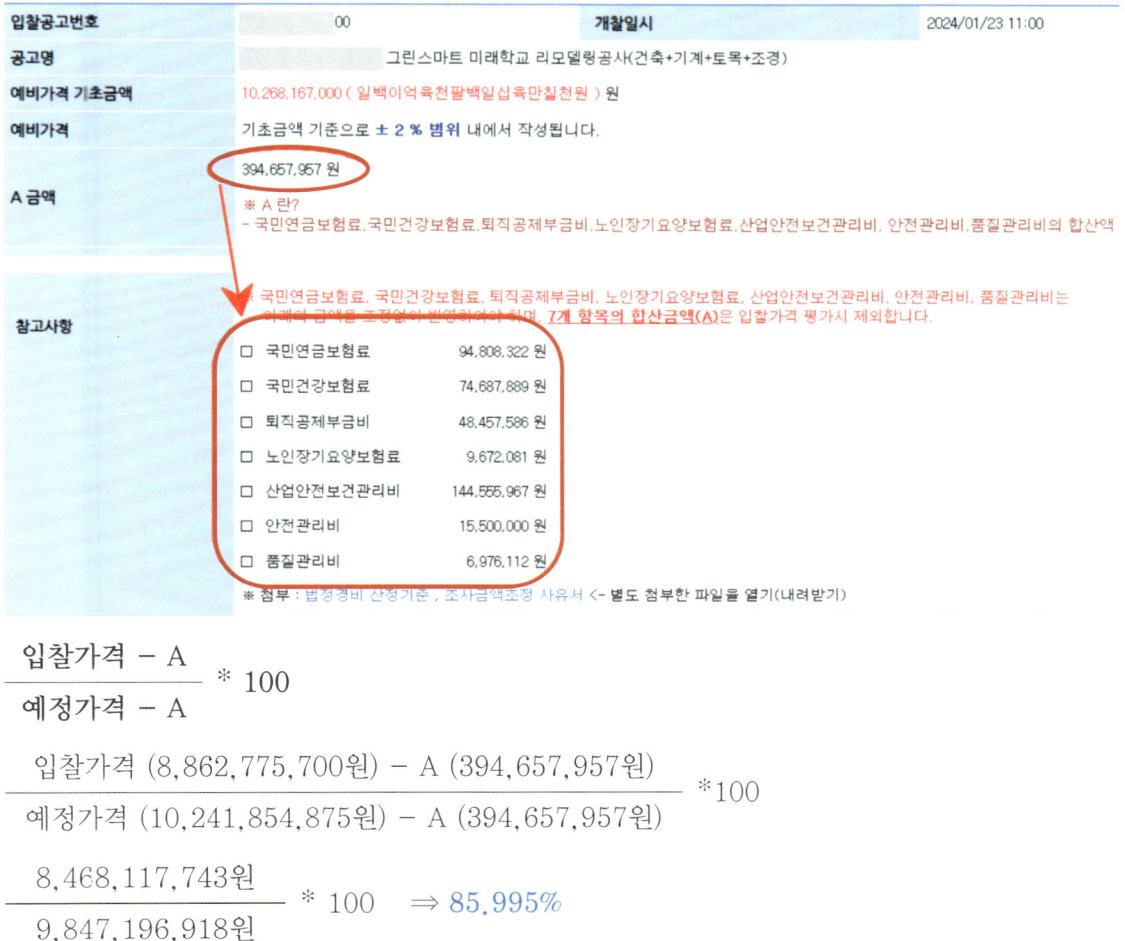

$$\frac{입찰가격 - A}{예정가격 - A} * 100$$

$$\frac{입찰가격\ (8,862,775,700원) - A\ (394,657,957원)}{예정가격\ (10,241,854,875원) - A\ (394,657,957원)} * 100$$

$$\frac{8,468,117,743원}{9,847,196,918원} * 100 \quad \Rightarrow \quad 85.995\%$$

따라서, 실제 입찰가격 점수 계산시 적용되는 것은 바로 $\frac{입찰가격 - A}{예정가격 - A} * 100$ 입니다. 앞서 말씀드렸듯이 투찰률은 그냥 참고자료일뿐이고 위 계산공식에 따라서 나오는 숫자가 중요합니다. 위 사례에서 85.995%가 나왔지만 실제 입찰가격 점수 계산시에는 소숫점 다섯째 자리에서 반올림하므로 0.85995가 아니라 0.8600을 적용해서 입찰가격 점수를 계산하면 됩니다. 결론적으로 투찰률(%)이 중요한 것이 아니라 $\frac{입찰가격 - A}{예정가격 - A} * 100$ 수치가 바로 낙찰하한율 적용을 받는 부분입니다. 혹시 계약업무 초보자들의 경우 투찰률(%)를 낙찰하한율로 오인하는 경우가 있을까봐 실무 예시화면까지 같이 설명해 드렸습니다.

그런데 여기서 한가지 의구심이 드실겁니다. 앞부분 설명에서 별표1(추정가격 100억원 미만 ~ 50억원 이상) 의 낙찰하한율을 구했을 때에는 85.5%라고 산출했는데, 왜 위 입찰결과

제10강 | 짜잔~~ 이제 개찰을 해 볼까요? 적격심사를 거쳐서 낙찰자 결정까지 아직도 거쳐야 할 단계가 많아요

화면의 1순위는 85.5%부터가 아니라 86%(85.995% => 0.86)부터 1순위가 되는 결과가 나왔을까? 하는 부분입니다. 이에 대한 답은 별표1(추정가격 100억원 미만 ~ 50억원 이상)의 낙찰하한율은 난이도계수에 따라서 변동이 있다' 입니다. 이 부분에 대한 설명은 우선 조달청 적격심사 세부기준 문구 제4조를 살펴보고 계속 설명해 드리겠습니다.

조달청 시설공사 적격심사세부기준

[시행 2024. 1. 8.] [조달청지침 제161호, 2024. 1. 5., 일부개정]

☐ **제4조(적격심사 세부절차)** ① 최저가 입찰자부터 당해공사 수행능력(신인도 평가요소 중 '당해계약에서의 표준 계약서 사용여부'및 시스템에 등록을 허용하지 않은 신인도는 해당분야 배점한도를 잠정 적용한다)과 입찰가격, <u>자재 및 인력조달 가격의 적정성(추정가격 100억원 미만 50억원 이상인 공사의 경우 [별표 12] 평가산식의 노무비와 제경비 적정성 평가는 배점한도를 적용하고 당해공사의 난이도 계수를 곱하여 산출한 점수를 잠정 적용한다)</u>, 하도급관리 계획의 적정성(배점한도를 잠정 적용한다)의 평가점수를 합산하여 예상종합평점이 적격통과점수(95점 이상)에 미달되는 각 입찰자에게는 평가점수를 통보하고 통보일로부터 3일 이내에 이의신청을 할 수 있도록 한다. 다만, 입찰가격점수와 다른 심사분야의 배점한도를 합산한 종합평점이 적격통과점수에 미달하는 입찰자에게는 평가점수를 통보하지 아니할 수 있다.

위의 제4조(빨간색 밑줄)를 보시면, 추정가격 100억원 미만 50억원 이상인 공사의 경우는 자재 및 인력조달 가격 적정성 평가 점수가 난이도계수에 따라 변동된다는 것을 서술하고 있습니다. 이것을 도표로 나타내보면 아래와 같습니다.

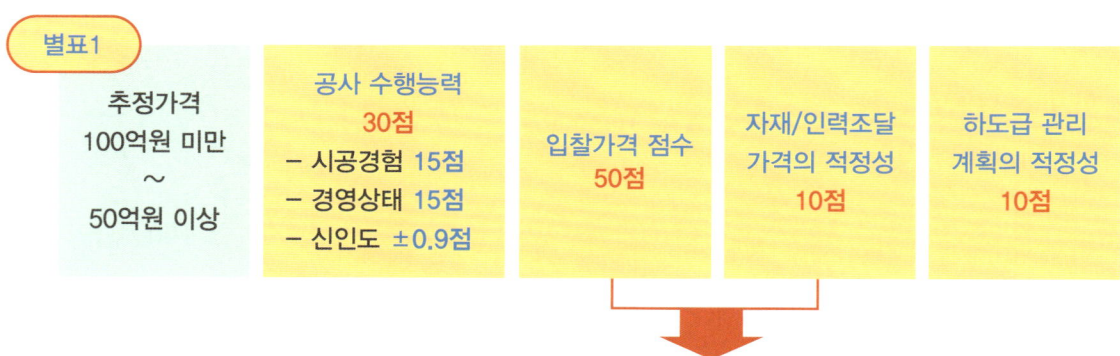

제10강 | 짜잔~~ 이제 개찰을 해 볼까요? 적격심사를 거쳐서 낙찰자 결정까지 아직도 거쳐야 할 단계가 많아요

난이도계수에 따라서 자재 및 인력조달 가격의 적정성 배점이 달라지게 되고(배점 × 해당 공사 난이도계수), 해당 10점에서 차감된 점수만큼 입찰가격 평가 점수에서 추가해야 적격 심사 통과 가능점수(95점)이 되기 때문에 입찰가격 통과 가능 점수가 위의 표처럼 바뀌게 되는 것입니다. 이렇게 통과가능 점수가 달라지게 되다보니 당연히 낙찰하한율이 바뀌게 되는 것입니다.

예시의 입찰공고는 난이도계수가 0.9인 공사인데 난이도계수 0.9를 적용시 낙찰하한율이 어떻게 바뀌는지 보여드리겠습니다.

위 화면은 예시의 OO학교 리모델링공사의 입찰공고 안내에 나와있는 화면입니다. 보시는 바와 같이 난이도계수가 0.9임을 게시하고 있습니다. 이처럼 난이도계수가 0.9일때 실제 낙찰 하한율이 어떻게 바뀌는지 아래에 직접 계산해 보겠습니다.

○ $50 - 2 \times \left| \left(\dfrac{88}{100} - \dfrac{입찰가격 - A}{예정가격 - A} \right) \times 100 \right|$

⇒ 난이도계수에 따라 통과가능 입찰가격 점수가 바뀌게 됩니다.
⇒ 난이도계수 0.9를 가정한다면 '자재 및 인력조달 적정성 평가' 점수가 9점이 배점되므로(배점 10 × 난이도계수), 나머지 점수를 입찰가격 점수로 할당하게 됩니다.
⇒ 따라서 아래처럼 입찰통과 가능 점수를 46점으로 바뀌게 됩니다.

$50 - 2 \times \left| \left(\dfrac{88}{100} - \dfrac{입찰가격 - A}{예정가격 - A} \right) \times 100 \right| \geq$ ~~45점~~ ⇒ 46점

$50 - 2 \times \left| (0.88 - X) \times 100 \right| \geq 46$

제10강 | 짜잔~~ 이제 개찰을 해 볼까요? 적격심사를 거쳐서 낙찰자 결정까지 아직도 거쳐야 할 단계가 많아요

$$-2 \times |(0.88 - X) \times 100| \geq 46 - 50$$

$$-2 \times |88 - 100X| \geq -4$$

⇒ 여기서, 왼쪽에는 절대값 공식만 남기기 위해 좌우측을 −2로 나누어줍니다.

$$|88 - 100X| \leq \frac{-4}{-2}$$

⇒ 절대값은 양수와 음수가 모두 가능하므로 아래처럼 표현할 수 있습니다.
즉, 절대값을 없애고 좌우측에 음수와 양수의 범위로 표시됩니다.

$$-2.0 \leq 88 - 100X \leq +2.0$$

⇒ 좌, 우, 가운데 모두 88을 똑같이 빼 줍니다.

$$-90.0 \leq -100X \leq -86.0$$

⇒ 좌, 우, 가운데 모두 −100을 나누면 부등호는 바뀌고 아래처럼 나옵니다.

$$0.900 \geq X \geq \underset{\text{낙찰하한율}}{0.860}$$

보시는 바와 같이 낙찰하한율이 86.0%가 산출되었습니다. 왜? 예시의 입찰공사가 86%부터 1순위가 되었는지 이해되시나요? 이런 난이도계수는 공사 종류에 따라서 적용합니다. 이것은 별표11에 나와있는 기준표를 적용하면 됩니다. 아래는 조달청 적격심사 세부기준에 나와있는 난이도계수 적용 기준입니다.

제10강 | 짜잔~~ 이제 개찰을 해 볼까요? 적격심사를 거쳐서 낙찰자 결정까지 아직도 거쳐야 할 단계가 많아요

공사종류별 자재 및 인력조달가격의 난이도 계수표

등급	공 사 종 류	기본 계수	적용 난이도계수	비 고
A	① 현수교, 사장교, 연육교, 연도교, 해상교량, 아치교, 트러스교가 포함된 교량공사 ② 쓰레기 소각로 건설공사	0.80	○ 전체공사금액 대비 당해등급에 해당하는 공사의 공사금액 비율에 따라 아래와 같이 적용 - 70%이상은 당해 등급의 기본계수적용 - 70%미만, 50%이상은 당해 등급의 하위등급 기본계수 적용 - 50%미만, 30%이상은 당해 등급의 차 하위 등급 기본계수 적용 - 30%미만은 당해 등급의 차차 하위등급 기본 계수 적용 - 최하 기본계수는 1.00 적용	- 난이도 계수는 예비가격기초금액을 기준으로 산정함 - A~D등급에 해당하는 공사가 복합된 공사는 주공종(금액이 큰공종)을 기준으로 함
B	① 경간50m이상이 포함된 연장 500m이상의 교량공사 ② 지하구간의 지하철공사 ③ 터널공사 ④ 공항(활주로, 유도로, 계류장, 청사)건설공사	0.85		
B	⑤ 폐수종말처리장 건설공사 ⑥ 하수종말처리장 건설공사 ⑦ PQ대상 건축공사	0.85	○ 전체공사금액 대비 당해등급에 해당하는 공사의 공사금액 비율에 따라 아래와 같이 적용 - 70%이상은 당해 등급의 기본계수적용 - 70%미만, 50%이상은 당해 등급의 하위등급 기본계수 적용 - 50%미만, 30%이상은 당해 등급의 차 하위 등급 기본계수 적용 - 30%미만은 당해 등급의 차차 하위등급 기본 계수 적용 - 최하 기본계수는 1.00 적용	- 난이도 계수는 예비가격기초금액을 기준으로 산정함 - A~D등급에 해당하는 공사가 복합된 공사는 주공종(금액이 큰공종)을 기준으로 함
C	① A 및 B등급이외의 교량 공사 ② 항만공사(준설, 매립공사제외) ③ B등급이외의 건축공사	0.90		
D	① 철도공사(지상구간지하철 포함) ② 고속도로공사	0.95		
E	① D등급 이상에 속하지 않는 일반공사 ② 전문·전기·정보통신·소방시설 기타 공사	1.00		

종합적으로 정리하면, 추정가격 100억원 미만 50억원 이상인 공사의 경우에는 난이도계수에 따라서 낙찰하한율이 바뀌게 됩니다. 다만 난이도계수가 적용되는 것은 추정가격 100억

제10강 | 짜잔~~ 이제 개찰을 해 볼까요? 적격심사를 거쳐서 낙찰자 결정까지 아직도 거쳐야 할 단계가 많아요

원 미만 50억원 이상 공사인 별표1만 적용됩니다. 나머지 별표2부터 별표5는 난이도계수 적용 규정도 없고 낙찰하한율도 변동되지 않습니다.

여기까지가 Q5의 낙찰하한율 설명이었습니다. 아마 실무에서는 도표 하나에 낙찰하한율을 요약해 놓고 거의 기계적으로 적용하실꺼라 생각됩니다. 다만 낙찰하한율이 어떻게 산출되고 난이도계수 적용시 왜 낙찰하한율이 바뀌는지에 대해서 좀 더 근본적으로 이해하셨으면 하는 바램에서 설명이 좀 길었습니다. 다음 Q6에서는 적격심사 관련 자주 나오는 질문 3가지를 마지막으로 살펴보겠습니다.

제10강 짜잔~~ 이제 개찰을 해 볼까요? 적격심사를 거쳐서 낙찰자 결정까지 아직도 거쳐야 할 단계가 많아요

Q6 적격심사 관련해서 궁금한 질문 3가지만 해도 돼요?
(건설기술자 보유증명서, 심사서류 미제출, 순공사원가의 98% 미만 낙찰 배제)

앞서 Q1부터 Q5까지 살펴보면서 적격심사의 기본적인 개념과 특징을 어느정도 이해하셨을 거라 생각됩니다. 하지만 Q5까지의 내용만 가지고 적격심사를 다 이해했다고 말하기에는 무리가 있을 것 같습니다. 따라서 실무에서 알아두어야 할 3가지 사항을 마지막으로 다뤄 보겠습니다.

먼저, 적격심사시 심사업체는 건설기술자 보유증명서를 왜 제출하는지 그리고 어떻게 확인 해야 하는지에 대한 내용을 살펴보겠습니다. 적격심사시 업체는 건설기술자 보유증명서를 같이 첨부해서 심사서류를 제출합니다. 이것은 조달청 적격심사 세부기준 제4조 ③항, 제6 조 ②항에 나와 있습니다. 아래 요약한 조문 내용을 읽어볼까요?

〈 조달청 시설공사 적격심사 세부기준 〉 (시행 2024.1.8.)

제4조(적격심사 세부절차)
③ 당해공사 수행관련 결격사유인 기술자 보유 미달 여부를 확인할 수 있는 서류를 제출하게 하며, 제출기한은 통보를 받은 날로부터 7일 이내로 한다.

제6조(적격심사 결격 및 재심사)
② 적격심사대상자가 입찰공고일 현재 공사관련 법령이 정하는 업종 등록기준의 기술자 보유기준에 미달하는 경우에는 당해공사 수행능력 결격사유로 본다.

위의 조문을 읽어보면, 적격심사시 당해공사의 기술자 보유기준 충족 여부가 필수사항이라 는 것을 알 수 있습니다. 그리고 기술자 보유기준을 확인하는 기준은 '입찰공고일' 기준이라 는 점입니다.

그럼「건설산업기본법」에서는 각 업종별 자본금 및 기술자 보유기준을 어떻게 정하고 있는 지 2가지 종합공사업만 샘플로 살펴보겠습니다. 이것은「건설산업기본법 시행령」별표2에 나와 있습니다. 아래는 해당 별표2에서 토목공사업 부분과 건축공사업 부분만 그대로 옮겨 놓은 것입니다.

제10강 | 짜잔~~ 이제 개찰을 해 볼까요? 적격심사를 거쳐서 낙찰자 결정까지 아직도 거쳐야 할 단계가 많아요

■ 건설산업기본법 시행령 [별표 2] 건설업의 등록기준(제13조 관련)

건설업종	기술능력	자본금	
가. 토목공사업	다음의 어느 하나에 해당하는 사람 중 2명을 포함한 「건설기술 진흥법」에 따른 토목 분야의 초급 이상 건설기술인 6명 이상 1) 「국가기술자격법」에 따른 토목기사 2) 「건설기술 진흥법」에 따른 토목 분야의 중급 이상 건설기술인	법인	5억원 이상
		개인	10억원 이상

위 박스의 기술능력 부분(기술인 보유기준)을 다시 정리해 보면 아래와 같습니다.
  ① 토목 분야 초급 이상 건설기술인이 6명 이상이어야 함
  ② 6인 중에 토목기사, 토목분야 중급이상 건설기술인이 2명 이상 포함되어야 함
  ③ 위의 ①번 요건과 ②번 요건을 동시에 충족해야 함

만약 실무에서 토목공사업을 입찰참가자격으로 제시했다면 적격심사시 1순위 심사업체의 건설기술인 보유증명서를 제출받아서 위의 조건 충족 여부를 확인하면 되는 것입니다.

우리가 자주 적용하는 건축공사업을 하나 더 살펴보겠습니다.

■ 건설산업기본법 시행령 [별표 2] 건설업의 등록기준(제13조 관련)

건설업종	기술능력	자본금	
나. 건축공사업	다음의 어느 하나에 해당하는 사람 중 2명을 포함한 「건설기술 진흥법」에 따른 건축 분야의 초급 이상 건설기술인 5명 이상 1) 「국가기술자격법」에 따른 건축기사 2) 「건설기술 진흥법」에 따른 건축 분야의 중급 이상 건설기술인	법인	3억5천만원 이상
		개인	7억원 이상

건축공사업의 기술인 보유기준을 요점만 다시 정리하면 아래와 같습니다.
  ① 건축 분야 초급 이상 건설기술인이 5명 이상이어야 함
  ② 5인 중에 건축기사, 건축분야 중급이상 건설기술인이 2명 이상 포함되어야 함
  ③ 위의 ①번 요건과 ②번 요건을 동시에 충족해야 함

만약 실무에서 건축공사업을 입찰참가자격으로 제시했다면 적격심사시 업체가 제출한 기술인 보유증명서에서 건축기사 1명 이상, 건축 중급 기술인 1명 이상, 그리고 전체 기술인은 5인 이상을 충족하면 되는 것입니다.

제10강 | 짜잔~~ 이제 개찰을 해 볼까요? 적격심사를 거쳐서 낙찰자 결정까지 아직도 거쳐야 할 단계가 많아요

여기서 잠깐! 건설기술인 국가기술자격 등급 제도와 건설기술인 역량지수 제도에 대해서 잠시 살펴보고 가겠습니다. 먼저 건설기술인 국가기술자격 등급 제도입니다. 이것은 말 그대로 자격증 시험을 통해서 자격증을 발행하는 것입니다. 국가기술자격 등급은 5개 등급으로 나누어집니다. 가장 낮은 기능사로부터 산업기사, 기사, 기능장, 기술사 순으로 자격등급이 높아집니다. 자격등급이 높아짐에 따라 응시자격도 까다로워지는데 요약하면 아래와 같습니다.

구 분	국가기술자격 등급 제도
기능사	응시자격에 제한없음, 실무 경력 제한없음
산업기사	실무경력 2년 이상 또는 관련 전문대졸 이상
기사	실무경력 4년 이상 또는 관련 대졸 이상
기능장	실무경력 9년 이상
기술사	실무경력 9년 이상

기능사에만 응시자격 제한이 없고 산업기사부터는 모두 응시자격이 있습니다. 이렇게 자격증을 취득하고 자격증을 통해서 구분 짓는 것이 국가기술자격 등급 제도입니다.

다음은 건설기술인 역량지수 제도입니다. 이것은 건설자격증을 취득한 후, 자격증 점수 + 경력 점수 + 학력 점수 + 교육 점수를 종합적으로 평가해서 해당 인원의 역량을 등급화한 것입니다. 건설기술인 역량지수 제도는 '경력수첩'이라고도 불리는데, 초급, 중급, 고급, 특급 등 4개 등급으로 분류됩니다. 한마디로 실무능력 등급 평가라고 보시면 됩니다.

경력수첩 발급기준	합산 점수
초급	35점 이상
중급	55점 이상
고급	65점 이상
특급	75점 이상

역량지수 등급 평가를 위한 각 분야별 점수 배점은 아래 표에 요약해 놓았습니다.

경력점수	학력점수	자격점수	교육점수(5점 이내)
5년 : 17.45점	4년제 대졸 : 20점	기술사 : 40점	건설정책(35시간) : 2점
4년 : 15.03점	3년제 전문대졸 : 19점	기사, 기능장 : 30점	이외교육(35시간) : 1점
3년 : 11.91점	2년제 전문대졸 : 18점	산업기사 : 20점	

제10강 | 짜잔~~ 이제 개찰을 해 볼까요? 적격심사를 거쳐서 낙찰자 결정까지 아직도 거쳐야 할 단계가 많아요

2년 : 7.52점	특성화고 : 15점	기능사 : 15점	
1년 : 1점	비전공자 : 10점	기타 : 10점	

다시 요약하면, 건설기술인 평가는 자격 등급과 역량 등급으로 나누어지고, 자격 등급은 자격증 취득만 가지고 평가하고, 역량 등급은 경력부터 학력, 자격, 교육까지 분야별 점수를 망라해서 실무능력 등급을 평가한 것입니다.

본격적으로 적격심사 업체가 제출하는 '건설기술인 보유증명서' 예시를 가지고 살펴보겠습니다. 적격심사시 업체는 '한국건설기술인협회'에서 발급하는 '건설기술인 보유증명서'를 제출합니다. 앞서 조달청 적격심사세부기준에서 봤듯이 기준일자는 '입찰공고일'을 기준으로 발급하도록 되어 있습니다. 아래는 하나의 샘플 예시입니다.

이것이 건설기술인 보유증명서입니다. 업체 및 개인 정보 보호를 위해서 일부 정보들은 박스로 처리했습니다. 맨 우측 윗부분에는 발급 기준일이 나옵니다.(빨간색 타원 표시부분) 기준일은 입찰공고일을 기준으로 발급된 서류이어야 합니다. 이 서류에는 해당 업체에 소속되어 있는 기술인 정보가 순서대로 나옵니다. 개인별로 이름부터 생년월일, 입사일, 학위, 자격취득 내용, 기술등급 및 교육과정 이수까지 횡으로 나열되어 있습니다. 이런 정보 페이지가 해당 기

제10강 | 짜잔~~ 이제 개찰을 해 볼까요? 적격심사를 거쳐서 낙찰자 결정까지 아직도 거쳐야 할 단계가 많아요

술인 인원수에 따라 몇 페이지가 나오고 아래처럼 맨 마지막 페이지에 요약 내용이 나옵니다.

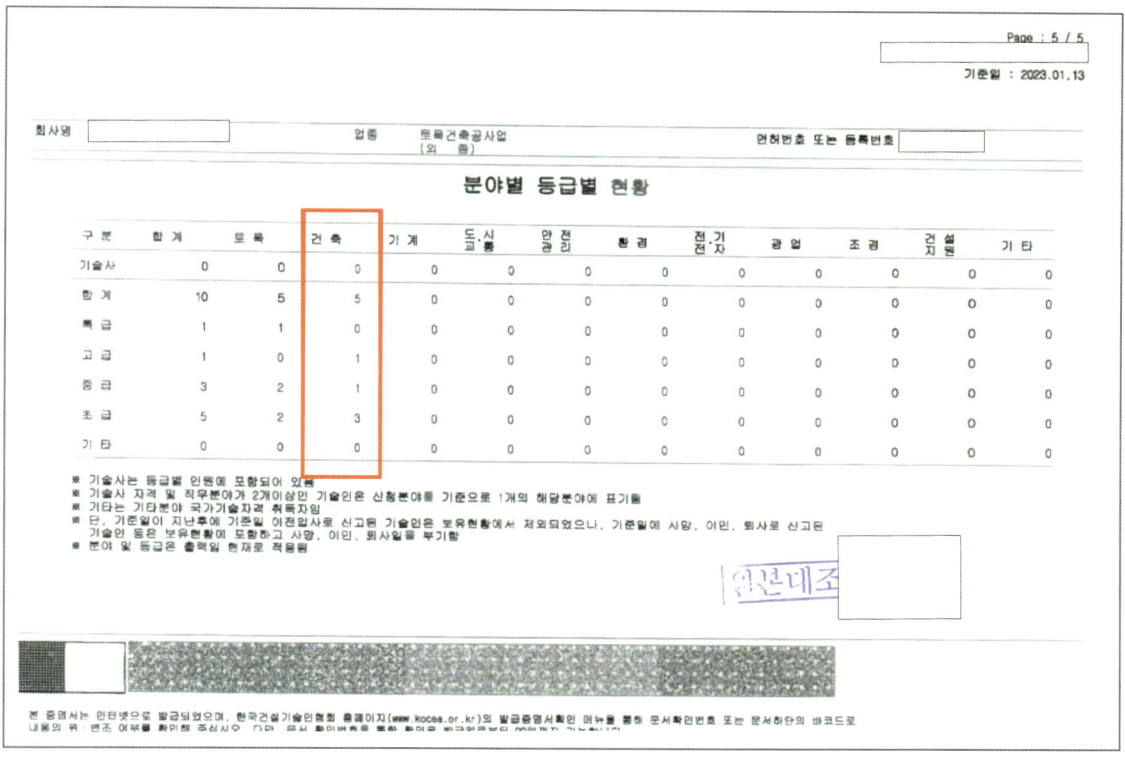

맨 마지막 페이지에는 분야별 등급별 기술인 현황이 요약되어 있습니다. 따라서 맨 마지막 페이지를 확인하면 해당 업종 기술인 보유기준 총 인원수를 쉽게 확인할 수 있습니다. 예를 들어 금번 입찰공사가 건축공사업이라는 가정 하에서 위 업체의 기술인 보유기준 충족 여부를 확인해 볼까요? 앞서 「건설산업기본법 시행령」 별표2에 나와있는 '건축공사업' 기술인 보유기준은 ① 건축 분야 초급 이상 건설기술인이 5명 이상, ② 5인 중에 건축기사, 건축분야 중급이상 건설기술인이 포함 기준입니다.

후배님께서 위 예시의 빨간색 박스 부분을 보면서 맞춰 볼까요? 위 업체는 건축분야 기술인을 5명 보유하고 있는 것이 확인됐고, ②번 기준 중 중급 기술인 1명도 확인할 수 있습니다. 다만 여기에서는 건축기사 자격 보유 기술인은 확인할 수 없습니다. 따라서 기술자격 보유 여부는 1페이지부터 나와있는 개인별 자격종목 보유현황을 체크해서 '건축기사 보유자격자 유무'를 확인해야 합니다. (참고로 여기 샘플 페이지에는 나오지 않지만 다른 페이지에서 건축기사 보유자를 확인할 수 있었습니다.)

제10강 | 짜잔~~ 이제 개찰을 해 볼까요? 적격심사를 거쳐서 낙찰자 결정까지 아직도 거쳐야 할 단계가 많아요

여기까지, 건설기술인 보유증명서를 왜 받는지? 샘플 예시와 적격심사시 확인 방법 등을 설명해 드렸습니다. 조달청 적격심사 세부기준에는 일시적인 자격요건 미충족시 적용 규정이 나오는데 이 부분은 생략하겠습니다. 이 책은 계약업무 초보자에 초점을 맞춘 책이므로 기본적인 내용만 다룬 점은 여러분들이 양해해 주셨으면 좋겠습니다.

두번째 질문 사항입니다. 실무에서 자주 발생하는 상황이면서 계약실무자가 곤란하고 당황해하는 부분입니다. 적격심사 우선심사 대상자가 서류제출을 안 하는 경우입니다. 계약담당자는 하루빨리 적격심사를 마무리해서 계약서 작성까지 끝내야 하는데 적격심사 대상업체가 서류제출을 안 하는 경우가 종종 있습니다. 따라서 계약담당자는 적격심사 서류제출 통보일로부터 몇일이내에 제출해야 하는지 규정을 정확히 알아야 합니다. 답은 7일이며 법령에 특별히 휴일을 제외한다는 규정이 없으므로 통보일과 휴일을 모두 포함해서 적용하면 됩니다. 계약담당자는 조달시스템을 통해서 적격심사 서류 제출을 요청해 놓았거나 유선, 문자, 메일 등으로 서류제출을 요청했다면 그 당일을 1일차로 보면 됩니다. 그리고 7일차까지 서류가 도달하지 않으면 2순위 업체로 넘어가면 됩니다. 해당 사항은 거의 모든 조달기관이 비슷한데 조달청 시설공사 적격심사 세부기준에서는 제4조(적격심사 세부절차) ②항, ③항, ⑤항 등에 나와 있습니다. 어쨌든 통보일과 휴일을 포함해서 7일을 적용하면 되겠습니다. 설명해드린 내용을 도식으로 요약하면 아래와 같습니다.

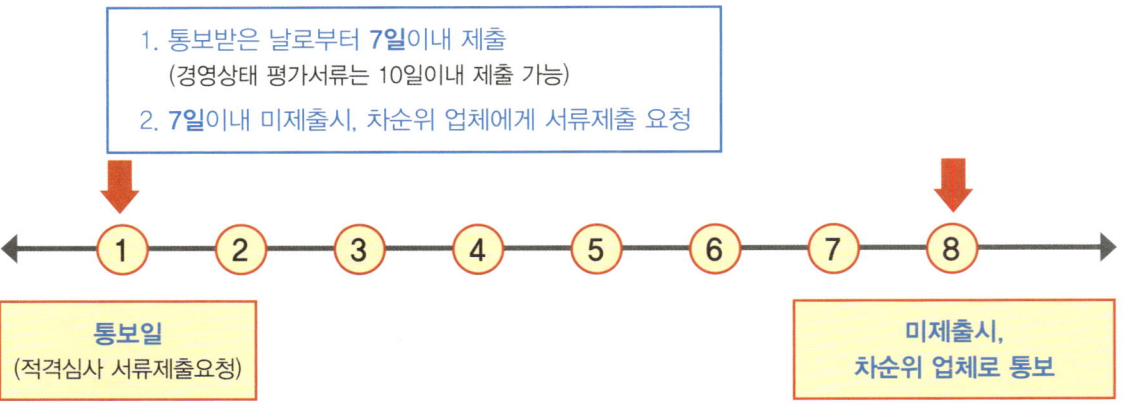

만약 위의 도식처럼 첫번째 적격심사 서류제출을 요청했는데 해당 업체에서 적격심사를 포기하겠다고 하면 어떻게 해야 할까요? 이 부분도 실무에서 자주 많이 발생하는 부분입니다. 이 부분은 「국가계약법령」 제76조 개정 전과 개정 후로 나누어서 설명해 드려야 할 것 같습니다. 2019년 9월 17에 「국가계약법 시행령」 제76조(부정당업자의 입찰참가자격 제한) 제1항 제1호 마·바·사목이 개정되기 이전까지는 적격심사 서류 미제출 업체를 입찰참가자격 제

제10강 | 짜잔~~ 이제 개찰을 해 볼까요? 적격심사를 거쳐서 낙찰자 결정까지 아직도 거쳐야 할 단계가 많아요

한 처분(부정당업자 제재)을 하도록 되어 있었습니다. 아래는 2019년 9월 17일이전까지 적용되었던 과거 조문입니다.

「국가계약법 시행령」 제76조(부정당업자의 입찰참가자격 제한)   * 2019.9.17일부로 개정/삭제
① 법 제27조제1항제8호 각목 외의 부분에서 "대통령령으로 정하는 자"란 다음 각 호의 구분에 따른 자를 말한다.
  1. 경쟁의 공정한 집행을 저해할 염려가 있는 자로서 다음 각 목의 어느 하나에 해당하는 자
     마. 정당한 이유 없이 제42조제1항에 따른 계약이행능력 및 일자리창출 실적 등의 심사에 필요한 서류의 전부 또는 일부를 제출하지 아니하거나 서류제출 후 낙찰자 결정 전에 심사를 포기한 자
     바. 제42조제4항에 따른 낙찰자 결정과정에서 정당한 이유 없이 심사에 필요한 서류의 전부 또는 일부를 제출하지 아니하거나 서류제출 후 낙찰자 결정 전에 심사를 포기한 자
     사. 제87조에 따라 일괄입찰의 낙찰자를 결정하는 경우에 실시설계적격자로 선정된 후 정당한 이유 없이 기한 내에 실시설계서를 제출하지 아니한 자

위의 조문처럼 적격심사 대상 업체가 서류를 제출하지 아니하거나 서류제출 후 낙찰자 결정 전에 심사를 포기하는 경우에는 모두 부정당업자 제재 사유에 해당 되었습니다. 하지만 이 부분이 입찰참가 업체에 대한 너무 과도한 규제로 판단되어 2019년 9월 17일 이후부터 제재규정이 없어졌습니다. 이에 따라 위에 보신 「국가계약법 시행령」 제76조 제1항 제1호 마·바·사목은 삭제되었습니다. 결론적으로 적격심사 대상업체가 서류를 제출하지 않거나 서류제출 후 낙찰자 결정을 포기해도 제재 조치가 없습니다. 따라서 최근에는 1순위 업체가 포기 의사를 밝히면 바로 다음 2순위 업체로 서류제출을 요청하시면 됩니다. 1순위 업체의 포기 의사를 접수할 때에는 유선통화(유선통화한 일시, 업체 담당자 성함 정도를 기록), 메일(메일내용 출력), 조달시스템을 통한 포기 접수 등 업체 포기 의사(기한 내 시스템에 자료 미제출한 현황)만 접수하시면 되겠습니다. 너무 과도하게 적격심사 포기서를 정식 공문으로 접수하는 것은 약간 과거방식이며 비효율적이라고 생각합니다. (추가적으로 「지방계약법」에서는 「국가계약법」과 달리 부정당업자 제재 처분 조항이 아직 살아있습니다. 지방자치단체 계약업무 종사자분들은 국가계약법과 차이가 있다는 점을 기억하셔야 합니다)

세번째 질문 사항입니다. 적격심사시 순공사원가의 98% 미만시에는 낙찰자에서 배제한다구요? 아마도 계약실무에서 이런 얘기를 들어본 적이 있으실 겁니다. 잠시 「국가계약법」 제10조(경쟁입찰에서의 낙찰자 결정) 제3항을 읽어볼까요?

제10강 | 짜잔~~ 이제 개찰을 해 볼까요? 적격심사를 거쳐서 낙찰자 결정까지 아직도 거쳐야 할 단계가 많아요

국가를 당사자로 하는 계약에 관한 법률 (약칭: 국가계약법)
[시행 2023. 10. 19.] [법률 제19544호, 2023. 7. 18., 타법개정]

☐ **제10조(경쟁입찰에서의 낙찰자 결정)** ① 세입의 원인이 되는 경쟁입찰에서는 최고가격의 입찰자를 낙찰자로 한다. 다만, 계약의 목적, 입찰 가격과 수량 등을 고려하여 대통령령으로 기준을 정한 경우에는 그러하지 아니하다.

② 국고의 부담이 되는 경쟁입찰에서는 다음 각 호의 어느 하나의 기준에 해당하는 입찰자를 낙찰자로 한다.

1. 충분한 계약이행 능력이 있다고 인정되는 자로서 최저가격으로 입찰한 자
2. 입찰공고나 입찰설명서에 명기된 평가기준에 따라 국가에 가장 유리하게 입찰한 자
3. 그 밖에 계약의 성질, 규모 등을 고려하여 대통령령으로 특별히 기준을 정한 경우에는 그 기준에 가장 적합하게 입찰한 자

③ 각 중앙관서의 장 또는 계약담당공무원은 제2항에도 불구하고 공사에 대한 경쟁입찰로서 <u>예정가격이 100억원 미만인 공사의 경우 다음 각 호에 해당하는 비용의 합계액의 100분의 98 미만으로 입찰한 자를 낙찰자로 하여서는 아니 된다.</u> <신설 2019. 11. 26.>

1. 재료비・노무비・경비
2. 제1호에 대한 부가가치세

---

③항을 보시면 예정가격 100억원 미만인 공사의 경우, 입찰가격이 순공사원가(재료비 + 노무비 + 경비 + 부가가치세 합계액)의 98퍼센트 미만인 경우 낙찰에서 배제하는 내용입니다. 순공사원가란 공사에 투입되어야 하는 재료비, 노무비, 경비, 부가가치세를 합친 최소한의 투입 비용을 말합니다. 만약 입찰참여 업체의 입찰가격이 순공사원가 밑이라면, 이것은 무리한 덤핑입찰이 되고 해당공사 시공간 품질 및 안전 확보도 어렵게 됩니다. 따라서 순공사원가의 98퍼센트 미만 낙찰 배제 제도는 공사의 품질과 안전을 보장하기 위한 제도입니다. 이 제도는 「국가계약법」의 경우 2019년 11월 26일부터 시행되었고, 「지방계약법」은 2023년 4월 11일부터 개정되어 시행 중에 있습니다. 순공사원가의 세부 계산방식은 조달청 시설공사 적격심사세부기준 제5조(아래 참조)에 설명되어 있습니다.

조달청 시설공사 적격심사세부기준
[시행 2024. 1. 8.] [조달청지침 제161호, 2024. 1. 5., 일부개정]

☐ **제5조(순공사원가 기준 낙찰 배제 세부절차)** ① 예정가격이 100억원 미만인 공사인 경우에는 입찰가격을 예정가격 중 다음 각 호에 해당하는 금액의 합계액(이하 이 조에서 "순공사원가"라 한다)의 100분의 98 미만으로 입찰한 자는 심사대상에서 제외한다.

1. 재료비・노무비・경비
2. 제1호에 대한 부가가치세

② 예정가격 중 순공사원가는 다음 각 호와 같이 산정한다.

1. (예비가격기초금액 중 재료비, 노무비, 경비와 이에 대한 부가가치세를 합산한 금액) × (예정가격 / 예비가격기초금액)
2. 제1호에 따라 산정한 값의 소수점 첫째자리 이하는 절상한다.

③ <u>예정가격 중 순공사원가의 100분의 98은 다음 각 호와 같이 산정한다.</u>

1. <u>(제2항에 따라 산정한 예정가격 중 순공사원가) × (98 / 100)</u>
2. <u>제1호에 따라 산정한 값의 소수점 첫째자리 이하는 절상한다.</u>

제10강 | 짜잔~~ 이제 개찰을 해 볼까요? 적격심사를 거쳐서 낙찰자 결정까지 아직도 거쳐야 할 단계가 많아요

제5조(순공사원가 기준 낙찰 배제 세부절차) ②항은 순공사원가를 계산하는 방법을 설명하고 있고 ③항은 순공사원가의 98%를 산출하는 절차를 설명하고 있습니다. 순공사원가의 98% 금액은 입찰공고시 공개해야 합니다. 실제 입찰공고 화면에서 어떻게 공개하고 있는지 보여드리겠습니다.

공사기초금액 상세조회

1. 입찰공고번호	00 호 [긴급]	고등학교 기숙사 및 학생(남)화장실 리모델링 공사(건축·기계) 입찰공고 입찰의 기초금액은 다음과 같습니다.

입찰공고번호	-00	개찰일시	2024/02/06 16:00
공고명	[긴급]	고등학교 기숙사 및 학생(남)화장실 리모델링 공사(건축·기계) 입찰공고	
예비가격 기초금액	273,249,877 (이억칠천삼백이십사만구천팔백칠십칠원) 원		
예비가격 기초금액 중 순공사원가	228,359,407 원 ☞ 예비가격 기초금액 중 재료비·노무비·경비 및 이에 대한 부가가치세를 합산한 금액입니다.		
예비가격	기초금액 기준으로 ± 2 % 범위 내에서 작성됩니다.		
A 금액	5,176,633 원 ※ A 란? - 국민연금보험료, 국민건강보험료, 퇴직공제부금비, 노인장기요양보험료, 산업안전보건관리비, 안전관리비, 품질관리비의 합산액		
	□ 난이도계수		
	□ 기타경비기준율 %		

위 입찰공고는 00고등학교의 기숙사 및 화장실 리모델링 공사입니다. 위 화면은 입찰공고에서 '기초금액 조회' 메뉴를 눌러서 나오는 화면입니다. 위 빨간색 네모 박스를 보시면, 예비가격 기초금액(기초예비가격과 동일한 용어입니다) 밑에 '예비가격 기초금액 중 순공사원가'라는 부분이 보이실 겁니다. 이처럼 입찰공고시부터 예비가격 기초금액도 공개하고 순공사원가도 공개해야 합니다. 순공사원가 계산시에는 재료비, 노무비, 경비와 이 세가지에 대한 부가가치세만 구해서 더해야 합니다. 총괄 원가계산서에 나오는 부가가치세를 그대로 더하면 안 됩니다. 아래는 순공사원가를 계산하는 방식을 도식화한 것입니다. 아래의 올바른 산출과 잘못된 산출을 보시면 이해되실 겁니다. 이렇게 산출된 순공사원가를 공개하시면 되겠습니다.

제10강 | 짜잔~~ 이제 개찰을 해 볼까요? 적격심사를 거쳐서 낙찰자 결정까지 아직도 거쳐야 할 단계가 많아요

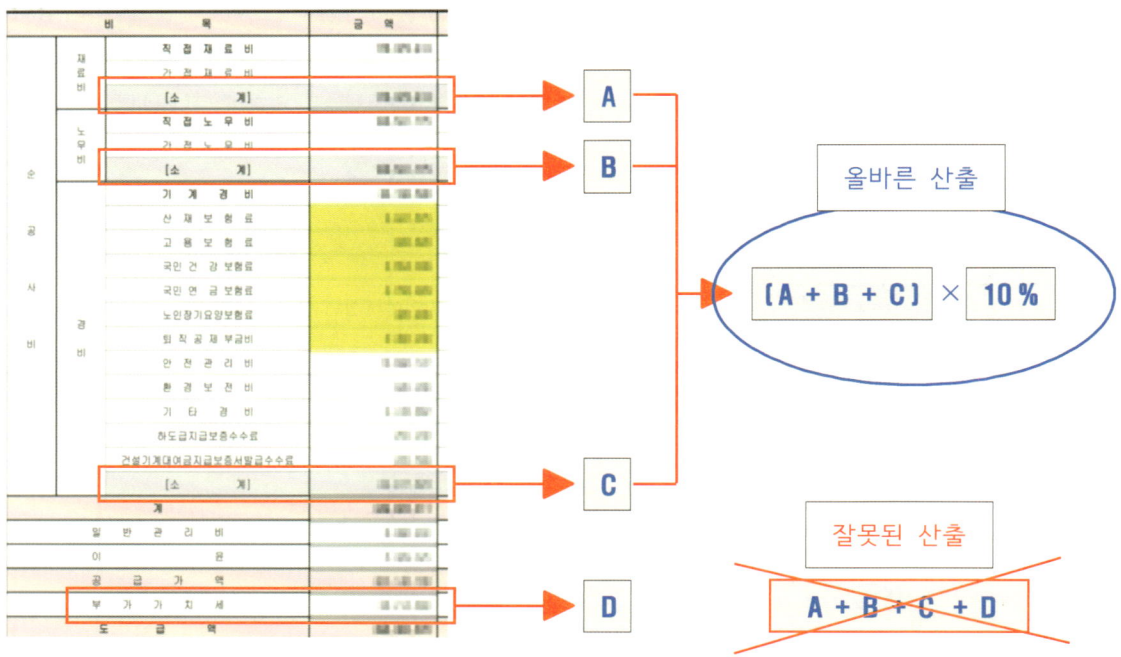

이상으로 적격심사와 관련된 3가지 핵심 질문사항에 대해서 설명해 드렸습니다. 적격심사 실무에서 발생하는 모든 사항을 설명드리지 못했지만 초보 계약담당자가 알아야 할 기본적인 사항은 포함했다고 생각합니다. 아무쪼록 적격심사가 여러분한테 어렵게 느껴지지 않았으면 좋겠습니다. 이제 적격심사와 낙찰자 결정을 마무리하고 마지막 Chapter 제11강 계약서 작성으로 넘어가겠습니다.

제11강

드디어 마지막 입니다.
계약서를 작성해 볼까요?

제11강

드디어
마지막
입니다.
계약서를
작성해
볼까요?

Q1 계약서를 어떻게 작성해야 하나요?
붙임서류는 무엇을 넣어야 하나요?
375

Q2 인지세는 무엇인가요?
국민주택채권은 어떤 경우에 첨부하나요?
384

Q3 계약보증금은 어떻게 납부받아야 하나요?
계약이행보증 증권과의 차이점은 무엇인가요?
388

Q4 지체상금률은 어떻게 기재해야 하나요?
393

Q5 하자담보 책임기간은 어떻게 기재해야 하나요?
400

제11강 | 드디어 마지막입니다. 계약서를 작성해 볼까요?

Q1 계약서를 어떻게 작성해야 하나요?
붙임서류는 무엇을 넣어야 하나요?

드디어 마지막 계약서 작성까지 왔습니다. 그동안 많은 고비를 넘어서 최종 낙찰자와의 계약서 작성만 남았습니다. 제11강 학습을 통해서 계약서 작성을 깔끔하게 마무리지어 볼까요?

적격심사를 통해서 낙찰자가 결정되면, 최종 낙찰자에게 '낙찰되었음'을 통보하면서 계약서 작성을 요청하게 됩니다. 이때 계약담당자는 계약서 양식에 계약내용을 작성하고 해당 업체로 하여금 계약서 내용을 확인하면서 첨부문서를 동봉해서 양자간에 최종 날인을 실시하면 계약서 작성이 완료되게 됩니다. 자~~ 차근차근 계약서 작성 규정과 작성 양식부터 살펴볼까요?

계약서 작성과 해당 양식은 「국가계약법 시행규칙」 제49조 및 별지서식 7,8,9호에 나와 있습니다. 간단히 해당 조문과 공사계약서 양식만 살펴보겠습니다.

국가를 당사자로 하는 계약에 관한 법률 시행규칙 (약칭: 국가계약법 시행규칙)
[시행 2023. 11. 2.] [기획재정부령 제1022호, 2023. 11. 2., 일부개정]

☐ **제49조(계약서의 작성)** ①각 중앙관서의 장 또는 계약담당공무원은 계약상대자를 결정한 때에는 지체없이 별지 제7호서식, 별지 제8호서식 또는 별지 제9호서식의 표준계약서에 의하여 계약을 체결하여야 한다.
②각 중앙관서의 장 또는 계약담당공무원은 제1항의 규정에 의한 표준계약서에 기재된 계약일반사항외에 당해계약에 필요한 특약사항을 명시하여 계약을 체결할 수 있다.
③각 중앙관서의 장 또는 계약담당공무원은 제1항의 규정에 의한 서식에 의하기가 곤란하다고 인정될 때에는 따로 이와 다른 양식에 의한 계약서에 의하여 계약을 체결할 수 있다.
④각 중앙관서의 장 또는 계약담당공무원은 영 제50조제6항제1호 내지 제3호 및 제5호의 규정에 의하여 계약보증금의 전부 또는 일부의 납부를 면제하는 경우에는 계약서에 그 사유 및 면제금액을 기재하고 계약보증금지급각서를 제출하게 하여 이를 첨부하여야 한다. <개정 1996. 12. 31., 2003. 12. 12.>

제49조 ①항에서 보듯이 계약담당공무원은 계약상대자를 결정한 때에는 '지체없이' 표준계약서'에 의하여 계약을 체결해야 합니다. 여기에서 중요한 키워드는 '지체없이'와 '표준계약서'입니다. 우선 낙찰자 결정 이후에 구체적으로 며칠이내에 계약서를 작성해야 한다는 규정은 없습니다. 「국가계약법 시행규칙」에는 '지체없이'라고만 규정되어 있습니다. 저의 개인적인 의견을 말씀드리면, 실무에서는 최대 7일 이내에 계약서 작성을 완료하는 것이 좋다고 생각합니다. '지체없이'라는 의미를 고려할 때 낙찰자 결정이후 일주일 안에는 계약서 작성을 마

제11강 | 드디어 마지막입니다. 계약서를 작성해 볼까요?

무리하는 것이 적절하다고 생각합니다.

참고로, 지방자치단체 계약에서는 계약서 작성 최대허용 기간을 구체적으로 정해두고 있습니다. 지방자치단체 입찰 및 계약 집행기준(행정안전부 예규 제277호, 2024.2.14)에서는 '… 낙찰통지를 받은 날로부터 10일 이내에 표준계약서에 따라 계약을 체결하고 …'라고 규정하고 있습니다. 즉 10일 이내 계약서를 작성하지 않으면 낙찰결정을 취소할 수 있습니다.

다음으로 계약서 작성 양식과 작성 방법에 대해서 설명하겠습니다. 후배님의 쉬운 이해를 위해서, 먼저 「국가계약법 시행규칙」 별지 제7호 서식인 '공사도급표준계약서' 양식에 대해서 설명하고, 다음에 작성 방법을 설명해 드리겠습니다. 아래는 「국가계약법 시행규칙」 별지 제7호 서식입니다.

■ 국가를 당사자로 하는 계약에 관한 법률 시행규칙 [별지 제7호서식] 〈개정 2021. 7. 6.〉

공사도급표준계약서 ①			계약번호 제 호 ②
			공고번호 제 호
계약자	발주처	○○부(처, 청)중앙관서의 장 또는 계약담당공무원 성명	③
	계약상대자	· 상호 또는 법인명칭 · 법인등록번호 · 주소 · 전화번호 · 대표자	
계약내용	공사명		④
	계약금액	금 원정(₩)	
	총공사부기금액	금 원정(₩)	
	계약보증금	금 원정(₩)	
	현장		
	지체상금률	%	
	물가변동계약금액조정방법		
	착공연월일	. . .	
	준공연월일	. . .	
	기타사항		
하자담보책임(복합공종의 경우 공종별 구분 기재)			
공종	공종별 계약 금액	하자보수보증금율(%) 및 금액	하자담보책임기간
		( )% 금 원정	
		( )% 금 원정	

제11강 | 드디어 마지막입니다. 계약서를 작성해 볼까요?

		( )%　금　　　원정	

중앙관서의 장(계약담당공무원)과 계약상대자는 상호 대등한 입장에서 붙임의 계약문서에 의하여 위의 공사에 대한 도급계약을 체결하고 신의에 따라 성실히 계약상의 의무를 이행할 것을 확약하며, 이 계약의 증거로서 계약서를 작성하여 당사자가 기명날인한 후 각각 1통씩 보관한다.

붙임서류 : 1. 공사입찰유의서 1부
　　　　　 2. 공사계약일반조건 1부
　　　　　 3. 공사계약특수조건 1부
　　　　　 4. 설계서 1부
　　　　　 5. 산출내역서 1부

．　．　．

　　　　　　　　　　중앙관서의 장 또는 계약담당공무원　　　　(인)
　　　　　　　　　　계약상대자　　　　　　　　　　　　　　　(인)

22221-20711보
95.6.30 승인

210mm×297mm
(백상지 80g/㎡)

맨 윗부분(1번 박스)부터 살펴보면, 제목은 '공사도급표준계약서'입니다. 제목에 '도급'이란 용어가 포함되어 있습니다. 도급은 都 도읍도, 給 줄급의 한자어인데, 당사자 한쪽이 어떤 일을 완성할 것을 약속하고 상대편이 그 일의 결과에 대하여 보수를 지급할 것을 약속하는 것을 말합니다. 즉 계약상대방(낙찰업체)이 발주기관 요청에 따라 OO건물을 지어줄 것을 약속하고 발주기관은 OO건물 완성에 대한 보수 지급을 약속하는 것입니다. 건물을 지어주면 돈을 지급하는 거래계약이 도급입니다. 따라서 국가가 체결하는 모든 공사계약은 도급공사계약입니다. 그래서 계약서 제목 조차도 '공사도급표준계약서'입니다.

제목 옆(2번 박스)에는 계약번호와 공고번호를 기재합니다. 이것은 조달시스템을 이용할 경우 시스템에서 자동으로 생성되므로 계약담당자가 특별히 신경쓰지 않아도 됩니다. 다만 계약담당자가 별도의 계약대장을 유지할 때에는 쉽게 찾아볼 수 있도록 계약번호와 공고번호를 해당 엑셀 내지 한셀에 포함해서 유지하면 좋습니다.

세번째 부분(3번 박스)는 발주처와 계약상대자를 각각 기재하는 란입니다. 발주처는 발주기관의 정식 명칭을 기재하면 되고, 계약상대자는 낙찰업체의 상호명을 기재하면 됩니다. 낙찰업체의 상호명은 법인등기부등본 또는 사업자등록증의 정식 명칭을 정확히 기재해야 합니다. 예를 들어 법인등기부등본에 '(주)초심'이라고 되어 있는 것을 '주식회사 초심'이라고 풀

제11강 | 드디어 마지막입니다. 계약서를 작성해 볼까요?

어서 표기하거나 '초심 주식회사'라고 앞뒤를 바꾸고 변형해서 기재하면 안 됩니다. 큰 문제가 발생하지는 않지만 되도록 정식명칭을 기재하도록 노력해야 합니다. 당연히 법인등록번호, 주소, 전화번호, 대표자 성명도 정확하게 기재해야 하겠죠?

네번재 부분(4번 박스)는 계약내용을 기재하는 란입니다. 공사명은 입찰공고의 공사명과 동일하게 작성하면 됩니다. 계약금액은 총공사부기금액과 같이 봐야 합니다. 단년도 공사인 경우에는 계약금액 란에만 단일로 작성하면 되고, 장기계속공사인 경우에는 계약금액에 1년차 계약금액을, 총공사부기금액에 전체 계약금액을 기재하면 됩니다. 아래 예시를 보면 더 쉽게 이해되실 겁니다.

〈 단년도 공사 예시 〉
　－ 공사기간 : '24. 3. 1. ~ '24. 8. 31. (6개월)
　－ 계약금액 : 9억원

계약금액	금 **구억원정** (₩ 900,000,000)
총공사부기금액	금 **구억원정** (₩ 900,000,000)

계약금액란에 작성함 / 총공사부기금액란은 계약금액을 동일하게 기재함

〈 장기계속공사(1차수 계약서) 예시 〉
　－ 공사기간 : '24. 3. 1. ~ '25. 10. 31. (20개월)
　－ 계약금액 : 30억원 (1년차 공사금액은 12억원)

계약금액	금 **일십이억정** (₩ 1,200,000,000)
총공사부기금액	금 **삼십억정** (₩ 3,000,000,000)

계약금액란에 1년차 공사금액 기재함 / 총공사부기금액란에는 전체 계약금액을 기재함

계약보증금과 지체상금률은 제11강 Q4와 Q5에서 별도로 설명해 드릴 예정이니 여기에서는 잠시 생략하겠습니다. 다음으로 착공연월일과 준공연월일입니다. 우선 착공일 규정은 (계약예규) 공사계약 일반조건 제17조(착공 및 공정보고) 조문을 먼저 살펴보고 설명드리겠습니다.

제11강 | 드디어 마지막입니다. 계약서를 작성해 볼까요?

(계약예규) 공사계약일반조건
[시행 2024. 1. 1.] [기획재정부계약예규 제680호, 2024. 1. 1., 일부개정]

☐ **제17조(착공 및 공정보고)** ① 계약상대자는 계약문서에서 정하는 바에 따라 공사를 착공하여야 하며 착공시에는 다음 각호의 서류가 포함된 착공신고서를 발주기관에 제출하여야 한다. 다만, 계약담당공무원은 공사기간이 30일 미만인 경우 등에는 착공신고서를 제출하지 아니하도록 할 수 있다. <단서 신설 2019.12.18.>
1. 「건설기술 진흥법령」 등 관련법령에 의한 현장기술자지정신고서 <개정 2016.1.1.>
2. 공사공정예정표
3. 안전·환경 및 품질관리계획서
4. 공정별 인력 및 장비투입계획서
5. 착공전 현장사진
6. 기타 계약담당공무원이 지정한 사항

② 계약담당공무원은 공사의 규모·난이도·성격을 고려하여 착공일을 결정하되, 다음 각 호에서 정한 일자 이전의 날짜로 정하여서는 아니된다. 다만, 재해복구 등 긴급하게 착공하여야 할 필요가 있는 공사계약 및 장기계속공사의 1차 계약 이후 연차계약의 경우에는 계약상대자와의 협의를 거쳐 다음 각호에서 정한 일자 이전의 시점으로 착공일을 결정할 수 있다. <신설 2019.12.18.>
1. 추정가격이 10억원 미만인 경우: 계약체결일로부터 10일
2. 추정가격이 10억원 이상인 경우: 계약체결일로부터 20일

제17조(착공 및 공정보고) ①항을 보시면, 계약상대자(계약업체)는 계약서에 작성된 착공일에 실제 공사 착공도 해야 하고 착공신고서와 기타 서류도 제출해야 합니다. 참고로 계약체결일, 착공연월일까지 제출하는 서류가 각각 다른데도 서로 혼동하는 경우가 많아서 시기별 제출서류 목록을 아래에 정리해 놓았습니다.

계약체결일 → **착공연월일** → **준공연월일**

계약체결일
계약서를 양 당사자가 날인하고 확정한 날짜

〈 계약시 제출자료 〉
- 인지세 납부
- 국민주택채권 매입(해당시)
- 계약보증서
- 사업자등록증
- 건설업등록증
- 건설업등록수첩사본
- 법인등기부등본
- 법인인감증명서
- 사용인감계
- 행정정보 공동이용 동의서
- 노무비 구분관리 및 지급확약서
- 통장사본
- 청렴계약서(입찰시 제출)

──────────────
- 공사계약 일반조건
- 공사계약 특수조건
- 공사 시방서
- 설계도면
- 공정계약 서약서

← 계약담당자가 제공하고 계약서에 첨부하는 서류

착공연월일
공사 착공도 실시하고, 착공신고서도 제출하는 날

〈 착공일 제출자료 〉
- 착공신고서
- **산출내역서**(100억원 미만 경우)
- 현장기술자지정신고서
- 안전·환경 및 품질관리계획서
- 공정별 인력 및 장비투입계획서
- 착공전 현장사진
- 기타 계약담당공무원이 지정한 사항

준공연월일
계약체결일로부터 총 계약기간이 종료되는 날짜

예) 총 계약기간 365일이라면,
'24.1.1일부터
'24.12.31일로
설정함

* 계약체결일, 준공연월일을 계약기간에 포함
* 날짜 계산기를 활용해서 총 계약일수를 적용

제11강 | 드디어 마지막입니다. 계약서를 작성해 볼까요?

먼저 맨 좌측은 계약서 작성시 제출하는 서류들을 나열해 드렸습니다. 이 부분은 각 기관마다 업무문화나 관행이 다르기 때문에 꼭! 어떻게 해야한다고 말씀드리기가 어렵습니다. 다만 제 개인 의견을 말씀드리면, 조달시스템에서 직접 확인하거나 출력할 수 있는 서류들이나 적격심사시 제출받은 서류들은 생략해도 무방하다고 생각합니다.

계약담당자가 계약서 작성시 중요하게 생각해야 하는 것은 공사 시방서, 설계도면, 공사계약 일반조건, 공사계약 특수조건 등을 붙임서류로 기재하는 것입니다. 이 붙임서류들은 발주기관이 입찰공고시부터 제시했지만 계약서의 붙임서류로 하나하나 기재해 놓고 조달시스템에 탑재해 놓는 것이 중요합니다. 이 붙임서류들은 설계변경 소요가 생기거나 공사이행 지체가 발생하는 등 계약상대방과 논란이 생길 경우에 수정계약의 기준이 되거나 당사자 간 시시비비를 가리는 핵심서류가 되기 때문입니다. 참고로 입찰시 업체가 제출하는 '청렴계약서'와 계약체결시 발주기관이 작성하는 '공정계약 서약서'도 계약서에 같이 포함해야 합니다. 즉 양 당사자가 작성하는 청렴서약 내용(작성 양식과 내용은 약간 차이가 있지만)이 같이 첨부되어야 합니다.

다음으로 착공신고시 제출하는 서류도 상당히 중요합니다. 산출내역서도 무척 중요하고 현장기술자지정신고서(현장대리인계)도 중요합니다. 나머지 서류들도 모두 중요하기 때문에 착공신고시 제출서류가 누락되거나 제출자료가 미비하면 다시 구체화해서 제출토록 요청하는 것이 필요합니다. 혹시 나중에 안전사고가 발생한다든지, 월별 공정이행이 원활하지 않을 때에 사안별로 조치를 취할 때 기준 서류가 되기 때문입니다. 착공신고시 제출 서류까지 모두 완비되었을 때에 계약서 일체가 완성되었다고 할 수 있습니다.

잠깐! 여기서 착공연월일에 대한 규정을 좀 더 살펴보고 가겠습니다. 앞서 살펴본 (계약예규) 공사계약 일반조건 제17조(착공 및 공정보고) ②항을 보시면, 착공연월일은 계약체결일로부터 일정 기간내에 착공일로 결정하지 못하도록 규정되어 있습니다. 즉 계약체결일로부터 최소 10~20일이 경과한 날짜를 착공일로 결정하도록 되어 있습니다. 이것을 도식으로 요약하면 아래와 같습니다.

제11강 | 드디어 마지막입니다. 계약서를 작성해 볼까요?

1. 추정가격이 10억원 미만인 경우

```
계약체결일                    착공연월일
    ①——————————————⑪————————————————▶
         10일이내 착공 금지    11일차부터 가능
```

1. 추정가격이 10억원 이상인 경우

```
계약체결일                                        착공연월일
    ①————————————————————————————————㉑——————▶
              20일이내 착공 금지                  21일차부터 가능
```

가끔 실무에서 보면, '계약일로부터 일주일 이내에 착공해야 한다'고 잘못 알고있는 계약담당자들이 있습니다. (계약예규) 공사계약 일반조건 제17조(착공 및 공정보고) ②항에 따라 발주기관은 최소한의 착공 준비기간을 부여해야 하고 착공 준비기간 내 착공을 금지해야 합니다. 계약체결일로부터 일정기간 경과(추정가격에 따라 10일 이후 또는 20일 이후)된 날짜로 착공연월일을 정해야 하는 것을 기억해 두시기 바랍니다.

마지막 준공연월일은 계약체결일로부터 총 계약기간 적용해서 계산합니다. 이때 계약체결일과 준공연월일도 총 계약기간에 포함됩니다. 통상 날짜계산기로 계약일로부터 준공연월일을 적용해서 계약서 양식에 작성하시면 되겠습니다.

여기까지 계약서 작성 양식, 계약체결일과 착공연월일 제출서류, 착공연월일 설정 주의사항을 살펴보았습니다. 마지막으로 계약서 작성 예시를 설명해 드리겠습니다. 계약서 예시는 모두 가상의 임의자료로 작성해 보았습니다. 작성방법이나 작성양식이 각 발주기관마다 약간 상이할 수 있지만 그 속의 구성요소 및 내용은 모두 똑같으므로 참고하실 수 있으실 겁니다.

제11강 | 드디어 마지막입니다. 계약서를 작성해 볼까요?

■ 국가를 당사자로 하는 계약에 관한 법률 시행규칙 [별지 제7호서식] 〈개정 2021. 7. 6.〉

공사도급표준계약서

계약번호 제2024LCFA 135호
공고번호 제2024-23690호

계약자	발주처	한국000대학교	
	계약상대자	· 상호명 : (주)흥국건설 · 주소 : 대전광역시 서구 000 · 대표자 : 이흥국	· 법인등록번호 : 1601110261549 · 전화번호 : 042-665-3844

계약내용		
공사명	[본부-05] 00체육관 시설공사	
계약금액	금 삼십일억육천사백구십삼만삼천원정(₩ 3,164,933,000)	
총공사부기금액	금 삼십일억육천사백구십삼만삼천원정(₩ 3,164,933,000)	
계약보증금	금 일억오천팔백이십사만육천육백오십원정(₩ 158,246,650)	
현장	대전 유성구 00동	
지체상금률	0.05%	
물가변동계약금액조정방법	국가계약법 시행령 제64조 제1항 제2호에 따른 지수조정률 적용	
착공연월일	2024. 1. 25.	
준공연월일	2024 .11. 30.	
기타사항	공사감독관 : 김감독 (042-622-0404)	

하자담보책임(복합공종의 경우 공종별 구분 기재)

공종	공종별 계약 금액	하자보수보증금율(%) 및 금액	하자담보책임기간
		( )% 금 원정	
		( )% 금 원정	
		( )% 금 원정	

중앙관서의 장(계약담당공무원)과 계약상대자는 상호 대등한 입장에서 붙임의 계약문서에 의하여 위의 공사에 대한 도급계약을 체결하고 신의에 따라 성실히 계약상의 의무를 이행할 것을 확약하며, 이 계약의 증거로서 계약서를 작성하여 당사자가 기명날인한 후 각각 1통씩 보관한다.

붙임서류 : 1. 공사입찰유의서 1부
2. 공사계약일반조건 1부
3. 공사계약특수조건 1부
4. 설계서 1부
5. 산출내역서 1부(착공일까지 첨부)

2024. 1. 4.

중앙관서의 장 또는 계약담당공무원 한국000대학교 재무관 이재무
계약상대자 (주)흥국건설

22221-20711보
95.6.30 승인

210mm×297mm
(백상지 80g/㎡)

제11강 | 드디어 마지막입니다. 계약서를 작성해 볼까요?

우선 계약번호와 공고번호는 조달시스템에서 자동으로 기입되므로 신경쓰지 않아도 됩니다. 발주처는 소속기관명을 작성해서 넣으면 되고 계약상대자는 계약업체 정보를 기입하면 됩니다. 위의 예시는 단년도 계약을 전제로 작성했으므로 '계약금액 = 총공사부기금액'으로 표시했습니다. 계약보증금은 「국가계약법 시행령」 한시적 특례 적용기간 고시에 의거하여 5% 이상을 반영하였습니다. 착공연월일은 앞서 설명드린대로, 이 계약사업이 추정가격 10억원 이상이므로 계약체결일로부터 20일이 경과한 후의 날짜(계약체결일 24.1.4. / 착공연월일 24.1.25.)로 설정하였습니다. 산출내역서는 착공연월일에 제출하는 서류이므로 (착공일까지 첨부)라고 표기해서 추후 붙임서류에 포함하겠다고 표시해 놓았습니다.

자~~ 어느정도 계약서 작성방법이 이해되시나요? 여기에서 언급하지 않은 지체상금률, 하자담보책임 기재방법, 그리고 계약보증금 설정방법 등은 뒤에서 순차적으로 설명드리겠습니다.

제11강 | 드디어 마지막입니다. 계약서를 작성해 볼까요?

Q2 인지세는 무엇인가요?
국민주택채권은 어떤 경우에 첨부하나요?

앞서 Q1에서는 계약서 양식과 첨부서류 위주로 살펴보았습니다. 여기 Q2에서부터는 계약서 작성간 필요한 세부 항목을 하나씩 살펴보면서 좀 더 깊게 이해하는 시간을 갖도록 하겠습니다. 가장 먼저 인지세부터 알아보겠습니다.

인지세란?「인지세법」에 따라 부과되는 국세입니다.「인지세법」 제1조(납세의무) ①항에 따르면, '국내에서 재산에 관한 권리 등의 창설·이전 또는 변경에 관한 계약서나 이를 증명하는 그 밖의 문서를 작성하는 자는 이 법에 따라 그 문서에 대한 인지세를 납부할 의무가 있다'라고 명시하고 있습니다.

한마디로 요약하면, 계약서나 문서를 작성하는재산 거래를 하는 경우에는 인지세를 국가에 납부하라는 뜻입니다. 인지는 찍을 인(印)과 종이 지(紙)가 합쳐진 한자어입니다. 즉 종이에 도장을 찍을 때 내는 세금이라는 뜻입니다. Q1에서 계약서 맨 마지막에 도장을 날인했던 것이 기억나시나요? 이처럼 계약서 작성시에는 계약업체가 인지세를 납부하고 이것을 계약서에 같이 첨부해 놓아야 합니다.

그럼 인지세는 얼마를 내는 것일까요? 이것은「인지세법」 제3조(과세문서 및 세액)에 아래와 같이 명시되어 있습니다.

☐ 제3조(과세문서 및 세액) ①인지세를 납부하여야 할 문서(이하 "과세문서"라 한다) 및 세액은 다음과 같다.

과세문서	세액
1. 부동산·선박·항공기의 소유권 이전에 관한 증서	기재금액이 1천만원 초과 3천만원 이하인 경우 : 2만원 기재금액이 3천만원 초과 5천만원 이하인 경우 : 4만원 기재금액이 5천만원 초과 1억원 이하인 경우 : 7만원 기재금액이 1억원 초과 10억원 이하인 경우 : 15만원 기재금액이 10억원을 초과하는 경우 : 35만원
2. 대통령령으로 정하는 금융·보험기관과의 금전소비대차에 관한 증서	제1호에 규정된 세액
3. 도급 또는 위임에 관한 증서 중 법률에 따라 작성하는 문서로서 대통령령으로 정하는 것	제1호에 규정된 세액
4. 소유권에 관하여 법률에 따라 등록 등을 하여야 하는 동산으로서 대통령령으로 정하는 자산의 양도에 관한 증서	3,000원

제11강 | 드디어 마지막입니다. 계약서를 작성해 볼까요?

법령에서 일부분만 발췌했지만 이 아래로 12번. 채무의 보증에 관한 증서까지 계속 나열되어 있습니다. 이중 우리가 체결하는 공사계약은 3번. 도급 또는 위임에 관한 증서 부분에 해당하므로 세액은 1번 박스에 해당하는 금액을 납부하면 됩니다. 예를 들어 공사계약 금액이 900만원이면 인지세 납부 면제대상이고, 공사계약 금액이 1,500만원이라면 2만원의 인지세를 납부해야 합니다. 인지세는 총 5개의 구간으로 나누어져 있고 기재금액이 10억원을 초과하는 경우에는 모두 35만원으로 동일합니다.

인지세는 계약서를 작성하기 전에 납부해야 합니다. 통상 전자조달시스템에서 업무를 처리하는 경우에는 계약금액에 따라 전자조달시스템에서 자동으로 납부할 금액이 제시되므로 계약담당자가 하나하나 찾아서 계산할 필요가 없습니다. 전자조달시스템에서 계약서 작성 업무를 처리할 때에는 아래와 같은 순서로 진행됩니다.

1. 전자계약서 초안 송신 (발주기관 → 계약업체)
2. 인지세 납부 (계약업체 / 국세청 홈택스에서 계약번호를 조회하고 인지세를 납부함)
3. 국세청 홈택스에서 인지세 납부정보를 전자조달시스템으로 전송 (계약업체)
4. 인지세 납부사실 확인 및 최종 계약서 송신 (발주기관 → 계약업체)

위의 진행순서를 보시면 아시겠지만 인지세 납부를 완료한 후에 최종 계약서를 확정짓게 됩니다. 만약 전자조달시스템을 이용하지 않는 수기계약서 작성인 경우에는 별도로 인지세 납부필증을 제출토록해서 수기계약서 뒤에 첨부해야 합니다.

장기계속계약의 경우는 인지세 납부를 어떻게 할까요? 장기계속계약은 총 계약금액(총공사부기금액)을 기준으로 한번에 인지세를 납부하는 것이 원칙입니다. 즉 최초 계약시 전체 계약금액(총공사부기금액)을 기준으로 납부하도록 안내하시면 됩니다.

이번 Q2의 두번째 내용으로, 국민주택채권 매입입니다. 국민주택채권은 우리나라 정부가 국민주택사업에 필요한 자금을 조달하기 위해 발행하는 채권입니다. 이 채권은 원래 제1종 국민주택채권, 제2종 국민주택채권, 제3종 국민주택채권 등 3가지 종류가 있었지만, 제2종과 제3종 국민주택채권은 발행이 중단되어 현재 제1종 국민주택채권만 남아있습니다.

국민주택채권의 매입 대상은 계약금액 기준 5억원 이상의 건설공사입니다. 즉, 국가 또는

제11강 | 드디어 마지막입니다. 계약서를 작성해 볼까요?

지방자치단체, 공공기관 등과 건설공사 5억원 이상의 도급계약을 하는 경우, 계약업체는 계약금액의 1/1,000에 해당하는 채권금액을 매입해서 계약서 작성 전에 제출해야 합니다. 이 부분은「주택도시기금법」제8조에 나와 있으며 해당 내용은 아래와 같습니다.

주택도시기금법

[시행 2024. 4. 17.] [법률 제20047호, 2024. 1. 16., 일부개정]

☐ **제8조(국민주택채권의 매입)** ① 다음 각 호의 어느 하나에 해당하는 자 중 대통령령으로 정하는 자는 국민주택채권을 매입하여야 한다.
1. 국가 또는 지방자치단체로부터 면허·허가·인가를 받는 자
2. 국가 또는 지방자치단체에 등기·등록을 신청하는 자
3. 국가·지방자치단체 또는 「공공기관의 운영에 관한 법률」에 따른 공공기관 중 대통령령으로 정하는 공공기관과 건설공사의 도급계약을 체결하는 자
4. 「주택법」에 따라 건설·공급하는 주택을 공급받는 자

② 제1항에 따라 국민주택채권을 매입하는 자의 매입 금액 및 절차 등에 필요한 사항은 대통령령으로 정한다.

---

①항 3호를 보시면, 국가·지방자치단체 또는 공공기관(시행령에 적용 공공기관을 별도 지정)과 건설공사 도급계약을 체결하는 자는 국민주택채권을 매입해야 합니다. 여기서 중요한 문구가 '건설공사'입니다. 건설공사란 「건설산업기본법」에 따라 이루어지는 공사이므로 전기공사, 정보통신공사, 소방공사 등 기타 개별법령에 따른 공사들은 이에 해당하지 않습니다. 따라서 「건설산업기본법」에 따라 이루어지는 종합공사와 전문공사는 모두 일정금액 이상의 도급계약일 때 국민주택채권 매입 대상이 됩니다. 구체적인 매입 대상 및 금액 기준은 「주택도시기금법 시행령」별표에 나와 있으며, 이중 국가, 지방자치단체 또는 공공기관과의 건설공사 부분만 발췌해서 아래에 제시해 놓았습니다.

■ 주택도시기금법 시행령 [별표] 〈개정 2022. 2. 17.〉

제1종국민주택채권 매입대상자 및 매입기준(제8조제2항 관련)

4. 국민주택채권의 최저매입금액은 1만원으로 한다. 다만, 1만원 미만의 단수가 있을 경우에 그 단수가 5천원 이상 1만원 미만일 때에는 이를 1만원으로 하고, 그 단수가 5천원 미만일 때에는 단수가 없는 것으로 한다.

제11강 | 드디어 마지막입니다. 계약서를 작성해 볼까요?

매 입 대 상	세 부 범 위	매 입 금 액
18. 국가, 지방자치단체 또는 제8조제1항에 따른 공공기관과의 건설공사 도급계약	(가) 지방자치단체의 경우 지방자치단체의 교육, 과학, 기술, 체육, 그 밖의 학예에 관한 사무를 집행하는 기관만 해당한다. (나) 도급계약금이 5억원 이상인 경우만 해당하며, 설계변경 등으로 증액되거나 장기계속공사로서 5억원 이상이 되는 경우를 포함한다.	계약금액의 1/1,000

위의 박스 내용에서 중점적으로 보셔야 할 키워드만 빨간색 원과 밑줄로 체크해 놓았습니다. 결론적으로 계약금액 5억원 이상인 경우만 해당되고 계약금액 기준 1/1,000에 해당하는 금액을 매입해야 합니다. 그리고 박스 위의 기술된 내용처럼, 채권 매입금액은 1만원 단위로 하기 때문에 아래의 예시처럼 적용하면 되겠습니다.

〈국민주택채권 매입금액 계산시 절사와 절상 적용 예시〉

계약금액	국민주택채권 매입금액	비 고
783,245,000원	780,000원	5천원 미만 절사
985,400,000원	990,000원	5천원 이상 절상

참고로 국민주택채권을 매입해야 하는 경우들을 보면 아주 다양합니다. 예를 들어 엽총소지허가시, 주류판매업면허시, 건축허가시, 건설기계신규등록시, 식품영업허가시, 부동산등기시, 건설업등록시 등 아주 다양한 면허 및 허가, 등록시에도 국민주택채권을 매입해야 합니다.(시행령 별표에 각 Case별로 매입 기준이 설정되어 있습니다) 어쨌든 우리는 5억원 이상의 건설공사 계약시에 제1종 국민주택채권을 매입하도록 안내하면 되겠습니다.

세부적인 매입방법은 계약업체에서 수행하기 때문에 여기에서 그 부분까지 다루지는 않았습니다. 계약담당자는 인지세와 국민주택채권을 계약서 작성 전에 매입하도록 안내하고 확인해야 합니다. 아셨죠?

제11강 | 드디어 마지막입니다. 계약서를 작성해 볼까요?

Q3. 계약보증금은 어떻게 납부받아야 하나요? 계약이행보증 증권과의 차이점은 무엇인가요?

계약서를 완성하기 전에 계약보증금도 먼저 납부받아야 합니다. 이번 Q3에서는 계약보증금 제도에 대해서 설명해 드리겠습니다. 먼저 계약보증금과 관련된 법령 내용을 살펴볼까요? 「국가계약법」 제12조(계약보증금)을 살펴보겠습니다.

> **국가를 당사자로 하는 계약에 관한 법률** (약칭: 국가계약법)
> [시행 2023. 10. 19.] [법률 제19544호, 2023. 7. 18., 타법개정]
>
> ☐ 제12조(계약보증금) ① 각 중앙관서의 장 또는 계약담당공무원은 국가와 계약을 체결하려는 자에게 계약보증금을 내도록 하여야 한다. 다만, 대통령령으로 정하는 경우에는 계약보증금의 전부 또는 일부의 납부를 면제할 수 있다.
> ② 제1항에 따른 계약보증금의 금액, 납부방법, 그 밖에 필요한 사항은 대통령령으로 정한다.
> ③ 각 중앙관서의 장 또는 계약담당공무원은 계약상대자가 계약상의 의무를 이행하지 아니하였을 때에는 해당 계약보증금을 국고에 귀속시켜야 한다. 이 경우 제1항 단서에 따라 계약보증금의 전부 또는 일부의 납부를 면제하였을 때에는 대통령령으로 정하는 바에 따라 계약보증금에 해당하는 금액을 국고에 귀속시켜야 한다.
> [전문개정 2012. 12. 18.]

①항에 나와 있듯이, 계약보증금은 계약을 체결하기 전에 내야 합니다. 따라서 계약담당자는 계약서 작성 전에 계약업체의 계약보증금 납부를 반드시 확인해야 합니다. 위의 ③항에서 보듯이, 계약보증금은 계약업체가 계약상 의무를 제대로 이행하지 아니할 때 국고에 귀속시키는 것입니다. 계약보증금이 걸려 있기 때문에 계약업체는 계약보증금을 떼이지 않기 위해서 계약기간과 계약내용을 지켜서 도급공사를 마무리해야 하겠죠?

이어서 「국가계약법 시행령」 제50조(계약보증금)을 살펴보겠습니다. 이 조문만 제대로 봐도 계약보증금 관련 핵심사항은 모두 아시게 될겁니다.

> **국가를 당사자로 하는 계약에 관한 법률 시행령** (약칭: 국가계약법 시행령)
> [시행 2023. 11. 16.] [대통령령 제33861호, 2023. 11. 16., 일부개정] [입법예고]
>
> ☐ 제50조(계약보증금) ①각 중앙관서의 장 또는 계약담당공무원은 법 제12조에 따른 계약보증금을 계약금액의 100분의 10 이상으로 납부하게 해야 한다. 다만, 「재난 및 안전관리 기본법」 제3조제1호의 재난이나 경기침체, 대량실업 등으로 인한 국가의 경제위기를 극복하기 위해 기획재정부장관이 기간을 정하여 고시한 경우에는 계약보증금을 계약금액의 100분의 5 이상으로 할 수 있다. <개정 2020. 5. 1.>
> ②단가계약에 의하는 경우로서 여러 차례로 분할하여 계약을 이행하게 하는 때에는 제1항의 규정에 불구하고 매회별 이행예정량중 최대량에 계약단가를 곱한 금액의 100분의 10이상을 계약보증금으로 납부하게 하여야 한다.
> ③장기계속계약에 있어서는 제1차 계약체결시 부기한 총공사 또는 총제조등의 금액의 100분의 10이상을 계약보증금으로

제11강 | 드디어 마지막입니다. 계약서를 작성해 볼까요?

> 납부하게 하여야 한다. 이 경우 당해 계약보증금은 총공사 또는 총제조등의 계약보증금으로 보며, 연차별계약이 완료된 때에는 당초의 계약보증금 중 이행이 완료된 연차별계약금액에 해당하는 분을 반환하여야 한다. <개정 1999. 9. 9., 2005. 9. 8., 2007. 10. 10.>
>
> ④ 삭제 <1999. 9. 9.>
>
> ⑤ 삭제 <1999. 9. 9.>
>
> ⑥ 법 제12조제1항 단서에 따라 계약보증금의 전부 또는 일부를 면제할 수 있는 경우는 다음 각 호와 같다. <개정 1998. 2. 2., 2005. 9. 8., 2006. 12. 29., 2010. 7. 21., 2011. 2. 9.>
>
> 1. 제37조제3항제1호부터 제4호까지 및 제5호의2에 규정된 자와 계약을 체결하는 경우
> 2. 삭제 <2006. 12. 29.>
> 3. 계약금액이 5천만원이하인 계약을 체결하는 경우
> 4. 일반적으로 공정·타당하다고 인정되는 계약의 관습에 따라 계약보증금 징수가 적합하지 아니한 경우
> 5. 이미 도입된 외자시설·기계·장비의 부분품을 구매하는 경우로서 당해 공급자가 아니면 당해 부분품의 구입이 곤란한 경우
>
> ⑦ 계약보증금은 현금 또는 제37조제2항 각호에 규정한 보증서등으로 이를 납부하게 하여야 한다. <개정 1998. 2. 2.>

먼저 위 ①항을 보시면, 계약보증금은 계약금액의 10% 이상(100분의 10이상)을 납부해야 합니다. 여기에서 10% 이상이라고 하는 것은 국가계약의 계약보증금 원칙을 얘기하고 있는 것입니다. 즉 공사계약, 물품계약, 용역계약 등 계약의 종류에 따라 달리 적용하도록 법령조문이 제정되어 있습니다. 공사계약은 「국가계약법 시행령」 제52조(공사계약에 있어서의 이행보증)에서 별도로 규정하고 있으며 계약보증금으로 납부할 때에는 계약금액의 15% 이상을, 공사이행보증서로 제출할 때에는 계약금액의 40% 이상을 적용하도록 되어 있습니다. 이 부분은 뒤에서 「국가계약법 시행령」 제52조를 보면서 다시 설명해 드리기로 하고 우선 넘어가겠습니다.

①항의 단서 조항을 보시면(다만, …국가의 경제위기를 극복하기 위해 기획재정부장관이 기간을 정하여 고시한 경우에는… 계약금액의 100분의 5이상으로 할 수 있다.) 기획재정부장관의 고시에 따라 계약보증금을 1/2 경감해 주는 제도가 있습니다. 이 단서 조항은 코로나19 상황이 발생하면서 2020.5.1일부로 단서 조항을 신설해서 계약업체들의 부담을 줄여주고자 계약보증금을 낮추어주고 있으며 현재도 우리나라 경제회복을 고려해서 계속 유효한 상황입니다. 기획재정부장관의 특례기간 적용 고시문은 매년 12월말과 6월말을 기점으로 발표하기 때문에 해당 단서 조항 적용 여부를 주기적으로 확인해야 합니다.

위 ③항을 보시면, 장기계속계약의 경우 최초 계약서 작성시 전체 계약보증금을 납부하도록 되어 있습니다. 다만 1차수(1차년도) 계약이 완공된 후 2차수(2차년도) 계약시에는 1차수

제11강 | 드디어 마지막입니다. 계약서를 작성해 볼까요?

계약금액에 해당하는 계약보증금을 돌려주도록 되어 있습니다. 예를 들어 총공사부기금액이 100억원이고 이중 1차수 30억원, 2차수 70억원이라고 가정한다면, 최초 계약시에 15억원의 계약보증금을 받았다가 1차수 계약이 종료되고 이듬해 2차수 계약시에는 계약보증금 중 4.5억원(1차수 계약금액에 해당하는 계약보증금, 30억원 × 15% = 4.5억원)을 업체에게 돌려주고 10.5억원만 계약보증금으로 보관하면 되는 것입니다.

위의 ⑥항을 보시면, 계약금액이 5천만원이하인 경우에는 계약보증금 납부를 면제할 수 있습니다. 이때 계약보증금 면제라고 해서 아무것도 안 받는 것은 아닙니다. 계약보증금 납부를 면제했을 때에는 계약서(Q1에서 살펴보았던 양식) 계약보증금 작성란에 면제 사유와 면제금액을 기재하고 계약보증금 지급각서를 제출받아야 합니다. 계약보증금 지급각서는 계약보증금을 면제하는 대신 받는 서류로서 계약서와 함께 합철해서 보관해야 합니다.

위의 ⑦항을 보시면, 계약보증금을 납부받을 때 현금 또는 보증서로 납부받도록 규정되어 있습니다. 실제 계약실무에서 현금으로 계약보증금을 납부하는 경우는 거의 없습니다. 대부분 보증서로 납부받기 때문에 참고만 하시면 될 것 같습니다.

다음은 「국가계약법 시행령」 제52조(공사계약에 있어서의 이행보증)을 살펴보면서 공사계약의 계약보증금을 좀 더 살펴보겠습니다.

국가를 당사자로 하는 계약에 관한 법률 시행령 (약칭: 국가계약법 시행령)

[시행 2023. 11. 16.] [대통령령 제33861호, 2023. 11. 16., 일부개정] 입법예고

□ **제52조(공사계약에 있어서의 이행보증)** ①각 중앙관서의 장 또는 계약담당공무원은 공사계약을 체결하고자 하는 경우 계약상대자로 하여금 다음 각 호의 어느 하나에 해당하는 방법을 선택하여 계약이행의 보증을 하게 해야 한다. 다만, 각 중앙관서의 장 또는 계약담당공무원은 공사계약의 특성상 필요하다고 인정되는 경우에는 계약이행보증의 방법을 제3호에 따른 방법으로 한정할 수 있다. <개정 1999. 9. 9., 2000. 12. 27., 2006. 5. 25., 2010. 7. 21., 2018. 12. 4., 2019. 9. 17., 2020. 5. 1.>

  1. 삭제 <2010. 7. 21.>
  2. 계약보증금을 계약금액의 100분의 15(「재난 및 안전관리 기본법」 제3조제1호의 재난이나 경기침체, 대량실업 등으로 인한 국가의 경제위기를 극복하기 위해 기획재정부장관이 기간을 정하여 고시한 경우에는 1천분의 75) 이상 납부하는 방법
  3. 제50조제1항부터 제3항까지의 규정에 따른 계약보증금을 납부하지 않고 공사이행보증서[해당공사의 계약상의 의무를 이행할 것을 보증한 기관이 계약상대자를 대신하여 계약상의 의무를 이행하지 않는 경우에는 계약금액의 100분의 40(예정가격의 100분의 70미만으로 낙찰된 공사계약의 경우에는 100분의 50)이상을 납부할 것을 보증하는 것이어야 한다]를 제출하는 방법

제11강 | 드디어 마지막입니다. 계약서를 작성해 볼까요?

위 ①항을 보시면 공사계약의 이행보증은 두가지 방법이 있습니다. 첫번째는 계약보증금을 납부하는 경우로서 계약금액의 15% 이상 납부하는 것이고, 두번째는 공사계약이행보증 제도를 이용하는 것으로서 계약금액의 40% 이상을 보증하는 것입니다. 두가지의 개념 차이는 아래와 같습니다.

구 분	개념 / 계약 미이행시 절차	기타(종류 및 발행기관)
계약보증금	일정 금액을 국가기관에 직접 납부(현금)하거나, 일정 금액 납부를 보증하는 보증서를 제출함 〈 계약업체 미이행시 〉 납부받은 금액(현금) 또는 보증기관에 청구해서 받는 보증금액을 국고에 귀속시킴 * 보증금액 : 계약금액의 15% 이상	현금, 지급보증서(금융기관 발행), 증권(증권회사 발행), 보증보험증권(보험사 발행), 보증서(공제조합에서 발행) 등

공사계약 이행보증	1. 계약업체가 계약이행을 못할 경우, 제3자에 의한 계약이행을 보증함
	2. 제3자에 의한 계약이행 및 완료를 못할 경우에는 보증금액을 국고에 귀속시킴
	
	〈 계약업체 미이행시 〉 * 2단계 시행
	1. 별도 시공업체에 의한 계약이행 시행
	  * 보증서 발급기관이 시공업체를 지정함
	2. 지정된 시공업체도 계약이행 불가시에는 보증금액을 국고에 귀속시킴
	  * 보증금액 : 계약금액의 40% 이상
		공사계약이행보증서 (금융기관, 보험사, 공제조합에서 발행)

두가지 차이점이 이해되시나요? 2가지 보증제도 중에서 좀 더 확실한 이행보증은 공사계약이행보증 제도입니다. 공사계약이행보증 제도는 계약업체가 계약이행을 못 하더라고 보증기관이 제3자(시공업체)를 지정해서 계속 공사를 이행하므로 공사 완공이 보장됩니다. 만약 별도 지정된 제3자(시공업체)도 계약이행을 못할 경우에는 계약금액의 40% 이상을 국고에 귀속시키므로 어떻게든 보증기관이 책임지고 공사 완공을 보장하게 됩니다. 따라서 위의 2가지 계약보증 제도 중에서 소액·소규모 및 일반적인 공사계약은 계약보증금 제도를 주로 적용하고, 대형 공사계약이나 난이도가 있는 공사계약은 공사계약이행보증 제도를 주로 적용하게 됩니다. 참고로 국가계약법령에서는 종합심사낙찰제 적용 공사, 대형공사계약, 기술제안입찰 등의 계약시 반드시 공사계약이행보증 제도를 적용하도록 의무규정을 두고 있습니다.

제11강 | 드디어 마지막입니다. 계약서를 작성해 볼까요?

마지막으로 꼭 알아두어야 할 보증서의 보증기간 설정에 대해서 살펴보겠습니다. 보증서를 받아두었지만 보증기간이 잘못 설정된 경우라면 큰 문제가 발생합니다. 따라서 국가계약법령에 규정하고 있는 보증기간 설정에 대해서 살펴보겠습니다. 이것은 「국가계약법 시행규칙」 제55조(보증보험증권등에 의한 보증금 납부)에 입찰보증금, 계약보증금, 하자보수보증금 등 3가지의 보증기간 설정에 대해서 규정하고 있습니다.

> **국가를 당사자로 하는 계약에 관한 법률 시행규칙** (약칭: 국가계약법 시행규칙)
>
> [시행 2023. 11. 2.] [기획재정부령 제1022호, 2023. 11. 2., 일부개정]
>
> □ 제55조(보증보험증권등에 의한 보증금 납부) ①각 중앙관서의 장 또는 계약담당공무원은 입찰참가자 또는 계약상대자가 제43조·제51조 및 제52조의 규정에 의한 보증금을 영 제37조제2항제1호·제3호 또는 제4호의 규정에 의한 지급보증서·보증보험증권 또는 보증서(이하 "보증보험증권등"이라 한다)로 납부하고자 할 때에는 다음 각 호의 요건이 충족된 것으로 유가증권취급공무원에게 제출하게 하여야 한다. <개정 1996. 12. 31., 2005. 9. 8., 2006. 12. 29.>
> 1. 피보증인의 명의가 대한민국정부일 것
> 2. 보증금액이 납부하여야 할 보증금액이상일 것
> 3. 보증기간은 보증금에 따라 다음 각목의 어느 하나에 해당할 것
>   가. 입찰보증금
>   (1) 보증기간의 초일 : 입찰서 제출마감일 이전일 것
>   (2) 보증기간의 만료일 : 입찰서 제출마감일 다음날부터 30일 이후일 것. 다만, 영 제78조의 규정에 의한 공사입찰의 경우에는 입찰서 제출마감일 다음날부터 90일 이후이어야 한다.
>   나. 계약보증금
>   (1) 보증기간의 초일 : 계약기간 개시일
>   (2) 보증기간의 만료일 : 계약기간의 종료일 이후일 것
>   다. 하자보수보증금
>   (1) 보증기간의 초일 : 목적물을 인수한 날과 준공검사를 완료한 날 중에서 먼저 도래한 날
>   (2) 보증기간의 만료일 : 하자담보책임기간 종료일 이후일 것

너무나 당연한 이야기이지만, 계약보증금은 계약기간 개시일로부터 계약기간 종료일 이후까지 보증기간이 설정되어 있어야 합니다. 위 ①항 3호 나목을 보시면 명확하게 규정되어 있는 것을 아실겁니다. 나머지 입찰보증금, 하자보수보증금의 보증서 보증기간 규정도 같이 한번 봐 두시면 좋을 것 같습니다.

이상으로 계약보증금에 대한 이야기를 마무리하겠습니다. 다음 Question에서는 지체상금률에 대해서 살펴보겠습니다.

제11강 | 드디어 마지막입니다. 계약서를 작성해 볼까요?

Q4 지체상금률은 어떻게 기재해야 하나요?

Q1 공사도급표준계약서 양식에서 지체상금률을 보신 기억이 나시나요? 이 부분은 Q1에서 모든 항목을 세부적으로 설명드리기가 어려워서 뒤에서 다루기로 하고 미루어 두었습니다. 이번 Q4에서 지체상금률에 대해서 설명드리겠습니다. 계약서에 지체상금률을 기재하기 위해서는 지체상금률의 개념부터 적용 규정까지 알아야 합니다. 하나하나 알아볼까요?

지체상금이란 계약 이행을 정당한 이유없이 지체하여 이행한 경우에 내는 배상금을 말합니다. 여기에서 중요한 문구를 세가지로 나누어 살펴보겠습니다. 첫번째 핵심문구는 '정당한 이유 없이' 입니다. 즉 천재지변이나 불가항력적인 사유가 아닌, 계약업체의 이행 지체로 인한 경우를 말합니다. 천재지변이나 불가항력적인 이유로 인해 발생한 이행지체는 지체상금을 면제하지만 그외 나머지 경우들은 계약업체가 의무 이행을 불성실하게 해서 발생한 것이므로 배상금을 내도록 하는 것입니다. 두번째 핵심문구는 '지체하여 이행한 경우' 입니다. 즉 계약업체가 계약이행을 완료하되 약정된 계약기간을 넘겨서 이행한 경우를 말하는 것입니다. 만약 현재 계약이행이 지체되고 있고 이행완료가 불가한 상황에서는 지체상금이 아니라 계약해지 절차로 진행해야 합니다. 이행이 완료된 경우에 한해서만 지체상금을 산정할 수 있습니다. 지체일수가 확정되어야만 지체상금을 계산할 수 있고 지체일수가 확정되었다는 뜻은 계약이행이 완료되었다는 뜻이기 때문입니다. 세번째 핵심문구는 '배상금' 입니다. 계약업체가 적기(정해진 계약기간)에 계약이행을 완료하지 않았기 때문에 국가의 손해가 발생한 것입니다. 예를 들어 초등학교 교실을 연말까지 완공하기로 했는데 몇개월을 넘겨서 완공했다고 가정해 봅시다. 이로 인해 새학기 개학 시기에 교실을 사용하지 못하는 피해가 발생할 것입니다. 아마 개학과 동시에 수업을 진행해야 하므로 별도의 건물 공간을 임차해서 사용할 수도 있을 것입니다. 이처럼 계약당사자인 국가는 여러가지 손해가 발생합니다. 이처럼 계약기간 미준수로 인한 피해를 배상하는 배상금의 성격을 갖는 것이 지체상금입니다.

핵심 문구 3가지를 통해서 지체상금의 의미를 살펴보았습니다. 하지만 지체상금의 근본적인 목적은 애초부터 계약업체의 이행 지체가 발생하지 않도록 예방하기 위함이라고 생각합니다. 지체일수만큼 지체상금이 계속 증가해서 발생하므로 계약업체가 계약기간을 준수해서 계약완료를 해야 한다고 강조하는 효과입니다.

제11강 | 드디어 마지막입니다. 계약서를 작성해 볼까요?

다음은 지체상금에 대해서 계산 공식부터 설명해 드리겠습니다. 아래 박스 내용을 보실까요?

구 분	내 용			비 고
지체상금 계산 방법	☐ 지체상금 = 계약금액 × 지체상금률(기획재정부령) × 지체일수			국가계약법 시행령 제74조 / 시행규칙 제75조
	공 사	물품제조·구매 등	용역 및 기타	
	1천분의 0.5 (0.5/1,000)	1천분의 0.75 (0.75/1,000)	1천분의 1.25 (1.25/1,000)	
	0.05%	0.075%	0.125%	

지체상금은 계약금액을 기준으로 해서 지체상금률과 지체일수를 곱해서 산출합니다. 예를 들어 체육관 신축공사 계약금액 50억원이고 지체일수가 30일이라고 가정해 봅시다. 이것의 지체상금을 계산해 보면, 50억원 × 0.05% × 30일 = 75,000,000원 입니다. 계약금액이 클수록, 지체일수가 늘어날수록 지체상금은 더 커집니다. 이해되시죠?

다음은 장기계속계약의 지체상금 계산방법입니다. 장기계속계약은 연차별(차수별) 계약서 작성과 연차별 준공 처리를 하므로 지체상금도 연차별 계약금액과 연차별 지체일수를 가지고 계산합니다. 예를 들어 아래와 같은 기숙사 신축 장기계속계약이 있다고 가정해 봅시다.

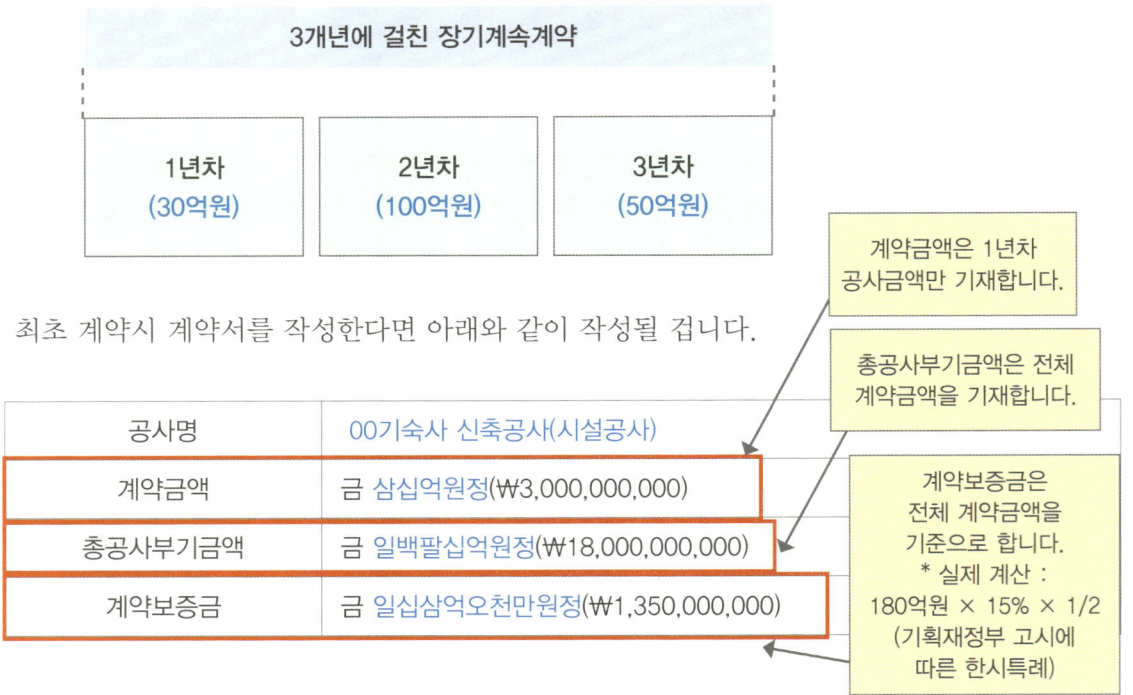

최초 계약시 계약서를 작성한다면 아래와 같이 작성될 겁니다.

제11강 | 드디어 마지막입니다. 계약서를 작성해 볼까요?

현장	충청남도 아산시 OOO
지체상금률	0.05%
물가변동계약금액조정방법	국가계약법 시행령 제64조 제1항 제2호에 따른 지수조정률 적용
착공연월일	2024. 9. 21.
준공연월일	2026. 6. 30.
기타사항	2년차 : 10,000,000,000원 / 3년차 : 5,000,000,000원 / 공사감독관 : 김감독(042-622-0404)

(계약체결일) 2024. 9. 1.

위의 계약서 작성 예시를 보시면, 계약금액과 총공사부기금액이 차이가 있으므로 장기계속계약이라는 것을 유추할 수 있으며, 기타사항에 2년차와 3년차 계약금액을 적어 놓았기 때문에 장기계속계약임을 좀 더 명확하게 알 수 있습니다. 차수별 준공 처리를 하므로 지체상금은 연차별 계약금액과 연차별 지체일수를 가지고 계산합니다. 여기에서 위의 1년차 공사 완료가 30일이 경과해서 준공되었다고 가정해 봅시다. 이때 지체상금은 30억원(1년차 공사금액) × 0.05%(지체상금률) × 30일(1년차 공사 지체일수) = 45,000,000원이 됩니다. 즉 장기계속계약은 연차별 계약금액과 연차별 공사 지체일수를 기준으로 지체상금을 계산합니다. 여기에서 연차별 공사 지체일수는 매년 말일을 해당년차 공사계약 기한으로 계산하므로 매년 말일을 넘어서 이행이 완료된 날짜 기준으로 지체일수를 계산하시면 됩니다.

다음으로 꼭! 짚고 넘어가야 할 유의사항이 있습니다. 실무를 처음 접하는 담당자들은 간혹 이행지체된 부분만을 지체상금으로 포함해서 계산하는 경우가 있습니다. 먼저 해당 내용이 기술되어 있는 법령을 먼저 살펴보겠습니다. 가장 핵심내용이 나와있는 부분이 「국가계약법 시행령」 제74조(지체상금) 입니다.

국가를 당사자로 하는 계약에 관한 법률 시행령 (약칭: 국가계약법 시행령)

[시행 2023. 11. 16.] [대통령령 제33861호, 2023. 11. 16., 일부개정] 입법예고

☐ 제74조(지체상금) ①각 중앙관서의 장 또는 계약담당공무원은 계약상대자(국가기관과 지방자치단체를 제외한다)가 계약상의 의무를 지체한 때에는 지체상금으로서 <u>계약금액(장기계속공사계약·장기계속물품제조계약·장기계속용역계약의 경우에는 연차별 계약금액을 말한다. 이하 이 조에서 같다)</u>에 <u>기획재정부령</u>이 정하는 율과 지체일수를 곱한 금액을 계약상대자로

제11강 | 드디어 마지막입니다. 계약서를 작성해 볼까요?

> 하여금 현금으로 납부하게 하여야 한다. 이 경우 계약상대자의 책임없는 사유로 계약이행이 지체되었다고 인정될 때에는 그 해당일수를 지체일수에 산입하지 아니한다. <개정 1999. 9. 9., 2006. 5. 25., 2008. 2. 29.>
> ②제1항의 경우 기성부분 또는 기납부분에 대하여 검사를 거쳐 이를 인수한 경우(인수하지 아니하고 관리·사용하고 있는 경우를 포함한다. 이하 이 조에서 같다)에는 그 부분에 상당하는 금액을 계약금액에서 공제한 금액을 기준으로 지체상금을 계산하여야 한다. 이 경우 기성부분 또는 기납부분의 인수는 성질상 분할할 수 있는 공사·물품 또는 용역등에 대한 완성부분으로서 인수하는 것에 한한다. <개정 1999. 9. 9.>
> ③ 제1항 및 제2항에 따라 납부할 지체상금이 계약금액(제2항에 따라 기성부분 또는 기납부분에 대하여 검사를 거쳐 이를 인수한 경우에는 그 부분에 상당하는 금액을 계약금액에서 공제한 금액을 말한다)의 100분의 30을 초과하는 경우에는 100분의 30으로 한다. <신설 2018. 12. 4.>

위 ①항은 앞서 설명해드린 장기계속계약에서의 연차별 계약금액을 기준으로 지체상금을 계산하고 적용한다는 규정입니다. 여기에서 중요한 부분이 ②항입니다. ②항을 보시면, '기성부분 또는 기납부분에 대하여 검사를 거쳐 이를 인수한 경우'라는 문구가 나옵니다. 이어서 나오는 문장에는 '이 경우 기성부분 또는 기납부분의 인수는 성질상 분할할 수 있는 공사·물품 또는 용역 등에 대한 완성부분으로서 인수하는 것에 한한다.'고 명시하고 있습니다. 여기서 핵심 키워드를 꼽아 본다면, '검사', '인수', '성질상 분할' 입니다. 즉 세가지 조건이 모두 갖추어져야 한다는 의미로 1) 성질상 분할할 수 있어야 하며, 2) 준공검사를 마치고, 3) 해당 시설물을 정식적으로 인수받은 경우에만 지체상금에서 해당 부분을 제외할 수 있다는 것입니다. 자~~ 그럼 이런 세가지 조건을 가지고 아래의 상황1과 상황2를 통해서 지체상금 제외를 판단해 볼까요?

상황 1

< 계약 이행 상황 >
- 총 5종의 종합체육시설 센터 구축(체육관, 수영장, 야외 축구장, 풋살장, 야구장) 사업을 일괄 발주해서 1건으로 계약했다고 가정
- 총 5종의 시설물에서 체육관과 수영장 등 2종 시설물은 계약기간내 정상 준공되었고 검사를 거쳐 인수해서 사용하기 시작했음
- 반면에 야외 축구장, 풋살장, 야구장 등 3종 시설은 계약기간내 완공되지 못하고 계약기간을 60일을 초과해서 완공함

< 지체상금 판단 >
체육관 및 수영장은
1) 성질상 분할할 수 있는 부분에 해당함
2) 계약기간 내에 정상 준공해서 검사를 실시함
3) 해당 시설물을 정식적으로 인수받아서 사용함

■ 결론 : 계약금액에서 체육관, 수영장 계약금액을 제외한 나머지 부분만 지체상금 부과함

제11강 | 드디어 마지막입니다. 계약서를 작성해 볼까요?

상황 2

〈 계약 이행 상황 〉
- 기숙사 신축공사(일체화된 건물로서 기숙생 호실, 식당, 다목적실, 편의시설, 지하 주차장 등이 하나의 건물로 구성됨) 사업을 일괄 발주해서 1건으로 계약했다고 가정

- 계약기간 만료전까지 대부분 시설공사는 마무리하였으나 일부 시설물 공사(식당 내부 조리실, 다목적실 내부 마감공사 등)가 마무리되지 못하였음

- 반면에 해당 계약업체는 계약기간 중에 2회 기성검사를 요청하였고 현재 기성률 95%이고 기성대가 지급액은 190억원임
  (계약금액 200억원, 기성금액 190억원)

〈 지체상금 판단 〉
 기숙사 신축공사는
1) 성질상 분할할 수 있는 부분에 해당하지 않음
   (일체화된 건축물)

2) 계약기간 내에 정상 준공해서 검사를 실시하지 못함
   (기성검사는 준공 검사가 아님)

3) 해당 시설물을 정식적으로 인수받아서 사용하지 않음
   (일부만 인수받거나 사용할 수 없음)

■ 결론 : 계약금액(200억원) 전체에 대하여 지체일수만큼 지체상금을 부과함

위의 2가지 상황 예시를 통해서 '지체상금 적용대상 제외'에 대해서 확실하게 이해하셨나요? 지체상금 적용대상에서 제외하기 위해서는 위의 3가지 조건(성질상 분할 가능 + 준공검사 + 시설물 인수)이 모두 충족해야 합니다. 가끔 계약업무를 처음하시는 분들은 기성금 지급액을 지체상금 계산시 제외하는 것으로 착각하는 경우가 종종 있습니다. 이런 오류는 계약법령에 '기성부분'이라는 용어가 나오다 보니 혼동하는 것입니다. 앞서 설명해 드렸듯이 지체상금 적용대상 제외는 3가지 조건(성질상 분할 가능 + 준공검사 + 시설물 인수)이 모두 충족할 때 제외하는 것이며, 기성금 지급액과 지체상금은 전혀 무관합니다. 기성금은 계약업체가 공사 금액 보전을 위해서 기성률만큼 청구해서 받는 공사금액이지 지체상금과는 무관합니다. 기성금 지급액을 지체상금 적용대상 제외와 연관지어 생각하시면 안 됩니다. 아셨죠?

이제까지 설명드린 것은 '지체상금 적용대상 제외'였습니다. 다음으로 설명드릴 '지체일수 산정 제외'는 '지체상금 적용대상 제외'와 적용 방법이 다릅니다. 먼저 의미 구분을 이해하실 수 있도록 도표로 설명하면 아래와 같습니다.

제11강 | 드디어 마지막입니다. 계약서를 작성해 볼까요?

1. 지체상금 적용대상 제외 : 계약금액에서 제외하는 것

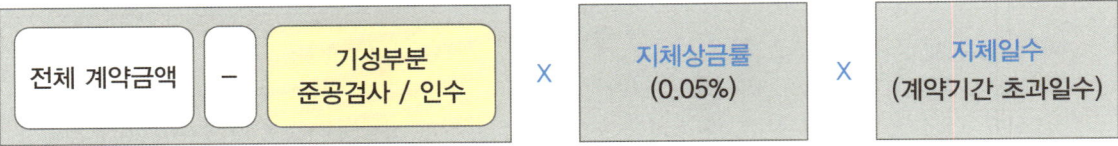

지체상금 적용대상에서 제외하는 것은 전체 계약금액에서 준공검사 및 인수한 부분에 대한 계약금액을 제외하는 것을 의미합니다. 따라서 지체상금률이나 지체일수를 바꾸는 부분이 아닙니다.

2. 지체일수 산정 제외 : 지체일수에서 제외하는 것

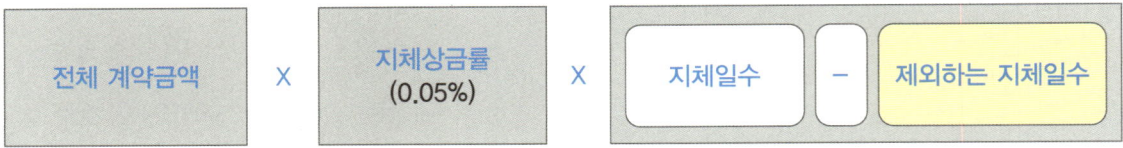

지체일수 산정 제외는 총 지체일수에서 특별한 사유가 인정되는 지체일수 만큼을 빼주는 것이므로 전체 계약금액이나 지체상금률이 바뀌는 것이 아닙니다. 자~~ 그럼 어떤 경우에 지체일수 산정을 제외하는지 살펴볼까요? 이 내용은 (계약예규) 공사계약 일반조건 제25조(지체상금) ③항에 기술되어 있습니다.

(계약예규) 공사계약일반조건

[시행 2024. 1. 1.] [기획재정부계약예규 제680호, 2024. 1. 1., 일부개정]

☐ 제25조(지체상금) ① 계약상대자는 계약서에 정한 준공기한(계약서상 준공신고서 제출기일을 말한다. 이하 같다)내에 공사를 완성하지 아니한 때에는 매 지체일수마다 계약서에 정한 지체상금률을 계약금액(장기계속공사계약의 경우에는 연차별 계약금액)에 곱하여 산출한 금액(이하 "지체상금"이라 한다)을 현금으로 납부하여야 한다. 다만, 납부할 금액이 계약금액(제2항에 따라 기성부분 또는 기납부분에 대하여 검사를 거쳐 이를 인수한 경우에는 그 부분에 상당하는 금액을 계약금액에서 공제한 금액을 말한다)의 100분의 30을 초과하는 경우에는 100분의 30으로 한다. <단서신설 2018.12.31>

② 계약담당공무원은 제1항의 경우에 제29조에 의하여 기성부분에 대하여 검사를 거쳐 이를 인수(인수하지 아니하고 관리·사용하고 있는 경우를 포함한다. 이하 이 조에서 같다)한 때에는 그 부분에 상당하는 금액을 계약금액에서 공제한다. 이 경우에 기성부분의 인수는 그 성질상 분할할 수 있는 공사에 대한 완성부분으로 인수하는 것에 한한다.

③ 계약담당공무원은 다음 각호의 어느 하나에 해당되어 공사가 지체되었다고 인정할 때에는 그 해당일수를 제1항의 지체일수에 산입하지 아니한다.

1. 제32조에서 규정한 불가항력의 사유에 의한 경우
2. 계약상대자가 대체 사용할 수 없는 중요 관급자재 등의 공급이 지연되어 공사의 진행이 불가능하였을 경우
3. 발주기관의 책임으로 착공이 지연되거나 시공이 중단되었을 경우
4. <삭제 2010.9.8.>
5. 계약상대자의 부도 등으로 보증기관이 보증이행업체를 지정하여 보증시공할 경우
6. 제19조에 의한 설계변경(계약상대자의 책임없는 사유인 경우에 한한다)으로 인하여 준공기한내에 계약을 이행할 수 없을 경우 <개정 2015.9.21.>

제11강 | 드디어 마지막입니다. 계약서를 작성해 볼까요?

> 7. 발주기관이 「조달사업에 관한 법률」 제27조 제1항에 따른 혁신제품을 자재로 사용토록 한 경우로서 혁신제품의 하자가 직접적인 원인이 되어 준공기한내에 계약을 이행할 수 없을 경우 <신설 2020.12.28.>
> 8. 원자재의 수급 불균형 또는 「정부 입찰·계약집행기준」 제70조의4제1항제1호에 따른 가격급등으로 인하여 해당 관급자재의 조달지연 또는 사급자재(관급자재에서 전환된 사급자재를 포함한다)의 구입곤란 등 기타 계약상대자의 책임에 속하지 아니하는 사유로 인하여 지체된 경우

위 ③항의 각호에서 보듯이, 불가항력의 사유나 계약상대자의 책임에 속하지 않는 경우에만 지체일수를 제외합니다. 실무에서 지체일수 제외와 관련해서 민원과 논란도 많습니다. 제외일수는 명백하고 객관적인 근거자료가 뒷받침되어야 하고, 근거자료에 따라 인정될 수 있는 기간만 적용해야 합니다.

여기까지 지체상금에 대해서 전반적으로 살펴보았습니다. Q4를 시작할 때에는 지체상금의 개념과 계약서 양식에서의 지체상금률 표시 방법을 주로 설명드리고자 했으나, 이야기를 풀다보니 '지체상금 적용대상 제외'와 '지체일수 산정 제외'까지 살펴보았습니다. '지체상금 적용대상 제외'와 '지체일수 산정 제외' 내용은 계약대금(준공금) 지급시 발생하기 때문에 나중에 대가지급을 대비해서 참고사항 정도로 알아두면 됩니다. 현재 계약서 작성을 목표로 하는 단계이므로 계약서 완성을 위해 계속 나아가 볼까요?

제11강 | 드디어 마지막입니다. 계약서를 작성해 볼까요?

Q5 하자담보 책임기간은 어떻게 기재해야 하나요?

Q4 지체상금률 기재에 이어서, 이번 Q5에서는 공사도급표준계약서 양식 중 하자담보 책임기간 기재 방법을 살펴보겠습니다. 표준계약서에 하자담보 책임기간을 기재하기 위해서는 하자보수보증금 개념부터 하자담보 책임기간 적용 규정까지 알아야 합니다. 하나씩 차근차근 살펴보겠습니다.

먼저 하자보수보증금 개념부터 알아보겠습니다. 하자보수보증금이란 건물 완공 후 발생할지 모르는 하자발생 부분을 보수하기 위한 담보금액입니다. 즉 계약업체가 불성실하게 시공해서 하자가 발생했을 때, 계약업체에게 하자보수를 청구하거나 국가기관이 직접 하자보수 소요금액을 충당하기 위해 받아놓는 금액입니다. 잠시「국가계약법 시행령」제62조(하자보수보증금) 조문을 읽어 볼까요?

> **국가를 당사자로 하는 계약에 관한 법률 시행령** (약칭: 국가계약법 시행령)
> [시행 2023. 11. 16.] [대통령령 제33861호, 2023. 11. 16., 일부개정] 입법예고
>
> ☐ 제62조(하자보수보증금) ①법 제18조의 규정에 의한 하자보수보증금은 기획재정부령이 정하는 바에 의하여 계약금액의 100분의 2이상 100분의 10이하로 하여야 한다. 다만, 공사의 성질상 하자보수가 필요하지 아니한 경우로서 기획재정부령이 정하는 경우에는 하자보수보증금을 납부하지 아니하게 할 수 있다. <개정 1999. 9. 9., 2008. 2. 29.>
> ②각 중앙관서의 장 또는 계약담당공무원은 제1항의 규정에 의한 하자보수보증금을 당해 공사의 준공검사후 그 공사의 대가를 지급하기 전까지 납부하게 하고 제60조의 규정에 의한 하자담보책임기간동안 보관하여야 한다.

위 ①항을 보시면, 하자보수보증금은 계약금액의 2% 이상 10% 이하로 규정되어 있습니다. 그리고 ②항을 보시면, 준공검사후 공사대가 지급전까지 하자보수보증금을 납부하도록 규정되어 있습니다. 이것을 종합해보면 하자보수보증금은 계약서 작성 당시에 받아놓는 것이 아니고, 계약목적물 완공 후로부터 최종대가(준공금) 지급 전에 받아놓는 것입니다. 그럼 계약서 작성단계에서 이것을 굳이 알아야 할까라고 생각할 수 있을 겁니다. 답은 공사도급표준계약서 양식에 나와 있습니다. 공사도급표준계약서 양식을 보면 아래처럼 각 공종별 계약금액, 하자보수보증금율(%)과 해당 금액, 하자담보책임기간을 모두 세부적으로 기재하도록 되어 있습니다. 즉 계약서 작성 단계에서 명확하게 기재해 놓음으로써 공사완료후 하자보수보증금 납부에 대한 다툼이 발생하지 않도록 하는 것입니다. 결론적으로 하자보수보증금은 계약 완료시 납부받는 것이지만 계약서 작성시 아래 양식에 맞춰서 구체적이고 정확하게 기재

제11강 | 드디어 마지막입니다. 계약서를 작성해 볼까요?

해 놓아야 합니다.

〈공사도급표준계약서 양식 중 하자담보책임 기재 부분〉

하자담보책임(복합공종의 경우 공종별 구분 기재)			
공종	공종별 계약금액	하자보수보증금률(%) 및 금액	하자담보책임기간
		( )% 금 원정	
		( )% 금 원정	
		( )% 금 원정	

공사계약에서의 공종별 계약금액, 하자보수보증금율(%)과 해당 금액, 하자담보책임기간을 설명드리기 위해서 국토교통부의 정책 보도자료(건설공사의 하자담보책임 운영 지침 제정안 행정예고)에 수록된 샘플사진을 이용해서 설명해 드리겠습니다. 예를 들어 터널 신축공사가 있다고 가정해 보겠습니다. 총 계약금액은 100억원이고 이 공사금액 중에 타일공사 3억원, 도로 포장공사 10억원, 차선 도색공사 1억원이 포함되어 있고 나머지 86억원이 터널 굴착 및 조성공사였다고 가정해 보겠습니다. 상황을 가정해 본 사진은 아래와 같습니다. (전기, 소방공사 등은 별도로 가정)

위 사진처럼 전체공사 중에서 공종별로 분리가 가능한 부분은 각 공종별로 공사금액, 하자보수보증금률(%), 하자담보책임기간이 다릅니다. 그럼 먼저 하자보수보증금률(%) 부분 규정을 살펴볼까요?

제11강 | 드디어 마지막입니다. 계약서를 작성해 볼까요?

> **국가를 당사자로 하는 계약에 관한 법률 시행규칙** (약칭: 국가계약법 시행규칙)
>
> [시행 2023. 11. 2.] [기획재정부령 제1022호, 2023. 11. 2., 일부개정]
>
> 제72조(하자보수보증금률) ①각 중앙관서의 장 또는 계약담당공무원은 공사계약을 체결할 때에 영 제62조제1항 본문의 규정에 의하여 다음 각호의 공종(각 공종간의 하자책임을 구분할 수 없는 복합공사인 경우에는 주된 공종을 말한다)구분에 의하여 계약금액에 대한 하자보수보증금률을 정하여야 한다.
> 1. 철도·댐·터널·철강교설치·발전설비·교량·상하수도구조물등 중요구조물공사 및 조경공사: 100분의 5
> 2. 공항·항만·삭도설치·방파제·사방·간척등 공사: 100분의 4
> 3. 관개수로·도로(포장공사를 포함한다)·매립·상하수도관로·하천·일반건축등 공사: 100분의 3
> 4. 제1호 내지 제3호외의 공사: 100분의 2

「국가계약법 시행규칙」 제72조(하자보수보증금률) ①항을 보시면 공사 종류별로 구분해서 하자보수보증금률을 적용하도록 명시되어 있습니다. 1호처럼 철도·댐·터널 등 구조적으로 난이도가 있거나 하자발생시 위험요인이 큰 공사는 5%의 하자보수보증금률을 적용합니다. 2호처럼 공항·항만·삭도설치 등의 공사는 4%의 하자보수보증금률을 적용합니다. 3호에 나열된 공사들은 3%의 하자보수보증금률을 적용합니다. 그리고 1호부터 3호까지 나열된 것이 아닌 공사들은 2%의 하자보수보증금률을 적용합니다. 그리고 각 공종간의 하자책임을 구분할 수 없는 복합공사인 경우에는 주된 공종을 쫓아서 하자보수보증금률을 적용하고 각 공종간의 하자책임 구분이 될 경우에는 공종별 공사종류에 따라 하자보수보증금률을 적용합니다.

그럼 샘플사진과 앞서 가정한 공사금액을 가지고 하자보수보증금률 적용을 살펴볼까요? 터널굴착 및 조성공사 86억원은 터널공사이므로 위 규정에 따라 5%의 하자보수보증금률을 적용합니다. 위의 샘플사진처럼 타일공사, 도로 포장공사, 차선 도색공사는 터널공사와 분리해서 각각 하자책임을 구분할 수 있다고 판단하는 경우에는 하자보수보증금률을 달리 설정할 수 있습니다. 예를 들어 타일이 조기에 탈락되거나, 포장면에 불량 파임이 생기거나, 차선도색 부분이 조기 탈색되는 등 하자가 발생하는 경우 터널공사와 별도로 하자책임을 구분할 수 있다고 판단할 수 있습니다. 이 경우에는 타일공사 3억원, 도로 포장공사 10억원, 차선 도색공사 1억원 등 이 세가지 공종은 일반 건축공사로 보아서 3%의 하자보수보증금률을 적용하는 것입니다. 반대로 발주기관과 계약담당자 입장에서 하자책임을 구분할 수 없는 복합공사로 본다면 공사금액 100억원 전체에 대해서 5%의 하자보수보증금률을 설정해야 합니다.

제11강 | 드디어 마지막입니다. 계약서를 작성해 볼까요?

나름대로 「국가계약법 시행규칙」에 명시된 내용을 이해하실 수 있도록 설명드렸지만, 실제 실무에서 각 공종간의 하자책임 구분이 되는지 여부를 판단하고 적용하기가 어렵습니다. 아마 공사계약담당자들이 계약하는 대부분의 건축공사는 3% 하자보수보증금률을 적용한다고 생각하시면 편리하실 것 같습니다. 후배님께서 아주 특수한 공사계약(터널, 댐, 공항 등)을 담당하는 경우가 아니라면 3% 하자보수보증금률 적용을 생각하시되 조경공사 부분은 5% 하자보수보증금률이라는 정도만 기억하시면 되실 것 같습니다.

다음으로 하자담보 책임기간에 대해서 알아보겠습니다. 이것을 살펴보기 위해서는 세가지 법령을 보아야 합니다. 가장 먼저 「국가계약법 시행령」 제60조(공사계약의 하자담보 책임기간) 입니다. 아래 내용을 읽어볼까요?

> **국가를 당사자로 하는 계약에 관한 법률 시행령** (약칭: 국가계약법 시행령)
> [시행 2023. 11. 16.] [대통령령 제33861호, 2023. 11. 16., 일부개정] 입법예고
>
> ☐ **제60조(공사계약의 하자담보책임기간)** ①각 중앙관서의 장 또는 계약담당공무원은 공사의 도급계약을 체결할 때에는 전체 목적물을 인수한 날과 준공검사를 완료한 날 중에서 먼저 도래한 날(공사계약의 부분 완료로 관리·사용이 이루어지고 있는 경우에는 부분 목적물을 인수한 날과 공고에 따라 관리·사용을 개시한 날 중에서 먼저 도래한 날을 말한다)부터 <u>1년 이상 10년 이하의 범위에서 기획재정부령이 정하는 기간동안 해당 공사의 하자보수를 보증하기 위한 하자담보책임기간을 정하여야 한다.</u> 다만, 공사의 성질상 하자보수가 필요하지 아니한 경우로서 기획재정부령이 정하는 경우에는 그러하지 아니하다. <개정 1999. 9. 9., 2008. 2. 29., 2013. 12. 30., 2014. 11. 4.>

위의 시행령 제60조에서 보듯이, 1년 이상 10년 이하의 범위에서 하자담보 책임기간을 정하도록 되어 있습니다. 시행령에는 하자담보 책임기간의 최소범위(1년 이상)와 최대범위(10년 이하)만 나와있고 세부적인 것은 기획재정부령(시행규칙)에 정하도록 되어 있습니다. 그럼 「국가계약법 시행규칙」 제70조(하자담보 책임기간)을 살펴볼까요?

> **국가를 당사자로 하는 계약에 관한 법률 시행규칙** (약칭: 국가계약법 시행규칙)
> [시행 2023. 11. 2.] [기획재정부령 제1022호, 2023. 11. 2., 일부개정]
>
> ☐ **제70조(하자담보책임기간)** ①각 중앙관서의 장 또는 계약담당공무원은 영 제60조제1항 본문에 따라 공사계약을 체결할 때에는 다음 각 호의 구분에 따른 공사의 종류별 구분에 따라 하자담보책임기간을 정해야 한다. 다만, 제7호를 제외한 각 공사의 종류 간의 하자책임을 구분할 수 없는 복합공사인 경우에는 주된 공사의 종류를 기준으로 하여 하자담보책임기간을 정해야 한다. <개정 1999. 9. 9., 2014. 11. 4., 2019. 9. 17.>
> 1. 「건설산업기본법」에 따른 건설공사(제2호의 공사는 제외한다): 「건설산업기본법 시행령」 제30조 및 [별표 4]에 따른 기간
> 2. 「건설산업기본법」에 따른 건설공사 중 자갈도상 철도공사(궤도공사 부분으로 한정한다): 1년
> 3. 「공동주택관리법」에 따른 공동주택건설공사: 「공동주택관리법 시행령」 제36조제1항 및 별표 4에 따른 기간

제11강 | 드디어 마지막입니다. 계약서를 작성해 볼까요?

> 4. 「전기공사업법」에 따른 전기공사: 「전기공사업법 시행령」 제11조의2 및 [별표 3의2]에 따른 기간
> 5. 「정보통신공사업법」에 따른 정보통신공사: 「정보통신공사업법 시행령」 제37조에 따른 기간
> 6. 「소방시설공사업법」에 따른 소방시설공사: 「소방시설공사업법 시행령」 제6조에 따른 기간
> 7. 「문화재수리 등에 관한 법률」에 따른 문화재 수리공사: 「문화재수리 등에 관한 법률 시행령」 제19조 및 [별표 9]에 따른 기간
> 8. 「지하수법」에 따른 지하수개발·이용시설공사나 그 밖의 공사와 관련한 법령에 따른 공사: 1년
>
> ②영 제60조제1항 단서의 규정에 의하여 하자담보책임기간을 정하지 아니하는 경우는 제72조제2항 각호의 공사로 한다. <개정 1999. 9. 9.>

「국가계약법 시행규칙」 제70조(하자담보책임기간)를 보시면, 공사 종류별로 어떤 법령에 따라 적용하는지가 나와 있습니다. 건설공사인 경우에는 「건설산업기본법 시행령」을 적용하고, 전기공사인 경우에는 「전기공사업법 시행령」을 적용하는 것입니다. 결론적으로 하자담보책임기간은 각각의 법령을 찾아봐야 알 수 있습니다. 여기에서는 가장 일반적인 건설공사만 찾아보겠습니다. 아래는 「건설산업기본법 시행령」 제30조에 따른 별표4의 내용입니다.

공사별	세부공종별	책임기간
1. 교량	① 기둥사이의 거리가 50m 이상이거나 길이가 500m 이상인 교량의 철근콘크리트 또는 철골구조부	10년
	② 길이가 500m 미만인 교량의 철근콘크리트 또는 철골구조부	7년
	③ 교량 중 ①·② 외의 공종(교면포장·이음부·난간시설 등)	2년
2. 터널	① 터널(지하철을 포함한다)의 철근콘크리트 또는 철골구조부	10년
	② 터널 중 ① 외의 공종	5년
3. 철도	① 교량·터널을 제외한 철도시설 중 철근콘크리트 또는 철골구조	7년
	② ① 외의 시설	5년
4. 공항·삭도	① 철근콘크리트·철골구조부	7년
	② ① 외의 시설	5년
5. 항만·사방간척	① 철근콘크리트·철골구조부	7년
	② ① 외의 시설	5년
6. 도로	① 콘크리트 포장 도로	3년
	② 아스팔트 포장 도로	2년

제11강 | 드디어 마지막입니다. 계약서를 작성해 볼까요?

7. 댐	① 본체 및 여수로	10년
	② ① 외의 시설	5년
8. 상·하수도	① 철근콘크리트·철골구조부	7년
	② 관로 매설·기기설치	3년
9. 관개수로·매립		3년
10. 부지정지		2년
11. 조경	조경시설물 및 조경식재	2년
12. 발전·가스 및 산업설비	① 철근콘크리트·철골구조부	7년
	② 압력이 1제곱센티미터당 10킬로그램 이상인 고압가스의 관로 설치공사	5년
	③ ①·② 외의 시설	3년
13. 기타 토목공사		1년
14. 건축	① 대형공공성 건축물의 기둥 및 내력벽	10년
	② 대형공공성 건축물 중 기둥 및 내력벽 외의 구조상주요부분과 ①외의 건축물 중 구조상 주요부분	5년
	③ 건축물 중 ①·②와 제15호의 전문공사를 제외한 기타부분	1년
15. 전문공사	① 실내건축	1년
	② 토공	2년
	③ 미장·타일	1년
	④ 방수	3년
	⑤ 도장	1년
	⑥ 석공사·조적	2년
	⑦ 창호설치	1년
	⑧ 지붕	3년
	⑨ 판금	1년
	⑩ 철물(제1호 내지 제14호에 해당하는 철골을 제외한다)	2년
	⑪ 철근콘크리트(제1호부터 제14호까지의 규정에 해당하는 철근콘크리트는 제외한다) 및 콘크리트 포장	3년

제11강 | 드디어 마지막입니다. 계약서를 작성해 볼까요?

15. 전문공사	⑫ 급배수 · 공동구 · 지하저수조 · 냉난방 · 환기 · 공기조화 · 자동제어 · 가스 · 배연설비		2년
	⑬ 승강기 및 인양기기 설비		3년
	⑭ 보일러 설치		1년
	⑮ ⑫ · ⑭ 외의 건물내 설비		1년
	⑯ 아스팔트 포장		2년
	⑰ 보링		1년
	⑱ 건축물조립		1년
	⑲ 온실설치		2년

비고 : 위 표 중 2 이상의 공종이 복합된 공사의 하자담보책임기간은 하자책임을 구분할 수 없는 경우를 제외하고는 각각의 세부 공종별 하자담보책임기간으로 한다.

위의 내용이 「건설산업기본법 시행령」 제30조에 따른 별표4. 건설공사의 종류별 하자담보 책임기간입니다. 공종별로 세부적으로 나누어서 하자담보 책임기간을 달리 설정하고 있다는 것을 보셨겠죠? 이것만 보고는 어떻게 하자담보 책임기간을 정해야 할지 약간 감이 오지 않으실 겁니다. 앞서의 예시를 가지고 적용해 보겠습니다.

터널 신축공사의 총 계약금액은 100억원입니다. 이 공사계약 금액 중 타일공사 3억원, 도로 포장공사 10억원, 차선 도색공사 1억원이 포함되어 있습니다. 그리고 터널공사 86억원 중에는 철근콘크리트 공사금액이 30억원이고 철근콘크리트 이외의 터널공사 금액이 56억원이었다고 가정해 보겠습니다. 이 공사금액을 가정으로 하자보수보증금 및 하자담보책임기간을 설정하면 아래와 같습니다.

하자담보책임(복합공종의 경우 공종별 구분 기재)			
공 종	공종별 계약금액	하자보수보증금률(%) 및 금액	하자담보책임기간
터널공사 (철근콘크리트 공종)	30억원	5% / 금 일억오천만원정	10년
터널공사 (철근콘크리트 공종 이외)	56억원	5% / 금 이억팔천만원정	5년

제11강 | 드디어 마지막입니다. 계약서를 작성해 볼까요?

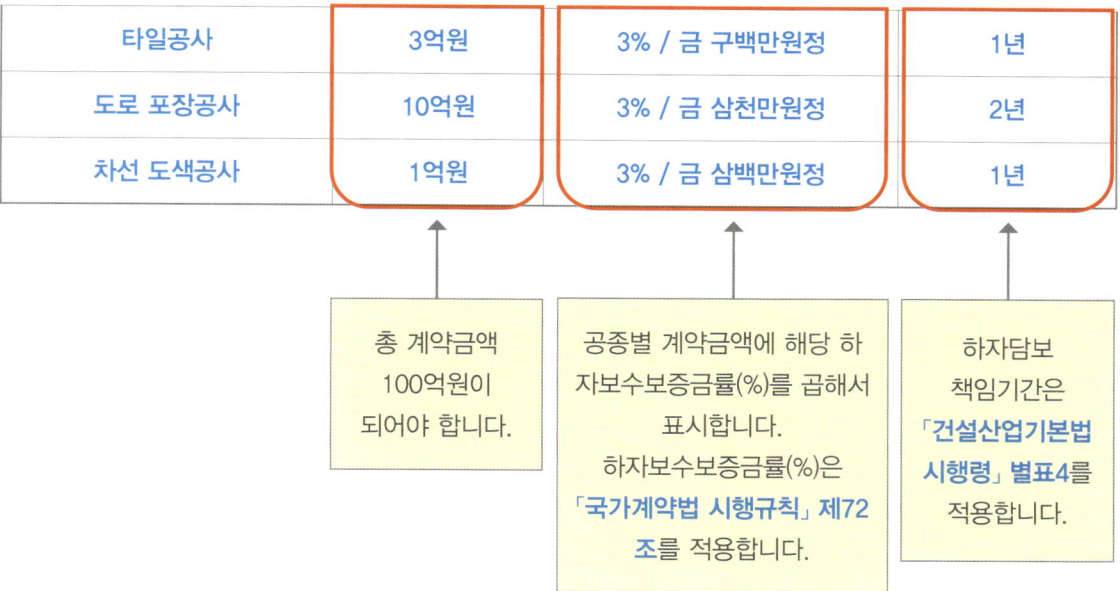

위 예시에서 보듯이 전체 터널공사 부분(철근콘크리트 공종 30억원 + 그 이외 공사 56억원)은 하자보수보증금률을 5%를 적용합니다.(「국가계약법 시행규칙」 제72조 적용) 이에따라 하자보수보증금은 각각 1.5억원과 2.8억원으로 산출됩니다. 하자담보책임기간은 터널공사 중 철근콘크리트 공종은 10년으로, 철근콘크리트 이외 공종은 5년으로 책정합니다.(「건설산업기본법 시행령」 별표4 적용)

그리고, 타일공사로부터 도로 포장공사, 차선 도색공사는 모두 일반 건축공사이면서 하자구분이 가능한 공종으로 판단해서 하자보수보증금률은 3%를 적용하고(「국가계약법 시행규칙」 제72조 적용), 하자담보 책임기간은 각각 1년 또는 2년으로 정합니다.(「건설산업기본법 시행령」 별표4 적용)

이렇게 샘플의 계약서 작성 예시를 통해 살펴보셨듯이, 하자보수보증금률은 「국가계약법 시행규칙」 제72조를 따르고 하자담보 책임기간은 「건설산업기본법 시행령」 별표4를 적용합니다. 만약 해당 공사가 전기공사라면 하자담보책임기간을 「전기공사업법 시행령」에 따라 적용하면 됩니다. 이렇게 샘플 예시를 통해서 살펴보았지만 일반적인 시설물 건축공사에서 어떻게 적용되는지 아직 실무적인 느낌이 부족할 수 있으실 것 같아서 실무적인 예시를 추가로 보여드리겠습니다.

일반적인 시설물 신축공사 사업을 가정해 보겠습니다. 해당 신축공사의 공종별 집계표가 아

제11강 | 드디어 마지막입니다. 계약서를 작성해 볼까요?

래와 같다고 가정해 보겠습니다. 이 부분은 간접경비가 빠진 직접공사비 부분만 나와있는 공종별 집계표이므로 총 계약금액(총괄 원가계산서)과 차이가 있습니다.

공종별집계표

품 명	수량	재 료 비		노 무 비		경 비		합 계	
		단가	금액	단가	금액	단가	금액	단가	금액
010101 가 설 공 사	1	3,921,369	3,921,369	31,499,442	31,499,442			35,420,811	35,420,811
010102 토 및 지정공사	1	4,738,697	4,738,697	9,491,558	9,491,558	1,094,182	1,094,182	15,324,437	15,324,437
010103 철근콘크리트공사	1	14,595,057	14,595,057	142,810,878	142,810,878	8,719,100	8,719,100	166,125,035	166,125,035
010104 철 골 공 사	1	35,498,243	35,498,243	17,537,324	17,537,324	5,430,369	5,430,369	58,465,936	58,465,936
010105 조 적 공 사	1	12,148,832	12,148,832	74,479,797	74,479,797	1,279,169	1,279,169	87,907,798	87,907,798
010106 돌 공 사	1	12,144,618	12,144,618	37,793,730	37,793,730	376,335	376,335	50,314,683	50,314,683
010107 타 일 공 사	1	8,704,848	8,704,848	31,704,744	31,704,744	802,914	802,914	41,212,506	41,212,506
010108 목공사 및 수장공사	1	60,744,245	60,744,245	25,722,754	25,722,754	423,274	423,274	86,890,273	86,890,273
010109 방 수 공 사	1	16,554,138	16,554,138	20,348,928	20,348,928	182,162	182,162	37,085,228	37,085,228
010110 지붕 및 홈통공사	1	43,386,659	43,386,659	17,710,089	17,710,089	87,844	87,844	61,184,592	61,184,592
010111 금 속 공 사	1	24,769,439	24,769,439	24,997,303	24,997,303	1,049,860	1,049,860	50,816,602	50,816,602
010112 미 장 공 사	1	1,354,359	1,354,359	12,661,331	12,661,331	216,025	216,025	14,231,715	14,231,715
010113 창 호 공 사	1	21,992,929	21,992,929	5,224,583	5,224,583	57,206	57,206	27,274,718	27,274,718
010114 유 리 공 사	1	17,634,312	17,634,312	4,041,867	4,041,867			21,676,179	21,676,179
010115 칠 공 사	1	26,158,250	26,158,250	20,968,231	20,968,231	1,042,760	1,042,760	48,169,241	48,169,241
010116 기 타 공 사	1	3,001,211	3,001,211	909,268	909,268	21,707	21,707	3,932,186	3,932,186
010117 철 거 공 사	1	509,660	509,660	4,119,258	4,119,258	1,031,909	1,031,909	5,660,827	5,660,827
010118 골 재 비	1	9,560,012	9,560,012					9,560,012	9,560,012
[합 계]			317,416,878		482,021,085		21,814,816		821,252,779

만약 이 직접공사비를 토대로 하자보수보증금률 적용을 위한 공종별 계약금액을 산출해야 한다면 어떻게 해야 할까요? 예를 들어 A, B, C, D, E 다섯가지 공종이 있다면 A공종 직접

제11강 | 드디어 마지막입니다. 계약서를 작성해 볼까요?

공사비가 전체 공종 직접공사비(A+B+C+D+E)에서 차지하는 비율을 구한 후에, 해당 비율을 전체 계약금액에 대입해서 A공종의 계약금액을 환산하는 것입니다. 즉, 직접공사비 차지 비율을 가지고 간접비까지 배분해서 전체 계약금액을 맞추는 것입니다. 바로 아래의 엑셀 작업이 그것입니다.

공종별 집계표 => 전체 공사금액으로 환산

품 명	수량	직접공사비	차지하는 비율 계산	전체 공사계약 금액으로 환산
010101 가 설 공 사	1	35,420,811	4.31%	56,619,859
010102 토 및 지정공사	1	15,324,437	1.87%	24,495,979
010103 철근콘크리트공사	1	166,125,035	20.23%	265,549,425
010104 철 골 공 사	1	58,465,936	7.12%	93,457,291
010105 조 적 공 사	1	87,907,798	10.70%	140,519,851
010106 돌 공 사	1	50,314,683	6.13%	80,427,584
010107 타 일 공 사	1	41,212,506	5.02%	65,877,833
010108 목공사 및 수장공사	1	86,890,273	10.58%	138,893,346
010109 방 수 공 사	1	37,085,228	4.52%	59,280,415
010110 지붕 및 홈통공사	1	61,184,592	7.45%	97,803,039
010111 금 속 공 사	1	50,816,602	6.19%	81,229,897
010112 미 장 공 사	1	14,231,715	1.73%	22,749,273
010113 창 호 공 사	1	27,274,718	3.32%	43,598,400
010114 유 리 공 사	1	21,676,179	2.64%	34,649,184
010115 칠 공 사	1	48,169,241	5.87%	76,998,113
010116 기 타 공 사	1	3,932,186	0.48%	6,285,565
010117 철 거 공 사	1	5,660,827	0.69%	9,048,783
010118 골 재 비	1	9,560,012	1.16%	15,281,596
[합 계]		821,252,779	100.00%	1,312,765,430

전체 공사계약 금액 1,312,765,430

예를 들어, 가설공사의 경우
35,420,811 ÷ 821,252,779 = 0.0431 = 4.31%
이것을 전체 공사계약 금액에 대입해서 공종별
계약금액으로 환산함
1,312,765,430 × 4.31% = 56,619,859

제11강 | 드디어 마지막입니다. 계약서를 작성해 볼까요?

이렇게 각 공종별 공사계약금액을 산출하면 그 합계액이 전체 계약금액과 동일하게 맞게 됩니다. 이것을 토대로 다음의 엑셀 현황처럼 하자보수보증금률(%)와 하자담보 책임기간을 설정하게 됩니다.

공종별 하자보수보증률(%), 하자보증금액, 하자담보 책임기간 확인

품 명	수량	공종별 계약금액	하자보수 보증금률	하자보수 보증금액	하자담보 책임기간
010101 가 설 공 사	1	56,619,859	3%	1,698,596	–
010102 토 및 지정공사	1	24,495,979	3%	734,879	2년
010103 철근콘크리트공사	1	265,549,425	3%	7,966,483	3년
010104 철 골 공 사	1	93,457,291	3%	2,803,719	3년
010105 조 적 공 사	1	140,519,851	3%	4,215,596	1년
010106 돌 공 사	1	80,427,584	3%	2,412,828	2년
010107 타 일 공 사	1	65,877,833	3%	1,976,335	1년
010108 목공사 및 수장공사	1	138,893,346	3%	4,166,800	1년
010109 방 수 공 사	1	59,280,415	3%	1,778,412	3년
010110 지붕 및 홈통공사	1	97,803,039	3%	2,934,091	3년
010111 금 속 공 사	1	81,229,897	3%	2,436,897	1년
010112 미 장 공 사	1	22,749,273	3%	682,478	1년
010113 창 호 공 사	1	43,598,400	3%	1,307,952	1년
010114 유 리 공 사	1	34,649,184	3%	1,039,476	1년
010115 칠 공 사	1	76,998,113	3%	2,309,943	1년
010116 기 타 공 사	1	6,285,565	3%	188,567	1년
010117 철 거 공 사	1	9,048,783	3%	271,463	–
010118 골 재 비	1	15,281,596	3%	458,448	–
[합 계]		1,312,765,430		39,382,963	

하자보수보증금액은 모든 공종에 대해서 산출합니다. 위 공사는 일반 건축공사이므로 하자보수보증금률을 모두 3%로 적용하였습니다.

하자담보 책임기간은 「건설산업기본법 시행령」 별표4를 적용하되, 하자보수가 불필요한 공종은 책임기간을 표시하지 않습니다.

공종별 계약금액에 하자보수보증금률(%)를 곱하면 하자보수보증금액이 산출됩니다. 그리고 각 공종별 하자담보책임기간은 앞서 살펴보았던 「건설산업기본법 시행령」 별표4에서 찾아서

제11강 | 드디어 마지막입니다. 계약서를 작성해 볼까요?

해당 년수를 기입하면 됩니다. 참고로 가설공사, 철거공사, 골재비처럼 하자보수 공종이 아니거나 하자담보 책임기간을 설정할 수 없는 공종들은 가장 작은 하자담보책임기간 공종으로(1년) 같이 묶어서 처리하면 됩니다. 즉 하자보수보증금률(%)을 적용해서 하자보수보증금액을 산출은 하되 하자담보책임기간만 0년으로 처리하는 것입니다. 이렇게 해야 전체 계약금액 × 하자보수보증금률(%)이 적용된 하자보수 보증금액이 산출되기 때문입니다.

위와 같이 세부적으로 작성된 공종별 하자보수보증금액 및 하자담보 책임기간을 계약서 표지에 표시할 때에는 하자담보 책임기간이 같은 공종들끼리 묶어서 요약 기재하면 되겠습니다. 즉, 3년, 2년, 1년 하자담보 책임기간 공종들을 합계해서 아래처럼 기재하면 되겠습니다.

하자담보책임(복합공종의 경우 공종별 구분 기재)			
공 종	공종별 계약금액	하자보수보증금률(%) 및 금액	하자담보 책임기간
철근콘크리트, 철골, 방수, 지붕 및 홈통 공사	516,090,169원	3% / 15,482,705원	3년
토및지정공사, 돌공사	104,923,563원	3% / 3,147,707원	2년
조적, 타일, 목, 수장, 금속, 미장, 창호, 유리, 칠, 기타, 부대공사 등	691,751,699원	3% / 20,752,551원	1년

이제 Q5를 마무리하겠습니다. 아마 처음 공사계약 업무를 하시는 분들은 공종별 구분, 하자보수보증금률(%) 적용, 하자담보 책임기간 설정 등 모든 것이 어렵게 느껴지실 겁니다. 혹시 이 부분이 생소하고 어려우시면 설계업체, 해당 기관의 시설업무 담당자(계약의뢰 부서)와 같이 협조해서 검토하시는 것도 좋은 방법이라고 생각합니다. 하지만 적어도 계약담당자는 「국가계약법 시행규칙」 제72조(하자보수보증금률)과 「건설산업기본법 시행령」 제30조 별표4 건설공사의 종류별 하자담보책임기간 규정(만약 전기공사라면 전기공사업법에서 규정하고 있는 하자담보책임기간을 찾아봐야 하겠죠)을 보면서 나름대로 판단하고 적용하려고 노력한 후에, 적용이 어려운 부분과 애매한 부분을 설계업체나 시설업무 담당자(계약의뢰 부서)에게 물어봐야 합니다. 무턱대고 검토해달라고 요청하는 것은 계약담당자 본인의 책임을 다른 사람에게 미루는 것이라고 생각합니다. 이럴 때 생각나는 격언이 있습니다. "하늘은 스스로 돕는 자를 돕는다" 즉, 모든 일은 자신의 노력이 뒷받침 되어야 합니다. 스스로 충분히 찾아보고 고민하고 노력한 후에 협조나 도움을 요청해야 합니다. 아셨죠~~

"에필로그"

책을 마무리하며...

근 2년 동안 매일매일 숙제를 안고 있는 듯한 느낌으로 지내왔습니다. 하루 일과를 마친 늦은 시간에, 녹초가 되어버린 몸과 마음을 부여잡고 집으로 향하는 발걸음을 억지로 스터디카페로 향하면서 노력해 왔습니다. 평일과 다르게 좀 더 시간 투자가 가능한 주말에도, 가족과 함께하는 시간을 접어두고 책 진도를 위해 매진해 왔습니다.

처음 책을 집필하겠다는 결심을 하고 시작할 때에는 의기양양하고 호기롭게 시작했습니다. 조카와 목차를 잡고 방향을 설정하면서 나중에 이 책을 읽을 독자분들을 상상할 때에는 저절로 기분이 좋아지고 우쭐하기도 했습니다. 하지만 실제 책 집필 과정의 하루 하루를 지나면서 첫 마음처럼 진도가 팍팍 나가지 않고 제자리 소용돌이처럼 나아가지 못할 때에 답답함과 중도포기하게 될지 모른다는 두려움이 우리(저와 조카)를 크게 짓누르고 힘을 잃게 만들었습니다.

그때마다 되뇌이면서 다시 마음을 추스리게 했던 격언은 '계속하는 것이 힘이다'라는 문장과 '성공이라는 못을 박으려면 끈질김이란 망치가 필요하다'라는 문장이었습니다. 이 두 문장은 항상 훌륭한 스승님이자 조언자 같은 역할이면서, 어두운 바다 위에 흔들리고 있는 우리에게 등대 같은 역할을 해 주는 문장이었습니다.

어느덧 책을 마무리하는 마지막 페이지를 적고 있다는 것이 너무 큰 감회가 밀려옵니다. 한편으로는 이 책이 이제 곧 발간되어 독자분들과 만날 때 어떤 반응이 나올지 떨립니다.

독자 여러분들이 보실 때 분명히 부족한 부분이 있으실 겁니다. 아무리 쉽게 설명하려고 했지만 모든 독자분들의 수준을 맞출 수 없었을 것이고, 모든 Case와 고려사항, 법령의 세부적인 부분들을 모두 설명하지는 못했으므로 어떤 각도에서 보면 구멍이 숭숭 있는 것처럼 보일 것 같습니다.

그래도 국가계약 실무를 설명하려고 시도했던 점과 쉽고 편하게 읽을 수 있도록 노력했다는 점을 이해해 주셨으면 좋겠습니다.

책을 마무리하면서 독자 여러분들에게 약간의 당부 말씀을 마지막으로 드리고 싶습니다.

첫번째로, 국가계약 업무를 혼자 고민하고 깨달아 나아가야 하는 어려움 속에서 있으신 독자분들이 있으시다면 앞서 말씀해 드린 저의 격언들(계속하는 것이 힘이다. 성공이라는 못을 박으려면 끈질김이란 망치가 필요하다)을 여러분 마음에 새겨 보시기를 권해봅니다. 세상에 쉬운 일이 어디 있을까요? 마냥 즐겁기만 한 일은 없을 겁니다. 누구나 조금은 힘들고 어려운 것을 참고 이겨내는 것입니다. 그러다보면 참고 이겨낸 보람, 스스로 성장한 모습이 자신을 즐겁게 만들기도 할 것입니다. 각자의 길에서 힘을 내셔서 화이팅 하시길 바라겠습니다~~ (책과 상관없는 인생 격언을 늘어놓고 있는 것 같네요.^^)

두번째는 이 책에 대해서 비판보다는, 국가계약 분야 서적에서 처음 '시도'이자 '발전을 위한 과정'으로 이해해 주시기를 당부드립니다. 저희 나름대로는 국가계약 실무라는 입장에서 설명하고자 시도했으며, 좀 더 읽기 편하고 쉽게 이해할 수 있도록 서술하고자 노력했습니다. 이것만큼은 독자 여러분들로부터 인정받고 싶은 부분입니다. 그래도 아직 아쉬운 점도 있고 부족한 부분도 있으실 겁니다. 부족한 부분들은 앞으로 국가계약 실무 서적 발간을 위해 계속 노력하겠다는 약속으로 대신하겠습니다. 독자 여러분들도 함께 응원해 주시기를 부탁드리겠습니다. 그리고 혹시, 잘못된 부분이 있거나 발전시킬 의견이 있으시면 언제라도 기탄없이 알려주시면 좋겠습니다. (이메일 jsi2050am@naver.com 또는 네이버 블로그 '국가계약을 보다 더 쉽게'에 의견을 남겨 주십시오~~ 여러분들의 많은 의견들이 더 좋은 자양분이 될 것입니다)

세번째로 우리가 같이 만들어가는 세상을 만들고 싶습니다. 누구나 처음은 미숙하고 모자랍니다. 저도 국가계약을 처음 접할 때 제 자신의 무지에 대해서 원망도 하고 부끄럽게 생각했었습니다. 하지만 주변 선후배들의 도움을 받아서 조금씩 용기도 내고 응원도 얻었습니다. 이렇듯 국가계약 실무의 어려움을 이해하고 있는 우리들이 서로 도움을 주면서 '국가계약을 보다 더 쉽게' 이해할 수 있는 토대를 만들고 동참해 주시면 좋을 것 같습니다. 지금 바로 당장은 아니지만, 2권 물품계약 실무이야기, 3권 용역계약 실무이야기, 4권 공사계약 이행 관리 및 대금지급 등 앞으로 우리 계약담당자들이 필요한 서적을 우리가 같이 합심해서 만들어 나가는 세상을 만들고 싶습니다. 가능하다면, 지방자치단체 계약 실무도 동일한 방식으로 만들어 가고 싶습니다. (2년간의 힘들고 지친 시간에 대해서 잠시 재충전의 시간을 갖고 돌아와서 시작해 보겠습니다. 바로 당장은 아니지만… 이 책을 통해서 국가계약 실무 서적의 필요성에 대한 인식이 확산되고 공감대가 형성되면…

자발적인 도전자들을 모집해서 시작하고 싶습니다)

 긴 글을 읽어주셔서 감사합니다. 막상 쓰고 나니까 너무 장황했던 것 같습니다. 항상 제 가족이 '당신은 항상 설명이 너무 장황해요~~'라고 지적하는 목소리와 함께... 갑자기 가족 얼굴이 떠오릅니다. 더 이상 장황하면... 진짜 혼날 것 같습니다.

"국가계약 실무를 담당하고 계신 분들 모두~~"

"기 죽지 마시고... 자신감 있게... 화이팅!!! 하세요~~"

저희의 무미건조한 책 내용을 예쁘게 편집해 주시고, 독자들께서 좀 더 편하게 읽으실 수 있도록 디자인 해서 탄생시켜 주신 애플북 출판사에게 감사드립니다.

읽으면 저절로 전문가가 되는 재미있는 국가계약 실무 이야기

주 저 자	이 승 희
참여저자	조 은 정
발 행 일	2024. 07. 31
출 판 사	도서출판 애플북
I S B N	979-11-93285-23-7 (13360)
발 행 처	도서출판 애플북

이 책은 저작권법에 따라 보호받는 저작물이므로
무단 전재와 무단 복제를 금지합니다.